本丛书由中国社会科学院俄罗斯东欧中亚研究所与社会科学文献出版社共同组织出版

当代俄罗斯东欧中亚
研究丛书

中国社会科学院创新工程学术出版资助项目

当代俄罗斯东欧中亚研究丛书

中亚国家的政治转型

THE POLITICAL TRANSITION
IN CENTRAL ASIA

包 毅◎著

社会科学文献出版社
SOCIAL SCIENCES ACADEMIC PRESS (CHINA)

目 录

导　言 ………………………………………………………………… 1

第一部分　中亚国家的政治转型轨迹

第一章　政治转型的起步阶段与总统制的初步确立
　　　　（1988~1996） ………………………………………… 3
　第一节　苏联后期的政治改革与中亚国家政治转型初探 ……… 3
　第二节　告别苏联 ………………………………………………… 5
　第三节　独立国家的巩固 ………………………………………… 6
　第四节　中亚五国总统制的确立 ………………………………… 8

第二章　中亚国家总统权力的初步巩固
　　　　（1996~2000） ………………………………………… 15
　第一节　"修宪运动"与总统权力基础的巩固 ………………… 15
　第二节　政治稳定时期中亚五国的总统与议会选举 …………… 19
　第三节　政权稳定时期的中亚各国政局 ………………………… 22

第三章　21世纪初的政治震荡期（2001~2005） …………… 26
　第一节　吉尔吉斯斯坦"3·24事件"前的中亚政治
　　　　　形势与政治格局 ………………………………………… 26

1

第二节 "3·24事件"与"安集延事件"
　　　　——中亚式"颜色革命" ………………………………………… 32
第三节 中亚各国防范"颜色革命"的反制措施 …………………… 36
第四节 中亚地区政治震荡的"终结者" …………………………… 39

第四章 后"颜色革命"时期的中亚政治（2006~2010）………… 42
第一节 哈萨克斯坦议会制改革与"一党制"议会 ……………… 42
第二节 在宪法危机之中煎熬的巴基耶夫政权 …………………… 46
第三节 无悬念的乌兹别克斯坦总统选举 ………………………… 51
第四节 风平浪静的塔吉克斯坦总统选举 ………………………… 53
第五节 土库曼斯坦权力易手——非正常政权更替 ……………… 55

第五章 中亚国家政治转型新变化（2010~2014）………………… 57
第一节 吉尔吉斯斯坦议会制——变动中的民主之路 …………… 57
第二节 其他中亚国家政治制度的微调 …………………………… 61
第三节 精英政治暗流涌动 ………………………………………… 67

第二部分　中亚国家政治转型的特征与影响因素

第六章 中亚国家政治转型的特征 …………………………………… 73
第一节 政治转型的轨迹特征 ……………………………………… 73
第二节 "中亚特色"的总统制与议会制 ………………………… 89

第七章 中亚国家政党、政治精英与政治转型 ……………………… 113
第一节 政党与政治转型 …………………………………………… 113
第二节 政治精英与政治转型 ……………………………………… 133

第八章 中亚国家的政治文化与政治转型 …………………………… 153
第一节 部族政治文化及其对中亚国家政治转型的影响 ………… 155
第二节 宗教因素对中亚国家政治转型的影响 …………………… 184

第九章　中亚国家政治转型的外部因素 ·············· 210
　　第一节　中亚国家政治转型中的俄罗斯因素 ············ 211
　　第二节　美国对中亚国家的"民主输出"战略 ············ 232

结束语 ·································· 257

附　表 ·································· 265

主要参考文献及网站 ························ 274

后　记 ·································· 295

导　言

一

"中亚"一词在俄语中有"Средняя Азия"（中部亚洲）和"Центральная Азия"（中央亚细亚）两种译法。苏联时期，第一种译法较为普遍。在英语中，"中亚"有"Inner Asia"（内陆亚洲）[①]和"Middle Asia"（中部亚洲）等译法，但最常见的还是"Central Asia"（中亚），与俄语中的"Центральная Азия"相对应。在中外学界，有关"中亚"的地理边界并无统一说法。为了避免对中亚文化定义的任何误解，联合国教科文组织在1978年召开了有关"中亚"含义的研讨会，其最终报告指出，作为自然地理与文化概念，"'中亚'包括今位于阿富汗、中国西部、印度北部、伊朗东北部、蒙古、巴基斯坦以及苏联诸中亚共和国境内的各个地区"。[②] 报告同时指出，"地理边界不应视为一成不变"，意为对于"中亚"的界定还将随着时代的发展而赋予其新的理解与含义。苏联时期，中亚作为苏联版图中的一个地理区域，一般指的是阿姆河和锡尔河流域，即乌兹别克斯坦、吉尔吉斯斯坦、土库曼斯坦和塔吉克斯坦四国及哈萨克斯坦南部，因此中亚又常常被称作"中亚和哈萨克斯坦"。[③] 1992年，哈萨克斯坦总统纳扎尔巴耶

[①] 内陆亚洲，意味着"亚洲大陆上没有河流注入外海，具有'瀚海'特色的一切内陆地区。"Б. А. 李特文斯基主编、张广达，R. 沙巴尼·萨姆哈巴迪副主编《中亚文明史（第一卷）》，马小鹤译，中国对外翻译出版公司、联合国教科文组织，2002，第367页。

[②] Б. А. 李特文斯基主编、张广达，R. 沙巴尼·萨姆哈巴迪副主编《中亚文明史（第一卷）》马小鹤译，中国对外翻译出版公司、联合国教科文组织，2002，第368页。

[③] 赵常庆主编《中亚五国概论》，经济日报出版社，1999，第9页。

夫呼吁放弃使用"中亚和哈萨克斯坦"("Средняя Азия и Казахстан")的用法，建议将包括哈萨克斯坦在内的"中亚"作为一个独立的地理和地缘政治区域看待，同时，"中亚"一词也由"Средняя Азия"改用"Центральная Азия"。自此，在俄语中"Центральная Азия"一词取代"Средняя Азия"被沿用至今。

苏联解体后，原苏联时期的中亚共和国成为独立国家，其地缘政治意义发生了本质变化，"中亚"地区也因大国的地缘政治需要而被赋予不同的政治解释和地缘边界。俄罗斯和中亚国家的学者一般将从苏联独立出来的五个中亚加盟共和国——哈萨克斯坦、吉尔吉斯斯坦、塔吉克斯坦、土库曼斯坦和乌兹别克斯坦统称为"中亚国家"，即狭义的中亚概念。而在西方学界，中亚的概念接近于联合国教科文组织提出的自然地理与文化概念，它具有更为广阔的地缘边界，除了中亚五国外，还将印度北部、巴基斯坦北部、伊朗东北部、阿富汗，甚至将蒙古、中国西部以及俄罗斯的亚洲地区都纳入了中亚的地缘政治版块，并冠以"大中亚"的概念。2005年，美国霍普金斯大学教授弗雷德里克·斯塔尔提出的"大中亚计划"以及此后美国国会与政府相继推出的《丝绸之路战略法案》和"新丝绸之路计划"都是以这一区域为边界，谋划美国在中亚地区的地缘政治布局的。

本书研究的对象是狭义的中亚概念，即中亚五国：哈萨克斯坦、吉尔吉斯斯坦、乌兹别克斯坦、塔吉克斯坦和土库曼斯坦。它们位于欧亚大陆的腹地，东与中国新疆为邻，南与伊朗、阿富汗接壤，北与俄罗斯联邦相接，西与阿塞拜疆隔里海相望，五国总面积近400万平方公里，人口约6644.8万（2013年）[①]。

中亚地区在历史上从没有出现过完整的国家形态，其行为主体基本上是以草原游牧部落或部落联盟为特征的一些"行国"[②]。由于特殊的地理位置并受游牧生产生活方式的影响，中亚地区内部始终处于分散状态，其社会组织形态也多以氏族部落或部落联盟为主。历史上，中亚地区曾是多民族和多种文化相

---

① 此数据为作者根据世界银行国别人口数据统计得来。2013年，哈萨克斯坦人口为1704万人，吉尔吉斯斯坦为572万人，塔吉克斯坦为820.8万人，土库曼斯坦为524万人，乌兹别克斯坦为3024万人。

② 行国，顾名思义为行走中的国家，即对以游牧为生的部落或部落联盟的文学称谓。"行国"，即"逐水草而居"，人随畜走，畜随草迁，居无常处，以行走求生存。参见史继忠：《论游牧文化圈》，《贵州民族研究》2001年第2期。

互融合与碰撞之地。在不同的历史时期，中亚地区各民族曾先后臣服于波斯帝国、突厥汗国、阿拉伯帝国、成吉思汗蒙古汗国和沙皇俄国，也因此受到了波斯文化、汉文化、斯拉夫文化、穆斯林文化等文化因素以及伊斯兰教、东正教、佛教等宗教因素的影响，经历了突厥化与伊斯兰化的过程。复杂的民族构成、历史沿革与文化变迁塑造了中亚民族独特的民族心理和政治文化。也正是由于多重因素的共同作用与影响，中亚地区自古以来一直处于大国博弈的次区域地带，而中亚地区的文化也始终未能形成一股主流文化，而只是多个大文化圈之间的亚文化形态。苏联初期，中央政府在中亚各民族中进行了民族识别与共和国划界的工作，并在此基础上逐渐确定了现代中亚五国的政治版图，但五国之间的边界有些地方如刀削斧劈一般泾渭分明，带有明显的人为分割痕迹；而有些地方则犬牙交错地纠结在一起，诸多民族矛盾与地区冲突也由此产生。作为苏联的一部分，中亚五国长期处于苏联一党集权体制的影响之下，习惯地按照苏共中央和联盟中央的指令行事，在政治上缺乏相应的独立性与自主意识。苏联后期，戈尔巴乔夫推行的政治体制改革，最终将苏联推向解体，同时也使得一贯接受中央政府领导的中亚各共和国被动地走上了政治转型与创建独立国家的道路。

按照一般的政治学理论，所谓"政治转型"，主要是指一个国家的政治制度与政治体制的根本变化。政治制度是指："在特定的社会中，统治阶级通过组织政权以实现其政治统治的原则和方式的总和。它包括一个国家的阶级本质，国家政权的组织形式和管理形式，国家结构形式和公民在国家生活中的地位。"政治体制是指："以国家政权组织为中心的各种具体政治制度和政治行为规范的总和，即为使国家机器正常运转所采取的组织形式、权限划分、工作方式等具体制度和规范。"[①] 总体而言，一个国家的"政治转型"既包括国家基本政治制度的变化，也包括国家政权组织形式和各种规章制度的变化。在具体实践过程中，某一国家的制度变迁与体制变化往往因受到该国的历史传统、政治文化、社会经济基础以及各种外部势力等因素的影响，而呈现出各自不同的转型轨迹与特征。中亚国家的政治转型进程即是如此。

---

① 《中国大百科全书·政治学卷》，中国大百科全书出版社，1992，第514页。

苏联后期的社会政治改革与苏联的最终解体，给中亚五国带来了两个方面的变化。一是改变了五国的社会政治形态，使其第一次在历史上成为具有国际法主体地位的独立国家，其权力机关也由苏联地方一级行政机构上升为独立国家中央一级的政权机构。与此同时，中亚五国的政治制度与政治体制也发生了根本变化，由苏联时期的社会主义苏维埃体制转变为以三权分立为原则的权力结构体系。二是改变了中亚五国的地缘政治环境，使其从苏联的边疆地区，变成了直接与俄罗斯、中国等大国，以及与伊朗、阿富汗等地区热点国家为邻的五个独立国家。政治地位与国际地位的改变使中亚地区一时成为大国竞相争夺的热点地区和地缘政治交锋的前沿地带，迫使尚不具备独立经验的中亚国家在短时间内建立起外交机关，并制定出外交政策，以处理同大国及周边国家之间复杂的关系。这也在一定程度上增加了中亚五国政治转型的难度。

中亚国家同俄罗斯与东欧国家的政治转型虽然有着共同的转型起点，但与俄罗斯和东欧国家相比，中亚国家政治转型的内部动力与外部条件均存在明显的差异性，同时，影响转型的诸多因素也更加复杂多变，因此，中亚国家政治转型的路径、方式与目标皆不同于其他后苏联东欧国家。此外，关于中亚国家的政治转型是否结束也尚无定论。以建制为标准，中亚国家已经完成了由苏维埃体制转为总统制或议会制权力体系的制度构建过程，一些中亚国家的学者甚至还以"政治发展进程"的表述方式替代"政治改革"与"政治转型"的说法，以此来表明中亚国家的政治发展已经进入一个新阶段。但如果以其民主政治体制的巩固而论，中亚国家的政治转型进程尚未结束，其政治体制还存在变化的可能性，并需要通过进一步的政治实践加以制度化。

二

中亚国家独立20多年来，中亚研究早已成为国际政治研究中的热门课题，而有关中亚国家的转型研究更是随着中亚地区不时出现的各种现实的与潜在的危机而日渐升温，相关的研究著述汗牛充栋。

俄罗斯学者在有关中亚国家独立与转型问题上的研究主要侧重于以下几个方向。第一，从史学、民族学和文化人类学等角度来观察、研究，内容涉及各国文化史、伊斯兰教的发展现状以及转型时期中亚民族构成与民族变迁进程。相关成果如《伊斯兰教在中亚》(Polonskaya L. and Malashenko A., *Islam in Central Asia*, 2008)、《后苏联时代的土库曼斯坦》(М. С. Демидов, *Постсоветский Туркменистан*, 2002)、《塔吉克斯坦内战解析》(В. И. Бушков, Д. В. Микульский, *Анатомия гражданской войны в Таджикистане*, 1996)、《纳扎尔巴耶夫》(Рой Медведев, Нурсклтан Назарбаев, *Казахстанский прорыв и Евразийский проект*, 2008)、《中亚的斯拉夫人》(布鲁西娜, 2001年中文版)、《七河史》(巴透尔, 2013年中文版)以及《中亚简史》(维·维·巴特尔托里德、伯希和等合著, 2005年中文版)等。第二, 是以俄罗斯为视角来审视"颜色革命"的合法性, 并重新调整"后革命"时代俄罗斯在中亚地区的地缘战略。相关的研究成果有:《橙色之网——从贝尔格莱德到比什凯克》(*Оранжевые сети от Белграда до Бищкека*, 2008)、《俄罗斯和中亚: 一道还是分立?》(Г. Ю. Ситнянский, *Россия и Центральноая Азия: вместе или врозь?*, 2011)、《与未知规则的"大博弈": 国际政策与中亚》(А. А. Казанцев, *«Большая игра» с неизвестными правилами: мировая политика и центральная Азия*, 2008)、《权力自由——"颜色革命"中的合法性》(С. Мирзоев, *Либель права легитимность в «оранжевых революциях»*, 2006)等。

与俄罗斯学者关注点不同的是, 中亚国家的学者更加关注对主体民族历史、文化、传统的研究, 以挖掘主体民族的文化传统与英雄人物史, 来迎合新独立国家政府找寻国家根基、重树民族自信与尊严的政治需求。如《哈萨克斯坦》(А. Н. Нысенбаев, Казахстан, 2004)、《在历史的长河中》(努·纳扎尔巴耶夫, 2005年中文版)、《哈萨克斯坦现代史(1985~2002)》〔С. Г. Шеретов, *Новейшая история Казахстана (1985–2002)*, 2003〕、《哈萨克人的伊斯兰教与前伊斯兰世界观传统的遗产》(Р. М. Мустафина, *Ислам и реликты доисламских мировоззренческих традиций у Казахов*, 2010)、《民族联合与哈萨克斯坦》(А. Арыстанбекова, *Объединенные нации и Казахстан*, 2002)等著作都对中亚民族的民族特性、宗教及民族文化传统进行了深入的阐释。此外, 中亚国家总统及政治学者也从国家建设与宪政民主的角度对转型时期的政治制度变迁与社会变迁进行了思考。如《探索之路》(努·纳扎尔巴耶夫，1995年中文版）、《站在21世纪的门槛上——总统手记》（努·纳扎尔巴耶夫，1997年中文版）、《前进中的哈萨克斯坦》（努·纳扎尔巴耶夫，2000年中文版）、《哈萨克斯坦：从中亚到世界》（托卡耶夫，2001年中文版）和《制胜》（托卡耶夫，2004年中文版）；《乌兹别克斯坦沿着深化经济改革的道路前进》（伊·卡里莫夫，1996年中文版）、《临近21世纪的乌兹别克斯坦：安全的威胁、进步的条件和保证》（伊·卡里莫夫，1997年中文版）；《永久中立，世代安宁》（萨·尼亚佐夫，1996年中文版）；以及《哈萨克斯坦政权》（Ашимбаев，Власть Казахстана，2007）、《选举前哈萨克斯坦政党体制：前景及问题》（Ю. Блуктаев，Предвыбордная партийная система в Казахстане：переспективы и проблемы，2003）等。

西方学者的关注点主要集中在以下三个方面。第一，有关体制转型及苏联解体对中亚国家社会与价值观念的冲击与影响。这方面的研究成果有：《中亚新国家》（M. Olctt，Central Asia's New States：Independence，Foreign Policy，International Security，1996）、《援助：后苏联的中亚国家的制度变迁》（Mcglinchey, Eric.，Paying for Patronage：Regime Change in Post-Soviet Central Asia，2003）、《中亚转型：国家与社会从苏联体制到独立》（J. L. Pauline ed.，The Transformation of Central Asia：State and Societies from Soviet Rule to Independence，2004）、《吉尔吉斯斯坦：向前之路》（S. F. Star，Kyrgyzstan：the path forward，2005）、《问题的问题：为什么苏联不存在了？》（Коэн Стивен，"Вопрос вопросов". Почему не стало Советского Союза？，2011）、《理解中亚：政治与被争议的转型》（Sally N. Cummings，Understanding Central Asia：Politics and Contested Transformations，2012）。第二，对中亚地区的历史、各国主体民族的民族特性、宗教及民族文化传统的研究。这方面的著述相对较多，主要有：《中亚史纲要》（加文·汉布里主编，1994年中文版）、《中亚的十二个咒语》（M. Олктт，Двенадцать мифов о Центральной Азии，2001）、《中亚文明史》（第1~6卷）（中国对外翻译出版公司，2006年中文版）、《中亚的威权领导人与议会制》（Starr F.，S. Clans，Authoritarian Rulers, and Parliaments in Central Asia，June 2006）、《中亚部族政治与制度转型》（Kathleen Collins，Clan Politics and Regime Transition in Central Asia，2006）、《草原帝国》（勒内·格鲁

塞，2006年中文版）、《帖木儿帝国》（布哇，2013年中文版）以及《伊斯兰在高加索和中亚的扩张》（Зураб Тодуа, Экспансия исламистов на Кавказе и в Центральной Азии, 2006）等。第三，有关后苏联地区中亚地缘政治的研究。如《大棋局》（布热津斯基，1997年中文版）、《中亚的第二次机会》（Олкотт М. Б., Второй шанс Центральной Азии, 2005）、《虎视中亚》（胡曼·佩马尼，2002年中文版）、《战略前景：领袖大国哈萨克斯坦和中亚枢纽》（Legvold Robert, Thinking Strategically: The major Powers, Kazakhstan, and the Central Asian Nexus, 2003）、《新中亚地区的塔吉克斯坦——地缘政治、大国对抗与激进的伊斯兰主义》（Lena Jonson, Tajikistan in the New Central Asia, Geopolitics, Great Power Rivalry and Radical Islam, 2006）等。鉴于中亚国家政治转型中各种影响因素的复杂性以及转型本身的多变性，且其代表性相对有限，因此，国外的研究著述中较少以政治学为视角考察中亚的政治发展进程，而大多是选取历史、文化、宗教、政治现实、经济、外交等角度探讨其社会变迁的轨迹。此外，如果将中亚国家定位为新兴国家和后苏联国家，那么一些政治转型理论虽然并未以中亚国家为实证研究的对象，但却为考察中亚国家的政治发展与民主化进程提供了一定的思路与理论视角。如《民主化转型的政治经济分析》（斯迪芬·海哥德、罗伯特·考夫曼，1995年中文版）、《第三波——20世纪后期民主化浪潮》（塞缪尔·亨廷顿，1998年中文版）、《政治科学》（迈克尔·罗斯金、罗伯特·科德、詹姆斯·梅代罗斯、沃尔特·琼斯，2001年中文版）、《合法性与政治》（让·马克·夸克，2002年中文版）、《民主的模式》（戴维·赫尔德，2004年中文版）、《新兴国家的政治发展——第三世界还存在吗？》（霍华德·威亚尔达，2005年中文版）、《集体暴力的政治》（查尔斯·蒂利，2006年中文版）、《非西方发展理论——地区模式与全球趋势》（霍华德·威亚尔达主编，2006年中文版）、《民主转型与巩固的问题：南欧、南美和后共产主义欧洲》（胡安·J. 林茨、阿尔弗莱德·斯泰潘，2008年中文版）等。

中国国内有关转型时期的中亚研究主要集中在对中亚国家独立后的发展史、民族文化史以及对中亚国家政治发展的国际环境的研究上。其中，有关中亚国家独立史与政治转型进程以及有关中亚国家政治制度历史沿革的研究成果主要有：《崛起的中亚》（邢广程，1992）、《中亚五国概论》（赵常庆主编，1999）、《十年巨变：中亚和外高加索卷》（赵常庆主编，2003）、《列国志》中有关中亚五国的丛书（社会科学文献出版社，2003～2006）、《中亚五国转型研究》（徐亚清，2003）、《中亚五国新论》（赵常庆，2014）等。

有关中亚五国民族文化的研究主要涉及民族文化发展史、宗教传统的历史演进、民族与国家的发展史等方面，相关研究成果有：《中亚萨曼王朝史研究》（许序雅，2000）、《中亚五国史纲》（马大正、冯锡时主编，2002）、《中亚民族与宗教问题》（陈联壁、刘庚岑、吴宏伟，2002）、《中亚通史》四卷本（王治来、丁笃本，2004）、《称雄中亚的古代游牧民族》（蓝琪，2004）、《突厥人和突厥汗国》（马长寿，2006）、《多种文化力量作用下的现代中亚社会》（汪金国，2006）、《中亚费尔干纳：伊斯兰与现代民族国家》（石岚，2008）、《中亚现代民族过程研究》（张娜，2008）、《伊斯兰教的苏菲神秘主义》（金宜久，2009）、《中亚宗教极端势力研究》（苏畅，2009）等。对中亚国家外交领域的相关研究成果有：《中国与中亚》（薛君度、邢广程主编，1999）、《中亚五国对外关系》（孙壮志，1999）、《中亚新格局与地区安全》（孙壮志，2001）、《中亚安全与阿富汗问题》（孙壮志，2003）等。

进入21世纪以来，特别是美国及北约在阿富汗发动反恐军事行动以及吉尔吉斯斯坦爆发两次"革命"之后，中亚国家的政治发展模式与政局走势愈来愈成为中国中亚学界的关注焦点，出现了一批对中亚民主化进程进行反思和探讨中亚国家政治发展规律的研究成果。主要专著有：《转型的中亚与中国》（杨恕，2007）、《从"民主岛"到"郁金香革命"——吉尔吉斯斯坦政治转型研究》（焦一强，2010）、《"颜色革命"在中亚——兼论与执政能力的关系》（赵常庆，2011）、《独联体国家"颜色革命"研究》（孙壮志，2011）、《贫穷与国家转型——基于中亚五国的实证研究》（杨进，2012）、《中亚转型研究》（李淑云，2013），这些著作都试图通过对中亚各国民族、宗教、历史、文化传统以及社会经济等领域的研究，诠释中亚社会政治发展的内在逻辑与政治转型的基本特征。此外，对于中亚地区大国博弈以及中亚国家外部地缘政治环境的研究也为中亚国家政治转型研究提供了新视角，相关的研究成果有：《转型中的俄美关系——国内政治与对外政策的关联性研究》（袁胜育，

2006)、《中俄美在中亚：合作与竞争（1991～2007）》（郑羽主编，2007)、《十字路口：中亚走向何方》（朱成虎主编，2007)、《乌兹别克斯坦外交战略设计》（赵会荣，2007)、《中国的中亚外交》（赵华胜，2008)、《俄罗斯与中亚——独联体次地区一体化研究》（柳丰华，2010)、《中亚地区发展与国际合作机制研究》（吴宏伟，2011)、《美国中亚战略20年——螺旋式演进》（杨鸿玺，2012)、《聚焦中亚——中亚国家的转型及其国际环境》（杨恕，2013)、《中亚国家的跨境合作研究》（孙壮志，2014)、《中国与中亚国家合作析论》（赵常庆，2012)等。此外，还有大量的有关中亚国家转型与政治发展进程的中外文论文，详见于本书的正文引述，在此恕不赘述。

总体而言，国内外学者均从不同的角度对有关中亚国家政治转型进程及其相关问题进行了较为翔实而深入的阐述，或侧重于探讨中亚国家独立与转型进程中的相关问题，或从地缘政治的角度分析大国关系与中亚国家政治转型的互动影响。相比较而言，西方学者对于中亚国家政治发展进程的相关研究成果虽然较多，但大多以西方民主价值观为标准，将中亚国家的政治转型完全置于民主化的语境下加以评价，忽视了中亚国家的社会发展规律以及民族与政治文化特性。有鉴于此，本书试图在国内外学者现有研究成果的基础上，运用比较政治学的研究方法，系统阐释独立20年来中亚国家政治发展的轨迹，并对影响中亚国家政治转型的诸多结构性因素进行剖析，力图全面探究中亚各国政治转型的基本特征，并概括出中亚国家政治发展的一般性规律。

三

本书以苏联后期中亚国家的政治改革为起点，以独立后中亚国家政治制度的演进与权力结构体制的变化为线索，概括地叙述了政治转型时期中亚国家政治发展进程的基本脉络，归纳了中亚国家政治转型的基本特征，揭示了政党、精英、政治文化、宗教传统、外部势力等各种因素对中亚国家政治转型的现实影响。

本书分为导言、正文和结束语三部分，其中正文包括两个部分，共九章。

第一部分共五章，分别以政治发展进程的分期为线索，概述中亚五国自苏联后期政治改革以来的政治转型轨迹。根据独立以来中亚五国政治发展进程中的一些关键性事件，大体可以将中亚国家政治转型进程分为以下五个发展阶段。第一阶段为1988~1996年，是政治转型起步与总统制建立的阶段。这一时期以戈尔巴乔夫的政治改革为起点，以吉尔吉斯斯坦通过确立总统制的新宪法为结束，中亚五国经历了苏联后期的政治改革、苏联解体、国家独立以及政治权力体制的初创。第二阶段为1996~2000年，是总统权力体系的巩固与政治形势相对稳定的时期。在这一时期，塔吉克斯坦结束了长达五年的内战，并将议会制重新改为总统制，而多数中亚国家总统均通过修宪或全民公决获得了延续总统任期的合法性。第三阶段为2001~2005年，这是政权转换与政治动荡时期。这一时期适逢中亚各国最高权力进入更替期，西方势力开始在中亚地区进行全面渗透，俄美等大国调整地缘战略，重新在中亚地区布局，致使中亚各国政权的稳定面临诸多外部挑战，独联体多处地区爆发了"颜色革命"和政治动荡，吉尔吉斯斯坦的阿卡耶夫政权也在此时期被推翻。第四阶段为2005年年底至2010年，是政治转型的休整期。2005年年底，哈萨克斯坦纳扎尔巴耶夫总统再次获得连任，阻止了西方"颜色革命"的蔓延之势，因此本书也将这一时期称为"后颜色革命"时期。第五阶段为2010年至今，是中亚国家政治转型的改革时期，在此时期，吉尔吉斯斯坦经过连年政治动荡之后再次爆发"革命"，政权体制由总统制改为议会制，其他中亚国家相继通过修宪，重新调整了执行权力与立法机关的关系，缓和精英内部矛盾，确保总统权力基础的稳定和政权的平稳过渡。

第二部分共四章，分别对中亚国家政治转型的基本特征以及主要影响因素进行了归纳。在"中亚国家政治转型的特征"一章中，着重分析了中亚国家政治转型的轨迹特征以及政治转型的体制特征。其中，政治转型的轨迹特征是对政治转型的动态分析，探讨了中亚五国在体制转变与构建主权国家的同时，所经历的"去苏联化""再传统化"与政治现代化问题；而中亚国家政治转型的体制特征则是对转型时期中亚各国政治制度的分析，即对中亚多数国家的总统制与吉尔吉斯斯坦议会制特征的描述，并对现行制度下国家权力结构模式、各权力机关之间的相互关系加以解构。在"中亚国家政党、政治精英与政治转型"一章中，详细分析了作为社会分化重要指标的政党与政治精英在中亚政治转型中的作用，以及中亚多数总统制国家中政党政治格局失衡的原因。作为社会政治变革的主要推动力，政党与政治精英的作用决定着政治转型的发展目标与程度。在"中亚国家的政治文化与政治转型"一章中，从部族政治文化及宗教传统两个视角探讨了转型时期政治文化对于新的政治制度与政权体制的适应性问题。在"中亚国家政治转型的外部因素"一章中，考察了俄美两国的地缘政治竞争对于中亚地区外部环境的构成及对中亚国家政治发展进程的现实影响。苏联解体与各共和国的独立改变了中亚五国的地缘政治环境，俄罗斯和美国以不同方式向中亚各国施以政治影响，试图将其纳入自己主导的地缘政治阵营。其中，以美国为首的西方国家以经济合作与经济援助为手段，积极推进中亚各国的民主化进程，试图使其最终摆脱俄罗斯的影响；而俄罗斯则凭借同中亚国家传统的文化、经济、军事联系，竭力恢复其在该地区的传统影响力，以阻止美国等西方国家进入这一地区。大国的地缘政治博弈给中亚五国的政治发展带来了诸多变数。

第三部分为结束语。

中亚五国的政治转型是一个由多重因素相互影响和作用的进程。本书仅选取了几个有代表性的结构性影响因素为视角，展示中亚国家政治转型的局部特征，探究决定中亚国家政治转型程度与方向的主导因素，力图从中透析中亚国家政治发展的未来走向。本书是一部从政治学角度考察中亚国家政治转型的著作，是在前人研究的基础上对独立20年来中亚国家政治转型进程的一次梳理和总结，并指出了转型时期中亚地区国家同时面对建国与建制双建进程这一双重性特征及其内在的互动关系。

第一部分
中亚国家的政治转型轨迹

第一章 政治转型的起步阶段与总统制的初步确立（1988~1996）

苏联后期的政治改革在全联盟范围内取消了苏联共产党的领导地位，实施多党政治和总统制，最终瓦解了苏维埃集权体系。与此同时，苏联各加盟共和国也在"民主化""公开性"政治改革旗帜下，掀起了轰轰烈烈的共和国"主权大检阅"，纷纷向联盟中央争取权力，架空了苏联最高领导人戈尔巴乔夫的权力，最终酿成了苏联解体的悲剧。

第一节 苏联后期的政治改革与中亚国家政治转型初探

政治改革的核心内容是对国家政权结构的改组、改制和重建。戈尔巴乔夫的政治改革始于1988年。在实行了三年"加速国家社会经济发展"的经济体制改革未见成效之后，戈尔巴乔夫将改革重心转向了社会政治领域，试图通过消除政治体制中的阻滞因素，推动经济体制改革的进程。政治改革的初衷是还权于苏维埃，改变长期以来苏联共产党"以党代政"的局面，恢复苏维埃的职能，恢复列宁时代"一切权力归苏维埃"的原则。[①]

1988年6月，苏联共产党第十九次代表会议将改革的重心由经济体制转向政治体制，全盘否定苏联过去的政治体制，主张以"民主的、人道的社会主义"模式全面改造社会。会议指出了进行政治改革的重要性与目标，即国

---

① 左凤荣：《戈尔巴乔夫改革开始得太晚了》，《同舟共进》2011年第5期。

家最高权力机关是人民代表大会，它应通过全民普选产生，在选举制中要引入竞争机制；最高苏维埃由人民代表大会选举产生，为常设的国家最高的决策立法、发布命令和监督执行机关。戈尔巴乔夫在随后的改革中，进一步将国家的权力重心从苏联共产党转向苏维埃，以消除苏联长期以来"以党代政"的局面。在1990年召开的苏共第二十八次代表大会上，戈尔巴乔夫在题为《苏共中央委员会对苏共二十八大的政治报告和党的任务》的报告中提出修改苏联宪法第六条即取消苏联共产党领导地位的建议。而后，大会通过了《走向人道的民主的社会主义》纲领性声明以及新党章，取消了苏联共产党的领导地位，使多党制和政治多元化合法化。戈尔巴乔夫的本意是希望借助人民代表的选举使共产党重新获得人民的认同，并通过差额竞选吸纳社会上支持"改革"的力量进入政权机关。但"8·19事件"之后，苏共的改革派与保守派的矛盾彻底激化，戈尔巴乔夫也改变了立场，于1991年8月辞去了苏共总书记的职务，同时下令解散各加盟共和国的共产党和地方党组织。作为苏联国家权力结构的重要组成部分，苏联共产党在权力体系中的自我瓦解直接导致了苏联权力体系的坍塌。

面对大势已去的苏联共产党，最高苏维埃已无力承担国家最高决策机关的职责，戈尔巴乔夫不得不再次将改革的重心转向了权力机构体系。他建议设立总统职位，实行总统制，通过总统治理来挽救苏联的颓势。为了防止局面失控，他开始转而寻求权力集中的政治体制。既然重回旧模式是不可能的，那么他决定转向总统制。正如中国学者左凤荣教授在评价苏联后期的政治改革弊端时所指出的，戈尔巴乔夫要把不属于党的那些权力和职能统统归还给国家政权机关。[①] 在民主化改革的推动下，包括中亚共和国在内的苏联各加盟共和国纷纷效仿联盟中央，相继举行了地方人民代表大会选举，通过普选产生了新一届苏维埃人民代表大会。同时，解散甚至取缔了本共和国的共产党组织，修改了各自的共和国宪法，设立了共和国总统职位。与戈尔巴乔夫本人由最高苏维埃主席当选为苏联第一任总统的做法相同，除吉尔吉斯斯坦外，时任中亚各共和国的最高领导人大多于1990年3~11月间相继被选为本共和国的总统，实现

---

① 左凤荣：《戈尔巴乔夫改革开始得太晚了》，《同舟共进》2011年第5期。

了国家最高领导人在新政治体制下的角色转换。现任哈萨克斯坦总统纳扎尔巴耶夫、乌兹别克斯坦总统卡里莫夫以及因病去世的土库曼斯坦前总统尼亚佐夫都是在这一时期成为各自国家最高领导人的。

第二节 告别苏联

苏联后期，苏共领导地位的丧失，不仅使执政体系陷于瘫痪，而且还直接斩断了以共产党为核心的维系各加盟共和国的纽带，从而导致整个苏联大厦的倾覆。戈尔巴乔夫全面否定斯大林时期的强制做法，希望通过民主化解决包括民族问题在内的一切问题，这在客观上刺激了各加盟共和国民族自我意识的发展，致使民族主义借改革陷入混乱之机迅速膨胀，出现了难以抑制的民族分离主义局面，最终使各加盟共和国寻求独立的政治活动不断加剧，苏联解体也就在所难免了。

波罗的海三个加盟共和国率先于1990年3月宣布脱离苏联。而后，1991年6月，叶利钦在竞选总统时也主打"独立与主权"牌，要求扩大俄罗斯联邦的主权，并带头通过了俄罗斯《国家主权宣言》，宣布俄罗斯联邦是一个主权国家。在俄罗斯的示范作用下，苏联各共和国开始了"主权大检阅"。[①] 但与俄罗斯和波罗的海国家不同的是，多数中亚加盟共和国并没有表现出强烈的独立愿望，而是希望继续保留苏联。1991年3月17日，在苏联全境进行的"有关是否保留苏联"的全民公决中，中亚各加盟共和国的投票率与投赞成保留苏联票的比率都超过了93%，远远高于全联盟平均76.4%的支持率。其中，土库曼斯坦和塔吉克斯坦投票支持保留苏联的民众超过96%。[②] 对此，哈萨克斯坦总统纳扎尔巴耶夫曾指出："戈尔巴乔夫的基本错误在于，他没有倾听加盟共和国要求赋予它们经济独立的呼声。除波罗的海诸国外，大多数加盟共和国含哈萨克斯坦在内，并没有追求分离、完全和盲目的独立。我们想到一点——可能会自我掌握本身的命运。戈尔巴乔夫及其同伙应及时向各共和国提

[①] 左凤荣：《俄罗斯争主权：苏联遭受致命打击》，《东方早报》2011年11月28日。
[②] 中亚各加盟共和国投票率与赞成率及全联盟对于保留苏联的支持率参见 Референдум о сохранении СССР 17 марта 1991 года. Справка, http://ria.ru/history_spravki/20110315/354060265.html。

供在联盟框架中最大的独立。"① 由此可见,苏联后期,尽管苏联内部出现了严重的政权危机,但中亚各共和国的广大民众仍对联盟怀有很深的依恋与归属感,他们积极支持戈尔巴乔夫关于维持苏联和成立新联盟的倡议,希望在维持原苏联联盟关系的前提下,建立一个保留更多自主权的新联盟国家。当然,这一时期,中亚各共和国对联盟的态度也并非完全一致。其中,乌兹别克斯坦很早就表明了独立的意愿。在俄罗斯发表《国家主权宣言》后不久,乌兹别克斯坦就紧随其后,先于中亚其他共和国发表了自己的《国家主权宣言》。与乌兹别克斯坦形成对比的是,哈萨克斯坦是维护苏联存在的坚定的拥护者,也是最后一个告别苏联的国家。1991 年 6~12 月中亚五国相继通过了本国的《国家主权宣言》。

"8·19 事件"后,俄罗斯、白俄罗斯和乌克兰三个斯拉夫国家于 1991 年 12 月 8 日达成了关于建立独立国家联合体的"别洛韦日协议",声称苏联"作为国际法的主体和地缘政治现实停止存在",彻底摧毁了戈尔巴乔夫建立新联盟国家的构想。面对新的政治形势的挑战,1991 年 12 月,土库曼斯坦总统尼亚佐夫曾提议建立"中亚五国联盟",即"突厥联盟",以对抗以俄罗斯为首的斯拉夫联盟。但这一提议遭到了哈萨克斯坦总统纳扎尔巴耶夫和乌兹别克斯坦总统卡里莫夫的强烈反对,因而未能付诸实行。② 1991 年 12 月 21 日,由哈萨克斯坦总统纳扎尔巴耶夫出面,邀请原苏联各加盟共和国领导人,在哈萨克斯坦的阿拉木图共同签署了《阿拉木图宣言》,宣布成立独立国家联合体。中亚五国与俄罗斯等国一起,以创始国的身份加入独联体。1991 年 12 月 25 日,苏联宣布解体。自此,中亚五国正式成为独立主权国家,走上了构建独立国家的道路。

第三节 独立国家的巩固

苏联解体后,中亚五个加盟共和国获得了独立国家的法律地位。从

---

① 〔哈〕努·纳扎尔巴耶夫:《时代、命运、个人》,陆兵、王沛译,人民文学出版社,2003,第60页。转引自左凤荣《戈尔巴乔夫、叶利钦与苏联解体》,《俄罗斯中亚东欧研究》2010年第5期。

② 赵常庆主编《十年巨变——中亚和外高加索卷》,中共党史出版社,2004,第15页。

第一章 政治转型的起步阶段与总统制的初步确立（1988~1996）

1992年到1994年，中亚五国相继通过了独立以来的首部宪法。其中，土库曼斯坦和乌兹别克斯坦早在独立后的第二年就颁布了首部宪法，是中亚国家乃至独联体国家中最早通过新宪法的国家。哈萨克斯坦和吉尔吉斯斯坦于1993年通过了首部宪法，而塔吉克斯坦因内战直到1994年11月才颁布了独立以来的首部宪法。中亚各国的宪法均宣布自己是主权国家，国家的边界和领土不可侵犯。同时，各国的新宪法也都在一定程度上改变了苏联时期对国家性质、公民与国家的权利及义务等的提法，为新独立国家的构建确立了法律依据。作为国家的根本大法，新宪法的出台对于巩固国家独立与确定国家政治发展方向具有非常重要的意义。独立后，中亚各国与苏联的继承国俄罗斯在政治、经济、军事上存在着较强的依存关系，因而希望同俄罗斯保持一定程度的联盟关系，可以说，此时的中亚五国在心理上尚未真正迈出独立的步伐。而此时，俄罗斯社会正处于民族主义兴起和民族情绪上升的时期，民众普遍认为，苏联时期"拉平"地区差距的政策使俄罗斯成为向落后地区不断进行资源输出的"奶牛"，从而阻碍了俄罗斯的发展。独立初期，俄罗斯在经济上开始对包括中亚国家在内的原苏联加盟共和国实行"甩包袱"政策，如采取停止提供财政补贴、单方面实施"休克疗法"、逼中亚国家退出卢布区等极端政策，试图通过割断同这些国家的经济联系，摆脱它们对俄罗斯独立与发展的羁绊。1993年5月，为挽救急速恶化的国民经济，吉尔吉斯斯坦实行了"休克疗法"式的经济改革，宣布发行本国货币索姆，从而启动了中亚国家退出"卢布区"的日程表。由于俄罗斯不顾独联体其他国家的反对，强行发行新卢布，给"卢布区"内的中亚五国的经济造成了重大损失，继吉尔吉斯斯坦之后，1993年7月始，其他中亚四国也相继发行了本国货币。到1996年，中亚五国全部退出了"卢布区"，迈出了自己经济独立的第一步。中亚国家在货币与经济上的独立进一步推动了整个国家的独立进程，换言之，中亚国家在心理上接受"独立"这一事实是从退出"卢布区"开始的。

与经济领域不同，在军事防御安全领域，多数中亚国家都难以摆脱对俄罗斯的过度依赖。独立之初，多数中亚国家都没有能力建立自己的军队和边境防御体系。乌兹别克斯坦直到1992年3月才组建了本国的第一支边防军。1992

年 5 月,哈萨克斯坦正式宣布成立国防部。① 而对于吉尔吉斯斯坦和塔吉克斯坦而言,其国防安全至今仍有赖于俄罗斯军队的支持,两国境内至今仍保留着俄罗斯的军事基地和驻军。1993 年,俄罗斯向塔吉克斯坦派驻了第 201 摩托化步兵师,其驻地经 2005 年改建为 201 号军事基地后,已成为俄罗斯在海外最大的军事基地,目前有驻军 7500 人。2011 年,塔吉克斯坦总统拉赫蒙在与时任俄罗斯总统梅德韦杰夫商讨俄罗斯在塔吉克斯坦的驻军期限协议时指出,俄罗斯在塔吉克斯坦驻军是确保塔吉克斯坦稳定与安全的重要因素。②

第四节 中亚五国总统制的确立

1991 年至 1996 年间,中亚五国陆续确立了本国的总统制权力结构体系。这一时期,由于社会政治条件与政治分化不同以及领导人的治国理念存在的差异,中亚五国在确立总统制权力体系的过程中呈现出不同的特色。土库曼斯坦和乌兹别克斯坦是后苏联国家在独立与建国进程中少有的两个相对平静地实现独立与体制转变的国家。两国无论是国家最高权力机关内部,还是社会中的各种政治力量之间,都没有出现过激烈的政治争斗和社会动荡,领导人通过选举顺利地完成了从苏维埃主席向总统制国家元首的政治角色转换。1990 年 10 月,时任土库曼加盟共和国最高苏维埃主席的尼亚佐夫当选为该国首任总统。国家独立后,1992 年 6 月,尼亚佐夫再次以 99.5% 的高票当选为总统。1991 年 12 月,卡里莫夫以 86% 的得票率顺利当选乌兹别克斯坦独立后的首任总统。

土库曼斯坦和乌兹别克斯坦先后于 1992 年 5 月和 12 月通过了独立后的首部宪法,将以三权分立为原则的总统制国家权力体系以宪法的形式确立下来,两国也因此成为中亚国家乃至独联体国家中最早确立总统制的国家。俄罗斯在时隔一年后经历了炮轰白宫的"十月流血事件"才结束了府院之争,通过了确立总统制的新宪法。由于缺少可借鉴的模式,土库曼斯坦和乌兹别克斯坦在总统制的建制过程中沿袭了很多苏维埃体制的做法及苏维埃体制的政治传统,

---

① 赵常庆主编《十年巨变——中亚和外高加索卷》,中共党史出版社,2004,第 22 页。
② 《俄塔拟明年签署协议延长俄军事基地驻扎期限》,新华网,2011 年 9 月 3 日,http://news.eastday.com/w/20110903/u1a6085939.html。

第一章 政治转型的起步阶段与总统制的初步确立（1988～1996）

实行一院制议会。如 1992 年土库曼斯坦宪法规定的最高权力机关——人民委员会就保留了苏维埃体制的特征。土库曼斯坦 1992 年宪法在确立国家三权分立政治体制的同时，在各权力机关之上还建立了人民委员会，它行使国家最高决策权与立法权，是行使立法与行政权力的最高国家权力机构。它凌驾于三权之上，由总统、议会议员、每区一名民选人民代表、最高法院院长、最高经济法院院长、总检察长、内阁成员以及各州、市、镇的行政负责人组成，拥有最高的立法权，任期五年。[1] 土库曼斯坦议会称为国民议会，由 50 名选举产生的代表组成，行使国家的立法权，任期五年。[2] 人民委员会的设立使三权分立形同虚设，总统超然于各个权力之上，成为国家权力的绝对核心。人民委员会对总统代表的任命和地方权力机关的组成也拥有权力。乌兹别克斯坦议会称为最高会议，由 150 名在多党制的基础上通过民选产生的代表组成，任期五年。可以说，土库曼斯坦和乌兹别克斯坦两国最高领导人在国内均享有很高的威望，对行政、立法与司法均拥有实权，因而成为名副其实的政权核心，避免了转型初期国家因分权而可能引发的社会政治动荡。也正是由于这种平稳过渡，使得两国对于政治改革的需求较小，缺乏改革的内生动力，政治改革的步伐也相对较小，其政治体制的特征表现为对苏维埃体制的继承多于变革，在政治转型进程中呈现出较大的保守性。

独立之初，哈萨克斯坦、吉尔吉斯斯坦在解散和取缔本国共产党的同时，积极鼓励意识形态多元化的发展，采取了较为宽松的政党政策，促进了本国多党政治的发育。同时，由于国内民族、部族、地方势力和宗教等因素的影响，社会出现了较大的政治分化，其结果是在政治生活中培育了强有力的反对派势力，并在议会内外挑战总统的政治权威，致使社会矛盾和地区性政治冲突加剧。在塔吉克斯坦，伊斯兰复兴党领导的反对派势力甚至发起了反对世俗政权、复兴伊斯兰国家的示威游行，最终酿成长达五年之久的流血冲突与内战。因此，哈萨克斯坦、吉尔吉斯斯坦和塔吉克斯坦三国独立以后，新宪法的出台均晚于土库曼斯坦和乌兹别克斯坦。

---

[1] Конституция Республики Туркменистана 1992 г, см. статья 45, 48.
[2] 施玉宇：《列国志——土库曼斯坦》，社会科学文献出版社，2005，第 71 页。

哈萨克斯坦和吉尔吉斯斯坦两国的新宪法虽然都确立总统制为国家的权力结构体系，但在机构与职能设置方面，依旧保留了从苏维埃体制中继承下来的一院制最高苏维埃议会，并赋予其较大的立法权与人事任免权。1993年的哈萨克斯坦新宪法规定，最高苏维埃为国家最高的代议机关，行使国家最高的立法和监督职能，拥有确定国家内外方针以及选举产生国家最高司法机关领导人等。1993年吉尔吉斯斯坦的宪法规定，吉尔吉斯斯坦为半总统制，或者为混合总统制国家：总统经议会同意可以任命总理及内阁成员，[①] 但是，议会中得票率最多的政党享有政府组阁权的相关规定又具有议会制的特征。在新的权力体系下，立法机关同行政机关之间，特别是在议会与总统之间的权力划分方面缺乏明确的宪法规定，总统选举与议会选举二者拥有各自独立的选举基础，因而造成民主合法性基础的二元化，这也是政治学者 J. 林茨所认为的导致政治不稳定的根源。这一时期，哈萨克斯坦与吉尔吉斯斯坦两国的总统与议会之间彼此掣肘，龃龉不断，严重阻碍了政府工作的推进。因此，理顺立法机关同行政机关的权责关系是哈萨克斯坦和吉尔吉斯斯坦在此时期的当务之急，根本问题是国家政治体制的选择问题。事实上，有关建立总统制还是议会制的问题，在当时的哈萨克斯坦和吉尔吉斯斯坦都引发了激烈的争论。在独立之初，哈萨克斯坦并未将国家的权力结构设计为总统制，在保留了苏维埃权力结构的情况下，总统的权力相对有限。[②]

执行权力与立法权力机关在权限划分上的分歧直接体现在国家最高权力机关之间的权力争夺上。1994年，吉尔吉斯斯坦总统与议会之间的较量不断升级，以总统阿卡耶夫为首的执行权力机关同以舍利姆库洛夫为首的议会之间因改革和政权分配问题产生了激烈的矛盾，并发展为对国家政治体制选择的争论。前者主张实行总统制，后者主张对总统权力加以限制。1994年1月，在总统阿卡耶夫的倡议下，就是否信任总统的问题举行全民公决，结果阿卡耶夫

---

① Гульнара Искакова, Президент－премьер－министр：изменение взаимоонтношений？ （от конституции 1993 до конституции 2006）, www. open. kg/engine. php？module = analytics&mode = file&id = 34.

② Ашимбаев М. С., Политический транзит：от глобального к национальному измерению, http：//www. kisi. kz/Parts/bookslO－23－02. Ashimbaev. html.

第一章 政治转型的起步阶段与总统制的初步确立（1988~1996）

获得了 96.4% 的支持率，这使他敢于在同年 9 月做出解散最高苏维埃的选择。① 总统与议会矛盾再次被激化。1994 年 9 月，支持阿卡耶夫的 143 名议员因拒绝参加议会活动，迫使议会自行解散。② 为了进一步巩固总统的胜利果实，1994 年 10 月 22 日，吉尔吉斯斯坦就关于议会由一院制改为两院制的问题再次举行全民公决，并获得通过。自此，苏联沿袭下来的最高苏维埃退出吉尔吉斯斯坦的政治舞台，阿卡耶夫的总统权力得到加强。根据 1994 年全民公决的结果，吉尔吉斯斯坦对 1993 年的第一部宪法进行了修改和补充，以两院制议会取代了一院制最高苏维埃，议会两院分别为立法会议和人民代表会议，议席从 350 席减少至 105 席，上下两院席位分别为 35 席和 70 席。③ 两院制议会大大削弱了立法机关对总统的制衡能力，从而降低了议会对总统权力的威胁。1995 年 2 月，吉尔吉斯斯坦选举产生了新一届议会两院，但两院的权力依旧遵循 1993 年的宪法架构，没有实现完全的分开。④ 1996 年 2 月，吉尔吉斯斯坦再次以全民公决的方式修改了宪法，对议会两院的权力划分做出了明确的规定，并对立法机关监督与制衡总统的职能做出了严格的限制性规定。同时，新宪法还扩大了总统的权力，赋予其较大的立法权限。如 1996 年新修订的宪法规定，总统不仅拥有立法动议权，还被授予一定的立法权，在议会解散的情况下，立法权将转交给总统。有学者认为，1996 年的宪法极大地加强了总统的权力，标志着吉尔吉斯斯坦开始从混合式总统议会制向集权的总统制转变。⑤

---

① 吴伟：《逝去的岁月，难忘的经历——〈难忘的十年〉读后》，《东欧中亚研究》2002 年第 6 期。
② Кыргызстан до и после《т. юльпановой революции》, Политическая ситуация в Кыргызстане в 1990－2004 голах, 19 октября 2005, http：//www. stratagema. org/polittechnology. php？nws = gq14p1781632563.
③ Чотаев З. Д., Парламентская формаправления в Кыргызстане: проблемы и перспективы, orasam. manas. kg/books/Z. Chotaev. pdf. 立法会议和人民代表会议俄文名称分别为 Законодательное собрание（立法会议）和 Собрание народных представителей（人民代表会议）。
④ Кыргызстан до и после《Тюльпановой революции》, http：//igpi. ru/info/people/kynev/1128082583. html.
⑤ Элебаева А. Б, Особенности политической трансформации в Кыргызской Республике, естник АУПКР 2011 №12, http：//www. sak2010. com/index. php？option = com _ content&view = article&id = 40；2011－09－23－12－55－07&catid = 7；2011－06－20－23－02－58&Itemid = 16&lang = ru. Байтерекова Ж. С, Справка о Кыргызстане, http：//inlang. linguanet. ru/Cis/CisCountries/detail. php？ELEMENT_ ID = 2228&SHOWALL_ 1 = 1.

1995年12月24日，吉尔吉斯斯坦举行了独立以来的第二届总统选举，这也是1993年宪法颁布以来的首届总统选举。申请参选的候选人中，有前吉尔吉斯共产党中央委员会第一书记阿曼巴耶夫和反对派领导人捷克巴耶夫，但他们均由于在竞选资格上存在问题，而未获准登记。最后只有三位候选人通过了登记，他们是时任总统阿卡耶夫、吉尔吉斯斯坦共产党领导人A. 马萨利耶夫和前最高苏维埃主席M. 希利库洛夫，阿卡耶夫最终以71.65%的得票率胜出，位居第二位的是马萨利耶夫，获得了24.4%的选票。① 本届总统选举虽然没有改变总统阿卡耶夫连任的局面，但吉尔吉斯斯坦社会各派政治力量"群雄逐鹿"之势已然展开。

此时的哈萨克斯坦也深受府院之争的困扰。由于首部宪法未能理顺立法机关同总统之间的权力关系，1993~1994年在哈萨克斯坦也出现了总统与议会之间的府院之争。哈萨克斯坦总统与议会矛盾激化，先是地方苏维埃自行解散，后来发展到最高苏维埃停止活动，之后，由于新选出的议会依旧与总统发生不和而被再度解散，其结果是在1995年3月至1995年12月新议会产生之前，哈萨克斯坦一直处于无议会的总统治理时期，总统以"总统令"的形式行使立法职能。② 1995年8月30日，哈萨克斯坦以全民公决的方式废除了1993年宪法，颁布了独立以来的第二部宪法，最终确立了总统在国家权力结构中的主导地位，从而结束了总统与议会之间长期掣肘的局面。新宪法进一步明确了总统与议会的权限，同吉尔吉斯斯坦相似，总统除了对行政、司法权力机关以及议会上院的领导人拥有任免权外，还被赋予立法动议权以及部分的司法仲裁权。同时，新宪法也相对减少了议员的席位和任期。议会实行两院分治，上院马斯里哈特为参议院，下院马日利斯为众议院，两院任期由五年分别缩短至四年和两年。议会席位由176席减少至67席。③ 另外，新宪法还取消了副总统职务，以防止总统权威遭遇来自权力上层的挑战以及总统权力被分

---

① Кыргызстан до и после «Тюльпановой революции», http://igpi.ru/info/people/kynev/1128082583.html.
② 赵常庆：《列国志——哈萨克斯坦》，社会科学文献出版社，2004，第45页。
③ История развития парламентаризма в Казахстане, http://www.parlam.kz/ru/history.

第一章 政治转型的起步阶段与总统制的初步确立（1988～1996）

割。1995年12月9日，哈萨克斯坦举行了议会下院选举，顺利选出67名议员。① 1995年宪法在哈萨克斯坦的独立进程中具有里程碑的地位，它标志着总统制的权力结构在哈萨克斯坦的确立，奠定了国家的政治发展方向。本部宪法的颁布日期也作为哈萨克斯坦的重大节日——"宪法日"而被纪念。此外，为巩固以总统为核心的权力结构体系，1995年，哈萨克斯坦还出台了《议会及议员地位法》《政府法》和《司法体系及其地位法》等一系列相关配套法律，进一步理顺总统制权力体系下各种权力机关间的关系。②

与其他中亚国家相比，塔吉克斯坦确立国家政治发展的道路并不平坦。独立之初，自由化和民主化促使塔吉克斯坦国内民主反对派不断涌现，伊斯兰势力也随之发展壮大，并逐渐与民族-民主反对派联合成一股反政府势力。早在1990年马赫卡莫夫担任塔吉克共产党第一书记和塔吉克共和国总统期间，反对派就曾多次在杜尚别组织反政府示威活动，要求马赫卡莫夫下台、解散塔吉克共产党、取消对伊斯兰解放党的禁令。1991年11月，来自列宁纳巴德的代表纳比耶夫以56.92%的微弱优势当选为独立后的塔吉克斯坦共和国首任总统。其竞争者是由人民民主党、伊斯兰复兴党、民族民主运动"拉斯图海兹"以及穆斯林宗教人士联合推举的达夫拉特·库达纳扎罗夫，后者获得了34%的民众支持。③ 1992年5月纳比耶夫同意组成民族和解政府，允许反对派进入联合政府。此时，伊斯兰复兴党逐渐成为反对派的核心力量，并将反对派与政权之争发展为部族之争和伊斯兰政权与世俗政权之争。1992年6月，在塔吉克斯坦南部地区，纳比耶夫的支持者与反对派发生武装冲突，社会矛盾不断激化，最终发展为国内战争。1992年9月，纳比耶夫在反对派的压力下被迫辞职。此时，政府的支持者也组织了军事政治组织——人民阵线，号召在国内恢复宪法秩序。11月，塔吉克斯坦共和国最高苏维埃推举拉赫莫诺夫为最高苏维埃主席，成为塔吉克斯坦事实上的领导人，并得到了人民阵线的支持。在乌兹别克斯坦等中亚国家的政治支持与联合国的积极斡旋之下，塔吉克斯坦局势

---

① История развития парламентаризма в Казахстане, http://www.parlam.kz/ru/history.
② История развития парламентаризма в Казахстане, http://www.parlam.kz/ru/history.
③ 达夫拉特·库达纳扎罗夫的得票率参见黄陵渝《塔吉克斯坦的伊斯兰教》，《东欧中亚研究》1997年第1期。

出现转机，交战双方进入了会谈阶段，总统拉赫莫诺夫的势力和政治威信得到不断加强。此间，塔吉克斯坦国家政权的组织形式发生了变化。1994年11月6日，塔吉克斯坦通过全民公决修改宪法，由以苏维埃为核心的议会制政体改为总统制。总统由全民选举产生，任期五年。在1994年11月重新举行的总统选举中，拉赫莫诺夫当选为塔吉克斯坦总统。立法机关虽然在苏维埃体制与总统制权力结构中的地位有所变化，但由于连年的内战和战时的需要，塔吉克斯坦议会一直保持着一院制最高苏维埃的结构，直至1999年重新修宪。此间，最高苏维埃为国家最高代表机关，代表任期五年，拥有确立国家内外政策方针、解释宪法及法律、选举和召回司法机关领导人等权力。[1]

总体而言，这一时期中亚国家的政治体制转型是在中亚五国独立建国的政治背景下逐步推进的。中亚国家在从苏联加盟共和国到独立国家、从苏维埃体制转变为总统制的过程中，经历了巩固独立和建立建全国家政治体制及国家权力机关的过程。虽然在政体选择过程中，不同国家因特殊的国内社会政治因素，引发了关于选择总统制还是议会制的争论，但中亚五国在政治转型之初最终还是无一例外地选择了以三权分立为原则的总统制政体模式。

---

[1] 《塔吉克斯坦宪法（1994年）》，姜士林主编《世界宪法全书》，青岛出版社，1997，第452页。

第二章 中亚国家总统权力的初步巩固
（1996~2000）

随着塔吉克斯坦内战的结束，中亚地区的安全形势趋于缓和。各国国内的政局也从政治危机逐渐走向了秩序与稳定，各国总统利用新的宪政资源和制度安排不断巩固与加强自己的权力基础。进入20世纪90年代中后期，中亚多数国家的首任总统结束了自己的第一任期，这些国家相继进入了独立以来的第一个宪法意义上的政权更替期。为防止反对派势力回潮、避免政局出现动荡，中亚多数国家进行了对首部宪法的修改和补充工作，以延长现任总统的任期来取代例行的总统大选，从而确保时任总统的连任。

第一节 "修宪运动"① 与总统权力基础的巩固

独立五年后，中亚国家总统的首届任期即将结束，各国相继进入第一个政权更替期。但如何在新体制下进行权力交接，尚无先例，因而中亚国家在很大程度上还是沿袭了苏联时期的传统思路和做法，以确保现任总统的连任。1993年，土库曼斯坦民主党提议1997年不进行总统选举，而是将总统尼亚佐夫的任期直接延长至2002年。1994年1月，土库曼斯坦对此项提议进行全民公决，并获得了通过。②1995年12月，土库曼斯坦人民委员会再次就总统任期问题对首部宪法进行了修改和补充，将时任总统任期由五年延长至

---

① "修宪运动"：在中亚国家独立进程中并无"修宪运动"的说法，本书以"运动"冠名，是有意强调中亚国家在这一时期进行宪法修订的规模之大与普遍性。
② Пожизненный президент Туркмении, http://calvaryguard.com/ru/kanz/hist/negod/bashi.

七年。① 1999年12月，在土库曼斯坦人民委员会、长老会议和民族复兴运动的联席会议上，决定授予尼亚佐夫无限期行使国家元首全权的特别权力。土库曼斯坦是独联体国家中第一个通过全民公决的方式延长总统任期的国家，尼亚佐夫也成为合法获得终身总统身份的首位总统。

土库曼斯坦延长总统任期的做法很快被中亚其他国家所效仿。此时，俄罗斯在政治转型中的教训也给中亚国家提供了负面样板。1996年，叶利钦在俄罗斯总统大选中险些被俄共领导人久加诺夫拉下马的一幕，给中亚五国领导人敲响了警钟，也使各国总统试图避开选举获得连任的决心更加坚定。1995年3月，乌兹别克斯坦效仿土库曼斯坦通过全民公决的方式将卡里莫夫总统的任期延长至2000年。② 因而，两国总统均顺利绕开总统选举，直接进入了下一个总统任期。然而，哈萨克斯坦总统纳扎尔巴耶夫的尝试并不顺利。同反对派较量多年、尚未度过政权风险期的哈萨克斯坦政权，担心新一届总统选举可能会使其重蹈俄罗斯的覆辙，因而也希望效仿土库曼斯坦和乌兹别克斯坦，通过修宪实现总统权力的延续。1995年，哈萨克斯坦总统提出了有关延长总统任期的倡议，并于同年4月通过全民公决将总统纳扎尔巴耶夫的任期延长至2000年12月。③ 1998年，纳扎尔巴耶夫总统以延长总统任期年限为请求，提出再次修宪，却受到了来自议会反对派的阻力。最终，议会同意于1998年通过关于延长总统任期年限的宪法修正案，将总统任期由五年改为七年，但作为交换条件，要将原定于2000年12月举行的总统选举提前至1999年1月举行。1998年新修订的宪法延长了总统任期的年限，并将总统候选人的最低年龄限制由35岁上调为40岁。同时，也相应地延长了议会两院议员的任期，其中众议院的任期为五年，参议院为六年。④

---

① Срок полномочий президента Туркмении будет увеличен до 7 лет, ИТАР – ТАСС, http://www.zakon.kz/112265-srok-polnomochijj-prezidenta-turkmenii.html.

② Государственный и Политический строй Узбекистана, http://www.easttime.ru/info/uzbekistan/gosudarstvennyi-i-politicheskii-stroi-uzbekistana.

③ Досрочные президентские выборы в Казахстане преподносятся как демократическая альтернатива референдуму, http://iwpr.net/ru/report-news.

④ Конституция Республики Казахстан, http://www.pravo.vuzlib.org/book_z1520_page_50.html.

第二章 中亚国家总统权力的初步巩固（1996~2000）

塔吉克斯坦因国内战争而延缓了其政治改革的进程。1997年6月27日，塔吉克斯坦总统拉赫莫诺夫和联合反对派领导人萨·阿·努里在国际社会和联合国秘书长特别代表梅列姆的调解和积极斡旋之下，于莫斯科签署了《关于在塔吉克斯坦实现和平与民族和解总协定》（以下简称《总协定》）。这标志着塔吉克斯坦逐渐从战争走向和平。《总协定》规定，停战双方各派出13名代表组成民族和解委员会，作为总统和议会选举前的临时工作机构；现政权从中央到地方各级政府机构中让出30%的职位给反对派。在《总协定》签署前，停战双方还于1997年5月18日在吉尔吉斯斯坦首都比什凯克签署了《有关政治问题的备忘录》。根据该备忘录的规定，塔吉克斯坦政府将在政治体制、政党制度、地方选举等相关的制度安排上做出让步，放宽对伊斯兰政治派别的限制，扩大其参政空间，保障其参与国家的政策实施，甚至准许流亡国外的反对派领袖图拉宗佐达回国担任民族和解联合政府的成员。[①] 同时，为保证伊斯兰教政党代表能以合法身份进入国家执行权力机关，塔吉克斯坦还将对议会和地方选举法、政党法乃至宪法进行修改和补充。[②] 1999年9月26日，塔吉克斯坦通过全民公决对1994年宪法进行了修改和补充。新修订的宪法规定，塔吉克斯坦实行总统制，总统是国家元首、政府首脑和武装部队的统帅，总统任期由五年改为七年。同时，议会改行两院制，上院设33个席位，其中25名议员由索格特州、哈特隆州、戈尔诺—巴达赫尚自治州、中央直属区和杜尚别五个州市的地方议会通过间接选举的方式选举产生，各地代表人数为5人，同时，总统直接任命8人，前任总统将为上院终身议员。下院设63个席位，其中41席由以单名选区制的方式通过全民选举产生，22席通过比例代表制从得票率超过5%的政党中选举产生，上下两院议员的任期均为五年。[③] 1999年新修订的宪法进一步加强了塔吉克斯坦的总统制政体，并以此方式提升了总统拉赫莫诺夫在民族和解进程中所树立的威望。此外，作为结束内战、实现民族和解的

---

① 陈小沁：《从塔吉克斯坦民族和解进程看伊斯兰教在国家政治生活中的作用》，《俄罗斯中亚东欧研究》2004年第5期。
② Протокол по политическим вопросам, Бишкек, 18 мая 1997 г. http：//daccess - dds - ny. un. org/doc/UNDOC/GEN/N97/132/49/PDF/N9713249. pdf？OpenElement.
③ Конституция Республики Таджикистан, 1999 г. http：//www. wipo. int/wipolex/zh/text. jsp？file_id = 235955.

重要措施和步骤，新修订的宪法在政党参政和宗教政党合法化问题上也有较大的修改。如改革议会产生方式，增加政党代表的席位，将议会下院政党代表的比例提高到议员总数的1/3，以此来扩大政党的参政空间。同时，新修订的宪法还赋予宗教性质的政党以合法地位，规定政党要以政治多元化为基础，推动民意表达和政治参与。公民有权决定自己的宗教信仰，参加各种宗教文化仪式，并有权组织和参加带有宗教性质的政党或社会组织。[①]

在中亚国家中，唯一没有通过修宪延长总统任期而是如期举行总统选举的国家是吉尔吉斯斯坦，但在谋求长期执政的问题上阿卡耶夫总统并不是没有思考的。事实上，在1997~1998年，吉尔吉斯斯坦议会中的亲总统议员们也曾呼吁议会，就有关阿卡耶夫参加第三届总统选举资格的问题提出修宪，还有一些总统的支持者甚至提出了授予总统终身任期的倡议。1998年年初，宪法法院根据1993年宪法的规定裁定，阿卡耶夫的第一任期从1995年当选总统时起算，因而其有权参加2000年举行的总统选举。[②] 如此，阿卡耶夫尽管没有绕开选举，也同样获得了延长执政任期的合法性。此外，为巩固总统权力的法律基础，1998年10月，即于1993年立宪并于1996年修宪之后，吉尔吉斯斯坦再度经全民公决对议会两院的权限和结构做了进一步调整。新修订的宪法相应扩大了立法会议的规模，议席数由35席增加至60席，其中比例代表制选举产生的议席增加了15个。同时，新宪法还相应缩小了人民代表会议的规模，代表人数由70名减少至45名，通过区域代表制选举产生。[③] 表面上看，议会两院的规模并没有发生变化，议席总数仍保持105席，但从议会两院结构的调整中不难发现，吉尔吉斯斯坦总统通过修宪缩小了代表地区利益的人民代表会议的规模，削弱了地方势力对中央权力的威胁。此外，新宪法还提高了比例代表制议席的数量，进而为形成有影响力的议会党团铺垫了道路。有学者

---

① Конституция Республики Таджикистан была принята 6 ноября 1994 года путем всенародного референдума. Таким же путем в неё были внесены изменения и дополнения 26 сентября 1999 и 22 июня 2003 гг. http: //www. president. tj/ru/taxonomy/term/5/112.

② Ж. С. Байтерекова, Справка о Кыргызстане, http: //inlang. linguanet. ru/Cis/CisCountries/detail. php? ELEMENT_ ID =2228&SHOWALL_ 1 =1.

③ Чотаев З. Д., Парламентская форма правления в Кыргызстане: проблемы и перспективы, orasam. manas. kg/books/Z. Chotaev. pdf.

认为，议会中比例代表制议员人数的增加将有利于促进政党的发育以及亲总统议会的形成。这一点在 2000 年举行的议会选举中得到了印证。[①]

第二节　政治稳定时期中亚五国的总统与议会选举

除土库曼斯坦外，多数中亚国家均依据宪法和全民公决的规定，于 2000 年前后举行了总统选举与议会选举。与独立初期首届总统选举不同的是，此时期各国的总统选举均为差额选举。尽管多数候选人没有实力与在任总统竞争总统宝座，但其参选本身就在很大程度上反映了社会分化的趋势。从总统选举的结果看，尽管一些国家的现任总统依旧能以较高的票数成功获得连任，但其得票率已明显不及独立初期首届总统选举中的得票率（详见附表）。

1999 年 1 月 10 日，哈萨克斯坦举行了独立后的首次总统差额选举。候选人除在任总统纳扎尔巴耶夫外，还有哈萨克斯坦共产党领导人谢·阿布基尔金、海关委员会主席盖卡西莫夫和上院议员安格巴索夫。[②] 值得一提的是，选举前三个月，一直被认为是较有竞争力的反对派领袖、哈萨克斯坦前总理卡热戈尔金由于腐败问题被起诉，后因流亡国外而失去了候选人资格。在本届总统选举中，纳扎尔巴耶夫以 79.78% 的得票率战胜其他三名候选人，成功获得连任。与总统选举相比，同年 10 月举行的议会选举的竞争显得更加激烈。议会下院的 77 个席位中有 67 个议席由全国各选区通过单名选区制选举产生，10 个议席由政党通过比例代表制选出。根据选举结果，共有四个政党通过 7% 的议会门槛，其中祖国党赢得了 30.89% 的选票，共获 23 席，占议席总数的近 2/3（62.5%），成为议会第一大党。同时进入议会的还有公民党、哈萨克斯坦共产党和农业党。[③] 在进入议会下院的政党中，除哈萨克斯坦共产党为反对派政党外，其他三个均为亲政权的政党。本届议会格局的改变标志着哈萨克斯

[①] Кыргызстан: этнический плюрализм и политические конфликты, 7 апреля, 2010, http://www.ca-c.org/journal/cac-09-2000/18.Khanin.shtml.

[②] Марк Григорян, Альтернативные, но не демократические выборы, http://www.ca-c.org/journal/cac-03-1999/st_03_grigoryan.shtml.

[③] 公民党、哈萨克斯坦共产党和农业党在此次议会下院选举中分别获 13 席、3 席和 3 席。

坦已经成功度过府院之争的政治危机期，亲政权势力的上升无疑将有利于缓和最高执行权力机关与立法权力机关之间的矛盾，并带来一个总统与议会的"蜜月期"。

2000年2月20日和3月12日，吉尔吉斯斯坦如期举行了立法会议与人民代表会议两院的选举，其中立法会议选举的竞争较为激烈。在本届选举中共有219名候选人和11个政党及竞选联盟获准参选，分别竞争45个单名选区制席位和15个比例代表制席位。① 最终，经过两轮角逐，共有六个政党和竞选联盟跨过了5%的议会门槛，进入了新一届议会，其中吉尔吉斯斯坦共产党获得了27.65%的选票，获得五个席位，成为立法会议的第一大党，以后依次是民主力量联盟"统一吉尔吉斯斯坦"、吉尔吉斯斯坦妇女民主党、阿富汗老兵党、祖国党以及"我的祖国"党。② 议会选举中反映了吉尔吉斯斯坦社会政治力量的总体格局，为稍后进行的总统选举提供了民意晴雨表。为了保障在本届总统选举中顺利获得连任，在选举前夕，吉尔吉斯斯坦总统阿卡耶夫通过行政和司法手段将其最有力的竞争者、前副总理费·库洛夫排除在选举之外。同时，根据新修订的宪法，本届总统选举增加了对候选人的国语资格考核项目，结果15名登记的候选人中又有8名因未通过考试而失去了候选人资格。2000年10月29日，吉尔吉斯斯坦举行了新一届总统选举，阿卡耶夫以74.47%的得票率再度蝉联总统。③ 此外，在本届选举中，祖国党领导人捷克巴耶夫和企业家代表阿坦巴耶夫等反对派候选人分别以13.9%和6.2%的得票率位居第二和第三，并开始在吉尔吉斯斯坦的政坛上崭露头角。

与吉尔吉斯斯坦议会选举相似的是，乌兹别克斯坦1999年12月5日举行最高会议选举，其竞争也异常激烈。根据宪法规定，本届议会将在多党制的基

---

① Александр Кынев，Кыргызстан до и после «Тюльпановой революции»，http：//www.igpi.ru/info/people/kynev/1128082583.html.

② 各党获得的席位数分别为：民主力量联盟"统一吉尔吉斯斯坦"（4席）、吉尔吉斯斯坦妇女民主党（2席）、阿富汗老兵党（2席）、祖国党（1席）和"我的祖国"党（1席）。Кыргызстан до и после《Тюльпановой революции》．Политическая ситуация в Кыргызстане в 1990－2004 голах，19 октября 2005，http：//www.stratagema.org/polittechnology.php? nws＝gq14p1781632563.

③ Пути формирования нового государства，http：//www.welcome.kg/ru/history/nz/jkl.

础上，由全国250个选区各选举一名议员组成。① 与1994年12月选举产生的最高会议相比，本届议会的政党格局发生了较大的变化，进入议会的政党由当初的两个增至六个，政党获得的议席数也略有分散。人民民主党依旧为议会第一大党，但其得票率已由1994年的27.6%下降至1999年的19.27%，所占议席也由69席降至49席。1994年议会的第二大党祖国进步党在本届议会中仅获得一个席位。而具有民族主义倾向的"自我牺牲者"民族民主党在本届议会选举中出人意料地获得13.65%的选票，赢得了34个席位，成为议会第二大党。此外，进入议会的政党还有社会民主公正党和民族复兴民主党。各级地方代表占110席，无党派人士占16席。② 虽然各党派在议会选举中各执政见，彼此分庭抗礼，但在与总统的关系上却表现出趋同性。在乌兹别克斯坦不存在实际意义的反对派政党，各党均公开表示支持现任总统卡里莫夫，因此，以政党为基础的议会选举可以被视为总统影响力在立法机关的延伸。同时，在乌兹别克斯坦的议会中，无论哪一派政党或政治力量上升，都不会影响总统对议会的控制能力。总统与政党的这种关系在时隔一个月之后举行的总统选举中也有所体现。在2000年1月9日举行的总统选举中，由议会第一大党人民民主党③推举的候选人卡里莫夫的唯一竞争者是同样来自该党的中央委员会第一书记A. M. 贾拉洛夫。因此，卡里莫夫几乎是在无竞争者的情况下以91.9%的高票轻松赢得连任。④

同样顺利获得连任的中亚国家领导人还有塔吉克斯坦总统拉赫莫诺夫。在1999年11月6日举行的总统选举中，塔吉克斯坦总统拉赫莫诺夫以96.97%的绝对优势蝉联总统。而其唯一的竞争者伊斯兰复兴党副主席乌斯曼诺夫仅得到2.11%的选票。⑤ 拉赫莫诺夫获胜的主要原因是他顺应民意，积极推进民族

---

① Конституция Узбекистана, 1992г., http://worldconstitutions.ru/archives/123.
② Парламентские выборы в Узбекистане завершились, http://www.fergananews.com/articles/3421.
③ Национально-демократической партией "Фидокорлар", http://www.pv.uz/politics/partiya-dvizheniya/predvibornaya-p.
④ В Узбекистане состоялись президентские выборы, "Российская газета", http://www.rg.ru/oficial/from_min/mid/22.htm.
⑤ Президентские выборы в Таджикистане назначены 6 ноября, 31.08.2006, Reuters, http://afn.by/news/i/78183.

和解进程，从而赢得了全国人民的拥护与支持。多年战乱给塔吉克斯坦民众造成严重的物质和精神损失，人们的厌战情绪强烈，以塔吉克斯坦伊斯兰复兴党为代表的宗教势力因发动连年的内战，而将自己置于塔吉克斯坦政府和人民的对立面，失去了民心，其选举结果不言而喻。在2000年2月27日和3月23日举行的塔吉克斯坦议会上、下两院选举中也反映出了这种民意。总统领导的人民民主党大获全胜，赢得63个议席中的34席，占下院总席位的一半以上。相形之下，最大反对党伊斯兰复兴党的气势却一落千丈，仅获得了7.47%的选票，勉强进入议会。此外，塔吉克斯坦共产党也顺利进入本届议会，得票率为20.63%，成为本届议会的第二大党。①

经过2000年前后的总统选举，中亚各国均平稳地度过了第一个政权更替期，时任总统顺利实现了权力的延续，总统权力基础也得到不同程度的巩固。从议会选举的结果看，哈萨克斯坦与吉尔吉斯斯坦由于扩大了比例代表制的议席数，因而各派政党获得的选票也相对分散，这在一定程度上体现了两国社会政治力量的多元化格局。同时，在哈萨克斯坦、吉尔吉斯斯坦和塔吉克斯坦的本届议会中共产党以反对党的身份参选并赢得相当多的席位，这一事实表明，独立近十年后，民众对现政权及社会经济转型的现实有诸多不满。与哈、吉、塔三国的议会和政党政治相比，乌兹别克斯坦和土库曼斯坦两国国内政治尚没有形成多元化的力量格局，进入政权的党派均为亲总统的势力或政权党，反对派政党领袖被排挤在政权之外，总统因而得以长期执政，而这种政治现状与力量格局也使乌兹别克斯坦和土库曼斯坦的政治发展进程更加趋于保守。

第三节　政权稳定时期的中亚各国政局

长达五年之久的塔吉克斯坦内战是塔吉克斯坦共和国独立史上的一次灾难。多年战乱给塔吉克斯坦的国民经济与人民生活造成了巨大损失，50多万人死亡，数百万人流离失所，战争的阴影令一代人久久挥之不去。对于刚刚获

---

① 赵常庆主编《十年巨变——中亚和外高加索卷》，中共党史出版社，2004，第64页。

得独立的中亚国家而言，塔吉克斯坦内战的结束给这一地区带来了营造稳定的外部环境、进行和平发展的契机。

1997年，塔吉克斯坦停战双方签署了《关于在塔吉克斯坦建立和平与民族和解总协定》（以下简称《总协定》）后，总统拉赫莫诺夫依据所签署的协议，积极落实《总协定》规定的有关给予反对派内阁席位的配额，按30%的比例将州、市、区地方政府的职位分配给联合反对派的代表。最终，共有54名反对派代表在各级执行权力机构中获得了职位，其中伊斯兰复兴党的代表约占40%①。截至1999年4月，拉赫莫诺夫已吸纳22名反对派成员入阁，担任副部长以上的职务，还任命了两名反对派成员为政府副总理，其中反对派二号领导人图拉宗佐达为政府第一副总理。② 在民族和解进程中还需要提及的一个人物是联合反对派领袖阿·努里。在《总协定》签署后，他被任命为民族和解委员会的主席。1999年8月初，努里正式宣布解散武装，4200多名反对派士兵宣誓后被编入了政府武装力量。即便如此，武装割据状态并没有发生实质性的改变，在部族和宗教因素彼此交织的背景下，塔吉克斯坦中央与地方势力的分庭抗礼虽因《总协定》的签署而有所缓和，但并未得到彻底解决。有分析家认为："只有实现各种政治力量的'横向联合'和中央与地方利益的'纵向结合'，塔吉克斯坦才能实现真正的民族和解与政治稳定。"③ 塔吉克斯坦最高法院于1999年8月12日正式宣布解除对伊斯兰复兴党、民主党等反对派政党活动的禁令，赋予其日后参与国家政治生活的合法地位。直至去世，阿·努里都没有参加过总统选举，也没有再与政府为敌，从而为塔吉克斯坦国内的稳定创造了条件。

随着塔吉克斯坦内战的结束，中亚地区整体的政治与安全形势趋于稳定。在这一背景下，中亚国家开始在国家发展方向上提出各自的国家发展战略。哈萨克斯坦总统纳扎尔巴耶夫于1997年10月首次发表了题为《哈萨克斯坦2030年——全体哈萨克斯坦人民的繁荣、安全和福利改善》的总统国情咨文，

---

① 陈小沁：《从塔吉克斯坦民族和解进程看伊斯兰教在国家政治生活中的作用》，《俄罗斯中亚东欧研究》2004年第5期。
② 《塔民族和解新进展（综述）》，《人民日报》1999年8月2日。
③ 《塔民族和解新进展（综述）》，《人民日报》1999年8月2日。

第一次系统地对哈萨克斯坦独立以来的发展现状和阶段进行了较为全面的概括和总结，为国家设定了未来30年的发展目标，并为哈萨克斯坦社会、经济发展制定了"到2030年进入世界前50强国行列"的中长期战略发展目标。同时，他还将哈萨克斯坦定位为"中亚的雪豹"，努力将其发展为像亚洲四小龙那样能为发展中国家效仿的对象。为实现该目标，总统还提出了七项优先战略目标，如实现国家安全，为哈萨克斯坦营造一个稳定的外部周边；加强国内稳定与社会团结；在高度开放的市场和外部投资的基础上实现经济的增长；提高哈萨克斯坦居民的储蓄存款；促进健康、教育和福利事业的发展；发展关键领域的交通与通信的基础设施建设；实现国家管理的职业化和专业化，从而为经济发展创造良好环境等。① 此外，总统还就政府职业化改革、贫困失业问题、农村问题、社会经济发展问题提出了1998~2000年的短期改革规划。应该说，这些短期改革计划中有关社会经济和政府职业化等改革措施的提出，是对这一时期国内社会政治经济局势总结与反思的结果。

在总体稳定的局势下，一些中亚国家政权内部却并不平静。如在哈萨克斯坦，总统与政府之间常因经济改革方针问题出现严重分歧，这一时期也是哈萨克斯坦政府内部变动最为频繁的时期。1994~1999年，哈萨克斯坦更换过三届政府总理。1997年1月，努·巴尔金巴耶夫出任政府总理，取代自由派总理卡热格尔金。一些哈萨克斯坦研究机构认为，此次政府更替意味着总统将对改革方针进行重大调整，开始致力于从宏观经济调控向调节微观进程转化。② 1999年10月，努·巴尔金巴耶夫政府辞职，由时任副总理兼外交部部长的卡·托卡耶夫组阁，前任政府内的年轻官员被富有经验的政治官僚所取代。吉尔吉斯斯坦总统也同样通过"换人游戏"，逐步理顺了总统与内阁之间的关系，摆脱了政权内部彼此羁绊的困局。1998年至2002年的四年间，吉尔吉斯斯坦政府先后有五位总理被撤职。

这一时期，在总统频繁的"换人游戏"以及总统与政府关系的调整过程中，很多被罢免的前政府高层领导人被排挤出总统阵营，纷纷加入反对派阵

---

① Процветение，безопасность и улучшение благосостояния всех казахстанцев，Октябрь 1997 г.，http：//www. akorda. kz/www/www_ akorda_ kz. nsf.
② 赵常庆：《列国志——哈萨克斯坦》，社会科学文献出版社，2004，第48页。

营,站到了政府的对立面,甚至成为著名的反对派领袖。哈萨克斯坦前总理卡热格尔金、副总理让多索夫和议员阿比洛夫,吉尔吉斯斯坦的前内务部部长库洛夫和前总理巴基耶夫等人都是由前政府官员转变为反对派领袖的。由此可见,哈萨克斯坦与吉尔吉斯斯坦的反对派势力大多是在宪政体制框架内被培育出来的,其与总统之间的矛盾来源于对政治体制、国家治理以及经济改革方面的意见分歧,并随着总统权力的增强而逐步加深,这使国家的政治体制和总统本人的权威面临着越来越多的挑战。

第三章 21世纪初的政治震荡期
（2001~2005）

2001年的"9·11事件"改变了西方国家对中亚地区的战略定位，自美国和北约启动在阿富汗的反恐军事行动后，中亚地区的地缘政治地位得到大幅度提升，因而西方国家也加大了对整个中亚地区民主输出与渗透的力度。此时的俄罗斯正在对独联体的外交政策进行新一轮调整，收复"中亚失地"、恢复对中亚地区的传统影响成为俄罗斯中亚政策的核心。俄美在中亚的政治争夺已不可避免，中亚各国政权也因外部势力影响的增强而经受着各种压力与考验。与此同时，受到格鲁吉亚和乌克兰"颜色革命"鼓舞的中亚各国反对派势力也跃跃欲试，试图借助新一届总统选举和议会选举向中央政权发起挑战，中亚政治呈"山雨欲来"之势。

第一节 吉尔吉斯斯坦"3·24事件"前的中亚政治形势与政治格局

进入21世纪之后，刚刚通过修宪巩固了总统权力的中亚各国领导人又开始为新一轮政权更替未雨绸缪。20世纪90年代中后期，中亚各国普遍完成了对首部宪法的修订工作。除吉尔吉斯斯坦外，多数国家都将总统任期延长至七年，同时各国的宪法法院大多对总统任期赋予新的宪法解释，即始终以新修订的宪法为依据来计算现任总统的首届任期，这样，除了吉尔吉斯斯坦以外，其他中亚国家的领导人都拥有以首届总统候选人的身份再次参选的合法资格。即便如此，从苏联体制中转型而来的中亚各国领导人仍希望按照苏联时期的执政

第三章　21世纪初的政治震荡期（2001～2005）

惯例，谋求更长期的执政和对政权持久的影响力。

如前所述，土库曼斯坦人民委员会已于1999年授权总统尼亚佐夫"无限期行使总统权力"，但2002年8月尼亚佐夫主动宣布放弃"终身总统待遇"，并称新一届总统选举将于2009年举行。2003年，土库曼斯坦通过修宪将总统候选人的年龄上限上调至70岁[①]，从而为时年63岁的尼亚佐夫获得总统候选人资格铺平道路。与此同时，塔吉克斯坦也在为总统拉赫莫诺夫能够再次获得参选连任资格谋篇布局。根据1999年新修改的宪法，总统只能担任一届，任期七年。[②] 拉赫莫诺夫总统的任期将于2006年结束，且没有再次参选的资格。因此，2003年6月22日，塔吉克斯坦就有关将总统的任期由一届延长至两届（即14年）的宪法草案举行全民公决，结果获得了92.8%的选民支持。此次全民公决的通过意味着，拉赫莫诺夫获得了在2006年的总统选举中参选的资格，从而使其在获得连任的情况下将执政期限将延长至2020年。[③] 2000年2月27日和3月12日，塔吉克斯坦进行了议会两院选举，在议会下院选举中，人民民主党获得了63议席中的36席，同时进入议会的还有共产党和伊斯兰复兴党，二者获得的席位分别为13席和2席。议会选举结果表明，此时伊斯兰复兴党的政治影响力已经明显下降。

同样就总统任期问题再次进行修宪的还有乌兹别克斯坦。2002年1月乌兹别克斯坦再次就总统任期由五年延长为七年的宪法草案举行了全民公决，且获得了通过，并于2003年完成了修宪程序。依据新修订的宪法，将于2006年1月卸任的卡里莫夫总统的任期被延长至2007年12月，从而使其此届任期延长了近一年。同时，新修订的宪法还赋予总统"议会上院终身议员"的资格，从而为其卸任后继续对政权施加影响提供了平台。此外，新修订的宪法改革了

[①] Коституция Туркменистана（с изменениями и дополнениями от 15 августа 2003 г.），20.08.03，http://www.turkmenistan.ru/?page_id=9&lang_id=ru&elem_id=2251&type=event&sort=date_desc.

[②] Коституция республики Таджикистан, от 6 ноября 1994 года（в редакции закона от 22.06.2003г.）Статья 65，http://www.concourt.am/armenian/legal_resources/world_constitutions/constit/tajik/tajik—r.htm.

[③] Таджики/Состоялся Всенародный референдум «Об изменениях и дополнениях в Конституцию Республики Таджикистан»，http://www.an-tat.ru/natsionalnye-organizatsii/763/764/.

议会结构,将原来的一院制议会改为两院制。上院为参议院,由100名议员组成,其中84名[①]由乌兹别克斯坦的14个行政主体各选举6名,其余16名由总统直接任命。下院为立法机关,由比例代表制选举产生的120名议员组成。上下两院任期均为五年。[②] 乌兹别克斯坦是中亚国家中较晚进行议会两院制改革的国家。下院改用比例代表制方式选举产生,取消了之前以区域为基础选举产生下院议员的方式,这有利于遏制地方主义在中央扩大影响。两院分治表面上扩大了公民和政党的政治参与,实际上却缩小了议会的规模和对总统的制衡能力。议会上下两院共220席,比原一院制议会减少30席。议会两院分治,总统拥有了任命议员的权力,这些规定无形中扩大了总统对议会的控制力和影响力。同时,乌兹别克斯坦进入议会的政党多为亲政权党,因而也难以对总统权力形成监督和制衡。乌兹别克斯坦官方认为,议会的两院制改革是向民主迈进了新的一步,也是推动政治多元化的开始。2004年12月26日,乌兹别克斯坦举行的议会下院选举是议会两院制改革后的第一届议会选举,它被赋予了民主的寓意。参加本届议会选举的五个政党均进入了议会。成立于议会选举前夕的由工商业阶层和企业家代表组成的自由民主党异军突起,一举获得了34%的选票,占有议会下院120个席位中的41席。上一届议会第一大党人民民主党下降为议会第二大政党,得票率仅为23.4%,获得28席。[③] 该党支持率下降的主要原因是其自身定位的矛盾性。该党在1999年议会选举胜出后,曾作为总统的支持者,推举卡里莫夫为该党总统候选人参加2000年的总统选举。然而,在本届议会选举前两个月,即2004年10月的人民民主党第四次代表大会上,该党宣布将在本次竞选中坚持左翼路线,代表广大低收入民众的利益,并在新的两院制议会中成为体制内的反对党,与代表工商业阶层和企业家利益的"右翼政党"——自由民主党形成"政治竞争"关系。[④] 总统卡里莫夫高

---

① Конституция Республики Узбекистан (2003), http://lex.uz/ru/doc/list/kons.html.
② 《Конституция республики Узбекистана (2003)》, http://www.senat.uz?arhiv/konstitucia.pdf.
③ Бахтиер эргашев, О политических партиях и парламентских выборах в Узбекистане, http://eurasianhome.org/xml/t/expert.xml?lang=ru&nic=expert&pid=2157.
④ А. Кудряшов, Первым шагом парламентской оппозиции Мажлиса Узбекистана стала... поддержка действий партии власти, 31.01.2005, http://www.centrasia.ru/newsA.php?st=1107147000.

度肯定了人民民主党的反对党地位，认为议会出现反对派政党是乌兹别克斯坦政治民主的进步。① 但人民民主党的反对党旗帜并没有坚持多久，便很快成为现政权的支持者，2005年1月，人民民主党对自由民主党提名的总理候选人沙·米尔兹亚耶夫投了赞成票，表明了其"御用反对派"的身份。② 此外，进入议会的政党还有"自我牺牲者"民族民主党、民族复兴民主党和社会民主公正党。

在吉尔吉斯斯坦，对于总统阿卡耶夫能否再次参加选举的问题并不存在争议。根据1995年新修订的宪法以及宪法法院于1998年对总统任期的宪法解释，阿卡耶夫总统于2000年开始的第二届任期将是他最后一届总统任期。2005年任期届满之后，他将失去再次连任的资格。在西方舆论的压力下，阿卡耶夫虽然公开表示愿意放弃连任，但受到苏联传统思维的影响，阿卡耶夫仍希望通过其他途径谋求长期执政或为其继任者进入政权创造条件。2003年2月2日，吉尔吉斯斯坦就"是否同意阿卡耶夫继续担任总统"和"是否同意新的宪法草案"问题举行全民公决，两项议案均获通过。新修订的宪法对议会的结构和规模再次进行了调整，将议会由两院制重新改为一院制。议会规模相对缩小，议员席位由105席减少到75席，取消了比例代表制选举方式，议员由全国75个选区按单名选区制选举产生。新修订的宪法对权力结构体系进行了不小的改动，由总统制改为总统议会制，将总统的部分权力转交给议会和政府，同时赋予议会对政府的任免权。③ 表面上看，吉尔吉斯斯坦总统向议会让渡了部分权力，但实际上议会权力也因减员而相应地缩小了。取消比例代表选举制客观上压缩了代表地方利益和部族利益的反对派政党的参政空间。同时，一些关键性权力，如举行全民公决、颁布总统令、解散议会

---

① Бахтиер эргашев, О политических партиях и парламентских выборах в Узбекистане, http://eurasianhome.org/xml/t/expert.xml? lang = ru&nic = expert&pid = 2157.

② Андрей Кудряшов, Первым шагом парламентской оппозиции, сформированной в Узбекистане, стала поддержка действий партии власти, 30.01.2005, http://www.fergananews.com/articles/3430.

③ Бархатные революции на постсоветском пространстве и их значение для России, http://5ballov.qip.ru/referats/preview/116812/7/? barhatnyie – revolyutsii – na – postsovetskom – prostranstve – i – ih – znachenie – dlya – rossii.

等,依旧牢牢地掌握在总统手中。一些学者认为,阿卡耶夫总统此举的真实目的是为其接班人进入国家权力核心铺平道路,并希图以议会为阵地,延续总统权力和总统家族的政治影响力。① 这一观点在 2005 年的议会选举中得到了印证。阿卡耶夫总统在推举自己的一双儿女作为议员候选人时曾表示,"他希望子女找到自己生活的位置。他本人的政治生涯即将结束,但他希望子女能够投身于政界"。②

阿卡耶夫一向以中亚的"民主领袖"自居,因此在政党政策和政治改革方面均给予反对派较大的政治空间,结果造成反对派势力不断做大,甚至在议会内外不断发起对总统的挑战。2002 年 3 月,吉尔吉斯斯坦南部贾拉拉巴德州阿克瑟区群众,因反对警方对来自该州的反对派议员别克纳扎罗夫的非法拘留而进行了群众性抗议活动,要求总统阿卡耶夫下台。最终警察与示威者发生流血冲突,造成四人死亡,五人受伤。③ 同年 5 月,阿卡耶夫在安全委员会会议上宣布了对事件的调查结果,时任总理巴基耶夫因此事引咎辞职,转而投入反对派阵营。中亚的一些学者认为,阿卡耶夫政权的倾覆缘起于此次阿克瑟事件,总统对此事件的不当处理为"3.24 事件"的爆发埋下了伏笔。④ 阿克瑟事件被看作反对集权、争取民主与司法公正而斗争的典范,在阿卡耶夫之后的三届政权都对阿克瑟事件大书特书。被迫辞去总理职务的巴基耶夫,在就任总统之后就多次借此事件攻击前任阿卡耶夫的集权统治,甚至称这一事件中的死者为民族英雄。⑤ 2012 年,在阿克瑟事件发生十年之后,阿坦巴耶夫总统以总统令的形式宣布 3 月 17 日为"阿克瑟事件纪念日",以此缅怀逝者,增进民

---

① Александр Кынев, Кыргызстан до и после «Тюльпановой революции», http://www.igpi.ru/info/people/kynev/1128082583.html.
② Панфилова В., В преддверии еще одной «бархатной революции» // Независимая газета. №15 (3411), 28 января 2005.
③ Александр Кынев, Кыргызстан до и после «Тюльпановой революции», http://www.igpi.ru/info/people/kynev/1128082583.html.
④ Аксыйскому событию 10 лет, 17 марта 2012 г, http://old.ktrk.kg/rus/index.php?newsid=4162.
⑤ Вина Бакиева в Аксыйских событиях очевидна, 11.11.2010, http://delo.kg/index.php/component/content/index.php?option=com_content&view=article&id=1827&catid=52：2011-05-19-20-39-42&Itemid=119.

族团结。①

　　哈萨克斯坦也同样面临着总统接班人的问题。与吉尔吉斯斯坦的处理方式不同的是，哈萨克斯坦总统在宪政体制下，以政党和议会为切入点，通过组建和培育亲政权的政治势力来巩固执政精英集团的基础。在1999年选举产生的议会中，议会第一大党祖国党坚决支持总统的施政方针和内外政策，并逐渐发展成为支持总统纳扎尔巴耶夫的稳定力量。此外，在2004年议会下院选举前夕，纳扎尔巴耶夫授意其大女儿达·纳扎尔巴耶娃组建了自己的政党——阿萨尔党，该党在哈萨克斯坦被称为"女儿党"。达·纳扎尔巴耶娃成立该党的主要目的是通过选举进入议会，并以议会为平台进入政权核心。在2004年9月19日举行的议会下院选举中，该党以11.38%的得票率成功进入议会，获得一个席位。② 进入本届议会下院的政党共有四个，除阿萨尔党外，还有亲政权的祖国党和竞选联盟"农工劳动者联盟"以及反对派政党光明之路党。祖国党保持了上届议会的优势，获得60.61%的选票，依旧占据议会第一大党的地位。进入议会的三个政党——祖国党、达·纳扎尔巴耶娃领导的阿萨尔党以及亲政权的"农工劳动者联盟"加强了联合，组成了亲政权的议会多数。③ 相比之下，反对派政党光明之路党显得有些势单力薄，因其在本届议会选举中仅获得了一个席位而成为议会绝对的少数派。本届议会不可避免地呈现出明显的政治不平衡格局。

　　与20世纪90年代后期第一次政权更替期不同的是，"9·11事件"使中亚地区安全与国内稳定受到越来越多的外部影响。以美国为首的西方国家以促进民主与人权发展为口号，向中亚国家推行民主改革计划，并将经济援助与推进所谓民主化捆绑在一起，加大了其在中亚地区民主渗透的力

---

① Аксыйскому событию 10 лет., Специальный выпуск, 17 марта 2012 г, http: //old. ktrk. kg/rus/index. php? newsid = 4162.
② Выборы в мажилисы 2004, ЦИК РК, http: //election. kz/portal/page? _ pageid =73, 1364299&_ dad = portal&_ schema = PORTAL.
③ 该竞选联盟由中派政党农业党、公民党联合组建。联盟全称为"избирательный блок Аграрной и Гражданской партий"，即Аграрно - Индустриальный Союз Трудящихся（农业与工业劳动者联盟），缩写为"АИСТ"。За три дня "АИСТ" взорвал ситуацию на выборах в Казахстане, 09. 08. 2004, http: //www. centrasia. ru/newsA. php? st =1092000360。

度。在宪政民主体制下，中亚各国总统的权力受到民主宪政原则的制约，必须遵循选举的原则和惯例，通过正常的宪法程序和民主选举来获得其执政的合法性。

第二节 "3·24事件"与"安集延事件"
——中亚式"颜色革命"

在独联体国家格鲁吉亚和乌克兰相继发生"玫瑰革命"和"橙色革命"之后，中亚各国的政治发展进程也受到了外部势力的冲击。在吉尔吉斯斯坦和乌兹别克斯坦先后出现政治动荡，吉尔吉斯斯坦阿卡耶夫政权被推翻。为了防止"颜色革命"在本国发生，缓解西方国家的民主压力，中亚国家采取了各种反制"颜色革命"的措施。

吉尔吉斯斯坦总统阿卡耶夫是中亚国家中第一个结束宪法任期的总统，并宣布将不再参加下一届总统选举。因此，亲总统的政治力量能够在议会中占有多数议席，或者总统的儿女可以顺利进入议会对于阿卡耶夫延续其政治影响力具有特殊意义。依据2003年修订的宪法，本届议会将实行一院制，通过单名选区制选举产生75名议员。在2005年2月27日举行的吉尔吉斯斯坦新一届议会选举中，共有389名候选人实际参选。[1] 虽然本届议会取消了比例代表制的选举方式，但仍有70多名政党候选人参加选举，其中90%获准登记的党派参选人来自亲政权政党"前进，吉尔吉斯斯坦"党和公正党，两党候选人的数目分别为26名和18名。[2] 反对派政党候选人的数量相对较少，其中候选人最多的政党为社会民主党和尊严党，分别有5名和3名候选人参选。此外，根据选举法关于居住年限的资格认定，4名吉尔吉斯斯坦前驻外大使因居住期问题失去了参选资格，这其中包括后来担任反对派领袖及代总统的前外长罗·奥通巴耶娃。[3] 由

---

[1] Александр Кынев, Кыргызстан до и после «Тюльпановой революции», http://www.igpi.ru/info/people/kynev/1128082583.html.

[2] 两党的吉文名称分别为：Алга, Кыргызстан!（"前进，吉尔吉斯斯坦"）和 Адилет（公正党）。

[3] Александр Кынев, Кыргызстан до и после «Тюльпановой революции», http://www.igpi.ru/info/people/kynev/1128082583.html.

于取消了政党属性的限制，本届议会选举还吸引了一些政府官员及其亲属参与竞争，其中有总统的两个儿女及兄弟、总统夫人的姐妹、时任总理之子、总统办公厅主任之子及女婿、内务部部长的兄弟和社会保障部部长的丈夫等。经过两轮激烈的投票，亲政权党的候选人以绝对优势胜出，反对派候选人仅获得议会中的 6 席，不到议员总数的 10%。在无党派议员中，总统的大儿子艾达尔·阿卡耶夫和女儿别尔梅特·阿卡耶娃均位列其中。[①] 原议会元老级议员奥·捷克巴耶夫、马萨利耶夫，以及在群众中具有较高政治影响力的反对派领袖阿·马杜马洛夫和库·巴基耶夫被淘汰出局。[②]

第一轮投票结束之后，反对派在 2005 年 3 月 10 日成立了以巴基耶夫为领导的人民统一协调委员会。在第二轮投票尚未开始时，该委员会便组织群众举行抗议活动，反对选举中的作弊行为，要求公正透明的竞争，不承认选举结果，要求重新进行议会选举。3 月 20 日，反对派在吉尔吉斯斯坦南部贾拉拉巴德州和奥什州发起抗议行动，要求阿卡耶夫下台。此后，南部这两个地区的骚乱愈演愈烈，局势开始失控。但总统阿卡耶夫并没有及时采取措施制止骚乱，只是下令解除了办事不力的总检察长梅·阿布德尔达耶夫和内务部部长巴·苏班别科夫的职务，结果南部骚乱很快蔓延到全国，最终引发了"3·24事件"。2005 年 3 月 24 日，吉尔吉斯斯坦国内的骚乱迅速升级，反对派的支持者占领了首都比什凯克的政府大厦，总统阿卡耶夫逃亡俄罗斯，政府总理塔纳耶夫宣布政府辞职。在整个骚乱过程中，总统阿卡耶夫没有采取任何强硬措施，既不宣布进入紧急状态，也没有调动武装力量捍卫国家政权，更拒绝独联体国家派军队维持秩序，使骚乱升级为全国性的政治危机，最终导致政权的垮台。一些学者认为，导致阿卡耶夫政权倾覆的内部原因有选举中的作弊、民众对总统家族腐败的仇视、贫困与失业率居高不下等。民众对政权的不满情绪无以释放，最终引发了政治震荡。[③] 关于"3·24 事件"，吉尔吉斯斯坦国内和

[①] Райхл П., Розживин О., Зеленая ветка для соловья // МСН (Бишкек). 12.07.2005. С. 7.
[②] Александр Кынев, Кыргызстан до и после «Тюльпановой революции», http://www.igpi.ru/info/people/kynev/1128082583.html.
[③] Стивен Ик: Как "оранжевая революция" повлияла на политику постсоветских стран, 11.01.2010, http://www.centrasia.ru/newsA.php?st=1263157200.

外国媒体没有统一的说法。由于该政治事件是在格鲁吉亚和乌克兰"颜色革命"的背景下爆发的,更由于事发之时正值郁金香花开,反对派也曾手执郁金香上街示威,因此多数西方媒体和部分俄罗斯媒体,将此事件称为"郁金香革命"。对此事件吉尔吉斯斯坦的朝野双方也有不同的说法:阿卡耶夫称之为"反革命暴乱",反对派领袖巴基耶夫则称其是"人民革命"。[1] 吉尔吉斯斯坦学者大多不愿称其为政变或"颜色革命",而多持中性立场,称其为"三月革命"或"三月事件"。

阿卡耶夫政权被推翻后,反对派领导人巴基耶夫被原议会任命为代总理,并代行总统职务。正在服刑的前内务部部长、反对派领袖库洛夫获释,并官复原职。最终,巴基耶夫政府动用武力制止了全国范围的骚乱,恢复了首都及各地的政治秩序。"3·24事件"诱发了吉尔吉斯斯坦社会政治中的一系列矛盾和冲突,暴露了南北方地区精英和部族精英之间根深蒂固的矛盾以及国家政权结构中的一些弊端,并成为未来几年内持续爆发政治动荡的根源。同时,"3·24事件"也造成立法权力机关的合法性危机。新选出的议会已于3月22日在阿卡耶夫总统的主持下宣誓就职,而"3·24事件"后,最高法院却裁定此次议会选举无效,由之前的议会继续履行职责。这样,吉尔吉斯斯坦便出现了新老议会并存的局面。最终中央选举委员会承认新议会合法,事实上否定了包括巴基耶夫在内的反对派推翻阿卡耶夫政权行为的合法性。作为妥协,新议会任命巴基耶夫为政府总理并代行总统职务,并宣布了新一届总统选举的日期。与此同时,反对派阵营中的两位领袖巴基耶夫和库洛夫之间的竞争因总统选举的临近迅速加剧。为防止国家再度因选举陷入动乱,库洛夫主动放弃竞选总统,接受了由他出任新政府总理的建议。如此,一场迫在眉睫的政治危机最终得以平息。2005年7月,巴基耶夫以88%的高票当选吉尔吉斯斯坦总统。但总统大选之后,吉尔吉斯斯坦总统与总理之间、行政机构与立法机构之间的权力关系并未完全理顺。吉尔吉斯斯坦2003年通过全民公决修改宪法的目的是由总统制

---

[1] 艾莱提·托洪巴依:《2007年3月吉尔吉斯斯坦可能再次发生"颜色革命"》,http://cblog.chinadaily.com.cn/blog-128327-11548.html。

向总统议会制过渡，削弱未来总统的权力，提升议会的地位。但当"弱势"宪法遇到强势的反对派时，其体制设置的缺陷便暴露出来，结果它或成为强势者利用的工具，或成为诱发新一轮宪政危机的导火线。

吉尔吉斯斯坦的"3·24事件"对乌兹别克斯坦的宗教极端分子起到了一定的示范作用，反对派通过"街头革命"迫使阿卡耶夫下台的做法极大地鼓舞了乌兹别克斯坦国内的宗教极端分子和不满政府的各种社会力量，最终引发了在乌兹别克斯坦南部城市安集延的暴力冲突事件。2005年5月12～13日，武装分子袭击了安集延市的监狱，释放了2000多名在押犯，事件引发了全城骚乱，造成176人死亡，295人受伤。① 随后，总统卡里莫夫出动军队控制了局势。5月18日，非法武装领导人拉希莫夫宣布已控制了距乌兹别克斯坦与吉尔吉斯斯坦边境30公里的科拉苏夫镇，并将在此地建立独立的伊斯兰政权，但其很快被政府军队镇压。至此，卡里莫夫总统完全控制住了局面。乌兹别克斯坦官方认为，"安集延事件"是从伊斯兰解放党分裂出来的"阿克拉米亚"组织所为，是国际极端势力精心策划组织的宗教极端主义行为，其目的是用暴力改变现行的宪政体制，成立"哈里发国家"。② 而西方社会则以此为借口，质疑乌兹别克斯坦的民主政治进程。欧盟和美国均对乌兹别克斯坦采取了禁运等制裁措施，甚至把乌兹别克斯坦领导人和高官列入了入境的黑名单。"安集延事件"虽然使乌兹别克斯坦与西方关系迅速降温，却大大拉近了一度冷淡的乌俄关系。"安集延事件"伊始，俄罗斯便对乌兹别克斯坦官方的立场表示了肯定。俄罗斯外交部发言人雅科文科发表声明表示，俄罗斯谴责"乌兹别克斯坦极端分子的攻击，他们为达到自己的政治目标采取暴力的、违反宪法的手段"，导致人员伤亡。同时，俄罗斯还明确表示将支持乌兹别克斯坦领导层，甚至提出可以在控制安集延局势上向乌兹别克斯坦提供帮助。作为回应，卡里莫夫总统随即宣布退出与俄罗斯对抗的"古阿姆"组织并开始积极参与

---

① 此数据为乌兹别克斯坦官方统计，也有一些俄罗斯媒体认为死亡人数高达500～700人。参见 Игорь Дмитриев，Андижан：как это было，23.05.2005，http：//articles.gazeta.kz/art.asp?aid＝59835。

② 中亚极端组织"伊扎布特"新的分支机构"艾克拉米亚"（Акромийлар），Игорь Дмитриев，Андижан：как это было，23.05.2005，http：//articles.gazeta.kz/art.asp? aid＝59835。

独联体事务。①

西方势力对中亚国家内部事务的介入打破了中亚地区地缘政治的平衡，中亚国家面临新的地缘政治选择和政治发展模式的选择。一些国家重新调整政治游戏规则，寻找维持政权内部各派精英力量及与反对派关系平衡的新支点。

第三节 中亚各国防范"颜色革命"的反制措施

吉尔吉斯斯坦和乌兹别克斯坦相继出现的政治动荡，以及引发的地区民族冲突，不断搅动着整个中亚地区的稳定。中亚国家为防范"吉式"革命在本国蔓延，纷纷采取措施加以防范。哈萨克斯坦和土库曼斯坦等国为防止"颜色革命"在本国重演，针对国内反对派势力的联合行动和西方的政治干预，采取了一系列攘外安内的反制措施。首先，为防止内乱，政府加强了对反对派和国内非政府组织的监管力度。2005年9月，哈萨克斯坦修改了《选举法》，禁止在选举期间举行群众集会②。同时出台了《国际非商业组织在哈萨克斯坦的分支机构与代表处法》《非营利组织法》《非商业组织法律细则的补充和修改法》及《国家安全问题法律细则的修改法》等法律，严格控制在哈萨克斯坦各地非政府组织的活动，禁止任何外国政党和社会组织在选举期间资助候选人，③并限制和监督反对派的活动及其外部资助的流向。此外，哈萨克斯坦在重新颁布的《反极端主义法》中，还赋予检察机关认定极端组织的权力④。

---

① 《俄新社报道说安集延骚乱与乌地缘政治选择有关，鉴于俄与西方竞争加剧中亚地缘政治局势前途未卜》，http：//express.cetin.net.cn：8080/cetin2/servlet/cetin/action/HtmlDocumentAction? baseid = 1&docno = 231822。

② Ольга Флинк，Закон "О выборах" подмолодят，http：//www.zakon.kz/our/news/news.asp? id = 36367。

③ Тулеген Издибаев，Рассматривая законопроект об НПО，депутаты впервые не продемонстрировали сплоченность，2005.6.10，http：//www.ca - oasis.info/news/? c = 1&id = 5029。

④ В Казахстане запрещена организация "Хизб - ут - Тахрир"，ИТАР - ТАСС，2005.5.28. http：//www.utro.ru/news/2005/03/28/422292.shtml。

2005年6月，哈萨克斯坦政府认定12个国内外非政府组织为恐怖主义组织或极端主义组织，禁止它们在哈萨克斯坦境内活动[①]。2005年年初，政府还取缔了试图效仿乌克兰"颜色革命"夺取政权的反对派政党"民主选择"党在哈萨克斯坦境内的合法身份。[②] 一些学者认为，吉尔吉斯斯坦"3·24事件"和乌兹别克斯坦"安集延事件"后，中亚各国都加强了对言论自由与非政府组织的控制。美国学者伊·斯蒂文认为，乌克兰"橙色革命"之后，街头政治产生了多米诺效应，在独联体地区掀起了革命浪潮。可以说，"颜色革命"非但没有让这些国家更民主，反而进一步加固了各国的集权体制。[③]

与此同时，哈萨克斯坦支持总统的党派和政治力量表达了鲜明而强硬的立场，以坚定的态度震慑试图挑起内乱的反对派。哈萨克斯坦公民党和农业党为防止国家爆发"革命"而组建了农工劳动者联盟，宣称要"拿起武器，捍卫国家主权和公民的选举自由"。俄罗斯《独立报》评论认为，哈萨克斯坦公民党领导人的声明意味着哈政府首次承认，哈萨克斯坦可能会爆发政变，而政府对此的回应将是使用武力。

2004年年底至2005年，在哈萨克斯坦总统选举前夕，哈萨克斯坦社会中出现了泾渭分明的两派政党格局，即包括以祖国党、阿萨尔党、公民党在内的亲政权政党和光明之路党、民主党、共产党等反对派政党的对峙局面。为赢得总统选举，两股政治力量在各自阵营内经历了反复分化与组合，形成了新的联合。[④] 2004年9月，在哈萨克斯坦的议会选举中，除光明之路党通过比例代表制选举赢得一个议席外，议会下院的其他议席都被亲政权党占据。议会选举失利后反对派政党光明之路党内部也出现了分裂，阿·拜缅诺夫与三位联合主席布·阿比洛夫、乌·让多索夫和阿·萨尔森巴耶夫——在政治理念及同政权

[①] Бауыржан Шаяхмет, Какие сребреники ищет генпрокуратура в 33 НПО Казахстана?, http://www.azattyq.org/programs/parovoz/ru/2005/03/A59D701A-42A6-4BDF-9A03-03CED6EEDECC.asp.

[②] В. Волков, З. Козыбаева, РНПК. ДВК. Кто следующий?, http://kazhegeldin.addr.com/rnpk/rnpk_17_1_05.htm.

[③] Стивен Ик: Как "оранжевая революция" повлияла на политику постсоветских стран, 11.01.2010, http://www.centrasia.ru/newsA.php?st=1263157200.

[④] Сакен Салимов, В Казахстане не знают, когда выбирать президента, Независимая газета, 05.03.2005, с. 3 http://www.arba.ru/ru_press/articles/200563-1.html.

的关系上出现了分歧，前者主张在现有的政治框架内完善总统制政体，接受议会下院的议席；而后者则主张对宪法进行彻底修改，实行议会制政体改革。2005年4月，对立的双方分道扬镳，后者组成了由布·阿比洛夫、乌·让多索夫和阿·萨尔森巴耶夫三位主席联合领导的"真正的光明之路"党。① 此时，政权阶层的精英内部也因权力划分和自身利益出现了裂痕。2004年年底，祖国党副主席、下院议长图雅克拜于议会选举后突然辞去祖国党副主席的职务，投入了反对派阵营，并联合反对派组建了"为了公正的哈萨克斯坦"竞选联盟，备战总统选举。② 2005年总统选举前夕，"真正的光明之路"党领导人因故未获准注册，于是转而加入"为了公正的哈萨克斯坦"竞选联盟，推荐图雅克拜为总统候选人。③ 与此同时，阿萨尔党号召亲总统的政治力量加入由它组成的亲政权的"为了民主，哈萨克斯坦人民联盟"④，用以重新整合总统的支持力量，对抗图雅克拜领导的"为了公正的哈萨克斯坦"竞选联盟。⑤

早在2003年，土库曼斯坦就在新修订的宪法中规定，不承认持有外国护照或拥有其他国家国籍者为土库曼斯坦公民。由于土库曼斯坦的反对派大多流亡国外，新宪法的此项修订无疑对反对派重返土库曼斯坦政治舞台设置了障碍。自1992年尼亚佐夫当选总统以来，土库曼斯坦未举行过一次总统选举，尼亚佐夫总统已执政十余年，土库曼斯坦因而被西方冠以"独裁国家"的恶名。为了不使美国将自己列入"特殊关照国家"名单，土库曼斯坦总统尼亚佐夫采取了一系列政治改革措施，以推进国内的政治民主化进程。2002年，尼亚佐夫主动放弃了终身总统地位的待遇，并于2005年以修宪形式正式公布了这一决定。同时，土库曼斯坦人民委员会通过新的《选举法》，决定于2010年举行新一届总统选举。根据新修改的选举法，总统候选人由

---

① Сакен Салимов, В Казахстане не знают, когда выбирать президента, Независимая газета, 5.3.2005, c. 3 http：//www. arba. ru/ru_ press/articles/200563 – 1. html.
② Нурлан Еримбетов, Партия «Отан», похоже, находится в состоянии кризиса, http：//www. policy. kz/? itemid = 161.
③ История партии？АЗАТ？, http：//www. azat – party. info/o – partii.
④ Даригу – в президенты？, 22.06.2005, http：//www. ca – oasis. info/news/？c = 1&id = 5839.
⑤ Мехман Гафарлы, Профилактика "цветной революции"——Президентские партии Казахстана создают единый фронт, http：//www. arba. ru/ru_ press/articles/2005158 – 1. html.

人民委员会提出，任期由七年改为五年，总统连任不得超过两届。尼亚佐夫总统此举无疑是希望提升土库曼斯坦在西方社会中的国际形象，降低外部世界强加给土库曼斯坦的民主压力。

第四节 中亚地区政治震荡的"终结者"

一些学者曾预言，吉尔吉斯斯坦是乌克兰"颜色革命"后中亚的第一块多米诺骨牌，言中之意是指中亚集权政权将相继倾覆。① 然而，事实并不如这些学者和政治家的预期。与吉尔吉斯斯坦的议会选举形成鲜明反差的是，塔吉克斯坦的议会选举几乎是与吉尔吉斯斯坦爆发"3·24事件"同时间进行的。本届议会选举进行得平静而顺利，政权党人民民主党在议会选举中赢得了80%的选票，获得议会63个议席中的52席，成为居议会主导地位的第一大党以及总统可以倚重的政治力量。② 相形之下，反对派势力却因伊斯兰复兴党领袖努里的去世而出现分化，在本次议会选举中该党仅获得2个席位，基本丧失了与政权对峙的实力。③ 在评价为什么西方国家没有在塔吉克斯坦议会选举中策动"颜色革命"时，西方学者认为，塔吉克斯坦同格鲁吉亚、乌克兰两国的国情不同，其反对派是伊斯兰复兴党，它与美国的民主存在价值上的差异。同时，"颜色革命"的外部因素是美俄冲突，而在塔吉克斯坦不存在强烈的反俄情绪，更找不到"疏俄亲西"的反对派领袖。④ 另外，经历过长年战乱的塔吉克斯坦民众对伊斯兰复兴党等宗教极端势力心存忌惮，不希望宗教势力在政治中再掀波澜。从本届议会选举结果看，民意完全倾向于以总统为首的现政权，这也是政权党得以大获全胜的主要原因。

2005年12月，哈萨克斯坦举行了新一届总统选举，纳扎尔巴耶夫以91%

---

① Стивен Ик, Как "оранжевая революция" повлияла на политику постсоветских стран, 11.01.2010, http://www.centrasia.ru/newsA.php?st=1263157200.
② Таджикская оппозиция не признает итогов выборов, http://www.zonakz.net/articles/8292.
③ Партия Рахмонова лидирует на выборах в парламент Таджикистана – ЦИК, http://www.ca-oasis.info/news/?c=3&id=4145.
④ Верхотуров Д.Н., Выборы в Таджикистане: импортная демократия или все-таки исламская? 25.2.2005 http://www.fergananews.com/articles/3493.

的得票率顺利获得连任,其最有力的竞争者图雅克拜仅赢得了6.61%的选票,位居第二位。在格鲁吉亚和乌克兰因"颜色革命"、吉尔吉斯斯坦因"3·24事件"导致政权更替后,纳扎尔巴耶夫却以高票胜出,终结了"颜色革命"在独联体国家的蔓延之势。这也标志着中亚国家政治转型进入了一个新的相对稳定时期,哈萨克斯坦因此被誉为中亚的"稳定岛"。纳扎尔巴耶夫总统能够顺利获得连任的因素是多方面的,其中包括社会经济因素、总统个人的因素以及民意的倾向等。首先,经济的持续增长以及民众生活水平的提高为纳扎尔巴耶夫赢得了民心。哈萨克斯坦是独联体国家中经济增长最快的国家,2005年哈萨克斯坦人均GDP达到了3771美元。国际石油价格的增长推动了哈萨克斯坦石油经济的发展,石油经济带动了哈人民生活水平的提高:近十年来哈萨克斯坦人民的货币收入增长了4倍,月平均工资增加了5倍,最低工资增加了24倍,月平均退休金增加了3.6倍,自然人银行储蓄和居民人均储蓄额分别增长了34倍和36倍,2004年国家免费医疗开支是2003年的1.7倍。[1] 这些不争的事实都成为纳扎尔巴耶夫总统有力的竞选资本。为赢得民心,哈萨克斯坦政府还实施了诸如提高国家公职人员、医生、护士、教师的工资以及退休金待遇,增加学生奖学金和助学补贴等社会保障措施,其中很多工资待遇改革和住房政策是跨年度的,为总统的连任起到了积极的助选作用。[2] 这些政策措施不但可以抚平民众对官僚腐败和贫富差异等社会问题的不满情绪,还有效地将民众的注意力引向国家经济增长和总统的政绩上[3]。

其次,总统纳扎尔巴耶夫本人是经验丰富的政治家,具有鲜明的主张和很强的政治驾驭能力。在中亚地区事务中,他是地区经济一体化的倡导者,积极推进欧亚经济联盟、关税同盟、统一经济空间等区域性经济一体化进程[4],其

---

[1] http://kz.mofcom.gov.cn/aarticle/ztdy/200503/20050300023649.html.

[2] Дильяра Тешебаева, Казахстан планирует существенно увеличить выплаты пожилым людям, студентам и служащим госсектора, http://www.eurasianet.org/russian/departments/business/articles/eav050605ru.shtml.

[3] Дильяра Тешебаева, Казахстан планирует существенно увеличить выплаты пожилым людям, студентном и служащим госсектора, http://www.eurasianet.org/russian/departments/business/articles/eav050605ru.shtml.

[4] У Назарбаева есть много, чему может поучиться Путин, http://www.navi.kz/articles/9174.

倡议并创建的欧亚论坛成为地区对话与沟通的平台。他依靠个人魅力和主张提升了哈萨克斯坦在中亚地区的地位，增强了民众对自己国家的认同感。作为竞选的另一方，哈萨克斯坦的反对派阵营却因内部分化而自我削弱，因而难以与纳扎尔巴耶夫抗衡。另外，由于多数反对派领导人来自总统阵营，他们加入反对派阵营后不断抨击现政权的做法，非但没有提高民众对他们的信任度，反而让自己在选举中失分不少。

再次，吉尔吉斯斯坦"3·24事件"和乌兹别克斯坦"安集延事件"的灾难性后果也对哈民众的心理产生了负面影响，保持现状、"求稳怕乱"成为普遍民意，民众不希望这种政治动荡在哈萨克斯坦重演。发生"颜色革命"的国家此时也开始对"革命"的后果进行反思，认为任何动荡与"革命"都不会解决现实问题，只能导致国家倒退。这更增强了哈萨克斯坦民众保持国家稳定的愿望。

最后，作为"颜色革命"的幕后策动者，美国是哈萨克斯坦石油领域最大的投资国，美资在哈萨克斯坦引进的外资中占比35%，很多美国石油公司都是现政权的受益者。因此，为了保障本国石油公司在哈萨克斯坦的投资安全，美国并不愿意看到哈萨克斯坦出现政治动荡，美国的民主战略要服务于其经济利益。2005年10月，美国国务卿赖斯在访问哈萨克斯坦期间肯定了哈萨克斯坦的经济改革，并承认哈萨克斯坦有自己特殊的道路来实现民主。美国与纳扎尔巴耶夫政权在选举前的合作态势，客观上达到了对现总统助选的效果。

中亚地区的政治震荡期始于吉尔吉斯斯坦的"3·24事件"，结束于哈萨克斯坦的总统选举。纳扎尔巴耶夫以高票连任总统结束了西方"颜色革命"的神话，哈萨克斯坦也因此成为"颜色革命"的终结者。"颜色革命"之后，西方国家对中亚国家政治发展进程的影响日渐增强，开始有越来越多的内外部因素作用于其中，最终促成了中亚各国政治发展轨迹之间的差异。

第四章 后"颜色革命"时期的中亚政治（2006~2010）

伴随着"颜色革命"在独联体地区的退潮，中亚地区呈现出相对稳定的政治局面。本书将2005年年底哈萨克斯坦总统选举结束至2010年6月吉尔吉斯斯坦通过议会制宪法这段时间称为后"颜色革命"时期。在这一时期，多数中亚国家的总统通过选举进入新一届任期，各国政局也因此进入一个相对稳定的政治发展阶段。多数中亚国家国内亲政权势力不断上升，不仅在议会内给予总统有力的政治支持，而且在社会动员中发挥着积极的作用，总统的权力因此获得加强。在总统依靠亲政权政治力量巩固其权力和控局能力的同时，中亚国家总统制中的结构性问题也日渐突出。

第一节 哈萨克斯坦议会制改革与"一党制"议会

2004年议会选举后，哈萨克斯坦各派政治力量出现了一系列较大的政治分化。亲政权的政治力量实现了新的联合，反对派势力因再次出现分化而进一步被削弱。2006年7月4日，祖国党与阿萨尔党宣布联合组成新的政党——祖国之光人民民主党。祖国党早已被视为总统纳扎尔巴耶夫的政党，此次"父亲党"与"女儿党"的联手被俄罗斯媒体称作"家族的政治联合"。[1]总统纳扎尔巴耶夫指出，两党合并是为了防止政权内部的政治竞

---

[1] Родственное поглощение, Нурсултан Назарбаев воссоединился со своей дочерью, Газета "Коммерсантъ" №120 от 05.07.2006, стр. 5, http://www.kommersant.ru/doc/687701.

第四章 后"颜色革命"时期的中亚政治（2006~2010）

争，加强其内部的团结。纳扎尔巴耶夫明确表示："在我国需要巩固独立和发展经济的历史时刻，应当由一个政治力量长期奉行一种政策。"①哈萨克斯坦"前景"政治研究中心主任尼古拉·库兹明认为，两党合并是必然的。他认为，阿萨尔党成立之初是出于技术性因素的考虑，用以分散反对党的选票，将反对派的选民拉到当局一边。在 2005 年的总统选举中，它为纳扎尔巴耶夫的胜利立下了汗马功劳，现在它的使命已结束了。②重组后的祖国之光人民民主党的党员人数达 70 万，成为哈萨克斯坦第一大党。③ 对于联合后的祖国之光人民民主党的定位，纳扎尔巴耶夫总统指出，它应该是涵盖共和国内所有文化、民族和信仰的政党，他甚至呼吁该党应加强同反对派的建设性对话。2006 年 12 月，公民党和农业党也宣布加入祖国党之光人民民主党。

亲政权政治力量的联合与壮大极大地改变了哈萨克斯坦国内政治力量的对比状况。反对派势力自 2004 年先后遭遇议会选举失败和几度分裂后一蹶不振，此次政权党的重新组合从某种程度上再次缩小了反对派的政治空间，迫使反对党不得不放弃先前强硬立场，开始与政权合作。在亲政权政党紧锣密鼓地加强联合时，反对派政党也表现出了联合的愿望。曾于 2007 年 8 月议会选举中失利的反对派政党——"真正的光明之路"党和图雅克拜领导的"全哈萨克斯坦民主力量"联盟（其前身是"为了公正的哈萨克斯坦"竞选联盟）开始加强合作。"真正的光明之路"党于 2008 年 2 月 19 日更名为哈萨克斯坦阿扎特民主党，阿比洛夫当选为党主席。④ 2009 年 10 月，该党宣布同图雅克拜领导的"全哈萨克斯坦民主力量"联盟联合，名称仍为哈萨克斯坦阿扎特民主党，让·图雅克拜和布·阿比洛夫当选为该党联合主席。⑤ 该党主张加强议会的代表和监督职能，开展民主运动，并提出了一系列有关政党、选举、媒体等领域

---

① http://www.cetin.net.cn/cetin2/servlet/cetin/action/HtmlDocumentAction; jsessionid = 46300EB9D21971564C34914573634E49? baseid = 1&docno = 276266.
② http://www.cetin.net.cn/cetin2/servlet/cetin/action/HtmlDocumentAction; jsessionid = 46300EB9D21971564C34914573634E49? baseid = 1&docno = 276266.
③ «Отан» и «Асар» объединились, 05 Июль 2006, http://www.izvestia.kz/node/6582.
④ Демократическая партия Казахстана «Азат», http://www.regnum.ru/news/847128.html.
⑤ История партии«АЗАТ», http://www.azat-party.info/o-partii/.

的法律改革倡议。① 另一支由阿·拜缅诺夫领导的反对派政党光明之路党选择了与政权合作。2006 年 9 月,该党一改不妥协的立场,接受了在 2004 年议会选举中获得的唯一议席进入议会,希图通过与政权合作的方式发挥该党的影响力。由此,本是同根生的阿·拜缅诺夫领导的光明之路党与阿比洛夫领导的阿扎特民主党,因不同的政治立场与发展目标而渐行渐远。

与党派政治格局变化交相呼应的是对哈萨克斯坦宪法的修订。2007 年 5 月,哈萨克斯坦议会对 1993 年颁布的宪法做出重大修订,其重点是对议会的结构模式提出了修正,以提高政党与议会在总统制中的地位和作用。新修订的宪法规定,自 2012 年起将改行总统议会制政体,扩大议会的规模与权限,将上、下两院议员总数由 116 人扩大到 154 人。上院议员 47 名,其中 32 人由全国 16 个地区各推举两名,另 15 人由总统任命。② 下院议员增至 107 名,其中 98 人将通过比例代表制从得票率超过 7% 的政党中选举产生,其余 9 人由民族大会推举产生,在议会下院获得多数席位的政党有权组阁。新宪法还扩大了议会对政府的监督职能,简化了议会对政府提出不信任案的程序,规定议会以简单多数就可以罢免政府,而非以前的 2/3 多数③,这在一定程度上提升了议会对行政权力的制衡作用。各州州长由总统和地方立法机关协商任命,地方议会有权以多数票对州长提出不信任案,要求总统解除州长的职务。

同时,新修订的宪法还有意削弱了未来总统的权力,规定总统任期由七年缩短为五年,任期不得超过两届。但首任总统纳扎尔巴耶夫不受此规定限制,也就是说,新宪法取消了对纳扎尔巴耶夫总统连任的限制,④ 这就意味着,如果健康允许,纳扎尔巴耶夫将完全有权参加下届总统选举,甚至做"终身总统"。此外,新宪法还取消了对总统政党属性的限制,使纳扎尔巴耶夫可以名正言顺地成

---

① 《哈萨克斯坦迫于西方压力酝酿政治自由化改革》,http://www.iyaxin.com/news/content/2008-06/18/content_173991.htm。
② 《纳扎尔巴耶夫签署总统令解散哈萨克斯坦议会下院》,新华网,http://news.xinhuanet.com/world/2011-11/16/c_111172458.htm? prolongation=1。
③ Конституция Республики Казахстан (2007), 21 мая 2007 года, http://www.constcouncil.kz/rus/norpb/constrk/。
④ Конституции мира, Журнал «Власть». 33 (737) от 27.08.2007, http://www.kommersant.ru/doc.aspx? DocsID=798334。

第四章 后"颜色革命"时期的中亚政治（2006~2010）

为祖国之光人民民主党的主席，该党也因此成为名副其实的政权党。2007年7月初，在祖国之光人民民主党非常代表大会上，总统纳扎尔巴耶夫被宣布为该党主席，并制定了参加议会选举的候选人名单。① 祖国之光人民民主党在哈萨克斯坦境内拥有牢固的行政资源和良好的组织基础，中央及地方行政机关及代议机构的多数成员为该党党员，因此该党在竞选宣传上具有广泛的区域优势。

获得连任之后，纳扎尔巴耶夫总统在新任期内最主要的任务是为未来的接班人提供稳定的政治资源和制度保障，虽然本次宪法修订在形式上扩大了立法机关的权限，部分地缩小了总统的权力，但其目标指向却是"后纳扎尔巴耶夫"时期的总统，在现任总统纳扎尔巴耶夫卸任之前，该宪法中对议会的权力规定并没有实质意义。可以说，本部宪法的修订主要是着眼于未来，通过一系列制度安排，整合总统的宪政资源与政治基础，寻求未来能够和平交接总统权力的合法途径。

根据新宪法对议会改制的规定，2007年8月，哈萨克斯坦总统宣布解散议会，提前举行新一届议会下院选举，祖国之光人民民主党以88.05%的得票率入主议会，成为唯一进入议会下院的政党，其他政党无一过线，哈萨克斯坦议会历史上第一次出现了事实上的"一党议会"。② 这也招致西方社会对哈萨克斯坦民主化进程的频繁指责。针对这种现象，哈萨克斯坦随即于2009年2月对选举法进行了补充修订，规定如果在议会选举中只有一个政党超过7%，那么居次位的政党有权按比例同议会第一大党分享议会政党席位，其席位数为前者的0.7%。③ 实际上，在政权党占据议会绝对多数的情况下，选举法的这一修订不会对议会的政党格局带来实质性的改变，但哈萨克斯坦政权通过修订选举法表现出的改革姿态，可以在一定程度上平复反对派势力对政权的不满情绪，促进其与同政权的合作，同时，也将有助于提升哈萨克斯坦的民主形象，

---

① Дочь президента Казахстана исключена из большой политики, Газета "КоммерсантЪ" № 116 (3692) от 05.07.2007，http：//www.kommersant.ru/doc.aspx? docsid = 780045.

② Государство Нур Отан. Новый парламент Казахстана усилил власть президента Назарбаева, "МН"，12；31 25.08.2007，http：//www.centrasia.ru/newsA.php4? st = 1188030660.

③ Конституционный закон республики Казахстана о внесении изменений и дополнений в Конституционный закон Республики Казахстан «О выборах в Республике Казахстан», Астана, 9 февраля 2009 года, http：//www.zakon.kz/our/news/news.asp? id = 30381627.

为其2010年欧安组织轮值主席国的身份增色。

这一时期，亲政权势力与反对派势力的矛盾进入"休眠期"，执政精英内部的矛盾有所暴露，主要表现在总统家族及其亲信与新精英之间的利益冲突，其中尤以哈萨克斯坦国内日益成长起来的金融、石油寡头对现政权构成的威胁最大。2006~2007年，纳扎尔巴耶夫的大女婿阿利耶夫因表现出觊觎总统宝座的野心，而被以涉嫌谋杀为由逐出总统阵营，就是一例。[①]

第二节 在宪法危机之中煎熬的巴基耶夫政权

阿卡耶夫政权倒台后，吉尔吉斯斯坦于2005年7月10日提前举行了新一届总统选举，最终有六名候选人获得参选资格，他们是：临时政府总理、代总统库·巴基耶夫、工业家和企业家联合会主席阿·艾吉克耶夫，民主运动主席日·热克舍耶夫，正义党主席克·杜舍巴耶夫，议员巴·图尔孙拜，非政府组织联合会领导人托·乌迈塔利耶娃。原本前内务部部长费·库洛夫被认为是库·巴基耶夫最大的竞争对手。一个民间机构曾在吉尔吉斯斯坦首都比什凯克对630名受访者进行民意调查，发现52.2%的受访者支持库洛夫担任总统，其支持率远远高于巴基耶夫的18.3%。[②] 为了避免两人的恶性竞争使吉尔吉斯斯坦社会再次陷入危机与动荡，双方约定，库洛夫退出选举，并支持巴基耶夫竞选总统，同时在巴基耶夫当选后由库洛夫出任政府总理。出于同样的目的，社会民主党主席阿·阿坦巴耶夫也主动放弃了此次大选，他在该党的代表大会上表示："鉴于国家复杂的形势，联合将给国家带来稳定。巴基耶夫—库洛夫的合作是正确的。为了确保这一联合的成功，我也将退出本届选举。"[③] 在两位强有力的竞争者退出竞选后，巴基耶夫以88.71%的高票轻松胜出，成为吉尔吉斯斯坦的第二位总统。此外，吉尔吉斯斯坦南北部族政治势力长期处于较

[①] Сакен Жунусов, Выборы в Мажилис: чем закончится эта игра на казахском политическом лохотроне? http://www.zonakz.net/articles/18601?mode=reply.

[②] 数据资料详见《环球财经》2010年5月号。

[③] А. В. Кынев, Кыргызстан до и после "Тюлъпановой революции", http://www.igpi.ru/info/people/kynev/1128082583.html.

量之中，阿卡耶夫就是因长期占据总统宝座而使南方部族势力心存不满。巴基耶夫当选总统，使得南方部族势力在较量中占了上风。从部族政治的角度看，阿卡耶夫的下台和巴基耶夫的上台都是这种部族政治斗争使然。

"3·24事件"后，吉尔吉斯斯坦宪政体制内部的矛盾与问题并没有得到解决。遵循2003年阿卡耶夫政权时期修订的宪法，议会保留了"3·24事件"前的老议会，而总统却是"3·24事件"后选举出的新总统。总统与议会、议会与宪法，议会与政府之间的权力关系一直没有理顺，总统、议会、政府常常因不承认彼此权力的合法性而相互掣肘，由此形成了各派力量脆弱的政治平衡。这种政治格局使吉尔吉斯斯坦在"3·24事件"之后处于斗争与妥协的交锋之中，由于巴基耶夫总统没有兑现上台前有关改行议会制的修宪承诺，2006年11月，反对派联手议会中原阿卡耶夫的支持者向巴基耶夫发难，要求巴基耶夫和库洛夫下台，要求扩大议会权力，实现议会制度改革。迫于压力，巴基耶夫同意修宪，议会席位从75席扩大到90席，议会将按比例代表制与单名选区制各选出半数议员；对总理的提名权与任命权由总统转交给议会多数席位的政党，总统保留批准议会组阁的政府，以及任命地方法院法官的权力。新宪法还规定，将2006～2010年设为宪法过渡期，新体制在2010年巴基耶夫任期届满后开始实行。

然而，新修订的宪法在对过渡期政府总理的任命问题上，给总统保留了较大的空间，即在过渡期内，总统有权在征得议会同意后任命总理并根据总理建议任命内阁成员。这一规定使总统巴基耶夫、总理库洛夫同议会之间的矛盾再次升级，并为日后的政治危机埋下了隐患。2006年12月19日，总理库洛夫及其内阁以辞职逼迫议会解散，要求提前举行议会选举，意在通过重新组合的议会掌握国家权力，架空巴基耶夫总统。巴基耶夫不甘心2006年新修订的宪法对其总统权力的限制与削弱，借机再度提出修宪以适当扩大总统权力，并同样以解散议会相威胁。多数议员不想失去自己的议员资格，被迫于2006年12月底再度通过了扩大总统权限的宪法修订案，恢复了总统对总理的任命权，使总统重新获得控制强力部门和任命州长等官员的权力。2007年1月，巴基耶夫总统签署了新宪法修订案。根据这一修订案，巴基耶夫重新夺回了被削弱的总统大权，这实际上是对阿卡耶夫时代总统制宪政体制的回归。尽管此次宪法危机以巴基耶夫总统的暂时胜利而告一段落，但吉尔吉斯斯坦内部的各种矛盾并未因修宪得到解决，总统与议会的关系问题未通过修宪得到确认，政治精英内部因利益分配问题而产生的各种矛盾也依然尖锐，吉尔吉斯斯坦仍面临新的政治危机的威胁。2007年年初，议会再次在总理任命问题上向总统发难，并连续两次否决了总统巴基耶夫对库洛夫的提名，最终总统只得任命温和反对派领袖阿坦巴耶夫为政府总理。

自"3·24事件"以来，吉尔吉斯斯坦一直徘徊在总统制和议会制的政体选择之中。随着库洛夫的辞职，这种体制之争逐渐演变为新的政权与反对派之间的对立。2007年3月，辞职后的前总理库洛夫组建了"为了吉尔吉斯斯坦的未来"反对派联合阵线，要求总统巴基耶夫修改宪法，削弱总统权力，实现总统、议会、政府和司法机构之间权力的最大限度的平衡[1]，即真正意义上的宪法改革，并要求提前举行总统大选。2007年4月19日，库洛夫领导的反对派联合阵线发起大规模的游行示威活动，要求提前举行总统选举并进行宪法改革，试图再次通过街头政治推翻巴基耶夫政权。然而，这场反对党与政权之间关于宪法改革的斗争终究没有逃脱中亚国家传统权力斗争的老路，最终以反对派被强力部门镇压而结束，库洛夫也于2007年8月被指控煽动群众骚乱而再度被捕入狱。2007年9月，吉尔吉斯斯坦宪法法院裁定议会于2006年11月和2007年1月修订的两部宪法不合法。[2] 同年10月21日，根据总统巴基耶夫的提议，吉尔吉斯斯坦就新宪法草案举行全民公决，并获得通过。新宪法草案重新修改了议会产生的方式，规定议会的90个议席将全部采取比例代表制选举产生，政府由在议会选举中获得多数席位的政党组阁。同时，参选的政党必须通过两道"门槛"方能进入议会，即在全国总得票率不低于登记选民的5%和在各地区得票率不低于0.5%。[3] 新宪法赋予总统更多的控制和制衡政府与议会的权力，大大削弱了派别林立的议会的权限，使总统在同议会产生分歧时

---

[1]《吉尔吉斯斯坦骚乱，近百人被捕》，2007年4月21日，http://www.jyenet.cn/new/world/200704/new_ 111963. shtml。

[2] Ноябрьская и декабрьская Конституции Кыргызстана отменены, 2007 - 9 - 14, http://www.qwas.ru/kyrgyzstan/ar - namys/id_ 72770.

[3] Конституция Кыргызской Республики（редакция 22 - 23. 10. 2007），http://www.centrasia.ru/cnt2. php? st = 1193171158.

能占据主动地位。2007年10月，巴基耶夫签署总统令，宣布解散议会，提前进行议会选举。2007年12月16日，吉尔吉斯斯坦举行了新一届议会选举。为了改变议会同总统对峙的局面，巴基耶夫总统有意在议会选举前两个月组建了自己的政党——光明道路党。① 除光明道路党外，还有11个政党和竞选联盟参加本届议会选举，最终仅有三个政党通过了议会门槛。其中，巴基耶夫领导的光明道路党获得71席，成为议会的多数派；位居其次的是社会民主党，夺得了11个席位，其余的8个议席由共产党人党获得。② 本届议会选举之后，巴基耶夫的权力逐步巩固，国家的行政、立法，甚至是司法机关基本被控制在总统及其亲信手中。总统由此掌握了国内政局的主导权，吉尔吉斯斯坦社会也因此出现了短暂的稳定时期。

巴基耶夫总统在其第一任期内多次修宪，致使对巴基耶夫总统任期的结束时间存在广泛争议。最终，由巴基耶夫提出、宪法法院裁定、议会通过，新一届总统选举定于2009年7月23日举行。③ 最终巴基耶夫以76.12%的得票率再次胜出。作为联合反对派唯一的候选人、社会民主党主席、前政府总理阿坦巴耶夫以8.41%的得票率位居其次。④ 巴基耶夫上台后，政权与反对派之间的斗争从未间断过，但2007年4月以来，吉尔吉斯斯坦社会基本保持稳定。吉尔吉斯斯坦社会人心思定，巴基耶夫赢得选举与其说是对其政绩的肯定，不如说是因民众对街头政治和党派斗争的厌倦。

巴基耶夫总统在其第二任期内的任务之一，就是解决未来总统接班人的问题，为此他做出了一系列计划安排。巴基耶夫逐步清理了2005年革命时期的同路人，将其他南方派系人物排斥出权力中心。2009年10月当选总统后不久，巴基耶夫便任命其次子马克西姆·巴基耶夫为吉尔吉斯斯坦中央发展、投

---

① Сергей Расов，Конституция Кыргызстана：плюсы и минусы，http：//www.politcom.ru/10045.html，04.05.2010.
② Сергей Расов，Конституция Кыргызстана：плюсы и минусы，http：//www.politcom.ru/10045.html，04.05.2010.
③ А. Шустов：Президентские выборы в Киргизии － постреволюционный синдром，23.06.2009，http：//www.centrasia.ru/newsA.php?st=1245730140.
④ ЦИК почти закончил подсчет голосов：Курманбек Бакиев набирает 76，12 процента，http：//www.kp.by/daily/24333/525068.

资与创新局的负责人,全面掌控国家的金融和经济资源。此外,巴基耶夫还安排了一个"接班人"计划,准备在特殊情况下,将总统职位移交给自己的次子。为此,吉尔吉斯斯坦议会通过了一项法案,授权一个名为国务委员会的专门机构在特殊情况下选举代理总统。而根据吉尔吉斯斯坦现行宪法,总统在不能履行职责的情况下,议长或总理有权代行总统职权。① 因"3·24事件"上台的巴基耶夫政权,虽然在分权与议会改制问题上做出了一些让步,推进了议会职能的改革,但巴基耶夫很快就借助其总统的权力优势将自己的政党——光明道路党打造为议会第一大党,获得了政府组阁权,因此原本目的在于分权的总统议会体制改革还是走向了扩大总统权力的老路。与阿卡耶夫一样,巴基耶夫执政期间也将自己的亲属安排在政府内部,建立起了庞大的家族统治。其兄长让内别克领导着国防局,长子马拉特是国家安全局副局长,次子马克西姆在专门为他设立的中央发展、投资与创新局担任局长,② 后者素有"小巴基耶夫"之称,甚至被公认为巴基耶夫的接班人。可见,巴基耶夫家族不但掌控着国家政治安全部门,还把持着国家经济金融领域,在重蹈阿卡耶夫政权的覆辙之路。

自2005年巴基耶夫替换阿卡耶夫上台后,吉尔吉斯斯坦实现了南北政治势力的新一轮更替,南方部族虽占了上风,但国家的政治动荡并未因此平息。各派政治力量围绕政体改革问题频繁引发政治骚乱和部族冲突,政局几度失控。政治危机背后存在深层的部族利益矛盾是吉尔吉斯斯坦动荡的根源。政治精英们希望通过改革实现国家权力在南北部族和政治利益集团之间的分配,缓解南北部族政治对峙的局面,恢复国家的秩序与稳定。2010年4月6~7日,反对派因其领导人被捕而举行大规模的群众示威游行,要求巴基耶夫下台,并实行议会制改革。之后,反对派示威者与警方发生激烈冲突,引发骚乱。4月14日,巴基耶夫宣布辞职,之后流亡白俄罗斯,其总统豁免权被临时政府剥夺。总统的兄长及两个儿子均因涉嫌下令枪击示威者而受到指控与通缉。巴基耶夫及其家族长达五年的统治就此垮台。

---

① 薛福岐:《吉尔吉斯斯坦与上海合作组织》,《上海合作组织发展报告(2010)》,社会科学文献出版社,2010,第153~154页。
② "Литер": Время собирать камни. Как будет развиваться Кыргызстан, 11.04.2010, http://www.centrasia.ru/newsA.php?st=1270972140.

随后，反对派组建过渡时期政府，并任命坚定的议会制改革派奥通巴耶娃担任过渡时期的总统兼总理，任期至 2011 年 12 月 31 日。根据规定，作为过渡时期的总统，奥通巴耶娃将无缘新一届总统选举，其责任与作用是保障国家平稳实现体制过渡。该事件被称为"四月事件"，是继"三月事件"之后，由街头政治引爆的又一次大规模政治骚乱，并同样以非正常的方式推翻了政权，吉尔吉斯斯坦出现了与五年前相似的"二次夺权"。从本质上看，"四月事件"是"3·24 事件"的延续。①

与第一次"颜色革命"不同，临时政府解散了议会和宪法法院，从而消除了立法机关中亲巴基耶夫的势力，为议会制改革扫清了障碍。2010 年 6 月 10 日，在过渡时期政府筹备有关议会制宪法的全民公决之际，奥什、乌孜根、贾拉拉巴德等地的吉尔吉斯人与乌兹别克人发生流血冲突。此次冲突表面上看是地方民族矛盾所致，但究其根源还是转型时期总统制权力体系下地方利益、部族政治、体制之争没能得到及时解决的诸多矛盾积累所致。"六月事件"也进一步坚定了过渡时期政府启动政体改革程序的决心。为保证全民公决得以顺利进行，临时政府还通过法令，将宪法草案全民公决选民投票率的下限由 50% 下调至 30%。2010 年 6 月 27 日，吉尔吉斯斯坦全民公决通过了新宪法草案，政体由总统制改为议会制。

第三节 无悬念的乌兹别克斯坦总统选举

自 2002 年实行两院制以来，乌兹别克斯坦对议会的议员数目进行了两度调整，其中议会上院的议席数未变，而议会下院——立法院议员的人数由 2002 年的 120 席增加至 2008 年的 150 席，并强调以政党为基础，在全国 135 个选区内直选产生。② 在乌兹别克斯坦境内居住五年以上、年满 25 岁的乌兹别克斯坦公民均有参选议员的权力。与议会选举法相配套的是国家关于加强政党作

---

① 〔吉〕库鲁巴耶夫：《吉尔吉斯斯坦独立 20 周年回顾与展望》，《现代国际关系》2011 年第 8 期。

② Закон Республики Узбекистан О выборах в Олий Мажлис Республики Узбекистан, 29 августа 2003 г., http://www.parliament.gov.uz/ru/law/2003/3099.

用的法律文件。2007年4月11日,总统卡里莫夫颁布《加强政党在国家管理的改革与现代化进程中的革新与民主化的作用》宪法性法律。该法可以被视为对宪法中有关政党及议会条款的补充性法律,涉及立法院议会党团、立法院副主席的选举程序,政府总理的任免程序,各州及塔什干市行政长官的任命和批准程序,各州人民代表会议对州市行政当局的监督职能等相关内容。其中,有关议会党团多数派与反对派的规定以及总理任免规定都体现了乌兹别克斯坦要发挥政党和议会在国家决策中的作用的意图。如该法律第4条规定,总理人选由总统同立法院每一个议会党团协商后提出,并经议会两院绝对多数议员通过后确定。①

根据新修订的议会选举法,乌兹别克斯坦于2009年年底进行了两轮立法院选举。经过2009年12月27日和2010年1月10日两轮激烈的角逐,原议会中带有民族极端主义色彩的"自我牺牲者"民族民主党被排斥在议会大门之外,其余四个政党均再次进入议会,并基本保持了其在前一届议会中的排序,且席位各有增加。其中,自由民主党依旧保持着议会第一大党的地位,拥有53席;人民民主党占32席,位居其次;民族复兴民主党以一席之差位居第三;社会民主公正党有19席。另外15名议员由"乌兹别克斯坦生态运动"全体大会选举产生。② 该组织成立于2008年2月,以"健康的环境、健康的人类"为口号,致力于解决事关社会各阶层利益的生态安全和环境保护问题。2008年12月,乌兹别克斯坦重新修订了选举法,并将该组织推荐的人员纳入议会。

2007年总统卡里莫夫的任期行将届满。在目睹了独联体其他地区的"颜色革命",并亲历了政治动荡之后,乌兹别克斯坦逐渐放慢了民主化改造的步伐。虽因平息"安集延事件",乌兹别克斯坦受到美国等西方国家的严厉批评,甚至遭到西方国家的禁运制裁,使其同欧美国家的关系一度恶化,但是随着大选将近,卡里莫夫为争取连任,再次将外交的天平倾向西方,向美国和欧盟国家示好,以消除西方可能对其执政和连任造成的不利影响。为此,乌兹别

---

① Конституционный закон Республики Узбекистан Об усилении роли политических партий в обновлении и дальнейшей демократизации государственного управления и модернизации страны, Статья 4.

② В Узбекистане избран весь состав нижней палаты парламента страны – ЦИК, 13.01.2010, Новости Казахстана. Агентство Казинформ, http://thenews.kz/2010/01/13/218203.html.

克斯坦对政治制度做出了微调。如前所述，有关政党作用的法律出台，虽然并未触及以总统为核心的权力体系，但却在一定程度上向西方表达了乌兹别克斯坦进行民主改革的诚意。同时，乌兹别克斯坦相继出台了一些惠民政策，如增加工资和退休金、改善贫困地区居民的基础设施条件等，以安抚民心，赢得支持。2007年12月23日，乌兹别克斯坦如期举行了总统选举。与往届不同的是，本届总统选举实现了真正的差额选举。参选的四位候选人中，除现任总统卡里莫夫外，其他三名候选人均来自亲政权党，且在竞选纲领和政见上基本与卡里莫夫总统保持一致，但在国内的声望和能力却远不及卡里莫夫，因而无法对卡里莫夫的连任构成挑战和威胁。其参选很大程度上是为了分散那些游离在政权外的选票，以保证卡里莫夫获胜。① 最终，卡里莫夫以88.1%的得票率毫无悬念地赢得选举。② 根据2002年1月生效的乌兹别克斯坦宪法，卡里莫夫总统的任期由五年延长至七年。③ 这就意味着，卡里莫夫总统的任期将延续到2014年12月。

第四节 风平浪静的塔吉克斯坦总统选举

与2006年11月风云变幻的吉尔吉斯斯坦宪法危机相比，同期在塔吉克斯坦举行的总统选举显得异常平静，西方国际组织的观察员和反对派政党代表尽管对选举结果提出质疑，但最终还是接受了拉赫莫诺夫总统再次连任的事实。④ 拉赫莫诺夫以79.3%⑤的得票率再次获得了新的七年任期。

拉赫莫诺夫此次获得连任主要得益于内战后赢得的政治威望以及其实行的

---

① Выборы президента Узбекистана: Взгляд экспертов из-за рубежа, 9.10.2007, http://www.ferghana.ru/article.php?id=5388.
② Выборы президента Узбекистана: Взгляд экспертов из-за рубежа, 9.10.2007, http://www.ferghana.ru/article.php?id=5388.
③ Конституции мира, Журнал «Власть». №33 (737) от 27.08.2007, http://www.kommersant.ru/doc.aspx?DocsID=798334.
④ Таджикские социал-демократы не согласны с итогами прошедших президентских выборов, http://www.regnum.ru/news/742599.html.
⑤ ЦИК Таджикистана объявил окончательные итоги выборов президента страны 14.11.2006, http://www.regnum.ru/news/738643.html.

积极灵活的内外政策。吉尔吉斯斯坦"3·24事件"以及此后出现的宪法危机,给包括塔吉克斯坦在内的中亚国家政府树立了负面形象,也在各国政府对待反对派的问题上起到了警示作用。在总统选举之前,拉赫莫诺夫政府加强了对媒体的监督力度,加大了对反对派的打压力度,以鼓动民族、种族和宗教仇视的罪名查封了一些反对派的网站①,从而为其赢得总统选举创造了良好的舆论环境。而民众对于政治骚乱和国家政权震荡的恐慌心理与求稳心态,也在一定程度上帮了执政候选人的忙。投票当天,塔吉克斯坦总统拉赫莫诺夫呼吁塔吉克斯坦人民行使自己的选择权,为国家的繁荣和人民的福祉投票。此外,政府通过提高工资和养老金待遇等改善民生的措施赢得民众对总统的支持。2006年4月,塔吉克斯坦政府将科研、教育、文化、卫生等部门职工的工资普遍上调40%,低工资和养老金也得到大幅度提高。进入21世纪以来,塔吉克斯坦利用其与阿富汗接壤的地缘政治优势,实行与大国的多元外交政策,在反恐和禁毒方面加强同独联体集体安全条约组织、北约等国际组织的合作,这也为拉赫莫诺夫政权的稳定创造了良好的周边环境。

本届总统选举是反对派政党继2005年议会选举后,遭受的又一次重创,其士气已被严重削弱。但这并不意味着反对派力量失去了复兴的机会。2008年,塔吉克斯坦最有影响力的反对派政党伊斯兰复兴党提出对自身进行改革,并于8月27日在该党的代表大会上通过了"伊斯兰复兴党2008~2015年使命与价值观"声明。在此文件中,该党为塔吉克斯坦的未来发展勾画了宏伟的战略蓝图,并提出该党的使命与目标是实现经济的发展、社会的独立与稳定、法律的至高无上、社会的平等、民主的发展等。② 该党主席表示,伊斯兰复兴党还将进行结构性的变革,为实现这些战略目标制定具体的方法,并在全国范围内积极开展政治活动。伊斯兰复兴党的这些目标和价值观与世俗的民主社会价值观不谋而合。该党所要面对的问题是如何协调其现代化的发展目标与建立伊斯兰宗教政权之间的内在逻辑关系,这也是伊斯兰现代化的一个重要命题。

---

① В Таджикистане закрыт доступ к оппозиционным интернет‐сайтам, 10 октября 2006, http://www.rambler.ru/news/it/0/8858032.html.

② Таджикистан признал причастность российских властей к похищению оппозиционера М. Искандарова, http://rudocs.exdat.com/docs/index‐367627.html? page = 2.

不可否认，伊斯兰复兴党浓厚的宗教背景对塔吉克斯坦的伊斯兰信众具有吸引力，这将使该党获得潜在的发展空间，并有可能重新成为塔吉克斯坦国内不容忽视的一支政治力量。

第五节　土库曼斯坦权力易手——非正常政权更替

土库曼斯坦政局在尼亚佐夫执政时期一直保持着相对稳定的状态，这种稳定既有赖于总统个人在民众中经久不衰的政治威望，也得益于总统、议会以及政府三者之间协调运行的总统制权力体系。

2006年12月，尼亚佐夫总统突发心脏病辞世，土库曼斯坦因此实现了政权易手。土库曼斯坦政权内部围绕代总统的权属问题发生了微妙的权力斗争。根据土库曼斯坦宪法，总统去世后，国民议会的议长将临时代行总统权力[1]。因此，在尼亚佐夫去世之后，法定的代总统应该是时任议长奥韦兹盖尔德·阿塔耶夫。然而，富于戏剧性的变化是，议长很快因涉嫌滥用职权和侵犯公民权利受到指控而被捕入狱，最终由时任副总理、卫生部部长别尔德穆哈梅多夫接任了代总统一职。为寻求自身权力的合法性，代总统别尔德穆哈梅多夫上任不久便宣布修改宪法，完善了有关政权非正常更替时的条款。2006年12月，土库曼斯坦通过了新宪法，规定在总统因故不能行使职权时，由国家安全会议委任一位副总理临时代理总统职权[2]。同时，土库曼斯坦也对总统选举法中有关总统候选人资格等问题进行了修订。新选举法规定，总统候选人年龄应在40～70岁之间，此项对候选人年龄的限制为别尔德穆哈梅多夫规避了一些竞选中有力的竞争对手。在2007年2月11日举行的总统选举中，除代总统别尔德穆哈梅多夫外，其他五名候选人均是来自执行权力机关的高层官员，最终，代总统别尔德穆哈梅多夫以89.23%的得票率当选为土库曼斯坦新一届总统。

新总统上任伊始便对官僚体系与政治体制提出了一系列改革措施，以消除尼亚佐夫的影响，树立自己的政治权威。别尔德穆哈梅多夫总统的"去尼亚

---

[1] Конституция Туркменистана（с изменениями и дополнениями от 15 августа 2003 г.），см. статья 60. http://proekt–wms.narod.ru/states/turkmen–konst.htm.

[2] См. Статья 58. Конституция туркменистана, http://www.turkmenbusiness.org/node/127.

佐夫"行动首先从官僚体制开刀，他对原政府官员进行了调整，替换了一批尼亚佐夫的旧部。同时，新总统班子还对国家政治体制进行了大刀阔斧的改革。2008年9月26日，土库曼斯坦人民委员会通过修宪，重新架构国家权力体系。首先，人民委员会召开特别会议，宣布撤销该委员会，并将原人民委员会的职能转由总统、国民议会和最高法院执行。尼亚佐夫时期，人民委员会是一个凌驾于其他权力之上的国家决策机构，由总统及各个权力机关的首脑组成，由总统领导。由于它的存在，国民议会和司法机构形同虚设，沦为听命于总统的下级机构。土库曼斯坦的权力结构体系表面上接近于西方三权分立的民主政治模式，实际上总统权力并未因人民委员会的取消而受到削弱，总统依然处于权力的核心位置。此外，新修订的宪法改革了议会的结构，将原来的50个议席增加到125个议席，议员由各选区选举产生，任期五年。[1]

2008年12月，土库曼斯坦举行了第四届国民议会选举，本届选举共有288名候选人参选，是土库曼斯坦独立后举行的首届差额全民选举。[2] 由于土库曼斯坦国内不存在其他政党，因此本届国民议会选举事实上只是执政党——民主党的一次内部选举。

"颜色革命"之后，中亚各国领导人普遍对西方的民主压力产生抵触和排斥心理，开始反思本国国情与西方宪政制度的适应性问题，并致力于对政治体制和政治制度进行相应的调整和修改，有的国家是为了缓解西方施加的民主压力，有的则是为了巩固总统权力基础，还有的是为了总统本人能够实现长期执政，或者为他们选择的未来接班人继任其职寻找合法依据。从这种意义上来说，中亚国家的政治转型进程尚在继续。

---

[1] Конституция Туркменистана, http://www.turk*km*enbusiness.org/node/127. См. Статья 60.
[2] 《土库曼斯坦议会选举折射国家变革》，2008年12月15日，http://world.people.com.cn/GB/57507/8515896.html。

第五章　中亚国家政治转型新变化
（2010~2014）

吉尔吉斯斯坦的政体改革改变了中亚国家总统制的发展轨迹。吉尔吉斯斯坦希图通过政体改革摆脱连年的政治动荡，使国家由乱而治，步入有序轨道。其他总统制中亚国家虽然没有进行政治权力结构的改革，但普遍对政权模式进行了制度性微调，并不同程度地扩大了议会的权力，提高了政党在国家政治生活中的地位。由于中亚国家的政治体制尚处于变革之中，我们还没有对此找到一个有力的结点，因此难以对这一时期的政治发展特征做出准确的归纳，只能通过各国体制中的一些"新变化"来预测各国政治转型的未来发展趋势。

第一节　吉尔吉斯斯坦议会制——变动中的民主之路

吉尔吉斯斯坦于2010年6月以全民公决的方式颁布了议会制宪法。新宪法保留了一院制议会，将议席总数由原来的90席增至120席，议员全部通过比例代表制的方式选举产生，任期五年。同时，得票率过半的政党或由超过半数以上议员组成的议会党团获得政府组阁权，一个政党获得的席位数不得超过65席。[①] 新宪法草案的核心内容是扩大议会的权力，使其在国家管理体系中发挥主导作用，通过分权机制将代表不同利益的政党与政治力量纳入宪法轨道，

---

① Конституция Кыргызской республики, http://www.gov.kg/?page_id=263.

同时，削弱总统权力，将其职权限制在仲裁的职责范围内。

根据新宪法，吉尔吉斯斯坦分别于2010年10月和2011年10月举行了议会选举和总统选举，进而在政治实践中打造多党议会制权力结构体系。在2010年10月10日举行的议会选举中，参选的29个政党仅有故乡党、社会民主党、共和国党、尊严党以及祖国党等五个政党通过了议会门槛，由于选票分散，各党的得票率均未超过10%。其中，故乡党以8.47%的得票率获得议会中28个席位，位居第一；社会民主党位居其次，获26席；以下依次是尊严党为25席，共和国党为23席，祖国党为18席。[①] 由于没有一个政党获得独立组阁政府所需的多数议席，因而需要由各党通过协商组成多党执政联盟，成立联合政府。2010年12月初，社会民主党、祖国党和共和国党曾宣布成立执政联盟，但因未能就议长人选问题达成一致而未果。时隔两周，共和国党、故乡党和社会民主党三党宣布成立新的执政联盟，并推举社会民主党主席阿坦巴耶夫为政府总理，故乡党领导人克尔迪别科夫出任议长，共和国党主席巴巴诺夫出任第一副总理。三党"结盟"后，该联盟的议席总数达到77席，成为议会多数派。执政联盟的领导人之一巴巴诺夫表示，该联盟具有开放性，其他议会政党也可在三党同意的情况下进入这一执政联盟。

过渡时期政府总统奥通巴耶娃的任期将于2011年12月底结束，议会决定于2011年10月举行总统选举。新宪法规定，总统候选人应掌握吉尔吉斯语，且在吉尔吉斯斯坦境内生活超过15年。这样就排除了流亡海外的两位前总统阿卡耶夫和巴基耶夫东山再起的可能性。总统任期为六年，且不得连任。同时，为防止候选人利用行政资源助选，新宪法还规定，候选人在竞选期间要辞去自己的职务。尽管新宪法在议会制权力结构体系下削弱了总统在行政方面的部分实权，但在人事任免、内外政策、掌控武装部队等方面仍给总统保留了相当多的决策空间，进而使其在国家的政治生活中依旧能够发挥重要影响。也正因为如此，2011年10月30日举行的总统选举吸引了大批吉尔吉斯斯坦各派的政治领袖，时任总理阿坦巴耶夫也为参选辞去了总理职务。与他同台竞争总

[①] ЦИК Киргизии огласил официальные итоги парламентских выборов，01.11.2010，http：//www.centrasia.ru/newsA.php？st=1288614900.

统的候选人还有统一吉尔吉斯斯坦党主席阿·马杜马洛夫、故乡党领袖塔什耶夫等8名政党候选人以及12名自荐候选人,最终阿坦巴耶夫以63.52%的得票率成功当选。① 吉尔吉斯斯坦通过议会选举和总统选举实现了国家权力机关由总统制向议会制转变的结构性调整,政治精英内部的斗争因政治力量的"重新洗牌"而得到暂时平息。然而,以部族主义为特征的南北政治对立并未因此而消解。在权力分配和人事任命等问题上,各党派和利益集团之间经常龃龉不合,执政联盟因而多次解体并导致政府解散。2011年12月,由共和国党、故乡党和社会民主党组建的执政联盟因在政治、经济和司法改革方面存在分歧,同时由于阿坦巴耶夫当选总统后,总理职位空缺等问题宣布解散。议会党团随即成立了由社会民主党、共和国党、祖国党和尊严党四党组成的执政联盟,推举巴巴诺夫为政府总理,各党团按比例分配政府各部委的领导职位。② 随着新执政联盟的组成,原内阁也面临改组,一些部、委、署的数量被削减,其中自然资源部、社会保障部、劳动部和国有资产部四个部以及国家反垄断委员会、电影艺术委员会、水利资源委员会等部委被撤销,由新的部门承担其职能。③

议会体制下,很容易形成立法机关对执行机关的监督与制衡。政府经常因施政不利或政绩不佳而受到执政联盟或反对派议会党团的攻击。加入执政联盟的议会党团经常以退出联盟作为制衡政府总理和总理所代表的议会党团的主要手段。2011年形成的四党联盟依然难逃短命的厄运。2012年8月,该执政联盟因尊严党和祖国党的退出而再次解体,9月,总理巴巴诺夫辞职。2012年9月5日,社会民主党、尊严党和祖国党重新组建新执政联盟,原总统办公厅主任、扬托罗·萨特巴尔季耶夫担任总理,尊严党领袖费·库

---

① Постановление ЦИК КР "Об определении результатов выборов Президента Кыргызской Республики 30 октября 2011 года", http: // www. shailoo. gov. kg/index. php? module = content&page = Ob_ opredelenii_ rezultatov_ vyborov_ Prezidenta_ Kyrgyzskoy_ Respubliki_ 30_ oktyabrya_ 2011_ goda_ 2011jyldyn_ 30oktyabrynda_ Kyrgyz_ Respublikasynyn_ Prezidentin_ shayloonun_ jyyyntyktaryn_ anyktoo_ jonyndo&pagelang = ru.

② СДПК " + " Республика " + " Ар – Намыс " + " Ата Мекен " = "… Четыре фракции КырПарламента подписали коалиционное соглашение, 16. 12. 2011, http: // www. centrasia. ru/newsA. php? st = 1324038480.

③ 《吉尔吉斯坦议会组建执政联盟》, 亚心网, http: // www. xjjjb. com/html/news/82950. html。

洛夫为议长。① 故乡党和共和国党的一些议员也与执政联盟签署"加盟"协议,进而使得执政联盟在议会中的议席达到了总数的2/3。② 与此同时,未参加执政联盟的故乡党和共和国党也组成了议会反对派联盟,并推举故乡党成员阿布德尔达耶夫为联盟主席。③ 2013年是吉尔吉斯斯坦政府相对平静的一年。由社会民主党、祖国党和尊严党组成的执政联盟没有出现分裂,为萨特巴尔季耶夫政府推进各项改革铺平了道路。萨特巴尔季耶夫总理一改前任巴巴诺夫在国家经济发展方面的不利政策,提出了《2013~2017年国家稳定发展战略》,以改善企业经营环境,提高政府管理效率,改革能源结构,推进国民经济的全面发展。同时,政府还推出《2012~2014年反腐败纲要及措施计划》,加大了打击腐败的力度。即便如此,在议会制传统相对薄弱的吉尔吉斯斯坦,议会党团之间的政治博弈还是难免迁怒于政府总理。2014年3月,执政联盟中的第二大党——祖国党议会党团指责现任政府总理萨特巴尔季耶夫在此前担任副总理期间存在腐败问题,并提出退出执政联盟,迫使萨特巴尔季耶夫政府提前解散。3月31日,原执政联盟中的"三驾马车"社会民主党、祖国党和尊严党重新签署联盟协议。4月4日,三党联盟推举原政府第一副总理奥托尔巴耶夫出任新一届政府总理。

吉尔吉斯斯坦的议会选举和总统选举结束后,政权从临时政府转交到民选议会手中。巴基耶夫政权垮台之后,总统选举成为实现临时政府政权合法性的重要步骤。而且本届总统选举是吉尔吉斯斯坦首次以和平方式实现政权"易主",因而具有里程碑意义。2011年12月,吉尔吉斯斯坦总统阿坦巴耶夫签署关于奥通巴耶娃生活待遇的总统令,确立了奥通巴耶娃"前总统"的身份,并以此表彰其为国家的和平与稳定所做出的贡献。④ 该总统令的意义在于,它是对2010年"四月事件"合法性的确认,并以此为起点,进一步巩固过渡时

---

① В парламенте Кыргызстана образовалась новая правящая коалиция, http://www.paruskg.info/2012/09/01/67947.

② Премьер на зимовку, 06.09.2012, http://www.gazeta.ru/politics/2012/09/06_a_4755721.shtml.

③ 《吉尔吉斯斯坦新政府成立》,《文汇报》2012年9月7日。

④ Оклад, охрану, машину, госрезиденцию. Розу Отунбаеву наделили пожизненными привилегиями, 02.12.2011, http://www.centrasia.ru/newsA.php?st=1322834040.

期政府及议会制权力架构下议会与总统的合法性。与此同时，议会还因前任总统阿卡耶夫和巴基耶夫均流亡国外，取消了此二人"前总统"的资格及相关特权。[①]

自2010年议会制改革以来，吉尔吉斯斯坦议会逐渐成为平衡各方利益与疏解民众不满的政治渠道。各种社会政治力量纷纷放弃街头政治，转而通过选举、议会等平台提出自己的政治诉求，将自己的政治行为规范在议会制宪政之下。联合执政成为吉尔吉斯斯坦各党派的无奈选择。执政联盟的组合结束了政党与政治精英之间长期的政治纷争，使国家逐渐摆脱了政治分立的困局。但由于受到经济发展水平、历史传统、社会结构、宗教信仰、国际环境等诸多因素的影响，吉尔吉斯斯坦议会制的社会政治基础还有待培育，其体制的稳定性与制度化还将经受多重考验。

第二节　其他中亚国家政治制度的微调

与吉尔吉斯斯坦不同，中亚其他国家总统的权力基础相对稳固，宪法赋予总统广泛的执政空间。以总统为核心的垂直执行权力体系成为各国总统维持政权稳定的重要政治资源。然而，随着现任总统生理年龄的增长，这种依靠总统的个人政治威望维持起来的国家政权体系也日益呈现出刚性有余、韧性不足的弱点。与以往不同的是，中亚国家的领导人不再像转型初期那样，通过重新修宪或全民公决等方式延长任期，而是更多地希望在现行宪法框架内延续其政权的合法性。

中亚各国在现行的宪政体制下，纷纷对总统和议会的关系与权限进行调整，削弱了总统的部分实权，放宽了政党参政的空间，提高了政党和议会在国家政治生活中的地位，并为总统权力的平稳交接提供法律依据。继哈萨克斯坦2007年赋予议会多数派组阁权后，乌兹别克斯坦也如法炮制，在2011年12月修改的宪法中，同样赋予议会多数派政党或政党联盟政府组阁权，以便进一

---

① Оклад, охрану, машину, госрезиденцию. Розу Отунбаеву наделили пожизненными привилегиями, 02.12.2011, http://www.centrasia.ru/newsA.php?st=1322834040.

步提升议会对行政权力机关的制约作用。① 同时，新宪法还加强了议会对执行权力机关的监督职能，规定在总理与议会下院出现激烈矛盾的情况下，如果议会上下两院分别有 2/3 议员提出对总理的不信任案，该议案即获通过。同时，为了加强议会和政党在社会经济与社会政治改革中的作用与影响力，宪法第 78 条规定，议会下院有权听取和讨论总理就现实的社会经济发展问题所做的政府工作报告。乌兹别克斯坦学者指出，修宪旨在进一步深化民主改革并形成公民社会，以推进国家权力与管理体制的民主化，保障国家权力机关的分权更加平衡，促进国家的现代化。②

此外，缩短总统任期也是近年来中亚国家宪政制度改革的重要内容。哈萨克斯坦和乌兹别克斯坦的新宪法都将总统任期由七年减至五年。此项条款的目标指向是后威权时代的执政精英替换问题，为防患未来执政者可能出现的长期执政现象做准备。而对于现任总统，无论是纳扎尔巴耶夫还是卡里莫夫都具有继续参选和执政的宪法法理依据和民意基础，哈萨克斯坦的新宪法还特别强调，总统连任两届的任期限制不适用于现任总统纳扎尔巴耶夫。缩短任期的规定旨在规避未来总统长期执政的风险，实现未来政治发展的机制化与制度化。同时，我们也可从中窥见哈萨克斯坦和乌兹别克斯坦两国对于未来总统权力继承问题上的某些忧虑。此外，此项总统任期的改革还淡化了两国总统制的威权主义色彩，改变了西方社会对两国总统的一贯看法，缓和了来自美国等西方社会对现政权施加的民主压力。2010 年 6 月，哈萨克斯坦总统纳扎尔巴耶夫拒绝了议会提出的关于确立其为"民族领袖"并享受终身豁免权的总统法修订案。③ 2011 年 1 月，由社会各界人士代表组成的修宪动议小组收集到超过 500 万张选民的签名，并将其转交至中央选举委员会，要求通过全民公决的方式将纳扎尔巴耶夫的总统任期延长至 2020 年 12 月 6 日。该修订案在议会两院联席会议上获得通过，并赋予总统提前举行总统选举的权力。纳扎尔巴耶夫将该修

---

① Поправки в Конституцию вступили в силу, 19 апреля, 2011 Uzdaily.uz, http://news.olam.uz/politics/1915.html.

② Поправки в Конституцию вступили в силу, 19 апреля, 2011 Uzdaily.uz, http://news.olam.uz/politics/1915.html.

③ Назарбаев отказался править Конституцию Казахстана, http://www.rosbalt.ru/exussr/2011/01/17/809033.html.

第五章 中亚国家政治转型新变化（2010～2014）

订方案转交宪法委员会，宪法委员会裁定其不符合宪法规定，驳回了议会关于延长总统任期的建议。[①] 2011年1月31日，纳扎尔巴耶夫建议提前举行总统选举，以取代社会各界人士要求举行的关于延长其总统任期的全民公决。由此，纳扎尔巴耶夫绕开了"终身总统"的话题，以免被西方将其与突尼斯和埃及前总统们进行类比。[②] 2011年4月，纳扎尔巴耶夫再次以无可争议的高票当选，其总统任期顺利延续至2016年。

与此同时，哈萨克斯坦和乌兹别克斯坦也都采取措施，相应地削弱了总统在执行权力机关的部分实权，以降低总统在权力体系中的主导作用，如将总统对政府总理和内阁的提名及任免权转给议会，提供后者在社会、经济和政治变革中的作用，这已经成为近年来中亚国家政治微调的主要方向。早在2007年，哈萨克斯坦就在重新修订的宪法中赋予议会多数派政党以组阁权。为避免"一党议会"的重演，2009年哈萨克斯坦再次修改了议会选举法，降低了政党参政的门槛，规定在议会选举中如果出现只有一个政党过线的情况，居于次位的政党可以参与议会席位的分配。[③] 这项改革为构建两党制或多党制议会奠定了法律基础。2011年11月10日，哈萨克斯坦议会下院53名议员联名向总统纳扎尔巴耶夫提出解散议会下院的建议，理由是推进哈萨克斯坦政治民主化，结束祖国之光人民民主党一党独大的议会，依据新宪法和议会选举法，产生多党议会，为应对经济危机营造稳定的社会政治环境。纳扎尔巴耶夫批准了议会的建议，下令解散议会下院，并将原定于2012年8月进行的议会下院选举提前至2012年1月15日举行。在新一届议会选举中，政权党祖国之光人民民主党以80.74%的得票率赢得议会绝对多数议席，占83席，并获得政府组阁权。与祖国之光人民民主党同时进入议会的还有反对派政党光明之路党和共产主义

[①] Назарбаев отказался править Конституцию Казахстана, http://www.rosbalt.ru/exussr/2011/01/17/809033.html.

[②] Советник президента Казахстана Ермухамет Ертысбаев заявил, что на предстоящих досрочных выборах Нурсултан Назарбаев наберет 95, 9 процента голосов. С таким заявлением он выступил в интервью газете "Литер". http://forum-history.ru/showthread.php?t=2781.

[③] Конституционный закон республики Казахстана о внесении изменений и дополнений в Конституционный закон Республики Казахстан？О выборах в Республике Казахстан？, Астана, 9 февраля 2009 года, http://www.zakon.kz/our/news/news.asp?id=30381627.

人民党，分别获得了8个和7个席位。虽然这两党勉强过线，并没有使祖国之光人民民主党"一党独大"的局面有所改观，但却实现了议会的多党化。一些政治学者肯定了本届议会选举是向多党制议会民主迈进的一步。尤其是共产主义人民党的意外入围，被认为是议会多元化的表现。哈萨克斯坦学者塔·伊斯马卡别多夫认为，此次议会构建了一个多党争鸣的平台，光明之路党和共产主义人民党虽然是少数派，但其代表着不同地区和社会阶层的人群，可以通过推进各自的倡议施加影响。[①] 更有学者认为，本届议会已经形成了左、中、右三派，其中祖国之光人民民主党是中间派，共产主义人民党和光明之路党分居左右。各党派代表着不同阶层的利益，矛盾冲突的出现将有助于在议会中形成竞争。但也有一些哈萨克斯坦学者认为，本届议会是形式上的多党制和实质上的一党制，祖国之光人民民主党在立法机构居于主导地位，反对派只能扮演旁听者的角色，因此这更多的是具有民主的象征意义。[②]

在政党政治建设方面，增加议会中比例代表制选举产生的议员数量无疑是扩大政党政治空间和提高其参政地位的重要手段。回顾中亚国家议会制度的发展历程，不难看出，中亚国家的议会中，按照比例代表制分配的席位总体上呈现逐步扩大的趋势。哈萨克斯坦议会下院比例代表制产生议员从独立初期的10席增加到如今的98席。乌兹别克斯坦和塔吉克斯坦等国的下院议员几乎全部由比例代表制选举产生。

此外，在全球化与西方民主化的压力下，乌兹别克斯坦和土库曼斯坦都采取了放宽政党政策，扩大政党政治参与的做法，即在政权党或亲政权势力掌握国家政治主导权的情况下，给予政权党或亲政权党之外的政党以一定的政治空间。乌兹别克斯坦在2011年重新修订的宪法中强调，政党是表达社会各阶层政治意愿的政治组织，政党要参与国家政权的组成。卡里莫夫总统还指出，为促进多党制的发展，乌兹别克斯坦要放宽对政党和社会团体的政策，行政机关

---

① Новый Мажилис Казахстана – три в одном? (мнения экспертов), 22.01.2012, http://www.centrasia.ru/newsA.php?st=1327206540.
② Новый Мажилис Казахстана – три в одном? (мнения экспертов), 22.01.2012, http://www.centrasia.ru/newsA.php?st=1327206540.

不能干涉政党的活动，只有法院有权解散、禁止或限制社会团体的活动。① 土库曼斯坦也在这一时期提出了发展多党政治的主张，2012 年 1 月，土库曼斯坦通过了新的政党法，提出允许建立除执政党民主党之外的其他政党。该政党法"定义了建立政党的法律基础、政党的权利义务以及政治活动的保证"，保障了公民建立政党、组织其工作以及终止其活动的宪法权利。② 总统别尔德穆哈梅多夫强调，新的政党法意在鼓励多党竞争，鼓励其"团结人民并激励人民为祖国的繁荣进行富有成效的工作"，打破原先民主党的垄断地位。③ 2011 年 7 月，总统别尔德穆哈梅多夫首次邀请反对派参加 2012 年 2 月举行的总统选举，并保证各个政党都有"平等机会参与选举"。④ 在 2012 年 2 月 12 日举行的总统选举中，现任总统别尔德穆哈梅多夫以 97.14% 的高票轻松获得连任。事实上，土库曼斯坦多数较有影响的反对派政党——土库曼共和党和公民民主联盟的领导人至今仍流亡国外，依据宪法有关居住年限的规定，他们已不具备总统候选人资格，但别尔德穆哈梅多夫却有效地表达了其对反对派政治领袖的亲好姿态。同时，土库曼斯坦鼓励多党政治取得了有益的成果，2012 年刚刚成立的工业家和企业家党参加了 2013 年 12 月举行的议会选举，并赢得 14 席，进入了新一届议会。新党的进入无疑分散了执政党民主党的选票，后者获得了 125 个议席中的 47 席。

塔吉克斯坦的多党政治更为活跃。与其他中亚国家相比，塔吉克斯坦的反对派政党拥有相对宽松的政治发展空间。随着 2013 年总统选举的临近，塔吉克斯坦反对派议员提出了有关修改《总统选举法》的建议，希望通过制度的修改，在总统选举中实现真正意义上的差额选举。2012 年 10 月 9 日，由全国社会民主党、伊斯兰复兴党、民主社会党等反对派议员提出了对《总统选举

---

① http://www.lex.uz/guest/irs_html.winLAV？pID＝1773893.
② Туркменистан：Парламент принял закон？О политических партиях？，11.01.2012，Международное информационное агентство？Фергана？http://www.ferganatews.com/news.php？id＝17908.
③《土库曼斯坦修法准多党制，细节未公布待总统签署》，http://news.iyaxin.com/content/2012－01/13/content_3271603.htm.
④ IWPR：Туркменистан － бесперспективность выборов для оппозиции，21.12.2011，http://www.centrasia.ru/newsA.php？st＝1324475400.

法》的修订草案。草案建议，在中央选举委员会的组成问题上，应在平等的基础上补充各政党的代表委员；同时，在总统候选人问题上，改变原《总统选举法》中只能由政党提名候选人的方式，给予无党派候选人参加总统选举的权力等。议会党团中的伊斯兰复兴党和共产党议员也表示支持这一修订案。[1] 2013年总统选举前夕，塔吉克斯坦对《总统选举法》进行了修改，改变了原选举法中候选人只能由政党提名的方式，规定总统候选人可以由占全国人口5%的选民提出[2]。2013年11月6日，塔吉克斯坦举行了确立总统制以来的第四届总统选举，现任总统拉赫蒙[3]再次以83.6%的高票蝉联总统。除人民民主党领袖、现任总统拉赫蒙外，参加本届总统选举的还有塔吉克共产党领袖伊斯马伊尔·塔尔巴科夫、农业党领袖塔里别克·布哈里耶夫、经济改革党领袖阿里木·巴巴耶夫、社会主义党人伽法洛夫以及民主党人伊斯曼诺夫等五人。[4] 本届总统选举延续了往届选举高投票率和高差额选举的特征，现任总统拉赫蒙依旧显示出无人能及的政治影响力和民众威望。其他候选人的社会支持度均不高，最高者的得票率也仅为5%左右。

除吉尔吉斯斯坦外，多数中亚国家这一时期的政治改革仅仅是对总统和议会的权限与关系进行了调整，而未触及总统权力体系的核心内容，即总统权力的重心并没有发生位移，总统仍居于国家的权力核心，在立法、行政、司法领域拥有较为广泛的权力。可以说，这些中亚国家的政治改革是对宪政体制局部的改进与完善。民主需求形于外，而政权求稳寓于内。政治改革意在纾解朝野政治势力之间的矛盾与对抗，扩大反对派力量的政治空间，避免总统制权力结构体系因过于倚重总统个人威望而可能出现的失衡状态。同时，从政治改革的

---

[1] Депутаты за изменения закона о выборах президента Таджикистана, 12/11/2012, http：//central - asia. tj/2012/11/12/deputaty - za - izmeneniya - zakona - o - vyborax - prezidenta - tadzhikistana.

[2] Изменения в законодательстве Таджикистана о выборах президента, http：//ria. ru/spravka/20131106/974190452. html.

[3] 2007年3月22日，总统拉赫莫诺夫宣布，为了去除俄国痕迹，决定将自己名字中斯拉夫语后缀"-ов"删去，改名为"拉赫蒙"。

[4] Внутреняя политика Таджикистана 2013, Аналитический центр？Prudent Solutions？, 2013 - 12 - 5, http：//analitika. org/tj - tk/tt - politics/2635 - tadzhikistan - obzor - sobytiy - za - noyabr - 2013. html.

内容上看，有关总统任期和政府组阁权的改革，在很大程度上是着眼于未来，即对现任总统的未来继任者进行约束与制衡。

第三节 精英政治暗流涌动

中亚国家总统制权力结构的稳定很大程度上取决于国家领导人个人的执政能力以及执政基础的合法与稳定，总统的核心地位不容动摇。在中亚国家中，除吉尔吉斯斯坦和土库曼斯坦外，其他三国总统在位的时间都已20年，作为哈萨克斯坦和乌兹别克斯坦的首任总统，纳扎尔巴耶夫和卡里莫夫总统的执政时间甚至更长。国家最高领导人长期执政的现象承袭于苏联时期的政治传统，它保证了国家和社会的长期稳定，但同时也暴露出这种执政模式潜在的不稳定性。伴随着这些领导人生理年龄的增长，其影响力也将随着领袖人物政治生涯的终结而被淡化和消减，而新一代政治精英所倚重的政治基础与社会资本势必发生变化和重组，利益分配格局被打破之际，也将是出现政治震荡之时。

多数中亚国家在未来的政权更替期内都将面临"首任总统危机"问题。各国精英内部围绕首任总统卸任后，即"后领袖时代"权力归属问题展开的斗争已经拉开帷幕。在一些国家，精英内部之间的斗争表现为日趋紧张的中央与地方关系，在另一些国家则表现为执政精英内部的权力竞争。前者以哈萨克斯坦为代表，后者以乌兹别克斯坦最为突出。精英政治，特别是执政精英内部的矛盾与斗争逐渐成为困扰中亚国家政权稳定的潜在威胁。

伴随着国民经济的持续增长，各地区发展不平衡问题也日益凸显，并成为政权稳定的羁绊。由于资源禀赋不同，哈萨克斯坦地区经济发展出现严重的不均衡。西部地区的精英依靠石油收入迅速积累起雄厚的经济资本，通过政治寻租，将其逐渐转化为挑战以总统为核心的中央政权的政治资本。地方精英在中央政府内部寻找代言人，并逐渐形成操控权力机关甚至总统的影子势力。同时，哈萨克斯坦部族精英间所拥有的政治资源与经济资源不相匹配。在哈萨克斯坦三大部族中，大玉兹①掌握着国家政治，而西部的小玉兹更多地掌握着国

---

① 对玉兹的注释见158页。

家的石油命脉，为国家预算的贡献率较高，二者在石油经济利益分配、税收以及部族政治等领域存在着诸多矛盾与对立，因此在国家管理层面上呈现出政治资源分配的失衡状态。2011年年底，在西部城市爆发的"扎瑙津事件"以及之后的几起地区性政治骚乱都是这种矛盾对立的反映，暴露出哈萨克斯坦地方精英与中央政权之间在石油经济利益、税收分配以及部族政治等诸多领域的矛盾与问题。为避免矛盾持续升级而危及总统的权力基础，哈萨克斯坦政府致力于消除地区经济发展差异，加强对地方财政与经济的监管，尤其是加强对西部油气产业的管理与监督工作，保证国民经济的持续发展。2013年，哈萨克斯坦政府专门设立了地区发展部，将经济与财政规划部、经济发展与贸易部的部分职能转由该部执行，意在加强地方与中央的政治与经济联系。与此同时，政府还对各部委的相关机构进行了结构调整，在地区发展部下设立建筑与住房、企业发展、土地资源管理等专门委员会，并在工业与新技术部设立核能委员会，在劳动与社会保障部设立移民委员会，在环境保护部设立渔业委员会和林业与狩猎业委员会，① 以促使各部门采取更为灵活的政策与措施，吸引和推动在非石油产区和非石油领域的投资。②

在行政管理方面，哈萨克斯坦希望通过政治改革，探寻新型的地方行政管理模式。2013年，哈萨克斯坦计划实施一系列具体措施，划分中央和地方的权责，强化地方执政机关的职能，通过地方自治机构选举来扩大公民解决地方问题的参与度，给予居民决定地方问题的自决权。自2013年起，哈萨克斯坦开始通过村议会进行村长选举。总统纳扎尔巴耶夫在2012年总统国情咨文中指出，哈萨克斯坦将放权于地方，把由中央掌握的部分资源下放给地方，以缓解中央与地方精英的竞争压力。③

在乌兹别克斯坦，总统卡里莫夫的政治威望虽然无人可比，但执政精英内

---

① Главные политические события 2013 года в Казахстане, 3 января 2014, http://www.zakon.kz/4594588-glavnye-politicheskie-sobytija-2013.html.
② Главные политические события 2013 года в Казахстане, 3 января 2014, http://www.zakon.kz/4594588-glavnye-politicheskie-sobytija-2013.html.
③ Послание Президента Республики Казахстан – Лидера нации Нурсултана Назарбаева народу Казахстана «Стратегия «Казахстан – 2050»: новый политический курс состоявшегося государства». 14 декабря 2012 г., http://strategy2050.kz/ru/multilanguage.

部围绕对总统施加影响力所展开的竞争却愈演愈烈,甚至在一定程度上撼动着总统的权力基础。2013 年,国家安全局领导人鲁斯塔姆·伊诺亚托夫同总统大女儿古·卡里莫娃之间的矛盾不断激化,并逐渐将总统亲信与总统家族成员之间长久以来的政治较量公开化。

第二部分
中亚国家政治转型的特征与影响因素

第六章 中亚国家政治转型的特征

中亚国家的政治转型既包括一个主权国家及其国家制度体系的创建过程，也包括从旧有体制向新体制的转换过程。在此进程中，中亚五国的国家形态、政体结构模式、政党政治格局等方面均发生了不同程度的变化，并以各自的方式诠释着政治转型的轨迹特征。

第一节 政治转型的轨迹特征

苏联后期的政治改革以否定苏维埃体制为目的，以建立和完善政党体系以及建立三权分立的西方式民主政治体制为内容，中亚各共和国的政治体制改革是以苏联后期的政治改革为起点，在转型的目标与路径上与联盟中央保持了一致性。中亚社会对西方民主价值观念与分权制衡的思想相当陌生，西方宪政模式中的民主机制在中亚各国难以一蹴而就地得到有效运行，因而中亚各国在独立之初建立起来的西方式民主制度，在现实中几乎都发生了不同程度的变形，从而形成了各自特有的政治发展模式。

一 建国与建制的双建进程

苏联解体后，中亚五国由苏联的加盟共和国，即由仅拥有有限自决权的地方一级行政权力机关，升格为具有国际法主体地位的独立国家；其权力机构也发生了本质性变化，即由苏维埃体制下处于从属地位的地方级机关转变为独立国家的中央权力机关。独立之初，中亚五国都面临着一系列国家制度建设方面的繁重任务，这其中包括建立国家的政治体制、法律体系、国家安全体系和军事防御体系、外交体系、经济制度与对外经济贸易体系等一整套国家制度体系。可以说，独立以来，中亚各国的独立进程始终伴随着国家制度的不断创建、改革与完善。如果说俄罗斯等其他原苏联加盟共和国及苏联阵营的东欧转型国家的独立是一个脱离苏联与国家重建的进程，那么中亚五国的独立则不仅是脱离苏联简单升级的政治过程，而且是一个主权国家从无到有的创建过程。

一般而言，主权国家需要拥有维护国家独立权、平等权、自卫权和管辖权的基本权力与能力。独立之初，中亚国家顺利地获得了主权国家的地位，但都面临着行政、司法、执法、国防等权力机构的创建任务，同时，在各国社会中尚缺乏作为一个独立国家所应具备的国家观念、民族意识与文化价值体系。中国学者许涛教授在对中亚五国独立初期所面临的境遇与状况进行分析时这样写道：冷战结束后，中亚五国作为从长期分工细密并高效运转的一部庞大权力机器上散落下来的几个部件，在历史不给予丝毫缓冲机会的前提下，必须独立自主地面对纷繁复杂的地区形势和快速发展的全球化进程，其面临的挑战之严峻、困难之艰巨不言而喻。而长期置于超级大国强大羽翼下的中亚各国在资源、制度、组织各方面都准备不足，处在这种思想、干部和经验等方面都在摸索的状态下，其外交若想在国际环境最复杂的地区之一纵横捭阖，的确有些勉为其难。① 可以说，独立后的中亚五国从苏联继承下来的政治遗产均不足以维持其主权国家的框架。对于中亚国家来说，此时政治转型的首要任务就是要在原有政治体制框架内创建一个与独立国家相匹配的国家机器，包括建立一整套政治制度与政治体制框架，解决国家经济的恢复与发展问题，创建一种能够促进独立国家持久发展的文化价值体系，同时还要以国际法主体身份开展外交活动。因此，中亚国家的政治转型进程既是一个建国的过程，也是一个建制的进程，二者相伴而生，贯穿于中亚国家政治转型的整个过程。

1. 建国与建制进程具有同向性特征

中亚国家的独立与政治转型进程，即建国与建制进程均以苏联后期戈尔巴乔夫的政治改革为起点，前者是在以脱离苏联联盟为目的的共和国"主权大检

---

① 许涛：《中亚区域合作与上海合作组织》，《现代国际关系研究》2005 年第 11 期。

阅"推动下的独立进程,后者是在否定苏联原有政治体制的基础上以三权分立为原则建立新型政治体制的过程。在政治转型的起步阶段,中亚五国都具有"去苏联化"的实际内容,因而,建国与建制进程是彼此助益,相辅相成的,具有同向性的特征,二者共同推进中亚国家的政治发展进程。国家的独立为中亚国家的政治转型提出了建制的迫切要求,这里不但包括了政治体制和政治制度的创建与完善,还涉及立法、行政与司法等相关法律体系的建设。土库曼斯坦和乌兹别克斯坦是最早以新宪法形式巩固国家独立成果的中亚国家,1992年5月和12月,土、乌两国相继通过了独立之后的第一部宪法,将总统制确立为政权组织形式。此后,哈萨克斯坦、吉尔吉斯斯坦历经几年总统与议会的分权斗争之后,于1995年和1996年分别颁布了总统制宪法,并在此后几经修宪才最终使总统制得以巩固。在政治转型初期,各种社会矛盾和政治力量彼此互动、对立、纠葛,甚至爆发流血冲突。塔吉克斯坦确立总统制宪政的进程同时也是世俗总统政权的巩固历程。在内战之中,塔吉克斯坦于1994年11月通过全民公决颁布了总统制宪法并同期举行了总统选举,拉赫莫诺夫顺利当选为总统。

  作为独立国家的重要标志之一,国防力量和国防体制应具备保障和完善国家权力中心的基本职能。在接管了境内包括边防军在内的苏联军队后,独立后的中亚各国在此基础上重新组建了本国的武装力量。独立之初,中亚五国严重缺乏维护国家主权与管辖权的安全防御能力,多数中亚国家没有自己的武装力量和边防军队,而是依靠俄罗斯的帮助来保障其防务安全,甚至有些国家境内至今还驻有俄罗斯的军队。

  此外,为消除苏联体制和共产主义意识形态对中亚社会的传统影响,多数中亚国家采取复兴和弘扬主体民族传统文化的政策,通过对伊斯兰文化等主体民族传统文化的再认同,增强民众对新独立国家的文化认同和对新生政权的政治认同。同时,为了避免民族隔阂与分裂,一些中亚国家在政权稳定的前提下,通过强化民族的共同性来实现民众对政权的认同。因为,在国家的政治统一中,民族性发挥着至关重要的合法化作用,求助于同根同源和共同特征,是意识形态动员——即宣扬爱国、忠诚与服从——的主要途径[1]。

---

[1] 〔英〕奇格蒙特·鲍曼:《共同体》,欧阳景根译,江苏人民出版社,2003,第190页。

如哈萨克斯坦自独立以来一直强化统一的国家和公民概念，以强调"哈萨克斯坦"与"哈萨克斯坦人"的理念实现对公民的整合。而在乌兹别克斯坦，为扩大主体民族乌兹别克族的人口数量，政府通过优惠政策对非主体民族实行民族同化，诱使部分塔吉克人改变自己的民族属性。

2. 建国与建制进程的不同步性

如果以苏联后期的政治改革起算，那么中亚各国的建制进程原本早于建国进程，都是先开始进行体制改革，待苏联解体之后，才迎来了国家的独立。苏联改革中，中亚国家对政治体制转型表现出相对的被动性和滞后性，这是其政治转型内在动力不足的主要原因之一。相反，在国家独立和建国的问题上，中亚各国均表现出了相对积极的态度。苏联的解体使中亚五国获得了建立独立国家的可能性，中亚各国极为珍视其在国际社会中的主权国家地位，因而均把维护主权和领土的完整作为其建国的首要任务。这一点在中亚五国的国家发展战略以及领导人的治国理念中清晰可见。如哈萨克斯坦总统纳扎尔巴耶夫在1997年发表的题为《哈萨克斯坦2030年——繁荣、安全和全体哈萨克斯坦人的福利的改善》的国情咨文中，明确提出了哈萨克斯坦的发展目标是到2030年将哈萨克斯坦建成一个"独立、繁荣、政治上稳定、民族团结、社会公正与全体居民经济生活富裕和幸福"的国家。[①] 乌兹别克斯坦总统伊·卡里莫夫也曾强调指出："唯有独立给了我们的人民在自己祖国自由生活、恢复真正的民族价值，以及建立自己国家制度的可能性。"[②] 在中亚国家的领导人看来，国家的独立和政权的稳定比民主化建制重要得多。"国家构建优先于民主化改革"，这一治国理念成为中亚国家自上而下的社会共识。这也在一定程度上符合了"政治秩序与经济增长优先于政治参与及利益分配"这一亚洲民主价值观，一些国家的总统也因此赢得了绝对的权威和长期执政的合法基础。因此，如果政治制度化改造与维护国家独立和政权稳定相冲突，即在建国与建制问题相抵触时，民主建制往往让位于主权独立，政权只能以维护国家的独立地位为

---

① Послание Президента Республики Казахстан Нурсултана Назарбаева народу Казахстана: Процветание, безопасность и улучшение благосостояния всех казахстанцев, октябрь 1997, http://www.akorda.kz.
② 〔乌〕卡里莫夫：《临近21世纪的乌兹别克斯坦》，国际文化出版公司，1997，第107页。

重，牺牲民主来换取国家主权利益，这在一定程度上阻滞了中亚国家的民主化改造进程。

3. "双建"过程促生了中亚国家的威权体制

历史上中亚五国的社会形态大多是以家族或血亲为主体组成的部落联盟，崇拜领袖、崇尚宗法等级、强调群体意识是中亚游牧民族普遍具有的政治文化传统，这也是他们最原始的国家观念。苏联后期的政治改革虽然在中亚各共和国建立起了三权分立式的政治体制，但民主、人权等西方社会的价值观念，以及分权制衡等西方式的民主政治思想对中亚国家的民众来说仍然非常陌生。在建立独立国家的进程中，发挥作用的不是民主的机制与原则，而是中亚国家传统文化中原始的国家观念。作为部族文化现象，宗法制中"家国同构"的观念被现代中亚国家领导人引入国家的政治权力架构体系中，并获得了民众对总统制的认同。人们更愿意把治理国家的希望寄托在领袖个人身上，从而使国家权力最终趋向总统一方，维护总统权力的稳定自然等同于维护国家的稳定。这种建立在血缘关系上的传统宗法制度以及作为其衍生物的等级观念、臣属意识与世袭观念，为巩固总统权力提供了良好的社会基础。可以说，在建立总统制共和国的问题上，中亚国家原始的国家观念在总统制的政权组织形式中找到了契合点，也为中亚民族传统的权力观念找到了最好的注脚。

4. 建国与建制进程之间存在的矛盾

作为新独立的国家，中亚国家既要赢得民众对国家与民族的自我认同，也要在国际交往中求得外部世界的支持，尤其是西方国家的支持与认同。因此，在政治体制转型的过程中，中亚国家往往参照西方的民主价值标准和民主模式来构建本国的政治体系，并在地缘政治博弈中依附于某一大国，以期获得庇护并尽快融入国际社会。作为欧亚大陆的中心地带和俄罗斯的传统势力范围，中亚国家始终难逃俄美两国地缘政治较量的漩涡，并经常成为俄罗斯与西方博弈的筹码。同时，在民主化进程中，西方国家往往以民主化作为条件，对中亚国家的经济与军事主权提出要求，致使其独立与发展的进程因外部势力的干预变得更为艰难。吉尔吉斯斯坦在独立初期曾是中亚国家体制建设中接受西方民主政治原则程度最高的国家，曾被誉为中亚的"民主岛"，也有的学者称其为中亚的"民主绿洲"①。但由于吉尔吉斯斯坦总统缺乏强势的权威，社会缺乏民主的根基，致使无政府主义和法律虚无主义盛行，最终引发了推翻阿卡耶夫政权的政治骚乱。为吸取吉尔吉斯斯坦政治动荡的教训，其他中亚国家将保持国家主权和政治稳定作为本国政治发展的基本国策，逐步协调建制与国家稳定的关系，放慢政治体制转型的速度，以规避可能的政治风险。

双建进程不仅包含有制度的转变、国家权力机关的建构，还涉及国家和民族自我定位与自我认同的问题。制度的建立与机构的设置可以通过法律和行政手段在短期内完成，而转型中国家与民族的自我认同则属于深层次的政治文化范畴，需要经历一个漫长的自我重塑的过程。

二 "去苏联化"进程

苏联后期戈尔巴乔夫的政治改革是一场由共产党领导人发起的自上而下否定共产主义根本内容的革命。此次改革本身天然地带有强烈的政治目的和意识形态色彩，即去除苏联政治体制和共产主义意识形态的影响，过渡到西方三权分立的民主社会。同时，改革还同苏联各地区民族自决的运动捆绑在一起，混杂着历史、民族与宗教等诸多矛盾，最终将苏联推到解体的境地。中亚国家的政治转型正是起步于此。如前所述，中亚国家转型包括建国与建制的双重进程，因此其政治转型进程中的"去苏联化"色彩，既是对苏联行政管理体制的脱离，又是对苏联意识形态、思维模式、权力结构和社会结构的变革过程，对苏联时期政治遗产和传统政治思维的扬弃过程。

首先，从建国的进程来看，中亚国家的独立是一个脱离苏联"母体"的过程。中亚国家虽然在法律地位上脱离了苏联，但由于地理条件和自然资源的限制，中亚国家在国家化进程中难逃与大国博弈的宿命。历史上，中亚民族自主的国家化进程曾多次被战乱和帝国扩张所打断。在以阿姆河和锡尔河流域为中心的中亚河中地区，中亚民族虽然曾建立过一些政权，如塔希尔王朝、萨法尔王朝、萨曼王朝以及近代的希瓦汗国和布哈拉艾米尔政权，但都没有形成现

---

① Петр Кокайсл, Демократия в постсоветском Кыргызстане и Туркменистане, Центральная Азия и Кавказ № 6 (60), 2008.

代意义上的国家形态。许涛教授在其撰写的《中亚区域合作与上海合作组织》一文中阐释了中亚国家难以完成独立国家化进程的原因。他指出，中亚居民游牧生活、生产方式的流动性特点对社会政治制度构建带来的局限性，加之地区外强大征服者的不断影响，这些政权或受制于地缘条件而不能充分发展成为近代国家的雏形，或强大的外力作用使中亚各主体民族的国家化进程难以善始善终。[①] 18 世纪沙皇俄国征服中亚地区，并对中亚民族实施军事化管理。十月革命后，中亚地区并入苏联，建立了苏维埃政权。苏联时期的中亚各民族被赋予苏维埃中亚民族的属性，并由此奠定了民族发展的基础。正是苏联时期对中亚各主要民族进行民族划界，才最终形成了以五个主体民族为基础的五个加盟共和国，成为苏维埃社会主义共和国联盟的一部分。在隶属于沙皇俄国和苏联的300 年间，中亚社会发生了翻天覆地的变化，社会形态经历了跨越式的发展，从原始的游牧部落过渡到农奴社会，再进入具有一定工业文明的苏联社会主义社会。苏联解体再次使中亚五国的政治体制和国家形态发生质的变化，各主体民族获得了自主建国的历史契机。需要指出的是，历史上，促使中亚社会形态发展与变迁的推动力基本上都不是内生性的，而是在强大外力的参与下通过非自然方式完成的。苏联解体使中亚主体民族第一次获得了自主建国的可能性，也为毫无建国经验的中亚五国提出了艰难的国家化任务。

中亚国家的独立进程是一个从无到有的国家化进程，历史的发展轨迹预示这个进程不会一帆风顺。哈萨克斯坦和乌兹别克斯坦等地区大国试图挣脱世界大国的束缚，希冀通过中亚国家独立后的区域一体化合作优势，获得独立发展的空间。但在其时，中亚国家的独立和发展进程势必受制于地理位置和自然条件等因素的负面影响，使之或依附于大国获得发展所需的资源，或在大国的地缘政治博弈中求得生机。目前，中亚五国在政治、经济、军事等方面对俄罗斯存在不同程度的依存关系。作为苏联的继承国，俄罗斯对中亚国家有着特殊的影响力。因此，从这个意义上讲，中亚国家要想实现真正的独立尚有待时日。

其次，在政治体制建构方面，中亚国家"去苏联化"的意图并不明显。这是因为在政治改革与独立初期，中亚五国对于政治体制改革本身持有被动心

[①] 许涛：《中亚区域合作与上海合作组织》，《现代国际关系研究》2005 年第 11 期。

态。戈尔巴乔夫的政治改革是从意识形态和社会价值观的转变开始的。苏联后期推行"民主化""公开性""政治多元化"的社会政治改革，导致社会主义价值体系迅速坍塌，否定社会主义发展方向、否定苏维埃体制和政府权威之风盛行。这场改革瓦解了共产党领导的苏维埃政治体制，造成了社会意识形态和价值观的断裂。政治多元化也引发了派别对立和政治斗争，增加了社会摩擦成本。与俄罗斯政治转型起步阶段不同的是，中亚各共和国领导人对这场政治改革缺乏必要的心理准备，中亚社会对于政治改革也没有强烈的政治愿望，因而没有出现俄罗斯独立与转型初期党派斗争的局面。中亚五国是最不愿意切断与莫斯科关联的，因为它们在经济与军事上严重依赖联盟。[1] 对苏联领导人的改革指令，中亚各共和国领导人和政治集团均表现出相对盲从的心理和被动接受的心态。苏联解体前夕，中亚民众非但没有对苏维埃联盟体制表现出强烈的排斥心理，相反还流露出希望保留苏联的群体意识。因此，独立之初，中亚国家领导人提出的各种政治体制模式与制度建设规划中，都带有苏联旧体制的特征，有些国家的政治体制直到20世纪末还保留着一些苏维埃体制的痕迹。对苏联体制的认同与留恋影响了中亚国家政治转型的发展方向，使其"去苏联化"进程相对迟缓。即便如此，就政治体制转型本身而论，在从苏维埃体制向总统制（吉尔吉斯斯坦此后改行了议会制）的转型过程中，中亚国家的权力结构已发生了实质性的变革，宪政体制的"去苏联化"已不可逆转。

"去苏联化"的实质是"去苏维埃化"，即消除苏联政治体制的痕迹及其对政治发展的影响。尽管中亚国家在独立之初的新宪法中都取消了苏维埃体制，明确宣布在立法、司法、执法三权分立的基础上构建本国政体，但在现实的政治行为中，中亚各国的领导层在执政理念上依旧保留着苏联时期的思维模式。领导人居于政权的核心地位，实行自上而下委任的官僚体制。主观意愿上，领导人在没有健康或政变的情况下不会主动放弃权力，而是希望沿袭苏联时期领导人长期执政的模式，或寻找可靠接班人延续自己对政权的影响力。自独立至今，中亚国家尚无一国按照宪法规定的年限进行过正常的权力轮换。尽

---

[1] 〔美〕霍华德·威亚尔达主编《非西方发展理论——地区模式与全球趋势》，董正华、昝涛、郑振清译，北京大学出版社，2006，第140页。

管吉尔吉斯斯坦和土库曼斯坦已经实现了首任领导人的更替，但两国均是通过非正常的方式实现权力易手和精英替代，前者是因"3·24事件"而发生了政治突变，后者是因前任总统尼亚佐夫突然离世而完成了首次政权更替。其他中亚三国的总统在任时间都已逾20年。尽管这些总统在国内享有无人撼动的政治威望，但在政治发展的现阶段他们也不得不面临因生理年龄过高而导致的"老人政治"问题，也是首任总统危机问题。这里所说的首任总统是指由苏维埃体制向三权分立体制转型时期的首任领导人。有些领导人也许不是首任总统，但以其执政理念、执政方式与权力替换模式而论，仍可被称为苏联时期或者过渡时期的领导人，其代表人物是哈萨克斯坦总统纳扎尔巴耶夫和乌兹别克斯坦总统卡里莫夫。他们均已年逾七旬，在未来的政权更替期到来之际，两国都将出现"首任总统危机"。威权主义始于权威也终于权威。随着首任总统退出历史舞台，其威望和政治影响力也将终结或消减，有可能因此带来国家执政方式、政治制度和体制的变革。新一代政治精英所倚重的政治基础和资本都将变化，利益分配的格局也会被打破，造成社会资源与利益的重新分配，因而可能出现新的改革动力。同时，吉尔吉斯斯坦在由总统制向议会制转变过程中出现的长期的政治动荡，也使中亚国家政权看到了威权退去后的危险。因此，近年来，中亚国家都在试图通过政治制度的微调，延续总统的威望，维护总统未来接班人以及总统家族的中心地位，确保政权的平稳交接。哈萨克斯坦和乌兹别克斯坦两国相继通过修宪缩短未来总统的任期、扩大议会权力、提升政党在议会中的作用，甚至有实行所谓总统议会制的提法[①]。可以说，从立宪角度来讲，中亚国家的政体从苏维埃体制向三权分立体制的制度性转变已基本确立，政治制度的转型已基本完成。

---

① 关于中亚国家政体发展方向有两种提法，即"总统议会制"，俄文为президентско-парламентская форма правления，详见哈萨克斯坦2007年宪法修订案（Казахстан перейдет к президентско-парламентской форме правления, 16 мая 2007, http://podrobnosti.ua/power/2007/05/16/423962.html）; "议会总统制"，俄文为парламентско-президентская республика，详见吉尔吉斯斯坦2006年11月的宪法修订案（Киргизия стала парламентско-президентской республикой, 09.11.2006, http://www.vedomosti.ru/newsline/news/2006/11/09/340619）。二者指的是一种部分地扩大议会权力的混合式总统制，具有法国半总统制的特点，权力重心不同。

然而，从政治实践和制度运行角度来讲，"去苏联化"不仅是体制替代的问题，而且还包括精英的替代和国家治理方式转变的问题，是一个长期转变过程。这也是美国等西方国家策动"颜色革命"的内在动因之一。"颜色革命"在本质上是与苏联的再次告别，是社会"去苏联化"的极端表现。中亚社会发生政治动荡和"颜色革命"的内部动力是朴素的均贫富思想，民众不希望国家权力与国家资源长期和高度地掌握在少数当权者手中。因此，在贫困、贪污腐败、两极分化、社会不公等社会矛盾的作用下，社会和国家便会发生大规模的震荡，吉尔吉斯斯坦 2005 年的"3·24 事件"和 2010 年的"四月事件"都是鲜明的例证。反对派对阿卡耶夫及其所代表的部族精英长期执政深表不满，因而以极端的暴力形式取而代之。"3·24 事件"留给吉尔吉斯斯坦社会的一系列后遗症中，便包含着政变政府的合法性问题及原权力体制下各权力部门权责划分的问题。"3·24 事件"后，吉尔吉斯斯坦出现了总统与议会就国家权力核心问题展开的长达两年之久的宪法之争，而反对派时常以示威游行等街头政治的方式对抗政权，从而使街头暴政合法化。"3·24 事件"并未解决吉尔吉斯斯坦权力体制所产生的问题，以巴基耶夫为首的反对派没有摆脱思维体系中的苏联模式，也没有使吉尔吉斯斯坦走上政治分权的民主化道路，反而重新回到了阿卡耶夫执政模式的老路上。有些学者认为，吉尔吉斯斯坦"3·24 事件"并不是一场政治体制的革命，因为社会制度并未因此而发生根本变化，吉尔吉斯斯坦的国体、政体、经济制度、意识形态及民众的生活方式依旧，变化的只是执政者。巴基耶夫及其家族势力不断做大，权力依旧高度集中，贫困、贪污腐败问题未有改善，社会不满情绪不断积累，成为吉尔吉斯斯坦第二次夺权"革命"的诱因。2010 年 4 月 7 日吉尔吉斯斯坦爆发的"四月事件"，本质上是"3·24 事件"的延续。[①] 苏联时期遗留下来的国家管理结构产生了许多负面影响，政治结构的形式转型（如多党议会、政府重组等）未能给吉尔吉斯斯坦的政治发展找到突破口。[②] "四月事件"推翻了倚重家族

[①] 〔吉〕库鲁巴耶夫：《吉尔吉斯斯坦独立 20 周年回顾与展望》，《现代国际关系》2011 年第 8 期。

[②] 〔吉〕库鲁巴耶夫：《吉尔吉斯斯坦独立 20 周年回顾与展望》，《现代国际关系》2011 年第 8 期。

势力和以部族政治为基础的巴基耶夫政权,吉尔吉斯斯坦不得不为解决国家管理和权力划分的困难再次进行政体改革。"颜色革命"之所以能够在原苏联地区形成澎湃之势,内因起主要作用,造成民众怨愤和不满情绪的根源是贫困、两极分化、贪污腐败、社会不公等。在这个意义上讲,吉尔吉斯斯坦发生的"革命"与其说是民主革命,不如说是民主化革命浪潮中一场主要由穷人参加的传统意义上的社会革命。[①] 经过 2010 年 4~6 月的政权危机与"革命",吉尔吉斯斯坦实现了权力体系的重新调整,改弦易辙,采用议会制权力结构模式,进入了"去苏联化"的后民主化阶段。吉尔吉斯斯坦改为议会制具有里程碑意义,它在中亚地区首次以全民选举的方式实现了国家最高领导人的更替,使国家回归到相对平稳的发展轨道。除吉尔吉斯斯坦之外,多数中亚国家尚未实现真正意义上的政权轮换与更替,其精英主导的"去苏联化"进程仍在继续,新老精英的替换将是多数中亚总统制国家未来几年内所面临的主要问题,其权力结构和政治体制存在着变革的可能性。与此前"外生型"改革动力相比,此时的变革压力来自体制之外,但动力更多地来自体制内部精英自上而下的推动。

三 再传统化与现代化进程

苏联解体为中亚国家赢得了自主建国的历史机遇。国家的独立引发了中亚国家民族主义的兴起,并唤起了穆斯林传统的复兴。由于长期处于苏维埃体制之下,中亚各国都普遍缺乏成熟的国家观念与治国经验。同时,中亚多数国家为多民族国家,除主体民族外,还生活着几十甚至上百个少数民族,其中包括数量众多的俄罗斯族。如何让主体民族树立民族自信,也让生活在其中的其他民族增强认同感是中亚各国政府面临的重大挑战。独立之初,各国都迫切需要通过追溯历史和文化根源来树立民众对新独立国家和主体民族的认同感。然而,苏联时期中亚各民族长期处于从属地位,居民的风俗习惯因受到共产主义意识形态和俄罗斯文化的影响,已被俄罗斯化或欧洲化了,一些宗教信仰活动

[①] 杨鸿玺:《美国中亚战略 20 年——螺旋式演进》,社会科学文献出版社,2012,第 129~130 页。

甚至遭到禁止，多数中亚民族传统文化的发展处于断裂甚至是停滞状态。因此，相对于300年来俄罗斯及随后苏维埃文化的影响，恢复各国主体民族的传统文化不仅是一个复兴的过程，更是一个再传统化的过程。就这个意义而言，中亚国家民族文化的再传统化过程，不仅是一种文化寻根现象，也是民族自我认同意识的体现。其政治意义高于对文化价值本身的探索。

独立之初，中亚各国就着手探究本民族的历史和文化源头，修缮历史遗迹，重拾民族的风俗习惯与传统礼仪，搜集和整理历史文化人物及其作品，以此树立新独立国家的国际形象并加强民众对国家的认同感。在哈萨克斯坦，出土于阿拉木图附近、距今有3000年历史的"金人"遗迹，成为哈萨克斯坦民族起源的象征；享誉世界的诗人阿拜和哲学家阿尔·法拉比等历史文化名人则成为该国的文化形象的代表。同样，乌兹别克斯坦的宗教学者和诗人纳瓦依，古城撒马尔罕、布哈拉；吉尔吉斯斯坦口承文学的代表作品英雄史诗《玛纳斯》及"阿肯弹唱"艺术，作家钦·艾特马托夫等，都成为这些国家引以为豪的文化符号。此外，民族语言文化的复兴也是中亚国家强化主体民族意识的标志之一。多数中亚国家都将掌握国语作为公务员考核的一项重要标准，总统候选人必须熟练掌握国语方可通过资格认证。

在中亚各国主体民族再传统化的进程中，对伊斯兰传统和部族政治文化的重新认识及解读与推广，成为文化寻根的主流。作为中亚地区的传统文化，伊斯兰教在中亚国家独立之初扮演着"去苏联化"和弘扬民族文化的标志性角色，填补了这一地区因苏联解体和国家刚刚独立而在思想意识和民族认同领域出现的空白点。无论是作为传统文化还是精神支柱，伊斯兰教在中亚地区都有着得天独厚的优势。中亚地区的主体民族大多为伊斯兰教信众，即使在苏联时期大力宣扬无神论和共产主义价值观的政治环境下，中亚地区依然活跃着大量伊斯兰教的"隐性信众"。苏联后期，伊斯兰教就已成为社会主义意识形态的挑战者。独立后，各国普遍出现的文化寻根现象为伊斯兰教在中亚地区的复兴和扩大提供了良好契机。苏联解体后，共产主义价值体系被摧毁，伊斯兰教在中亚社会迅速复苏和传播，伊斯兰教的风俗习惯和传统节日在中亚地区得以恢复，并被在国家层面上加以推广和弘扬。各国经历着再伊斯兰化的过程。伊斯兰教教义中的道德观念与入世思想对于团结民众、巩固政治稳定具有积极的借鉴作用和利用价值。与西方推动的"政治民主化"不同,伊斯兰教在中亚地区具有深厚的群众基础和广泛的文化认同。独立之初,中亚各国领导人在宣布建立世俗政权与坚持政教分离原则的同时,几乎都对伊斯兰教给予一定的政策支持,以期将伊斯兰教打造成为凝聚民心、提高国家认同的精神支柱。然而,在各国政权利用伊斯兰教唤起民族意识与增强国家凝聚力的同时,也或多或少地滋长了宗教反世俗的一面。伴随着伊斯兰教在中亚地区的传播与推广,伊斯兰教的政治化趋势日益增强,作为政治转型的副产品,宗教极端主义和恐怖主义也随之泛起,对中亚国家的政权稳定形成隐患。伊斯兰教政治化的发展态势与中亚国家领导人普遍提倡的政教分离和政权世俗化的治国理念背道而驰,这也是中亚各国领导人始料未及的。在中亚的费尔干纳谷地及其周边地区逐渐形成了伊斯兰教条带区,这里聚集着众多笃信伊斯兰教的信众,他们对宗教领袖的服从高于对世俗政权的认同,使得当地地方分离主义倾向严重。政权原本希望借助这些传统文化的凝聚力增进民族团结和维护其政权稳定,结果却激发了宗教反世俗的一面和分离倾向。近年来,中亚各国政府大多对本国伊斯兰组织的活动采取了谨慎立场,甚至实施了一些限制性措施,以防止本国出现伊斯兰教政治化倾向。

　　此外,在民族问题上,苏联解体和苏维埃体制的转型,造成中亚地区外部垂直管理体系的削弱,而由民主催生的部族冲突和政治动乱不可避免地使地方自治传统得到复兴。在苏维埃政治体制下,部族倾向以共产主义意识形态掩盖起来,而在去除苏联体制影响的过程中,独立国家的领导层大量选拔任用本国主体民族的政治精英,甚至通过语言和文化领域的法律规定,将大量非主体民族,主要是俄罗斯族的政治精英排斥在官僚体制之外。如哈萨克斯坦和吉尔吉斯斯坦等国的宪法和相关法律规定,公务员必须熟练掌握国语,才能进入该国的官僚体系。这些明显具有倾向主体民族的规定不但实现了国家政权管理体制的主体民族化和"去俄罗斯化",而且还使部族政治成为官僚体制的副产品。在政治体制缺乏稳定性,国家认同、民族认同尚未最终确立的情况下,中亚地区固有的部族政治文化和社会心理在民意中形成偏好,部族成员与领袖之间的服从、庇护与支持关系,在政治转型过程中演变为精英与民众、中央与地方,甚至是族际之间的关系,并为巩固上层政治精英的权力,维系官僚信任体系发挥着积极的纽带和支撑作用。同时，部落内部还经常分化为诸多地区性部族，地区化越明显，部族成员在政治博弈过程中对地方资源的倚重也就越强，从而形成地方分化和分离的恶性怪圈。部族利益的凸显导致部族成员对部族和地区的认同不断增强，而对国家和民族整体的认同则呈现相对弱化的趋势，各部族不得不在权力与资源方面寻求利益的平衡点，最终造成地区与中央的分裂倾向。中亚各国所处的民族国家发展阶段不同，因而对于独立国家的概念与认同在层次上也存在差异。民族国家是一种政治组织和政治理想，《布莱克维尔政治学百科全书》将民族国家解释为国家与民族两个要素的结合，"是两种不同的结构和原则的融合，一种是政治的和领土的，另一种是历史的和文化的结合"①。因此，民族国家具有政治与文化属性的双重特征，民族国家中的成员是具有民族（种族）文化因素和现代公民二重特征的融合体。以血缘和家庭为纽带的部族政治在中亚各国的表现不同，因而也形成了不同的民族特征，公民性和领土意识较强的与新独立国家的融合相对容易，部族概念中强化部族与氏族部落利益的，与国家融合程度则较弱。由于各国公民的民族认同与民族特征存在差异，中亚民族国家的发展阶段也不尽相同。在哈萨克斯坦，由于部族的族群意识和地域观念相对比较淡薄，因而避免了地方部族精英之间的彼此对立；在吉尔吉斯斯坦，部族众多且各自为政，政权常因各部族之间的对立而发生冲突；在土库曼斯坦，部族之间的力量悬殊，执政部族在国家政权中占有绝对优势，这为总统提供了稳定的政权基础；在乌兹别克斯坦和塔吉克斯坦，部族之间的冲突表现为地方势力之间的派系斗争。部族政治强调的是狭隘的地区利益，地方部族霸权、种族庇护、各式各样的宗法家庭－代理人等造成地区性分割状态和严重的分离情绪。② 部族政治文化对国家的政治发展进程和国家的

---

① 〔英〕戴维·米勒、韦农·波格丹诺编《布莱克维尔政治学百科全书》，邓正来译，中国政法大学出版社，2002，第490页。

② Ситнянский Г. Ю. Интеграционные тенденции на постсоветском пространстве и противодействие им（на примере Киргизии）1991 - 1999 гг. // Расы и народы. Современные этнические и расовые проблемы. Ежегодник. Вып. 27. М.：«Наука», 2001. C. 245., см. Shokhrat Kadyrov：The ethnology of political management：yesterday, today & tomorrow, A special Report for the Conference «The Turkmenistan：not on Orange revolution but Regional?», Oslo, 6 june 2005, http：//www.igpi.ru/bibl/other_ articl/1119947605.html.

稳定有很大的影响。在中亚五国建制与建国的双重进程中，有些中亚国家领导人扬长避短，充分挖掘和发挥部族文化中积极的一面，进而促进了国家政权的稳定与社会的发展。哈萨克斯坦总统纳扎尔巴耶夫就坦言："在长达70多年的苏联时期，在社会稳定、经济飞速发展的环境下，哈萨克人真正实现了民族一体化。"① 可见，哈萨克斯坦并没有在部族政治的基础上强调和维护各个部族和地区的狭隘利益，而是在国家统一的前提下不断强化哈萨克民族和国家的观念。而在另外一些国家，部族认同高于对国家的认同，部族和地方利益不断被强化，成为政治精英夺权的工具，致使部族之间的矛盾与冲突久拖不决，使国家陷入危机。

中亚国家为促进民族树立自我认同和国家认同，在社会文化领域经历了再传统化进程，这不是单纯地为文化寻根，而是对其国家性和民族性的再造过程，在某种程度上可以将其视为"政治本土化"进程。在此进程中，中亚民族对国家、民族、部族、家庭以及宗教的固有观念在再传统化中得到强化，形成社会的群体意识，并在政治发展进程中发挥着或积极或消极的作用。中亚传统社会中对家庭和部族关系的尊重以及对领袖个人权威的推崇，都可能导致其政治发展偏离制度与规则的轨道，被个人或利益集团的意志所左右，使政治格局出现明显的不平衡性，制度设计与变革充满随意性，未来政治发展轨迹存在不可预测性。

中亚各国倡导民族文化的再传统化和"政治本土化"的进程，也是中亚各国在宪政体制下的制度化和法制化进程。独立之初，各国便将建立世俗的、民主的、法治的国家作为其宪政和民主化发展的方向，即以政治现代化为目标。中亚国家独立和政治转型的20多年间，普遍接受了西方的民主化标准，实行政教分离，按世俗国家原则建立政治体制，实行多党议会制和公民选举，在形式上已经基本建成现代政治体制的框架。依据亨廷顿的现代化理论，政治现代化涉及权威的合理化、政治功能的专门化以及社会政治参与的扩大化三方面的内容。其中，权威的合理化指的是以单一的、世俗的、全国的政治权威取

---

① 杨雷：《论哈萨克斯坦三玉兹的关系》，《俄罗斯中亚东欧研究》2011年第1期。

代来自传统的、宗教的、家庭的和种族的政治权威。① 通过政治现代化,达到社会的制度化、法治化、稳定化、和平化、民主化以及行政的高效化六个基本标准。但在体制运行过程中,中亚各国普遍出现了领导个人意志至上、权力结构中威权主义浓厚、制度设置和体制改革过程中随意性较强等现象。中亚国家民主制度的建设主要来自宪政改革的需要。这一过程常常会造成以等级制为根基的本土社会组织与基于平等法则建立起来的政治新制度之间的冲突,给传统权威造成麻烦。② 从传统文化的角度来看,中亚各民族政治文化中包含着很多崇尚权力、服从权威、信奉宗法观念与等级关系等非民主的传统,这与强调人人平等、分权与制衡理念的西方民主政治思想有着本质的区别,而中亚各国的再传统化进程又进一步强化了民众心中的这些文化观念。当西方民主政治价值观与西方民主政治体制作为一种异质文化被强行植入中亚社会肌体后,由于各种主客观因素的影响,中亚各国内部几乎都表现出程度不一的"排异现象"。一些学者在分析吉尔吉斯坦两度通过政变实现政权更替时这样指出:在地方传统文化氛围中,民众对异族的自由民主体制缺乏认同感。③ 也就是说,部族政治对于西方的民主价值观和政治制度缺乏观念和法律上的认同,因而带有部族政治色彩的反对派可以通过"街头政治"推翻民选政府,无政府主义的"街头政治"成为反对派实现政权合法性的有力手段。实践表明,不顾社会发展的客观条件,超前移植民主制度,不仅无助于提高中亚各国政权机关的执政能力,而且还会与国家的权力结构形成掣肘关系,导致权力机关的低效性,甚至会成为社会的不稳定因素。

在独立进程中兴起的社会文化再传统化同各国普遍追求的政治现代化有着内在的对立与矛盾。前者提倡的是游牧生活和部落文化中以亲缘关系以及部落为基础的古老习俗与文化的复兴,并为弘扬这种传统文化与习俗创造有益的人文与地缘环境;而后者强调打破地域边界和传统思维模式,以现代政治中的分

---

① 〔美〕塞缪尔·P. 亨廷顿:《变动社会中的政治秩序》,三联书店,1992,第32页。
② 〔美〕霍华德·威亚尔达主编《非西方发展理论——地区模式与全球趋势》,董正华、昝涛、郑振清译,北京大学出版社,2006,第44~45页。
③ Кыргызстан: этнический плюрализм и политические конфликты, 7 апреля, 2010, http://www.peoples-rights.info/2010/04/kyrgyzstan-etnicheskij-plyuralizm-i-politicheskie-konflikty.

享、协商和利益分配为原则处理人与政权乃至国家的关系。前者强调部族和地域利益，而后者承认建立在国家和公民关系基础上的公民权利与国家利益。不仅如此，中亚国家政治现代化进程中还充斥着欧化与本土化、"去俄罗斯化"与强化对俄罗斯的政治依附、现代化与传统化、宗教化与世俗化等多重矛盾。再传统化客观上强化了政治现代化所排斥的宗教、家族、个人因素以及由此产生的不确定性、短效性、不平衡性和不可预期性，因而使很多中亚国家的政治体制转型发生了不同于西方民主化模板的"变形"，甚至被称为从苏维埃共产主义体制向西方自由主义体制的"病态转型"。[1] 同时，如前所述，在中亚各国文化再传统化的进程中，世俗政权同伊斯兰教的相互借力、民主化激发的自由主义意识与部族政治产生的无政府主义之间存在的悖论，都将在各国的政治发展进程中持续发酵，使其更加复杂多变。

中亚五国的政治现代化是将西方式的民主政治本土化的进程。中亚各国都积极探索适合本国国情的政治发展模式，以便将西方的民主政治原则植入中亚的社会肌体中，使之成为促进本国政治稳定和政权平稳过渡的手段和路径。独联体地区出现的"颜色革命"在不同程度上触动了中亚各国的领导层，为平衡国内政治力量，使政治发展模式更符合西方政治现代化标准，近年来中亚各国的领导层均主动提出了政治改革的倡议。虽然在"西亚、北非"政治动荡和吉尔吉斯斯坦"二次革命"的负面影响下，多数中亚国家的政治改革再次趋于保守，但从总体而言，中亚国家的政治现代化进程已不可逆转，不断适应与促进西方民主政治原则的本土化将是中亚各国政权的一项长期任务。随着苏联时期过渡而来的一代政治威权领导人逐渐退出历史舞台，各国新一代执政精英将使中亚国家的政治发展呈现多元化趋势。

第二节 "中亚特色"的总统制与议会制

中亚各国在由苏维埃体制向西方政治体制模式转型的进程中，虽然一些国

---

[1] Кыргызстан: этнический плюрализм и политические конфликты, 7 апреля, 2010, http://www.peoples-rights.info/2010/04/kyrgyzstan-etnicheskij-plyuralizm-i-politicheskie-konflikty.

家经历了最高权力重构引发的"府院之争",但最初五国在独立初期一致选择总统制为政权组织形式,并以三权分立为原则对国家权力重新进行划分。由于受到苏联政治遗产、俄罗斯政治转型和中亚各国历史、传统文化的影响,各国在政治发展和权力运行过程中呈现出具有"中亚特色"的总统制发展模式。2010年,吉尔吉斯斯坦在经历了阿卡耶夫总统下台及连年的政局动荡之后,最终由总统制改为议会制,改变了中亚地区全部采用总统制的发展轨迹。在新老政治精英交接、新的政权更替期来临之际,其他中亚国家会沿着总统制的轨迹继续前行,还是会走上吉尔吉斯斯坦的政治发展道路,还有待观察。

一 结构失衡的总统制

中亚五国在确立总统制后,结束了独立初期各机构权力划分模糊不清的现象,重新分割了立法权、执行权和司法权,并逐渐形成了以总统为政治核心的权力结构体系。

(一) 总统的宪政空间

在独立初期,中亚五国均以俄罗斯的总统制为参照,借鉴法国的半总统制模式,构建本国的宪法体系。在中亚各国的权力结构中,总统居于国家权力的核心地位,拥有最高行政权,对政府总理及地方行政长官具有任免权,同时还被赋予部分立法权和司法权,在国家政治生活中起着绝对主导的作用。其权力和职能远远超过法国的半总统制。法国的半总统制又称混合总统制,是总统制与议会制的结合。内阁首脑由占议会多数席位的政党推举产生。由于民选产生的总统与议会均存在着合法性,因此,国家的权力重心也时常游移于总统与议会之间。当总统来自议会多数政党时,国家权力中心偏向总统;但当总统与议会多数分属不同政党时,议会则可能在特殊的条件下抗衡总统,从而形成总统同议会及其所推举的政府之间的制衡关系。相比之下,中亚各国的议会与司法机关的权力相对弱小,并在人事任免等方面受制于总统,难以形成对总统权力的制约。三权处于失衡状态,国家政权的稳定寄予总统个人。

中亚各国的宪法均赋予总统多方面的实权,使其在国家的政治生活中拥有绝对的主导权和控制力。在中亚实行总统制的国家里,总统所拥有的行政权力主要包括:领导政府工作,任免总理及内阁成员和地方执行权力机关的领导人，决定国家对内对外政策，制定国家政治、经济、社会发展纲要，领导国家武装力量和强力部门等。例如，乌兹别克斯坦1992年的宪法规定，总统不仅有权任免第一副总理、副总理和其他内阁人员，而且有权任免各州州长和塔什干市市长等地方行政官员。① 同时，多数中亚国家的宪法还赋予总统一定的立法与司法权力。如在立法权力方面，哈萨克斯坦宪法规定，哈萨克斯坦总统拥有议员的决定权。宪法规定，哈萨克斯坦议会上院的47名议员中，除地方行政区产生的32名外，其他15名议员由总统任命。另外，总统还拥有提出进行全民公决和其他立法倡议的权力。② 同时，根据总统的请求，经两院2/3代表通过，议会可授予总统不超过一年的立法权③。在吉尔吉斯斯坦1996年的宪法中同样规定，议会两院可授予总统不超过一年的立法动议权。与此同时，它还规定，在议会两院都被解职的情况下，立法权转交总统，即总统在特殊情况下被赋予临时立法权。乌兹别克斯坦宪法规定，总统不仅对宪法法院、最高法院、最高经济法院的院长和其他组成人员的候选人有提名权，而且对州、区、市各级法院和经济法院的组成人员有任免权；总统有权向议会提出立法动议和签署法律，有权任命上院议员；在议会两院出现分歧或通过违宪决议时，同宪法法院协商后，总统有权解散议会上下两院。④ 此外，塔吉克斯坦和乌兹别克斯坦都给予前总统终身上院议员的身份。再如，土库曼斯坦2008年之前的宪法中规定，土库曼斯坦最高权力机关是人民委员会，由总统领导，因而该机构兼有了决策与立法职能。2008年9月，土库曼斯坦虽然通过修宪，扩大了议会权力，撤销了人民委员会，将其职能转由总统、国民议会和最高法院，但总统依然拥有组建和调整中央选举委员会和全民公决委员会等权力。尽管中亚国

---

① 刘向文：《试谈乌兹别克斯坦共和国的总统制》，《东欧中亚研究》1997年第4期。

② 《Конституция Республики Казахстан (2007)》（принята на республиканском референдуме 30 августа 1995 года），(с изменениями и дополнениями от 21.05.2007 г)，Астана, Аккорда, 21 мая 2007 года, № 254 – III ЗРК, http：//www.constcouncil.kz/rus/norpb/constrk/，статья 44；《Конституция Республики Узбекистана (1992 г)》. см Статья 93.

③ 《Конституция Республики Казахстан (2007)》（принята на республиканском референдуме 30 августа 1995 года），(с изменениями и дополнениями от 21.05.2007 г)，Астана, Аккорда, 21 мая 2007 года, № 254 – III ЗРК, Статья 53，http：//www.constcouncil.kz/rus/norpb/constrk/.

④ Поправки в Конституцию вступили в силу, 19 апреля, 2011 Uzdaily.uz, http://news.olam.uz/politics/1915.html.

家的总统制以法国的半总统制和俄罗斯的总统制为模板，构架了本国的国家权力体系，但宪法所赋予总统的宪政权力给了各国总统多方面的实际权力，使其在法律框架内具备了控制议会的宪政基础和依据。

与此同时，在中亚国家的权力制衡体系中，立法权与司法权对总统权力的制衡能力非常有限。一般说来，议会对总统权力的制衡主要体现在对总统的弹劾以及对政府总理的任免上。大多数中亚国家的宪法规定，在总统犯有叛国罪，或在违反宪法及法律的情况下，议会有权对总统提起诉讼，① 并启动弹劾程序。但在实际运作过程中，多数中亚国家对议会制衡总统权力都做出了各种限制。例如，对于总统是否违反宪法或法律，必须由宪法法院裁定，而宪法法院委员会主席大多由总统任免，同时，总统对宪法委员会的裁决拥有否决权。这样，其对总统的制衡手段事实上形同虚设。再如，多数国家的宪法规定，提起总统弹劾案的议员必须超过议员总数的 2/3 方可获得议会通过，而在哈萨克斯坦 2007 年 5 月修改的宪法中，还将此项规定改为在两院联席会议上获得任一院议员总数 3/4 的多数票方可通过对总统的弹劾案。② 这不但在法理上进一步加大了议会弹劾总统的难度，也使中亚各国在政治现实中难以实现有效的制衡。在政权党和亲政权党在议会上下两院中占据绝对多数的情况下，此条款形同虚设，完全失去了实现的可能性。除对提出弹劾动议的议员人数有所限制外，哈萨克斯坦宪法还在弹劾程序上对议员严格设限。如哈萨克斯坦 2007 年之前的宪法规定，一旦状告总统叛国罪被法院驳回，提出弹劾总统动议的议员将立即被取消议员资格。哈萨克斯坦 2007 年宪法将此条款修改为，若议会对总统的弹劾案未获得通过，则提出议案的议会下院，即马日利斯将提前中止行使权力。③ 土库曼斯坦也规定，2/3 议员对政府提出的不信任案一旦被总统两次驳回，总统有权解散议会，宣布重新举行议会选举。同时，虽然议会可以通

---

① 赵常庆：《列国志——哈萨克斯坦》，社会科学文献出版社，2003，第62页。
② 《Конституция Республики Казахстан 2007》（принята на республиканском референдуме 30 августа 1995 года），(с изменениями и дополнениями от 21.05.2007 г)，Астана, Аккорда, 21 мая 2007 года, № 254 - III ЗРК, http://www.constcouncil.kz/rus/norpb/constrk/, статья 57.
③ 《Конституция Республики Казахстан (2007)》（принята на республиканском референдуме 30 августа 1995 года），(с изменениями и дополнениями от 21.05.2007 г)，Астана, Аккорда, 21 мая 2007 года, № 254 - III ЗРК, http://www.constcouncil.kz/rus/norpb/constrk/, статья 47.

过对政府的不信任案来制衡执行权力机关,如在未通过政府工作报告的情况下,议会可对政府提出不信任案,但弹劾程序中政府与议会的命运最终还是掌握在总统手中。① 可见,对中亚各国的立法机关而言,无论是对总统提起弹劾案,还是对政府提出不信任案,都有可能使自身陷入被动境遇。立法机关在缺乏有效宪政资源的情况下,很难对总统权力形成制衡和威慑。

虽然中亚各国的宪法均规定司法权具有独立性,它只服从于宪法,但同时宪法又赋予总统拥有对司法权力机关领导人的任免权,这使中亚各国的司法权力机关非但难以形成对总统的制约,反而会在很大程度上受制于总统。如乌兹别克斯坦宪法规定,总统有权任免最高法院院长、最高审判庭庭长、宪法法院委员会主席和委员、最高经济法院院长,以及地方州、区、市法院以及军事法院和经济法院法官等。此外,总统可以对宪法委员会的裁决实施否决权②。总之,总统权力过于强势与立法和司法权力相对弱势的格局,成为中亚国家三权失衡的总统制的主要特征。总统在权力体系中占主导地位,立法与司法制衡总统权力的手段相对有限。

(二) 总统"口袋里的议会"

除宪法赋予总统宪政资源的优势外,总统在政治生活中也获得了加强其政治资源优势的现实条件。转型时期特殊的经济发展状况对加强总统权力提出了现实的需要,而相对较低的政治多元化程度也为总统凝聚各种社会政治力量、扩大社会资源创造了条件。其中,政权党与亲政权政治力量倚仗总统的势力不断发展和壮大,并在议会中占据优势是具有中亚特色的一个政治现象。

在独立之初便确立了总统制的土库曼斯坦和乌兹别克斯坦,出现了立法机关政权党化或亲政权党化的局面。其中,土库曼斯坦承袭了苏维埃时期党政合一的政治传统,总统领导的人民民主党既是执政党,也是该国唯一的政党。在乌兹别克斯坦,总统虽然没有固定的政权党,但所有进入议会的政党均表示服

---

① 近年来,中亚部分国家为提高议会地位和作用,降低了这一比例。2007 年的哈萨克斯坦宪法降低了议会下院对政府提出不信任案的门槛,即 1/5 议员下院发起并由多数议员便可通过对政府的不信任案。
② 孙壮志、苏畅、吴宏伟:《列国志——乌兹别克斯坦》,社会科学文献出版社,2004,第85 页。

从总统的领导。这些亲政权党派倚重总统的宪政资源得以发展，总统则通过这些政党确保其对议会的影响力。进入21世纪后，除吉尔吉斯斯坦以外，其他中亚国家均实现了政权党和亲政权党派在议会中占据绝对优势的局面。塔吉克斯坦政权党——人民民主党在议会占有80%的多数席位。2007年，哈萨克斯坦政权党祖国之光人民民主党以88.05%的得票率独立入主议会下院，使哈萨克斯坦独立后首次出现了"一党制"议会。哈萨克斯坦政权也因此招到一些政府反对派和西方社会的指责，该议会被戏称为总统"口袋里的议会"[①]。为了显示其民主化的决心，树立本国的民主形象，哈萨克斯坦于2009年重新修改议会选举法及相关法律，允许议会选举中得票率位居第二的政党参与议席分配，以促进两党议会的发展。哈萨克斯坦议会下院部分议员于2011年11月主动请辞，要求提前举行议会选举。2012年1月，哈萨克斯坦举行了新一届议会选举，有三个政党进入本届议会，但依旧没有改变政权党独大的议会格局。这种政治格局加强了总统在权力体系中的比较优势，使"三权"的天平进一步向以总统为首的行政权力倾斜，加重了总统权力体制的失衡态势，并强化了总统在体制中的主导地位。在亲总统势力占优的议会中，总统可以直接通过政权党或亲政权党派对立法权力机关施加影响，实现其个人意志的法律表达；总统的治国理念也会在立法机关获得支持，并转化为国家的各项制度与政策。从这个意义上来说，多数中亚国家的立法机关只是总统政治资源的延伸，而且其与总统及行政权力机关的关系日益朝着从属关系的方向发展，议会事实上成为听命于总统的部属或下级，议会中的政权党同总统的关系也发生了微妙的变化。前者借助总统的政治资源不断扩大自己的影响力，按照政党内部的组织原则，在各地发展自己的组织机构，分配各级议会席位，甚至通过总统对地方官员的任命，将羽翼延伸至各级行政权力机关，从而形成总统与议会政党之间相辅相成的新型党政关系。

中亚国家新型党政关系的产生源于苏联后期政治改革引发的新的权力构成与位移模式，这种模式最终导致国家权力核心趋向于总统。苏联政党体系的改

[①] Д. Агнин, Поправка Назарбаева в теорию постсоветской демократии, 24.08.2007, http://www.centrasia.ru/newsA.php4? st = 1187908800.

革是戈尔巴乔夫推行"全盘西化"民主政治改革的重要组成部分,苏联共产党执政党地位的丧失是苏联诸多政治变化中最快且最彻底的政治转型。苏共退出苏联权力体系导致了国家权力的分离。1990年3月,苏联第三次(非常)人民代表大会通过《关于设立苏联总统职位和苏联宪法(根本法)修改补充法》,决定在苏维埃体制下设立总统职位,戈尔巴乔夫以绝对的高票当选为苏联首任总统。同时,戈尔巴乔夫提出将一切权力转归苏维埃,他指出,党要把不属于它的那些权力和职能统统归还给国家政权机关,但他又提出要"用党的威信来加强作为人民代表机关的苏维埃的作用",其办法是把同级党委会的第一书记推荐到苏维埃主席的岗位上。[①] 1990年7月,苏共二十八大通过了苏联共产党新的纲领和党章,戈尔巴乔夫领导的苏联共产党主动放弃了在政治和意识形态领域的垄断权,让苏共参与多党竞争。执政党领导地位的变化直接导致苏联体制中权力核心的位移和执政基础的根本变化。苏联后期的政治体制改革经历了两次权力分离,第一次是在"一切权力归苏维埃"和"非党化"的倡议下,权力重心由苏共中央转向议行合一的苏维埃;第二次是实行立法、司法、行政三权分立原则下的权力结构体系的改革后,将行政权力从议行合一的苏维埃权力体制中分离出来,并在此背景下设立了苏联总统职位,国家权力重心也因此实现了由苏共中央总书记向苏联总统的转移,政治体制上实现了领导人的"非党化"。中亚各国复制了戈尔巴乔夫的政治改革模式,相继对国内的宪法体系和规则进行了修改,设立总统职位,通过共和国领导人从共产党第一书记经共和国苏维埃主席再到共和国总统的身份转换,实现了权力在共和国最高领导人一人身上的延续,权力核心并没有发生实质性的变动。

与转型时期的原苏联东欧国家不同,中亚各国意识形态多元化的程度不高,在国家权力重心转换过程中未遇到强硬的反对派政党的挑战,也没有发生激烈的政治交锋。政党大多依附于政权而存在,由此产生的政权党与国家领导人的依存关系也基本沿袭了苏联时期的党政关系与政治传统,即政权党发挥其社会动员的能力,并在议会中起主导作用,为总统权力的巩固提供社会基础和必要的政治支持。在此逻辑之下,政权党主导的议会成为从属于执

---

① 左凤荣:《戈尔巴乔夫改革开始得太晚了》,《同舟共进》2011年第5期。

行权力机关的御用工具。与此同时，虽然各国给予多党政治发展的政策与空间，但多数新成立政党的规模和影响力都相对较小，政党稳定性弱，结果不是被边缘化，就是被高度碎片化，因而很难进入议会，难以对政权党主导的议会形成现实挑战。

（三）在总统的"换人游戏"中政府往往成为矛盾的牺牲品

在总统制下，政府是国家的执行机构，接受总统的领导，向总统汇报工作，对总统负责。如前所述，立法机关制衡总统的手段之一，即是对政府提出不信任案。在总统与议会发生冲突时，议会常常通过提出对政府不信任案的手段来打击总统。大多数中亚各国的宪法规定，在议会对政府总理人选不满，对政府两次提出不信任案或两次未通过总统对总理的任命时，总统拥有两种选择：第一是解散议会；第二是在保留议会的前提下，宣布政府辞职或者放弃总理人选。

在宪法的有关规定中，议会虽然有弹劾政府的权力，但事实上在提交议案和审议对政府的不信任案过程中处于被动状态，即议会始终要等待总统对此事的回应。而总统由于在总统、议会与政府三者关系中处于主导地位，可以将议会与总理的去留权握于掌中，使这一议会制衡总统和政府的机制成为总统左右议会的有力手段。在与议会的博弈中，为了维护权力，总统往往采取舍弃政府或更换内阁总理的做法，以此平衡议会党团间以及议会与总统间的关系，最终使政府与总理成为权力斗争的牺牲品。例如，1994 年，哈萨克斯坦进步议会党团曾因不满总统提出的社会经济与法律政策，对捷列先科政府提出不信任案，为平息与议会的矛盾，纳扎尔巴耶夫总统不得不"舍卒保帅"，被迫同意解散捷列先科政府。进入 21 世纪以后，中亚多数国家议会中政权党的势力不断增强，总统与议会的关系有所好转。只有吉尔吉斯斯坦在 2005 年阿卡耶夫政权被政治反对派推翻之后，总统与议会之间的关系重现紧张状态，其主要原因是反对派议会党团始终在议会中处于强势地位。巴基耶夫总统上台后，吉尔吉斯斯坦依旧维持着总统制政体，议会与总统围绕修宪改制问题矛盾不断，甚至出现了严重的宪法危机。2006～2007 年，总统与反对派占多数的议会因彼此权力的合法性和改革国家政体等问题发生了激烈冲突，最后总理库洛夫以辞职相威胁，逼迫议会宣布解散，提前举行新一届议会选举。

对此，学者伊斯加科娃指出，吉尔吉斯斯坦此次宪政危机的主要原因是支持总统的政党长期无法获得议会多数，总统难以获得理顺和调整执行机关与立法机关关系的有效途径。①

实际上，在中亚国家的执行权力体系内部，总统与总理也经常因经济改革和社会发展等问题发生分歧与矛盾，尤其是当政府政策出现失误时，总统往往以更换政府总理的方式为自己的过失开脱，摆脱社会对总统的指责，致使政府成为总统治理劣绩的"替罪羊"。中亚各国在政治转型的过程中，政府频繁更替的现象十分普遍。在1991年至2000年的十年间，吉尔吉斯斯坦进行过八届政府更替。② 1997年至2003年的七年间，哈萨克斯坦更换了四届政府总理，总理在位的时间平均不超过两年。频繁的政府更迭在维护总统的权威性与政权的稳定之余，往往造成行政权力机关的低效率，很多经济发展规划都无法顺利完成。伊斯加科娃在评价独立以来吉尔吉斯斯坦频繁的政府更迭时指出，从1993年修宪以来，吉尔吉斯斯坦政府的频繁更换表明，不是总理无能，就是总统不愿意给政府更多的实权。③

此外，更换总理与内阁成员也是多数中亚国家总统扫清异己的惯用手法。在中亚国家垂直的行政权力体系下，官员可以轻易建立起自己的党羽，党同伐异，容易挑起执政精英内部的权力斗争。因此总统不会让一个官员在一个位子上待很多年。这也是政府总理经常被撤换的原因。事实上，替换总理并不是总统的最终目的，总统借此还可以实现政府高级职位的重新排序，调整执政精英内部权力分配的失衡状态，重新寻求精英各派间的"平衡"。为保证总统权力的平稳交接，总统通过"换人游戏"锻炼人才和考察干部，寻找最忠诚的亲信。④ 例如，在哈萨克斯坦，总统纳扎尔巴耶夫经常把亲信安排在总理、总统

---

① Гульнара Искакова, Президент – премьер – министр: изменение взаимоотношений？от конституции 1993 до конституции 2006, www. open. kg/engine. php？module = analytics&mode = file&id = 34.
② Пути формирования нового государства, http：//www. welcome. kg/ru/history/nz/jkl/.
③ Искакова Г., Т. Выборы и демократия в Кыргызстане：конституционный дизайн президентско – парламентских отношений. Бишкек：Бийиктик, 2003. С. 428.
④ 《哈萨克斯坦总理请辞获准，获任命总统办公室主任》，新华网，2012年9月25日，http：//www. chinanews. com/gj/2012/09 – 25/4209732. shtml.

办公厅、国家安全委员会等总统身边的要职上。2012年9月，哈萨克斯坦在位时间最长的总理马西莫夫主动请辞，由副总理谢·阿赫梅托夫接任，马西莫夫本人被任命为总统办公厅主任，以接替被认定为"扎瑙津事件"主谋的前总统办公厅主任穆辛，从而把后者剔除出总统阵营。纳扎尔巴耶夫总统通过政府人事调整缓和了各派政治精英内部的矛盾和官员间的对立关系，既清除了异己，又重新调整了自己同亲信的距离。2014年4月，纳扎尔巴耶夫总统再次启用马西莫夫出任政府总理，理由是阿赫梅托夫总理在养老金体系改革等民生问题上引发民怨，危及总统权力基础。除哈萨克斯坦外，塔吉克斯坦近年来也在通过大规模的人事调整，为政权平稳交接培养有利的执政精英阶层。

（四）总统主导的立法进程

根据中亚各国宪法，总统拥有宪法动议权及相关法律的修改权。其中，宪法的修订与补充要经过严格的法律程序，包括提出动议、进行修改、议会审议、提交全民公决，以及宪法法院最终裁决等环节。但由于中亚各国的总统拥有较大实权，因而总统在客观上主导了修宪及其他法律的立法程序。

首先，多数中亚国家的总统除了拥有对执行机关的管理权与任免权外，还拥有对司法机关领导人的任免权以及部分立法权。如哈萨克斯坦、乌兹别克斯坦等国的宪法均赋予总统对政府及地方行政权力机关、宪法法院、最高法院、最高检察院领导人及成员的任免权以及立法动议权。哈萨克斯坦的宪法规定，依据总统、议会、政府，各州、首都和共和国直辖市地方机关，以及20万名以上具有选举权的共和国公民的倡议，总统有权做出举行全民公决的决定。[①] 同时，议会下院有对由总统提出的修改和补充宪法、宣布举行全民公决的决定进行审议的权力。但是，多数中亚国家的总统在国家结构中处于相对强势的地位，政权党和亲政权政党在立法机关中居于主导地位，在这种情况下，总统提出的任何修宪或立法动议都将会在议会下院顺利通过。从这个意义上讲，政权党或亲政权政党主导的议会为总统实现其意志在宪法中表达提供了平台，并通过频繁的修宪使总统权力无限制地扩大成为可能。另外，中亚各国宪法还规定，作为宪法裁决机构，宪法法院或宪法委员会对全民公决的结果拥有最终裁

---

① 《哈萨克斯坦总统法》第18条第1款，1995。

定权。但由于中亚各国总统拥有对本国宪法委员会主席与部分成员的任免权，宪法法院的最终裁定结果大多有利于总统。在一些中亚国家甚至直接赋予总统对宪法委员会裁决的最终决定权，进而再次将举行全民公决的法律程序的主导权转移到总统手中。如哈萨克斯坦1995年的宪法规定，总统可以全部或部分地反对宪法委员会的裁决，若宪法委员会得不到2/3多数否决总统的反对意见，则该裁决无效。此外，一些中亚国家的宪法中还规定，在举行全民公决之前，总统有权就提交全民公决的问题向民众进行解释。而这一规定正可为总统所利用，成为总统直接向公众表达自己的政治意志、引导民众政治倾向的合法程序。

自独立至今，中亚各国进行过多次修宪或重新颁布新宪法，同时，中亚国家修宪的时间和内容大体趋同，反映了各国在政治制度设置和政治体制探索的过程中彼此参照、相互借鉴的现实，而"频繁修宪"也成为极具中亚地区特色的政治转型特征之一。自1995～1996年中亚各国相继以宪法形式确立了总统制政体之后，中亚各国以巩固和扩大总统权力为目标来调整总统与议会的关系。以2007年5月哈萨克斯坦修宪为界，1996～2007年中亚各国的历次修宪几乎都是围绕强化总统权力、调整总统与立法机关的关系展开的。这一时期，一些国家的总统与议会的关系相对缓和，为总统扩大权力提供了可能。其中，全民公决是总统保持政治权威和按自己意志修宪的法宝，各国普遍通过全民公决来扩大总统权力，延长总统任期，同时相应地压缩立法机关的权限，削弱其对总统的监督与制衡职能，以利于总统治理。继1995年土库曼斯坦通过全民公决将尼亚佐夫总统的任期延长之后，哈萨克斯坦、塔吉克斯坦和乌兹别克斯坦也以同样的方式将总统的任期由五年延长至七年。[①] 1995年3月，乌兹别克斯坦总统卡里莫夫通过全民公决将自己的总统任期延长至2000年。有赖于这五年的延长期，卡里莫夫逐渐巩固了自己的权力基础，在政治斗争中选拔和培养了自己的执政精英阶层，并于2000年顺利获得连任。同时，通过宪法法院裁定，以新修改的宪法为依据，卡里莫夫的总统的任期延长至2007年12月。

---

① 土库曼斯坦、哈萨克斯坦、塔吉克斯坦和乌兹别克斯坦分别于1995年、1998年、1999年和2002年将总统任期由五年延长至七年。

因此，结合总统选举与新修订的宪法，卡里莫夫总统的任期为 2000 年 1 月至 2007 年 12 月，这几乎是八年的时间，而非宪法规定的七年。① 在哈萨克斯坦，考虑到总统纳扎尔巴耶夫年事已高，超出了宪法规定的候选人资格年龄，1998 年，哈萨克斯坦通过的新宪法取消了总统候选人年龄的上限，从而为纳扎尔巴耶夫总统再度参选扫除了障碍。1999 年，塔吉克斯坦进行的修宪也同样适逢新一届总统选举，因此新宪法中有关总统任期的规定，无疑为总统获得连任后的长期执政奠定了法律基础。1999 年 11 月，拉赫莫诺夫总统再度当选，从而使其任期直接延长到 2006 年。土库曼斯坦开创延长总统任期的先河之后，该国最高的权力机关——人民委员会于 1999 年授予首任总统尼亚佐夫"无限期行使总统权力"的荣誉，并通过 2000 年 1 月的全民公决和 2002 年的修宪，将此决议以宪法形式固定下来。除申请中立国以外，有关总统任期的规定是土库曼斯坦此次修宪的唯一内容。吉尔吉斯斯坦也试图效仿土库曼斯坦，实现阿卡耶夫政权的长期执政，但最终迫于国内外各种政治压力而未果。由于延长了总统任期，多数中亚国家总统都绕开了宪法规定的例行选举而实现了连任。同时，各国往往还以新修订的宪法为界，重新计算在任总统的首届任期，进而使中亚各国领导人都获得了在 21 世纪再次参加总统选举的合法身份。

在此时期，哈萨克斯坦、吉尔吉斯斯坦等国总统与议会之间的矛盾均有所缓解，为避免再次出现府院之争，各国分别通过改革议会模式、压缩议会规模、修改议会选举程序等方式，削弱立法权力挑战总统权威和制衡总统的能力，强化总统对议会的比较优势。截至 2002 年，除土库曼斯坦外，中亚各国均实现了由一院制变为两院制的改制过程。2002 年，乌兹别克斯坦将原来 250 席的一院制最高会议改为两院制，两院议席总数减少为 220 席，其中上院为 100 席，当中 16 名议员由总统任命，其余由各行政主体选举产生；下院为 120 席，通过比例代表制选举产生。② 乌兹别克斯坦的议会改革表面上扩大了政党的政治参与空间，实际上却压缩了议会的规模，议会两院席位的总数，比原一院制议会减少了 30 席。同时，议会两院分治，形成了上、下两院彼此牵制的

---

① Петр Бологов, Папа что - то задумал, Ислам Каримов отказался от двух лет президентского срока, http：//www.lenta.ru/articles/2011/12/06/uzbekistan.

② 《Конституция Республики Узбекистан（2002）》, http：//lex.uz/ru/doc/list/kons.html.

关系，进而将总统与一院制议会的矛盾转到了议会两院之间。在议会对总统的制衡方面，哈萨克斯坦除修宪外，还在1999年修改的《哈萨克斯坦总统法》中进一步调整了议会与总统的关系，削弱了议会对总统的制衡能力[①]。该法律明确规定，议会须经下院1/3以上议员提议并经多数以上议员赞成，并在获得3/4以上议会两院议员赞成的情况下，才可以对总统进行弹劾。在吉尔吉斯斯坦1998年通过的宪法修订案中，再次缩小了议会权限，规定在议会通过有关预算收支法等相关法案时，必须获得政府的批准，从而使议会和政府之间形成了彼此牵制的关系。

2005年3月阿卡耶夫政权的倒台，使中亚各国总统看到了民主化改革给本国总统威权体制造成的冲击，也意识到威权政治自身的危机。哈萨克斯坦、乌兹别克斯坦等国均已步入"老人政治"时期，为使未来的政权更替更加制度化，更具有可操作性和可预测性，中亚各国开始重新划分总统与议会的权力，并协调双方关系，为政权的平稳移交提供制度性安排。2007年，哈萨克斯坦首先通过修宪，将总统任期由七年缩短为五年，同时规定连任不得超过两届。2011年12月，乌兹别克斯坦新修订的宪法也做了相同的修改，总统任期改为五年。这一方面是为了深化政治改革，将本国总统制与世界接轨，淡化国际社会对总统长期执政的指责；另一方面，缩短总统任期也是对未来总统继任者的一项限制性规定，防止"后领袖"时代总统长期执政的现象再次出现。此外，哈萨克斯坦和乌兹别克斯坦两国新修订的宪法将政府的组阁权由总统转交议会下院的多数派政党。其中，哈萨克斯坦还将议会下院的席位数增加了1/3，即由原来的77席增至107席，同时规定议会可以以简单多数（而非以前的2/3多数）罢免政府[②]。表面上看，两国的修宪弱化了总统的权力，提高了立法机关同执行机关的依存关系，也加强了议会对政府的监督与制衡作用。但此项制度设计主要着眼于未来政权的稳定，既对未来总统的权力做出限制，又

---

① Конституционный закон Республики Казахстан, от 26 декабря 1995 года N2733, О Президенте Республики Казахстан (В редакции Конституционных законов РК от 06.05.1999 г. N378－1)，http：//www.base.spinform.ru/show_doc.fwx? Regnom = 1181.

② 《Конституция Республики Казахстан (2007)》, 21 мая 2007 года, http：//www.constcouncil.kz/rus/norpb/constrk.

可确保执行机关与立法机关之间的均势，但并不对现任总统的政治权威构成影响。2007年，哈萨克斯坦新修订的宪法还取消了对总统政党属性的限制和对首任总统任期的限制，前者使总统领导政权党成为可能，后者则说明在身体健康允许的情况下，纳扎尔巴耶夫总统可以无限期地参选下届总统，同时还可以在政权党拥有政府组阁权的情况下，领导议会或政府，为避免未来总统大权旁落提供双重保险。由此可见，由于总统在制宪过程中的主导地位，中亚各国的修宪过程事实上变成总统权力不断强化和议会权力相对弱化的过程。中亚国家仅有的几次提升议会地位的修宪，也是在扩大总统权力的前提下实现的。因此可以说，如果不改变中亚国家总统在修宪过程中的主导作用，将难以阻止中亚国家权力结构中立法权力弱化的趋势。

（五）威权主义政府中的"强人政治"

在这种失衡的权力体系下，立法与司法的权力相对有限，很难与以总统为核心的行政权力相抗衡，致使国家权力向总统倾斜。总统是整个政治权力结构运行的核心，他集多重角色于一身，既是政治规则的制定者与执行者，也是权力争斗的参与者与仲裁者。与总统权力相比，政府、议会及司法机关的权力或被弱化，或处于从属地位。在这种情况下，中亚国家的政治体制也逐渐从法律条文上的"三权分立"转变为事实上的"一元化"总统治理，这种治理模式可以被称为"强人政治"。

中亚社会已经摒弃了苏联时期单一意识形态控制与政治动员的模式，转而提倡社会意识的多元化，强调社会稳定；国家治理主张技术官僚或"专家"治国理念，主张建设法治秩序；经济上追求高增长以及经济秩序的规范化。虽然，在中亚五国的权力体系中具备多党竞争、选举、三权分立、言论自由等民主的形式和要素，但是由于多元社会尚未成熟，很多民主机制都未能有效地发挥作用。在多元主义的社会中，"多个独立权力中心的传统促进了契约观念的出现，这种观念即是统治者与被统治者之间的交易"[①]。而在转型过程中，中亚社会的多元化尚未发展，民众意识形态与价值观念的趋同，使社会难以形成

---

① 〔美〕霍华德·威亚尔达主编《非西方发展理论——地区模式与全球趋势》，董正华、昝涛、郑振清译，北京大学出版社，2006，第122~123页。

统治精英与民众之间的契约，最终，法律成为领导人意志的表达。"领导人意志至上"的观念根深蒂固，民众大多接受国家主义观念，把自己的命运寄托于统治者，指望"好政权"或者"好总统"能够解决所有问题。在这样的社会中，国家领导人的意志和偏好左右着整个国家的发展方向，总统个人的执政能力与政治魅力决定着政权的稳定。所以说，中亚国家的政权模式更接近于威权主义（或称为"权威主义"）的政府。威权主义把"社会看作是一个等级组织，一个在单一统治者或单一统治集团领导下的特殊的支配链。支配、服从和秩序高于自由、同意和参与的价值"①。在威权体制下，政治和经济的存续与发展有赖于坚定的领导人，他们按其所认为的真正需要行事，而不是直接根据大众的需求。② 中亚国家领导人在权力体系中的核心地位以及在修宪进程中的主导作用都印证了中亚国家威权体制的特征。

应该说，威权主义与中亚民族的历史和政治文化传统彼此契合。中亚各民族因受到伊斯兰文化的影响，观念中具有顺从权威的文化传统，又由于长期处于沙俄专制统治和苏联一党集权的苏维埃体制之下，因而在其民族文化心理上对于"强人"总统存在着惯性认同。同时，在政治转型初期因权力划分存在分歧，中亚国家政权内部及各权力机关之间经常出现矛盾与斗争，由政治民主化引发的民族与部族之间的冲突需要具有控局能力和坚定意志的权威领导人来进行各方利益的协调，这些因素促使中亚国家必然选择"强人政治"和以其为特征的威权主义总统制。哈萨克斯坦总统纳扎尔巴耶夫就曾指出："从1994年开始，包括修改宪法在内的几乎所有重大政治事件都与确立总统制有关。这一方面是缘于过渡时期社会政治的复杂性和社会矛盾的尖锐性，另一方面也是社会对政权和议会机关的社会监督软弱无力造成的。"③ 独立之初，在意识形态"去苏联化"和"去共产主义"的影响下，中亚多数国家的总统均选择以"无党"身份参与国家治理。哈萨克斯坦、吉尔吉斯斯坦和乌兹别克斯坦等国甚至在宪法中明确禁止公务员参与党派和社会政治团体的活动，当选总统后也

---

① 〔美〕迈克尔·罗斯金等：《政治科学》，华夏出版社，2001，第76页。
② 同上，第77页。
③ 〔哈〕努·纳扎尔巴耶夫：《站在21世纪的门槛上——总统手记》，时事出版社，1997，第107～108页。

须放弃其所属政党职务。由于缺少政党的支持，中亚多数国家的总统主要依靠行政机关的官僚体系与强力部门保持与其他权力机关的平衡关系，维持其权威地位。威权体制对总统的执政能力要求较高，总统需要拥有调动和整合社会政治资源、协调精英集团内部各种关系以及引导社会向稳定有序方向发展等多方面的能力，才能保证整个政治机器的正常运转。同时，这种执政模式对于以总统为核心的政治体制框架的稳定性与持续性也有相对较高的要求。因为一旦总统制政体出现变形或权力核心发生位移，总统的权威地位也将难以为继，二者因此形成了相互依附关系。"强人"总统与失衡的总统制权力体系的结合构成了中亚国家政治体制的主要特征，它提供的重要公共产品是政治秩序，这对国家政权构建过程中的中亚国家尤为重要。因此，"强人政治"阶段也势必成为中亚各国转型时期不可避免的发展阶段。然而，这种体制与执政模式产生的一个副产品是"公共权力私有化、家族化，特权横行、贪腐肆虐，最终的结果是民怨载道"。[1] 在政治动荡与社会危机的条件下，"强人"总统与威权体制显示出了整合社会资源的结构性优势，然而，这种优势也恰恰反映了其刚性体制中脆弱性的一面，即一旦总统权威被削弱或者消失，这种模式的有效性便会随之降低。如果合法性下降，即使可以用强制手段来迫使公众服从，政府的作为也会受到阻碍。如果人们对政权的合法性产生怀疑，产生意见分歧，往往就会导致内战或者革命。[2] 很多在"强人政治"时期被掩盖起来的社会矛盾、弊端会在"后强人时代"暴露出来，成为社会动荡的源头。

经过独立后 20 多年的体制改革，中亚国家的民众逐渐通过选举与全民公决等民主实践产生了现代政治观念，政党政治的发展也促进了社会政治多元化的发展，同时也为大批新生代政治精英与各种利益集团的出现创造了条件。在政策较为宽松的中亚国家，如哈萨克斯坦和吉尔吉斯斯坦，公民内生型的民主要求正在上升，它需要政权做出及时的回应，通过体制改革来扩大公民的政治参与。社会利益群体的分化及其分权的要求同一元制权力运行方式之间的矛盾日益突出，其结果是在政权更替时期，一些中亚

---

[1] 孙兴杰：《为什么强人政治终将走向末路》，《青年参考》2011 年 11 月 2 日。
[2] 燕继荣：《发展政治学》，北京大学出版社，2010，第 241 页。

国家的现政权受到来自国内反对派和新生代政治精英的挑战,总统权力的合法性遭到质疑。

政治稳定的本质是政治体系(特别是政府体系)对于社会环境发展变化的适应程度……在一个变革的社会中,政治系统必须尽可能地表现出包容性,尽可能地扩大其体制基础和范围。① 因此,"只要统治者能够对新的政治要求做出响应,并保持这种体系的平衡,那么,政治稳定就可以得到维持",② 否则,将会面临政权合法性下降的危险。中亚国家权力结构体系具有与独联体多数国家转型类似的普遍特征,即以行政权力相对强势与立法和司法两权相对弱势为特征的总统制政体。但与其他转型国家不同的是,由于缺乏制衡机制,中亚国家权力结构体系的失衡状态更加突出。近年来,一些中亚国家的领导人已经开始寻找缓解一元化总统治理结构与政治多元化之间矛盾的手段。在独联体国家发生"颜色革命"后,特别是2010~2011年西亚、北非国家出现的政权更迭,使中亚国家领导人意识到,单纯依靠总统自上而下的行政手段来延长总统政治寿命的做法,已不适用于当今的中亚社会。这就是为什么2011年哈萨克斯坦总统纳扎尔巴耶夫否决了议会关于延长其任期的修宪动议。换言之,如果总统要延续权力或将权力交给自己选定的接班人,需要寻求被西方认可的民主途径。在政治转型的现阶段,一些中亚国家希望通过鼓励多党政治的发展、加强议会在国家政治生活中的作用,来矫正失衡的权力体系。2007年,哈萨克斯坦通过了关于增加议会席位与扩大议会权力的新宪法,规定议会下院多数议席将由超过7%得票率的政党组成。同时将原属于总统的政府组阁权赋予议会,使议会下院多数派政党拥有了政府组阁权。2009年,哈萨克斯坦再次修订选举法,增加了有关促进两党政治发展的条款。新选举法规定,如果在议会选举中只有一个政党超过7%,那么居次位的政党可以同其分享议会政党席位。③ 哈萨克斯坦风险分析研究中心主任萨特巴耶夫认为,哈萨克斯坦试图通

---

① 燕继荣:《发展政治学》,北京大学出版社,2010,第235页。
② 燕继荣:《发展政治学》,北京大学出版社,2010,第241页。
③ Конституционный закон республики Казахстан о внесении изменений и дополнений в Конституционный закон Республики Казахстан «О выборах в Республике Казахстан», Астана, 9 февраля 2009 года, http://www.zakon.kz/our/news/news.asp?id=30381627.

过政治制度上的安排，重新调整权力结构，形成强大的政治制度，未来很有可能将政体过渡到集体领导的机制①。乌兹别克斯坦政府提出了发展公民社会和扩大公民政治参与的有关政策，以缓解总统与社会的对立。土库曼斯坦也于2008年重新修宪，取消了议行合一的人民委员会，并进一步扩大了国民议会的规模与职能。

除吉尔吉斯斯坦外，中亚多数国家均维持着总统制的政权组织形式，现阶段的政治改革大多仅仅是对总统与议会权限与关系的调整，并未触及总统制的核心，其权力重心也没有发生位移。可以说，中亚国家的这些政治改革只是对宪政体制局部的改进与完善，意在纾解朝野政治势力之间的矛盾与对抗，扩大反对派力量的政治空间，避免总统制权力结构体系因过于倚重总统个人威望而出现失衡状态，以保障政权的平稳过渡。

二 "吉式"议会制

自2005年阿卡耶夫政权更迭以来，吉尔吉斯斯坦经历了连年的政治动荡，围绕政体改革引发的政治骚乱和民族冲突一度令该国政局失控。政权危机背后深层的部族利益冲突与矛盾使吉尔吉斯斯坦放弃了总统制，选择议会制为国家政权的管理形式。吉尔吉斯斯坦希望通过改总统制为议会制实现国家权力在部族和政治利益集团之间的重新分配，缓解南北部族政治对峙的局面，摆脱连年的社会动荡，恢复国家的秩序与稳定。

政体改革是吉尔吉斯斯坦历经两任总统的家族式统治和连年的政治动荡之后做出的既无奈又必然的选择，说明总统制在吉尔吉斯斯坦已走进了死胡同。②吉尔吉斯斯坦通过议会制改革，重新梳理了总统、议会与政府之间的关系。依据林兹教授的理论，议会制与总统制相比，其优越之处在于：在总统制下，立法机构与行政机构相互独立，彼此独立的总统选举与议会选举造成民主合法性基础的二元化，并由此产生民主的不稳定性；议会制具有"非

---

① Новый Мажилис Казахстана – три в одном？（мнения экспертов），22.01.2012，http：//www.centrasia.ru/newsA.php?st=1327206540.

② 邓浩：《从吉尔吉斯斯坦剧变看中亚地区形势走向》，《新疆师范大学学报》（哲学社会科学版）2011年第1期。

零和博弈"①的特点,即一方大胜不意味着其他方的全败。林兹教授认为:"虽然议会选举也可能产生一个党的绝对多数,但在更多情况下是多个政党都得到不同数量的议席。权力分享和结盟是相当普遍的。"② 这将使得失败方不至于走到民主体制之外,同时,议会制形成了行政机构和立法机构相互依赖的关系。此外,议会制具有合法性一元化的特点,即最高行政长官——内阁总理是由议会产生,而不是独立选举的结果,从而保证了民主制度的稳定性。

然而,在吉尔吉斯斯坦的政治实践中,议会制道路并不是一帆风顺的。立法机关基本形成了对执行机关的制约,一方面通过议会选举和总统选举,吉尔吉斯斯坦实现了国家权力机关由总统制向议会制的结构性调整,政治精英间的斗争因政治力量的"重新洗牌"而暂时得到平息。然而,另一方面以部族主义为特征的南北政治对立并未因此消解,各种政治力量在新体制内尚处于磨合期,各派议会党团的利益分化与政治博弈造成了执政联盟实质上的不稳定性,各党派和利益集团之间经常因权力划分问题龃龉不合,难以达成妥协。自2010年改为议会制以来,吉尔吉斯斯坦执政联盟已历经四度重组,除了首任总理阿坦巴耶夫因总统选举主动辞职外,其他两届政府总理皆因执政联盟的解散而下台,政府更替已成常态。

在以往的政治实践中,议会扮演了非常重要的角色。在阿卡耶夫时期,议会是"总统口袋里的议会";而在巴基耶夫时期,议会是反对派斗争的平台,扮演了"总统否决器"的角色。在新的议会体制下,总统同议会的矛盾转变为议会同政府之间的矛盾,政府依旧是政治斗争的"替罪羊"。在面临经济危机时,政府是解决危机的主要机构,因此,一旦政府无力解决危机,反对派则有权发起罢免政府的动议,从这种意义上讲,政府总理人选已成为议会斗争的新焦点,政府常因施政不利而受到执政联盟和反对派议会党团的攻击,而反对派则常以退出联盟作为制衡政府总理或总理所代表的议会党团的主要手段。吉

---

① "零和博弈"(Zero-Sum Game)与非零和博弈相对,是博弈论的一个概念,属非合作博弈。零和博弈表示所有博弈方的利益之和为零或一个常数,即一方有所得,其他方必有所失,一方的全胜便意味着另一方的全败。
② Juan Linz, Democracy. Presidential or Parfiamentary, forthcoming, 1992, P123。转引自崔之元:《总统制、议会制及其他》,共识网,http://www.21ccom.net/articles/zgyj/xzmj/article_201001204185.html。

尔吉斯斯坦议会制的症结在于，宪法与制度框架同政治现实存在差距，而政治行为最终以政治现实为依据。政治斗争与妥协达成的成果，经常被新的政治利益矛盾所取代，致使政治发展存在诸多变数。可以说，政治的不确定性来源于对狭隘的地区主义的坚持和对法律权威性的漠视。议会制的核心是决策权力的分散化以及决策过程的多元竞争和妥协。但在缺乏议会民主传统与政治妥协经验的吉尔吉斯斯坦，各派政治力量能否淡化地方主义色彩，适应议会制的游戏规则，形成富有效率的议会和政府，将是一个长期博弈的过程。

　　吉尔吉斯斯坦的议会制一直是独联体国家政治发展进程研究中最有争议性的话题。目前，对其议会制改革的评价存在着两种基本的看法。议会的支持者认为，议会制是时代的产物，是部族政治传统浓厚的吉尔吉斯斯坦政治体制的最佳选择，它适合吉尔吉斯斯坦的国情，有利于促进国家的和谐与统一。议会制的分权与制衡机制可以有效地平衡集团利益，缓解部族间的尖锐矛盾，将各派政党和政治力量纳入宪法轨道，使之成为体制内政党，从而避免了矛盾冲突升级为街头政治。在新的议会体制之下，党派与地方精英逐渐从地方与党派利益的维护者转变为国家权力的执行者和危机的管理者，各个党派开始以议会为平台，实现对国家政权的管理与监督。持类似观点的吉尔吉斯斯坦前驻华大使库鲁巴耶夫就认为："目前，在吉尔吉斯斯坦，政治精英群体正在发生着一些变化。一些热衷于迅速'敛财'的政治精英们，已开始从政治舞台的前台淡出，因为社会已开始行使监督的职能。"[1] 反对者则认为，在社会结构和部族政治的影响下，议会制传统的缺失使议会党团和执政联盟时常因利益分配不均而出现分化，议会成为政治精英追逐利益和进行政治交易的场所。可以说，在吉尔吉斯斯坦现实的政治条件下，议会制强化了政党利益的彼此对立，造成危及国家政治稳定的隐患。在独联体国家也存在不少反对的声音，一些不看好吉尔吉斯斯坦议会制的政治家和学者认为，该体制无法解决吉尔吉斯斯坦现实问题。俄罗斯战略研究所专家库尔托夫就认为，建立任何形式的联盟都不会在议会形成可以执行长期明确路线的稳定多数派，因为吉尔吉斯斯坦所有政党领

---

[1]〔吉〕库鲁巴耶夫：《吉尔吉斯斯坦独立20周年回顾与展望》，《现代国际关系》2011年第8期。

导人都是以前历届政权的领导人，他们无数次地相互攻击，早就破坏了彼此的关系，这些都无疑会对议会和政府的稳定造成障碍。① 早在议会制实行之初，吉尔吉斯斯坦国内要求加强总统权力的呼声就不绝于耳。尊严党主席库洛夫也曾表示，为了吉的全面发展和稳定，必须加强总统权力，实行总统议会制政体。② 为防止国家因在短时间内频繁修宪而重新陷入政治动荡，吉尔吉斯斯坦已对修宪的周期设限。过渡时期政府总统奥通巴耶娃曾在2011年5月16日发表的电视讲话中明确表示，吉尔吉斯斯坦在2020年9月1日前将不对现行宪法进行修改。③

值得一提的是，虽然在议会制下总统的权力受到一定的牵制与压缩，但在人事任免、内外政策、控制武装部队等方面仍给总统保留了相当多的决策空间。吉尔吉斯斯坦的议会制事实上更像法国的半总统制，总统对国家的政治生活依旧拥有决定权。作为实行议会制以来的首届政府总理和首任总统，民选身份也使总统阿坦巴耶夫较少受到来自党派和地方部族利益之争的负面影响，比较通过议会党团讨价还价和相互妥协得来的总理职位，总统拥有更多的合法性和独立性。这也是他放弃总理职位，参加总统选举的原因之一。目前，阿坦巴耶夫无论在体制内还是在民众心理上，都被认为是保证吉尔吉斯斯坦政治稳定的重要人物，因为他是将吉尔吉斯斯坦带出混乱无序困局的总统，目前其影响力在吉尔吉斯斯坦尚无人能及。同时，阿坦巴耶夫又是折中、妥协和联合的象征，并得到俄罗斯的支持。④ 虽然身为北方人，阿坦巴耶夫却有意为自己打造全民总统的形象，故而得到了南北各部族选民的尊重与支持。⑤ 议会制也因此打上了"吉式"的烙印。

由于经济发展水平、历史传统、社会结构、宗教信仰结构、国际环境等特

---

① 《吉尔吉斯斯坦议会选举结果公布，其前途仍难预料》，《青年参考》2010年11月5日。
② Нужно ли изменить Конституцию? http://www.politmer.kg/ru/questions/8 – nuzhno – li – izmenit – konstitutsiyu。
③ Президент Роза Отунбаева: Конституция не подлежит изменениям и поправкам до 1 – сентября 2020 года, 16 – 05 – 2011, http://old.president.kg/ru/posts/4dd0f4caf4d5523720000001。
④ "РГ": Бишкек ищет доноров. Новый глава Киргизии обзаводится неожиданными друзьями, 12: 10 02.12.2011, http://www.centrasia.ru/newsA.php? st = 1322813400。
⑤ "РГ": Киргизия выбрала президента. Премьер Алмазбек Атамбаев получил большинство голосов, 01.11.2011, http://www.centrasia.ru/newsA.php? st = 1320115380。

殊因素的影响,吉尔吉斯斯坦议会制的社会政治基础还有待巩固与加强。吉尔吉斯斯坦议会制的稳定与制度化过程还将经受多重考验。作为中亚社会政治发展的试验田,吉尔吉斯斯坦的议会制进程将为完善中亚国家的总统制治理模式提供可资借鉴的经验。

三 吉尔吉斯斯坦议会制的示范作用

吉尔吉斯斯坦的议会制改革改变了中亚地区总统制发展的轨迹,为其他中亚国家的政治发展提供了一个新的路径。同时,政体改制的顺利进行也使吉尔吉斯斯坦成首次以和平方式实现了政权交接。吉尔吉斯斯坦特定的社会政治条件使民众选择了议会制。2010年6月,吉尔吉斯斯坦公布的议会制宪法对总统权力进行了一些限制性规定,取消了总统的法律审议与批准权及宪法动议权[①],同时也对总统连任、建立家族势力、代表地区利益等可能导致国家分裂的潜在危机隐患做了防范性规定。此外,宪法还对议会反对派的界定、反对派议会党团在议会中的作用、反对派的人事任免权等做了详细规定。[②] 从中我们不难看出吉尔吉斯斯坦各派力量彼此妥协的痕迹。

中亚其他国家与吉尔吉斯斯坦有着不尽相同的社会政治条件。在中亚的总统制国家中,总统的权力基础相对稳固,宪法赋予总统以广泛的执政空间。以总统为核心的垂直执行权力体系成为总统权力重要的政治资源。然而这些国家政权的稳定一直依靠总统个人魅力和政治威望来维持,具有一定的脆弱性,一旦体制中政治权威缺失或精英阶层出现断裂,会不可避免地导致国家的社会政治动荡。

除吉尔吉斯斯坦外,其他四个总统制的中亚国家几乎都未经历过真正意义上的政权交接,此前,中亚国家或是没有更换过最高领导人,或是领导人因突发事件而出现政权易手,没有通过正常的选举程序实现过政权的更替。现任总统不是通过全民公决或修宪延长了自己的总统任期,就是在国家处于非常时期"临危授命"上台的。作为中亚地区的"民主绿洲",吉尔吉斯斯坦在阿卡耶

---

① 参见吉尔吉斯斯坦宪法第81条。
② 参见吉尔吉斯斯坦宪法第75~76条。

夫时期就曾是中亚国家中唯一一个没有以全民公决方式延续总统权力的国家。但正是这个一贯坚持例行选举的政权，最终却被街头政治推翻，以此实现政权的更迭和精英的更替。吉尔吉斯斯坦在中亚地区开了一个"逢选必乱"的先例，这种以非和平的方式实现政权交接的"吉式革命"的暴力性也令其他国家的民众心有余悸。它所引发的政治余震及地区性冲突一直搅动着整个中亚地区的稳定。为防止"吉式革命"在本国被复制，中亚其他四国采取了各种防范措施，并加强了对国内局势和反对派的控制。自2005年至今，哈萨克斯坦等国领导人在连任时均获得高支持率的事实说明，各国民众普遍存在着求稳怕乱的心理，并对激进的民主改革存有抵触情绪与防范心态。

　　同时，吉尔吉斯斯坦连年的政治动荡也使其他中亚国家政权看到了威权退去后的危机。除吉尔吉斯斯坦和土库曼斯坦外，中亚其他三国的领导人均已连任两届或两届以上。因此，他们希望通过政治制度的微调和人事安排，营造出有利于保持现任总统威望和影响力的法律环境与执政精英阶层，确保政权的平稳交接。为巩固其执政的合法性，这些国家对总统和议会的宪法权限进行了重新调整，哈萨克斯坦和乌兹别克斯坦已相继通过修宪来削弱总统的部分实权，缩短未来总统的任期，相对地扩大议会的权力，放宽政党参政的政策，提高议会和政党在国家政治生活中的地位，为总统权力的平稳交接提供法律依据。

　　回顾中亚国家议会制度的发展历程我们不难看出，中亚各国议会按照比例代表制分配的席位总体上呈现扩大的趋势。哈萨克斯坦议会下院按比例代表制选出的议席从独立初期的10席增加到如今的98席。乌兹别克斯坦和塔吉克斯坦等其他国家的议会下院议员几乎全部由比例代表制选举产生。但由于政党政治不成熟，反对派相对虚弱，多数国家的议会基本上由政权党或亲政权党派控制。为调整这种不平衡的政党格局，树立国家的民主形象，一些中亚国家的领导人已开始考虑在国家政治生活中给予反对派一定的政治空间，以便逐步将其纳入体制内。哈萨克斯坦早在2009年就重新修订了选举法，降低了政党参政的门槛，规定在议会选举中，如果只有一个政党过线的情况下，居于次位的政党可以参与议会席位的分配。① 这项改革旨在推动两党制或多党制议会的发展，鼓励反对派政党参与政权管理。为此，哈萨克斯坦还提前举行了议会选举，议会实现了多党化。乌兹别克斯坦和土库曼斯坦的政党政策也出现了松动的迹象。乌兹别克斯坦总统强调，政党是社会各阶层通过自己的代表表达政治意愿的政治组织，政党要参与国家政权的组成，要发展多党制，放宽对政党和社会团体的政策，行政机关不能干涉政党的活动；只有法院有权限制、禁止或解散社会团体。2012 年 1 月，土库曼斯坦通过了新的政党法，提出允许建立除政权党民主党之外的其他政党。该政党法"定义了建立政党的法律基础、政党的权利、责任以及政治活动的保证"，保障公民建立政党、组织其工作以及终止其活动的宪法权利。② 总统别尔德穆哈梅多夫强调，新的政党法意在鼓励多党竞争，"团结人民并激励人民为祖国的繁荣进行富有成效的工作"，打破民主党的垄断地位。③ 2011 年 7 月，别尔德穆哈梅多夫总统还首次邀请反对派的候选人参加 2012 年 2 月的总统选举，并保障各个政党有"平等机会参与选举"。

　　吉尔吉斯斯坦过渡时期政府已向议会制政府和平移交了权力。从吉尔吉斯斯坦艰难曲折的政治发展进程来看，其议会制改革是在特殊的历史时期和特殊国情下的无奈选择，但实践证明这种政体恰恰适合吉尔吉斯斯坦的国家发展现状。如果吉尔吉斯斯坦能够在议会制的权力架构中保持国家的长治久安，则议会制的执政方式和管理模式有可能被其他中亚国家效仿，成为"后领袖"时代各国执政精英实现政权更替的新型模式。

---

① Конституционный закон республики Казахстана о внесении изменений и дополнений в Конституционный закон Республики Казахстан «О выборах в Республике Казахстан», Астана, 9 февраля 2009 года, http：//www.zakon.kz/our/news/news.asp？id = 30381627.
② Туркменистан：Парламент принял закон «О политических партиях», 11.01.2012, Международное информационное агентство «Фергана» http：//www.fergananews.com/news.php？id = 17908.
③ 《土库曼斯坦修法准多党制，细节未公布待总统签署》，http：//news.iyaxin.com/content/2012 – 01/13/content_ 3271603. htm。

第七章　中亚国家政党、政治精英与政治转型

政党与政治精英的发展及其作用体现着一个国家社会分化与政治多元化的程度。处在政治转型进程中的中亚各国，政党政治发育较晚，形成政党的社会生态环境相对薄弱，因而政党政治的制度化水平不高，政党不得不依附于总统个人和执政精英的力量而生存。

第一节　政党与政治转型

一　关于政党的几个概念

政党是现代民主政治条件下的产物。所谓政党，是指人民为了通过选举或其他手段赢得政府权力而组织的政治团体。它区别于一般社会组织和利益集团的特征是：政党的目标是通过竞取政府职位而赢得政府权力，政党旨在夺取决策权，不管是单独决策还是联合其他政党共同决策；它一般通过选举来争取民众的支持，它是一个持久的而不是临时性的组织。[1] 一般而言，政党是指政见相同的人们所组成的稳定的政治组织或政治集团，最终政治目标是夺取国家政权。政党在政治体制内的主要功能是目标制定、利益表达、社会化动员、精英的形成与遴选。[2] 其中，利益表达是指——借用一个系统词语——政党是一个

---

[1] 燕继荣：《政治学十五讲》，北京大学出版社，2014，第161页。
[2] 〔英〕戴维·米勒、韦农·波格丹诺编《布莱克维尔政治学百科全书》，邓正来译，中国政法大学出版社，2002，第521页。

重要的"输入"设施，通过它，公民可以让自己的需要和希望为政府所知……通过为某个政党工作或投票给某个政党，公众就能影响政治决策。[①] 总体而言，政党及其成员是选民意志的代表者。政党在政治生活中的重要性并不仅仅在于它承担了一系列重要的政治功能，还在于政党之间的相互关系也决定了政权体系的结构形式。政党制度体现的就是各政党之间以及各政党与整个政治体系之间的相互关系与影响。[②] 目前，世界各国形成了不同的政党制度，其中主要包括一党制、两党制、一党居优制和多党制。中亚国家中，除了2012年前的土库曼斯坦实行过一党制政党制度外，其他中亚国家均宣布实行多党制。政党制度在一定程度上决定了一个国家的政府制度形式。

政党按照其动员方式可以分为凝聚性（integrative parties）政党和代表性（representative parties）政党。前者的主要功能在于积极动员、教育和唤起民众，具有较高的意识形态认同；后者的功能则在于代表公众，保障选举，并尽可能扩大其成员赢得选举的数量，中亚国家的大多数政党具有这种特征。按照政党的参与方式可以分为宪政型政党（constitutional parties）和革命型政党（revolutionary parties）。宪政型政党承认国家宪法安排和政治制度，承认其他政党的权利，尊重竞争选举规则，通过选举掌握政权；[③] 革命型政党是指反对宪法性安排，力图通过革命推翻现有政权的政党。在中亚国家中，多数核准登记的政党都属于宪法型政党。它们承认现行宪政体制与政治制度，并在宪法规定的范围内参与国家政治生活。在这些政党中，按执政与参政地位，又可分为执政党和在野党。在议会制体系下，执政党是指在议会选举中赢得半数以上议席并获得政府组阁权的政党或政党联盟，其中政党联盟称"执政联盟"，执政联盟中的政党均可被称为"执政党"，如吉尔吉斯斯坦2010年12月执政联盟中的社会民主党、故乡党和共和国党，以及2012年9月新加入执政联盟的尊严党。在英语里，执政党一般译为 ruling party 或 the party in power，意为执掌政权之党；在俄语里，执政党一般被译为 правящая партия，有时候也译为

[①] 〔美〕迈克尔·罗斯金等：《政治科学》，华夏出版社，2001，第216~217页。
[②] 〔美〕迈克尔·罗斯金等：《政治科学》，华夏出版社，2001，第227页。
[③] 燕继荣：《政治学十五讲》，北京大学出版社，2014，第164页。

правительственная партия，后者常常被译为政府党。① 此外，在中亚的总统制国家中，还有一种特殊的政党分类方式，即按照同政权的远近亲疏划分为政权党（партия власти）、亲政权党（провлаственная партия）与反对派政党（оппозиционная партия或оппозиция）。在这里，政权党不同于议会制中的执政党，并不以是否在议会中赢得组阁权为界，而更多地强调总统对政党的领导权。与俄罗斯相仿，中亚总统制国家的政权党一般指由总统授意或由总统支持组建的，并在总统选举中成为总统的支持力量或在议会中维护总统利益的政党。可以说，政权党是俄罗斯和中亚国家政治转型时期的特有产物如塔吉克斯坦的人民民主党、土库曼斯坦的民主党和2007年之后多党联合组建而成的哈萨克斯坦祖国之光人民民主党都是具有政权党地位的政党。这些国家的政权党不但在执行权力机关获得了以总统为领导的执行权力，同时，还因其在议会中占据多数席位，而在立法权力机关拥有较大的立法权。除政权党外，中亚国家的政治生活中还同时存在着为数不少的亲政权党，由于亲政权党的政见同总统或政权党大体相同或相近，亲政权党既积极参与各种政治选举，又同时表示支持与拥护总统及其政策，表现出与总统和政权党的某种非竞争性。亲政权党的存在反映了中亚社会政治多元化的现实水平和政党政治的发展程度。

  与宪法型政党相对立的是革命型政党，它是指反对宪法性安排，力图通过革命推翻现有政权的政党，一般为反对党。在现实政治生活中，未进入政权体系参与执政的政党均为在野党，在议会制国家中，在野党主要指未进入执政联盟的政党。在野党的主要职责是监督执政党的行为，为政权提供不同社会阶层的意见和态度，避免执政党在政治决策时一意孤行。同时，在野党通过不断的政治行为和社会动员，为自己能在未来的选举中获胜进入政权积累政治资本。当然，在野党并不等同于反对党。前者的范围更广些，后者则明确地表明其反对派身份，其政治纲领与政治主张与政权和执政党对立，故称为反对党。在英语和俄语中，反对党的译法比较一致，分别为opposition party和оппозиционная партия或оппозиция。同样是反对派政党，也可按照对宪政体制的态度，将其分为体制内的反对党（системная оппозиция）和体

---

① Политические партии, http://www.grandars.ru/college/sociologiya/politicheskie-partii.html.

制外的反对党（внесистемная оппозиция）。体制内的反对党承认现行政治经济体制，并遵从政治游戏规则，在现行的制度框架内同执政者和执政党保持政治对立，因而属于宪法型政党。体制外的反对党则否定现行体制，并向政权发起挑战，力图通过政权轮换等方式对现行体制进行改革。① 后者更接近于革命型政党。2012 年 9 月，在吉尔吉斯斯坦的议会中组成执政联盟后，故乡党和共和国党因未签署执政联盟协议而组成了议会反对派联盟，对执政联盟加以监督，因此它们属于宪法型政党。而在阿卡耶夫政权和巴基耶夫政权时期，那些要求议会改制的政党基本上都属于革命型政党。在总统制的哈萨克斯坦，也同时存在着这两种反对党类型。哈萨克斯坦的光明之路党和阿比洛夫领导的阿扎特民主党就分别属于宪政型反对党和革命型反对党。前者与执政党在国家政治改革与制度建设等方面存在分歧，但主张同政权合作，对现行政治制度进行改良；而后者主张在哈萨克斯坦实行议会制来取代总统制，规避现有体制的种种弊端。此外，按照政党的法律地位和身份，还可以划分为合法政党和非法政党。在一些中亚国家，政权出于选举和政权安全与稳定的需要，会以限制性规定不给予一些持反政府立场的政党登记注册，致使其游离于宪政体制之外，沦为非法的政党。

反对派的主要功能是，通过政治参与和社会动员，为完善公共政策提供多维度的考察与回应。在选举或政权更替的情况下，执政党和在野党会发生角色互换，即政党轮替。当然，在一些国家，反对党的活动也导致议会和政府等权力机关效率的下降与社会内耗的增加，因党派之争造成社会政治动荡在吉尔吉斯斯坦已屡见不鲜。

按照政党的意识形态和政治态度，一般可以分为左翼政党和右翼政党。前者倡导激进变革，主张自由、平等、友爱、权利、进步和国际主义，现代自由主义政党、社会主义和共产主义政党大多属于此类政党；而右翼政党则倡导维持现有体系，主张权威、等级、秩序、责任、传统和民族主义。② 保守主义政党大多归于此类。政党两极化的程度取决于政党间意识形态的差距。③ 而政党

---

① Политические партии, http://www.grandars.ru/college/sociologiya/politicheskie - partii.html.
② 燕继荣：《政治学十五讲》，北京大学出版社，2014，第 165 页。
③ 〔美〕斯蒂芬·海哥德、罗伯特·R. 考夫曼：《民主化转型的政治经济分析》，社会科学文献出版社，2008，第 182 页。

的这种划分方式大多用以分析发达工业国家政党体系，对于发展中的中亚国家而言，政党的路线与意识形态分界尚不清晰，而且政权党和亲政权党大多宣称自己选择的是"不左、不右"的中派路线。因此，很难以上述标准判断其属性。此外，一些国家还存在着走极端路线的政党和宗教性质的政党，也较难以上述标准加以界定。

二 由政权的"非党化"到政权党的建立

从政党政治和政党体制建立与发展的角度看，转型时期中亚各国的政党政治经历了一个由苏联解体时的"去共产党化"和"去意识形态化"到总统的"无党化"，再到逐渐发育出政权党和亲政权力量的过程。

苏联共产党瓦解后，中亚加盟共和国的各级共产党组织被迫随之解体，哈萨克斯坦、吉尔吉斯斯坦等多数中亚国家领导人随即公开宣布退出共产党。各国共产党不得不进行改组或更名，以获得在新政治生态环境下的"生存权"。独立初期，哈萨克斯坦和塔吉克斯坦的共产党甚至遭到取缔，而在乌兹别克斯坦和土库曼斯坦，共产党则分别改组为具有社会民主性质的乌兹别克斯坦人民民主党和土库曼斯坦民主党。同时，因受到转型时期"去意识形态化"的影响，各国政权相继出现了"非党化"的趋势。一些国家的宪法及相关法律明令禁止政党进入国家行政权力机关，不允许总统及其他权力机关的官员上任后继续拥有政党身份或参与政党事务。如哈萨克斯坦独立初期的政党法中规定，总统在任职期间必须停止一切党派活动。除总统外，议员和政府官员也不得在政党中担任有酬职务，禁止在政府机关内部建立和组织政党活动；国家安全机关、司法机关的成员和军人不得参加任何党派；不得在学校的教学活动中宣传政党纲领和章程，等等[①]。吉尔吉斯斯坦1993年的宪法也规定，总统在行使职权期间应停止在政党和政治组织中的活动，直到新一届总统选举开始为止。[②] 除土库曼斯坦总统尼亚佐夫和塔吉克斯坦总统拉赫莫诺夫外，其他中亚国家的领导人均选择了无党派身份。各国对于政党活动的限制性规定直接

[①] Конституционный закон республики Казахстана о партиях，Комсомольская правда от 8 июля 1996 г.

[②] Конституция республики Кыргызстана（1993 г.），Статья 43.

"斩断"了苏联时期政党与政权的传统联系,这也是中亚各国最高权力领导层在独立初期出现"非党化"现象的主要原因。

在去除苏联时期共产主义意识形态影响的同时,中亚各国均在宪法中宣称,取消意识形态的限制,实行多党议会制,鼓励政治多元化和多党政治的发展。独立初期,由于脱离了意识形态的束缚,在哈萨克斯坦、吉尔吉斯斯坦等政党政策相对宽松的国家出现了政党蓬勃发展的势头,政党数量众多,党派林立,在议会中呈现出多党竞争的格局。可以说,独立后的十年间,中亚各国执行权力体系内部的"非党化"倾向与议会内部的多党格局形成了巨大反差,这也是这一时期多数中亚国家政党政治的普遍特征。除土库曼斯坦外,其他中亚国家均实行多党议会制。随着比例代表制议席的增多,立法机关逐步成为各政党参与国家政治生活和政权管理的主要场所。在此进程中,政党法及议会选举法等相关法律的出台也为政党组织社会活动及参政议政提供了法律依据。在总统制权力的巩固时期,一些中亚国家的反对派政党经常以议会为阵地,向总统及其领导的行政机关发难或利用立法机关的制衡手段阻止总统扩大其权力。因此,这一时期总统与议会的关系时常处于紧张状态,"府院之争"不断。如在1998年,哈萨克斯坦总统提出的有关延长总统任期的修宪动议遭到了议会下院多数议员的强烈反对,最终经双方妥协后做出决定,议会同意关于延长总统任职期限的宪法修订案,但总统要以缩短当届任期并提前进行选举为条件。无独有偶,吉尔吉斯斯坦总统阿卡耶夫也在这一时期向议会提出过类似的修宪动议,最终因议会多数党派阻挠而以总统的失败告终。可以说,这一时期总统与议会之间的矛盾与对立,在很大程度是因为总统缺乏有力的议会多数派党团的支持,而这种缺失在一定程度上也是总统和行政权力体系的"非党化"造成的。

事实上,在现实的政治转型进程中,多数中亚国家是在独立五年后,也就是确立了总统制之后,才彻底废除了苏联时期的苏维埃代议制,开始实行多党议会民主制度,而议会真正地实现职业化,并在议会选举中实行比例代表制则还要晚些。从政权的"无党化"到将比例代表制引入议会选举这一时期,是中亚多数国家的总统对政党身份的选择期。中亚国家的首任总统大多是由苏联时期的共和国领导人转型而来。苏联解体后,共产党的解体使这些原来倚重于苏维埃政党体制的中亚国家领导人失去了原有的政治依托。在总统制权力结构体系初创阶段，尤其是在立法机构与执行机构的权限划分存在争议和矛盾的时候，总统只能凭借其个人魅力与政治威望赢得社会的支持。比起苏联时期党政合一的苏维埃体制所给予他们的行政与社会支持来说，独立初期中亚各国的总统行动起来显得有些势单力薄。

有鉴于此，在确立总统制政体之后，各国总统积极着手寻找新的权力体系内的政治依托，以应对巩固权力的现实问题。20世纪末至21世纪初，中亚各国总统通过制定法律、倾斜政策以及扶植议会多数派政党的方式，培育亲政权的政治力量，并发展潜在的政权党。塔吉克斯坦的人民民主党和哈萨克斯坦政权党的前身祖国党就是在这样的政治条件下发展壮大起来的。在乌兹别克斯坦，作为亲政权的政党，自由民主党和人民民主党一直保持着议会大党的地位，控制着议会的多数席位。1999年进入议会的第一大党人民民主党以及2004年议会第一大党自由民主党都曾因推荐和支持了卡里莫夫参选总统而充当了政权党的角色。然而，卡里莫夫总统至今仍保持"无党派"身份。

进入21世纪，中亚多数国家的总统相继培育出或由其领导的政权党，或具有稳定认同的亲政权党。在亲总统和亲政权力量优势不断扩大的背景下，中亚各国逐步在立法层面上取消了对总统政党属性的限制，默许政党可以进入国家权力体系，为政权党的出现创造了前提条件。哈萨克斯坦祖国党与其他亲政权党联合改组成立的祖国之光人民民主党就是在这一时期发展起来的政权党。哈萨克斯坦在2007年的宪法中取消了对总统参与政党活动的限制性规定，为纳扎尔巴耶夫领导祖国之光人民民主党铺平了道路。同时，各国都在政党政治参与的渠道上进行了制度性调整，鼓励在政党的基础上选举产生议员或推荐总统候选人。这一规定不但促进了多党竞争机制的完善，提升了政党在国家政治生活中的地位，将各政党纳入体制内，而且有助于各党派整合社会资源，通过选举与制度安排将那些规模较小的政党排除在议会门槛之外，规避因小党林立而造成多党纷争的乱局，鼓励大党政治的发育。2007年，在吉尔吉斯斯坦议会选举前夕，为使支持总统的政党能够成为议会多数派，扭转总统上任后在府院关系中的弱势局面，时任总统巴基耶夫曾提议修改议会选举法，以比例代表制代替单名选区制选举议员。最终，巴基耶夫领导的光明道路党在2007年12

月举行的新一届议会选举中大获成功,获得了90席中的71席,成为议会第一大党,为总统控制议会提供了可能。

除了政权党外,在总统和政权党周围还聚合起大批支持现政权的亲政权党,如在哈萨克斯坦,公民党、阿萨尔党以及农业党等政党均为亲政权党。而在乌兹别克斯坦,虽然没有名义上的政权党,但也不存在真正意义上的反对派政党,所有获得登记的政党均表示拥护总统及现政权,因此,卡里莫夫总统凭借其"无党派"身份,或者说以"超党派身份"获得了社会各派政治力量的支持。中亚总统制国家中的这些亲政权党同政权党一道占据了议会多数议席,将总统的影响力延伸至立法权力机关。可以说,在现实的政治生活中,总统借助政权党和亲政权的议会党团扩大其在行政、立法乃至司法权力机关的政治影响力,巩固以总统为核心的权力结构体系已经成为现阶段中亚各国政权的普遍现象。

三 中亚国家的政权党及其与现政权的关系

中亚国家的政权党按照产生方式大体可分为两类:一类是在原苏共地方组织基础上转型发展而来的政权党,如土库曼斯坦的民主党;另一类是在转型之后,由政治体制内部发育出来的政权党与亲政权党,哈萨克斯坦、塔吉克斯坦等国家的政权党是这类政党的代表。

第一类以土库曼斯坦的政权党——民主党为代表。此类政党拥有类似苏联共产党的政党组织体系,在中央和地方拥有自己的分支机构,拥有明确的党纲和组织条例。同时,该党还保持着苏联时期党政合一的特色,政党组织与行政权力体系相重合,政党主席一般接受总统的领导或直接由现任总统担任,国家各级权力机关的领导人大多是该党党员。与苏联时期党政关系的不同之处是,苏联时期的党政关系是以党代政,即共产党位于政权的核心地位,政府接受党的领导,党的领导作用延伸到政治决策、人事任免和监督等各个行政领域。而在独立后的土库曼斯坦,民主党则是一个服从于总统的政党,总统是权力结构体系的核心,政党虽然保持着苏联时期的组织机构与联系体系,但其领导权已回归总统手中,政党主要发挥着培育精英、组织政府等功能。1991年12月25日,在苏联解体后,土库曼斯坦共产党通过代表大会决定改组为民主党,该党同时保留了原土库曼共产党的组织结构和基层党组织，干部任免体系也基本延续了苏维埃党政一体的模式，从中央到地方各级政权机构的领导人基本上都是该党党员。苏联解体时担任土库曼共产党第一书记的尼亚佐夫，在独立后直接被选举为民主党的党主席。在由苏维埃体制转为总统制的过程中，原共和国最高领导人尼亚佐夫实现了由旧体制最高领导人向新权力体系和政党体系领导人的身份转型，政治实权没有因政治体制变革而出现实质性的位移。

独立以来，民主党是土库曼斯坦唯一的合法政党，并一直在国家社会政治生活中处于领导地位，截至2012年新的政党法颁布之前，土库曼斯坦一直保持民主党一党执政的政治体制。政党制度在一定程度上决定国家的政权模式。尼亚佐夫时期的一党制，造就了以总统为核心的威权政治体系以及凌驾于诸权之上的最高权力机关——人民委员会。土库曼斯坦式的总统制在为该国政治转型赢得了难能可贵的政治稳定的同时，也招致了西方社会对其威权体制的指责。2007年8月，尼亚佐夫总统的继任者别尔德穆哈梅多夫任职后，对尼亚佐夫时期的政治制度进行了大刀阔斧的改革。其中，放开政党政策，允许多党制的发展以及撤销人民委员会的改革，在很大程度上促进了政党政治的发展，这也势必带来政治体制的变革。

第二类政权党是在独立之后，为适应选举和稳定政权而组建的新党，按照其动员方式应属于代表性政党，主要功能是扩大党员人数，为赢得选举服务。这类政党"一般采用实用主义策略以动员民众"。① 哈萨克斯坦的祖国之光人民民主党、塔吉克斯坦的人民民主党和巴基耶夫时期的吉尔吉斯斯坦光明道路党基本上属于此类政党。其中，哈萨克斯坦的祖国之光人民民主党是由原祖国党与阿萨尔党以及公民党等多个亲政权党联合组建而来。这类政权党的产生与发展大多得到了政权的政策扶持。独立初期，中亚国家议会多采取单名选区制的选举方式，这往往难以聚合稳定的政党认同以及对总统的政治认同，无法满足总统整合议会资源的迫切需要。为理顺长期掣肘的总统与议会关系，得到议会多数派党团的支持，在20世纪末，哈萨克斯坦和吉尔吉斯斯坦首先尝试通过扩大议会中比例代表制的席位，为多党政治的发展培育条件。1996年，吉

---

① 燕继荣：《政治学十五讲》，北京大学出版社，2014，第164页。

尔吉斯斯坦在宪法中规定，议会下院 1/4 的席位，即 15 个席位由超过 15% 的政党按照比例代表制选举产生。① 1998 年，哈萨克斯坦也通过修宪，在 77 个议会下院的席位中增加了 10 个比例代表制的席位，由得票率超过 7% 的政党进行分配，以鼓励各政党参政的积极性。事实上，与单名选区制相比，中亚各国实行比例代表制产生议员的时间都相对较晚。由于独立初期政党基础相对薄弱，因而在独立后相当长的时间内，中亚国家大多实行单名选区制或单名选区制与少量比例代表制相结合的方式选举议会议员。一些中亚国家为了形成对政权有利的议会政党格局，通过修改议会选举法，调整比例代表制与单名选区制的议席数量，以达到扩大政权党和亲政权党、削弱反对派政党在立法机关影响力的目的。例如，2003 年在阿卡耶夫执政后期，由于在议会中缺少稳定的政权党或亲政权政治力量的支持，阿卡耶夫决定重新修宪，取消议会下院的比例代表制议席，代之以单名选区制选举产生全部议员的方式，从而使自己的子女可以以单名选取制的方式参加议会选举。这再次印证了政策与制度安排对转型时期中亚国家政党发展的重要意义。进入 21 世纪的第二个 10 年，多数中亚国家通过修宪和制度调整，已全部或者部分地采用比例代表制方式选举议会下院议员。

此外，一些中亚国家的领导人正在有意识地通过政治制度的改革，提升政党在构建国家决策体系过程中的地位和作用。2007 年，哈萨克斯坦重新修改宪法，将政府组阁权转给议会下院。乌兹别克斯坦 2011 年的宪法也赋予议会下院多数派政党或几个获得等额席位的政党推举总理候选人和组阁的权力。② 无疑，在政权党或亲政权党占据议会多数席位的情况下，赋予议会下院组阁权，就等同于赋予政权党和亲政权党组阁权。在哈萨克斯坦对于身兼政权党领袖与总统职务的纳扎尔巴耶夫和在乌兹别克斯坦超脱于亲政权党之上的卡里莫夫总统来说，政权党参与组阁最直接的结果，是使总统可以继续对未来权力的

---

① Кыргызстан до и после «тюльпановой революции». Политическая ситуация в Кыргызстане в 1990 – 2004 голах, 19 октября 2005, http: //www. stratagema. org/polittechnology. php? nws = gq14p1781632563.

② Конституция республики Узбекистана, Статья 98, http: //www. lex. uz/guest/irs _ html. winLAV? pID =1773893.

移交施加影响，也为其选定的继任者顺利进入政权开辟新途径。

一般而言，政权党为全国性的政党，它借助总统领导的各级行政资源构建庞大的组织系统和基层分支机构，很多中央及地方官员均为政权党的成员。在这一点上，哈萨克斯坦、塔吉克斯坦等国的政权党拥有和土库曼斯坦民主党相似的组织结构与运行机制。因此，比起那些地方性反对派政党或代表某个地区或领域利益的政党来讲，政权党拥有更多的组织优势和行政资源优势。在现实的政治生活中，总统依靠政权党的组织系统扩大自身的社会政治基础，政权党则借助总统的威望不断扩大自己的影响力，二者相辅相成、彼此互动，在总统和议会选举中相互支持，从而保证了总统权力的巩固与政权党的壮大。关于这一点，可以从中亚国家的总统与政权党在选举中均以高票胜出的事例得到印证。此外，政权党的政治纲领和竞选战略也基本同总统保持一致，充当着现政权的代言人和总统权力维护者的角色。在2011年总统选举前夕，哈萨克斯坦政权党祖国之光人民民主党针对国内存在的一些现实问题，提出了一整套解决方案，包括提高教育投入比重和医疗服务水平，降低医疗服务费用；强化企业的环保意识和责任，推广清洁能源和再生能源；建立多级社会保障体系，降低失业率和贫困率，大力发展工业创新计划，支持中小企业和自主创业；严打腐败渎职弊端等。[①] 这些纲领性文件与总统在国情咨文中的理念基本一致，具有国家决策层面的意义。祖国之光人民民主党力图借助其政权党的政治资源优势，通过体制的、组织的、发展战略的及意识形态的方式动员社会，整合资源，为国家经济的发展提供有序的社会政治环境和政策资源。[②]

中亚国家的政权党和亲政权党自诞生之日起，就与总统存在天然的依附关系。由于得到了总统的政治扶持和有倾向性的制度安排，政权党或亲政权党获得了比反对派政党更为广阔的生存空间与更多进入政权的可能性。总统个人的威望与政治魅力是政权党的重要标签，也是竞选宣传的"代言人"。这种新型的党政结合的模式，一方面，有利于总统意志在立法机关的表达和在执行机关的上传下达，提高了执政者的执政能力，而且政权党的组织机构也将有助于总

---

① 《哈萨克斯坦执政党高票赢得议会选举》，新华网，http://news.xinhuanet.com/world/2012-01/16/c_111442667_2.htm。

② 吴辉：《论现代化进程中的政党制度与政治稳定》，《理论与现代化》2005年第3期。

统在转型时期对社会政治精英进行整合，为总统执政构建较为稳定的社会政治环境和权力基础。另一方面，这种总统与政权党互动的执政方式也增强了总统在权力结构体制中的强势地位，进一步加大了以总统为中心的执行机关同立法和司法机关三种权力之间失衡的态势。

四　不断式微的反对派阵营

在总统制下，政党政治呈现出不对称性的政党格局。一方面政权党与亲政权党借助同政权的特殊关系不断扩大其在体制内的政治基础与政治影响力；另一方面反对派政党因自身势力的不断衰弱，以及政权党势力的日益强大而逐渐被排斥在政权之外，其政治参与的空间被不断压缩。

得益于政权党在议会中多数派的优势地位，总统可以对政党游戏规则的制定施加影响，制定出适合自身需要的政党制度与法律。在这种情况下，反对派政党的活动、参政方式与参政程度完全操控在总统手中。如吉尔吉斯斯坦2003年阿卡耶夫总统时期与2007年巴基耶夫总统时期，两个总统分别以缩小和扩大比例代表制的选举方式，达到确保总统自身政治利益的目的。2003年，在议会选举前夕，吉尔吉斯斯坦总统阿卡耶夫提议修改宪法中关于议会权限与产生方式的条款，将议会选举的比例代表制改为单名选区制，希图削弱欲借助政党提升个人威望的反对派政党候选人的竞选优势。相反，利用这种方式，阿卡耶夫却为其接班人进入政权铺平了道路。在2005年的议会选举中，正是得益于在单名制选区的取胜，阿卡耶夫总统的儿子和女儿分别当选为议员，顺利进入了议会。而在2007年议会选举前夕，为巩固亲政权党的优势地位，确保现政权的稳定，巴基耶夫总统重新修改了2003年的议会选举法，将议会的选举方式由单名选区制恢复为比例代表制。由此可见，出于自身政治利益的需要，中亚国家领导人往往通过对政党制度的调整，影响议会的政党格局。由于反对派政党在整个政治游戏中始终处于无权的劣势地位，并在宪政制度和现实生活中遭到排挤，各国政党格局的不平衡性进一步加剧。

与目标一致的政权党和亲政权势力形成鲜明对照的是，中亚各国的反对派阵营内部并不统一，各反对派政党在政治纲领和政治目标上存在着较大差异。按照对现行政权与宪政体制的态度，反对派政党大体可分为革命型反对党和宪政型反对党。前者大多对现政权不满，主张通过激进的方式推翻现政权，改革现行政治体制和政治制度。而后者则承认现行宪法，主张在体制内对现行体制与政治制度进行改良。在哈萨克斯坦，图雅克拜领导的社会民主党、阿比洛夫领导的"真正的光明之"路党（后更名为阿扎特民主党）、阿尔达让洛夫领导的共产党都公开声称本党为纳扎尔巴耶夫政权"不妥协的反对党"或反体制的政党，希望通过变革实现议会制。在吉尔吉斯斯坦具有此类性质的反对派政党有阿卡耶夫执政后期和巴基耶夫时期库洛夫领导的尊严党等。

此外，在主张推翻现政权的反对派政党中，还存在着一些带有宗教性质和激进主义性质的反对派政党，如塔吉克斯坦的伊斯兰复兴党、乌兹别克斯坦的伊斯兰运动等。这类政党的反政权性质主要体现在是建立世俗政权还是建立宗教政权这两种政治发展模式的对立。尽管中亚各国普遍选择建立世俗政权为其基本的建国原则，但在一些地区，如塔吉克斯坦北部、乌兹别克斯坦和吉尔吉斯斯坦交界的费尔干纳地区以及哈萨克斯坦南部等伊斯兰宗教势力较浓厚的地区，宗教得以施展手段的空间比世俗政权更大，因此，在这里，存在着深厚的建立伊斯兰宗教政权的土壤。伊斯兰教的政治化及其对中央政权稳定的威胁，因一些国家经济不景气与政局动荡而有升级和外溢的趋势。多数中亚国家政权对带有宗教性质的反对党采取了禁止与打压的政策。如吉尔吉斯斯坦2010年的宪法中就明确规定，国家实行政教分离，宗教团体和神职人员不允许进入国家机关活动，禁止在宗教、民族的基础上或以宗教联合为目的建立政党，禁止宗教性质的政党和团体在本国境内活动，禁止带有攻击和改变宪政体制、威胁国家安全、煽动社会分裂、挑起族际和部族间及宗教对立的行为。类似的规定在乌兹别克斯坦历年宪法中屡见不鲜。目前，除了塔吉克斯坦外，其他中亚国家，对带有宗教性质的政党均不予承认。塔吉克斯坦是唯一准许宗教性质的政党进行司法登记的中亚国家，因此，建立宗教政权还是世俗政权的问题也成为塔吉克斯坦反对党与执政党政治分野的重要内容。

在中亚国家反对派阵营中还存在着一些主张改革和完善现行体制，以实现社会的自由化与民主化为目的的反对派政党。这类反对派政党不主张推翻现政权，而是希望通过与政权加强合作实现本党的政治目标，因而被称为"建设性的反对党"或"温和的反对派政党"。这类反对党最鲜明的代表就是2005

年与阿比洛夫领导的"真正的光明之路"党分道扬镳、曾由拜缅诺夫领导的哈萨克斯坦光明之路党。2005年该党领袖决定采取与政权合作的立场,接受2004年议会选举中获得的唯一议席,进入立法机关。领导人在政治主张与奋斗目标上的分歧,也使这个哈萨克斯坦最有影响力的反对党——光明之路党最终走向分裂。同样持建设性反对党立场的还有哈萨克斯坦共产主义人民党。该党第一书记科萨列夫曾表示,由于议会上下院充斥着资本家,人民处于无助状态,因而该党主张完善议会体制,建立由人民管理的机构。[①]

除了反对派阵营内部分化较大外,各反对派政党自身的局限性也是其在与政权党对抗中处于劣势的原因之一。其实,在现有的中亚国家总统制权力体系下,有能力挑战政权党地位的反对党和有能力挑战总统权威的反对派领袖并不多。因此,为了争夺有限的政治空间,提高政党自身的社会影响力,反对党内部也时常出现分化与组合,致使反对派阵营士气衰落。2004年,从哈萨克斯坦共产党分离出来的、由科萨列夫领导的共产主义人民党是在当年举行议会选举前夕临时组建的,它的出现导致了支持哈萨克斯坦共产党的选民分裂,使共产党因选票被分散而未能进入此届议会。2005年年初,哈萨克斯坦最大的反对派政党光明之路党为备战总统选举也分裂为光明之路党与"真正的光明之路"党两个党派,前者主张在现有的政治框架内完善总统制政体,并希望同现政权合作而非走向其对立面;后者则主张对宪法进行彻底修改,实行议会制政体。[②] 该党的分裂大大削弱了反对派阵营的力量,最终导致两党的总统候选人在当年的总统选举中双双落败。2004年议会下院选举后,未获得议长职位的前议长图雅克拜也走向反对派阵营,并于2005年试图以反对党领袖的身份挑战总统职位,最终无果而终。

此外,多数中亚国家反对派政党的势力相对弱小,社会基础薄弱,加之自身政治发展的局限性,最终导致其社会政治影响力不及政权党和亲政权党。而且多数反对党集中在首都等大城市,在广大的农村地区几乎很少进行政治宣传。同时,由于反对党领导人对农牧业人口占多数的偏远地区缺乏了解,其竞

[①] З. Ахматова: Кто не успел, тот опоздал. Политические партии Казахстана на низком старте, 16.11.2011, http://www.centrasia.ru/newsA.php?st=1321430160.

[②] Сакен Салимов, В Казахстане не знают, когда выбирать президента, Независимая газета, 05.03.2005, С. 3.

选策略与口号往往不能切合当地民众的心理，也无法像政权党那样有总统作为"形象代言人"，因而无法在这些地区拥有广泛的政治影响力并得到社会支持。就地区影响力而言，一些宗教性质和民族主义性质的政党虽然在一些地区较强，但很难赢得全国范围内选民的支持。为了能够跨入议会门槛，在选举前，有些反对派政党也曾效仿亲政权党组建政党竞选联盟。但与政见趋同的亲政权党派联盟不同的是，反对派政党的联合往往因政治纲领和政治目标的不一致而存在严重分歧，导致选民难以判断竞选联盟的政治定位，反而使各反对党在选举中失去了大量原有选民的支持。2004年哈萨克斯坦议会选举期间，"民主选择"党和共产党就出现了类似的策略性失误。分属于不同意识形态阵营的哈萨克斯坦"民主选择"党与共产党结为反对派竞选联盟，结果造成了各自选民的分化，两党联盟在选举中仅获得了3.44%的选票。① 在吉尔吉斯斯坦的政治实践中，反对派政党的联盟表现出强烈的实用主义功能性与短效性。各个反对党在推翻当权者的过程中表现出志同道合的一致性，并在短时间内迅速组成联合阵营，而在执掌政权后，却因彼此之间的利益分配难以调和而分裂。例如，2005年"3·24事件"中，作为阿卡耶夫政权的反对派，库洛夫、奥通巴耶娃都曾是巴基耶夫的"革命"盟友，然而在联合推翻了阿卡耶夫政权之后，二人同巴基耶夫政见不和，最终走向了巴基耶夫的对立面。同时，很多阿卡耶夫后期的反对派在巴基耶夫时期仍旧保持反对派立场，"祖国党领袖捷克巴耶夫和前检察长别克纳扎罗夫均已是自阿卡耶夫至今的'几朝'反对党的领袖了"。② 反对派在不同时期变换着角色，只要被排斥在执政梯队之外，就都是反对派。

此外，除带有宗教与民族主义倾向的反对派政党外，中亚国家的反对派领袖大都来自现政权体制，或因其在政权建设和经济改革过程中与总统意见相左，或在权力斗争中告败，被总统"打入冷宫"，从而沦为反对派。哈萨克斯坦前总理、人民共和党主席卡热格尔金，原光明之路党联合主席之一、前议员阿比

---

① Власти боятся даже имени Жакиянова. Пресс－служба НП ДВК, http：//zonakz.net/articles/6755.
② 艾莱提·托洪巴依：《2007年3月吉尔吉斯斯坦可能再次发生"颜色革命"》，http：//cblog.chinadaily.com.cn/blog－128327－11548.html。

洛夫、前副总理让多索夫、前信息部部长萨尔森巴耶夫、前议会下院议长、社会民主党主席图雅克拜,以及吉尔吉斯斯坦阿卡耶夫时期的前总理巴基耶夫和库洛夫都具有一定的政府背景,因无法剥离前政府高官或议员的政治身份和经历,因此他们在政治选举中常常难以说服大多数选民支持其提出的立场与主张。

  同时,中亚各国政权通过宪法和法律对政党的规模和活动范围进行了严格限制,对于规模较小、实力相对薄弱的反对党而言,这些限制性规定无异于在客观上束缚了它们发展的空间。如哈萨克斯坦对政党的人数和规模有严格的法律规定。哈萨克斯坦的政党法及相关法律为避免小党的出现,鼓励大党的发育,对政党的规模进行了如下规定:只有党员人数超过 50000 人,且在全国各州及直辖市均设有 700 人以上分支机构的政党方可注册。2012 年,议会制下的吉尔吉斯斯坦也对政党规模和登记资格条款进行了类似的修改,如政党法第 6 条规定,由 10 人倡议便可成立政党,但政党纲领要由每州及比什凯克和奥什两市各不少于 50 人的代表大会通过。同时政党法还规定,政党的党员应不少于 5000 人,且在各州及比什凯克和奥什两市均须注册不少于 200 人的基层分支机构。① 同时,对于可能会危害国家安全、挑起民族冲突的政党或社会团体的政治行动,中亚各国也都在宪法和相关法律层面上进行了限制性规定。如吉尔吉斯斯坦 2010 年的宪法规定,禁止在宗教、民族的基础上或以宗教联合为目的建立政党,禁止建立军事形式的公民联合组织,禁止宗教性质的政党和团体活动,禁止带有攻击和改变宪政体制、威胁国家安全、煽动社会分裂和民族间、部族间对立和宗教对立的组织活动。② 乌兹别克斯坦宪法规定,政党禁止从事改变宪法,反对主权、国家安全与完整,反对宪法与公民权利,鼓吹战争,煽动社会、民族、种族、宗教仇视,威胁公民健康与精神的活动,禁止建立秘密组织和团体。③ 在乌兹别克斯坦的多党制框架内并不存在真正意义上的反对党。从 1993 年起,除人民民主党和祖国进步党等五个亲政权政党合法存在外,其他政党基本上都

---

① Тенденция развития политических партий Кыргызстана, 27.02.2012, http://www.zamandash.kg/index.php? option = com_ content&view = article&id = 129; 2012 - 02 - 27 - 08 - 52 - 30&catid = 38; worldnews&Itemid = 18.
② Конституция Кыргызской республики, http://www.gov.kg/? page_ id = 263.
③ Конституция республики Узбекистана, http://www.lex.uz/guest/irs _ html.winlav? pid = 35869.

被依法取缔。① 土库曼斯坦同样对反对党采取了较严厉的打压政策，多数"出身"于政府高官的反对党领袖因被指控涉嫌刑事案件而流亡国外。②

总体而言，现阶段多数中亚国家的政党政治格局基本上可以分为以总统权力为核心的政权党与亲政权党派阵营和各种反对派政党阵营。二者在政党规模、政治实力和影响力方面处于失衡状态，有的中亚国家至今尚未形成有效的反对派政党。在拥有反对党的国家中，政权党和亲政权党已经为巩固总统权力形成了稳定的结盟关系，而反对派之间尚未形成一定的聚合力。

近年来，出于稳固政权的需要，一些中亚国家政府开始放宽对政党的限制性规定，甚至鼓励组建反对派政党，以缓和国际社会对政权的民主压力。2012年8月，土库曼斯坦成立了由工商阶层和实业家代表组成的企业家党，一改该国国内长期只有一个政党的局面。③ 2011年7月，为给予各派政治力量以"平等机会参与选举"，土库曼斯坦总统别尔德穆哈梅多夫还主动邀请反对派领袖参加定于2012年2月举行的总统选举。根据土库曼斯坦选举法，总统候选人应在该国定居15年以上，而土库曼斯坦反对党领导人大多已流亡国外多年，因而很少有人符合选举资格。因此，定居荷兰的土库曼斯坦反对派政党——公民民主联盟领袖马梅多夫就认为，土库曼斯坦政权的此番做法只是做做样子而已。"在尼亚佐夫执政时期，很多反对派以'国家公敌'或'叛变者'的罪名被放逐国外。现政权并未对尼亚佐夫体制做出评价，没有任何改变，反对派因而也不存在任何机会，政权也不会允许反对派参选，这仅仅是做出竞争的样子罢了。"④

五 政党政治特征及其对政治转型的影响

独立20多年来，中亚各国的政党政治经历了由苏共一党执政向多党制转型的进程。政党间缺少明确的意识形态上的区别，政党格局呈现出政权党与亲政权党同各派反对党对峙的局面。与此同时，多数国家的总统也实现了由共产

---

① 孙壮志、苏畅、吴宏伟：《列国志——乌兹别克斯坦》，社会科学文献出版社，2004，第70页。
② Политические партии，http：//www.turkmenistan.russian-club.net/spravka_sets.html.
③ Создана Партия промышленников и предпринимателей Туркменистана，21.08.2012，http：//turkmenistan.gov.tm/?id=2112.
④ Политические партии，http：//www.turkmenistan.russian-club.net/spravka_sets.html.

党最高领导人到独立初期的无党派或"超党派"总统，再到现阶段政权党领袖的身份转换。各国通过调整和完善政党政治的法律与制度，逐步将各政党纳入宪政体制，使其成为体制内政党，从而推进政党政治的有序发展。这一时期，中亚各国的政党政治具有如下的特征。

第一，中亚各国政权党和亲政权党依附于总统而生。政权党与亲政权党凭借政权的扶植政策及现行体制的资源优势，不断获得自身发展的政治空间与参政机遇。而总统个人的威望也成为政权党最鲜明的政治标签，使其在同反对党的竞争中获得优势。如果说，苏联时期的领导人是依托于执政党——苏联共产党而巩固权力的，那么，独立后中亚国家的政权党则是依附总统的权威而生存的。领袖对于政党的重要性远远大于政党的纲领和政治目标。政权党的影响力也随着总统权力的巩固与加强而不断得到强化。

政治转型时期的特殊性也为政权党及亲政权党的产生和壮大营造了独特的政治生态环境。苏联时期"以党代政"和"党政不分"的党政关系深刻地影响着中亚民众的政党观念，传统的政治观念又左右着民众对政党的选择。正是这种政党认知与政治基础直接促生了政权党，在纷繁复杂的多党选择中，民众对于总统权威的服从观念转化为对政权党和亲政权党的政治偏好。同时，转型初期，很多国家都出现了小党丛生、多党林立、组织机构松散、政党地位起伏不定的政党政治局面。有些存在于特定地区、特定社会群体之中的政党，其利益代表性也相对狭窄，因此只能联合单一或少数群体，而无力赢得多数选民的支持。总统在这一时期往往承担着社会多元利益调和者的角色，这样政权党也大多因具有"兼容型"的特征而博得民众的青睐。作为总统的代言人，政权党立足于国家利益制定政党纲领与方针，将支持现行体制和总统的施政方针作为主要政治发展方向，因而也较易争取到社会各阶层利益群体的支持。与此同时，政权党或亲政权党之间政见趋同性较高，并趋于保守。

第二，中亚各国普遍出现了议会的"政权党化"[①]现象。在独立与政治转型20年后，中亚的总统制国家普遍出现了政权党或亲政权党在议会中占据多

---

① 这里所指的"政权党"不仅仅指由总统领导的、在议会中占有绝对多数议席的政党，还包括前文说的亲政权党。

第七章 中亚国家政党、政治精英与政治转型

数席位的局面。其中，塔吉克斯坦政权党——人民民主党在2010年议会下院选举中获得了63个议席中的53席，乌兹别克斯坦和土库曼斯坦两国没有真正意义上的多党制，议会完全由政权党或亲政权党主宰，而在哈萨克斯坦2007年的议会下院选举中，除政权党——祖国之光人民民主党外，其他政党均无缘议会，从而产生了祖国之光人民民主党一党议会。2012年，哈萨克斯坦再次举行议会选举，选举结果依然没有改变政权党"一党独大"的现实。除了吉尔吉斯斯坦外，其他中亚总统制国家议会的政党格局都呈现出政权党"一枝独秀"或亲政权党"一边倒"的局面。许多政党难以越过议会门槛进入国家政治的决策体制，被排斥在政权之外。从独立以来各国政党政治发展历程来看，议会"政权党化"的局面在一定程度上是总统有意而为之的结果。总统出于巩固自身权力的需要，有意扶持那些倾向于政权的政党，使之逐步成为总统在议会中的依托力量。总统借助政权党及亲政权党理顺与立法权力间的关系，并通过其各级基层组织实施社会动员工作，宣传国家的重大方针政策，赢得民众的支持。在某种意义上，总统和政权党及亲政权党已经结成了紧密的利益共同体，是一种新型的党政关系。总统、政权党和亲政权党利用政治优势不断扩大自己的政治空间，极力排斥反对派的生存空间，致使反对派政党被不断地边缘化，造成中亚国家政党格局中严重的不平衡性。

同时，政权党和亲政权党也是总统实现权力的重要媒介与保障。各国通过修宪赋予议会多数政党以组阁权或赋予议长以代总统权力，将总统的部分权力转向议会和政府，从而大大降低了因总统权力易手可能产生的政治风险，并使执政精英与政权党执政的制度化成为可能。因此，政权党或亲政权党在议会中占据优势，将会对未来政权的过渡发挥重要的稳定器作用。不仅如此，反对派政党的颓势状态也使政权党和亲政权党的优势进一步扩大，并使议会的"政权党化"趋势日益明显。一位哈萨克斯坦学者对本国政党格局的评价为：多数政党未进入议会，因此议会缺乏普遍的代表性，由于政治多元化程度不高、政治精英缺乏竞争条件，导致政权党"做大"并操控政党政治发展的局面。[①] 在转型现阶段，虽

---

① Албан Балгимбаев，АПИ － Многопартийная система в Казахстане：состояние и перспективы，09.09.2002，http：//www.centrasia.ru/newsA.php? st=1031516820.

然多数中亚国家形成了多党政治的制度框架，但多党的政治参与尚未实现，相反，随着政权党和亲政权党的扩大和议会的"政权党化"，多党政治的萎缩态势日益明显。正因如此，有些中亚国家的学者曾在评价中亚国家政党政治现状时尖锐地指出，"实行多党政治主要是为了证明政权党不是专制的"[1]。在政治学概念中，政党体制与国家政权的组织形式存在某种互动关系。在中亚总统制国家的现实中，总统影响着政权党和政党制度的发展方向，而议会的"政权党化"又进一步强化了总统权力。

第三，中亚各国政党政治的制度化水平较低，政党政治有待完善。政党政治的制度化水平首先表现在政党选举制度的稳定上。在中亚国家，政党政治的制度化水平较低，比例代表制的选举规则经常因领导人意志的改变而被调整，致使政党参政、议政缺乏稳定的渠道与平台。此外，对于政权党"一党占优"这种失衡的政党体系，各国尚无法通过制度安排或政治选举等方式来降低政权党或亲政权党的政治垄断水平。同时，多数选民囿于传统的生活方式和思维方式，支持那些代表本地区或部族利益的政党，使得政党之间缺乏必要的政治妥协和相互认同机制。在这种情况下，政党之间所产生的分歧不是基于社会经济层面，而是基于以亲缘关系为核心的家族宗派体系或地方主义上的分歧，很难按照西方政党政治的原则加以弥合。在政治转型期，多党制往往将社会分割成多个自我封闭的利益集团，很难将民众整合进统一的政治体系之中。同时，由于缺乏妥协机制，各方彼此利益因不可调和而不断积累政治不安定因素。几经政治动荡的吉尔吉斯斯坦就是典型案例。在缺乏政党政治基础与政治妥协传统的吉尔吉斯斯坦，以家族和地区利益为基础形成的政党彼此分歧较大，进入议会的反对派时常向政府发难，并不时挑起街头政治表达利益诉求，导致政府频繁更替。

尽管中亚国家的政党政治中存在着人治因素，远未成熟，但从长远的发展趋势看，各国政权还是希望通过规范政党制度，为公民的政治参与提供一种规范化、制度化的保证和约束，从而维系政治系统的稳定。多党政治是中亚国家宪政体制的重要原则，各国通过宪法和相关法律构建了多党政治的制度框架，

---

[1] Албан Балгимбаев, АПИ — Многопартийная система в Казахстане: состояние и перспективы, 09.09.2002, http://www.centrasia.ru/newsA.php?st=1031516820.

并鼓励多党竞争与政治参与。但在中亚总统制国家中普遍出现了"一党占优",即政权党(或亲政权党)占据绝对优势的政党政治局面。在政治现代化水平较低、政党政治基础较薄弱的中亚国家,"一党占优"不失为一种适合中亚政治现实的政党制度,它可以使国家避免因党派斗争引发政治失序与政局动荡。作为政党体系内主导型的政党,政权党或同质性政党具有更好的社会整合能力和包容性,能够超越地区与宗派利益的界限,实现民众与最高决策集团的有机联系,同时有助于塑造有序的政党秩序,形成凝聚力较强的政党体系,规避多党纷争给政治体系与政权造成的不稳定因素。截至2012年,除吉尔吉斯斯坦外,中亚各国获得合法登记的政党明显减少。在哈萨克斯坦,合法的政党有九个,乌兹别克斯坦有五个,土库曼斯坦有两个,塔吉克斯坦有八个。独立后的吉尔吉斯斯坦始终没有摆脱政党"碎片化"和"分散化"所造成的政治乱局,在司法部注册登记的政党数量经常过百。与之相对应的是,其他四国通过议会制的门槛已将那些规模较小的政党拦在议会之外,并已初步形成由几个大党构架的议会政党格局。

在政治发展的现阶段,中亚国家都在试图通过制度规范与政策调整,提高议会门槛,合并小党,鼓励大党发育,为两党制或三党制创造条件。在中亚总统制国家中,面对"一党占优"或政党同质性较强的议会,总统通过修改政党选举法及政党法等相关法律,来推进向两党政治或以两党为主的多党政治发展。从近些年的政治改革看,进入新老政治精英更替期的哈萨克斯坦和乌兹别克斯坦尤其希望借助议会制度与政党制度的有机结合,以多党政治参与和政党政治的制度化来填补未来可能出现的权力真空,确保"后领袖"时代社会政治平稳的发展。同时,这些国家也重视提高主导型政党的凝聚力,推进政党政治的现代化进程,吸纳大党加入政治共同体,以确保社会的平稳发展。

第二节 政治精英与政治转型

政治精英(political elite),是指政治体系中的精英分子,即社会中掌握权力或处于首领地位的人。根据帕累托的提法,精英由人类活动领域中能力最强的人组成,他们在公共或私有组织中占据战略性地位,这些组织包括政府、政党、军队、公司、工会、传媒、教育、宗教等。精英具备社会所推崇的才能和品质,在社会发展的关键时刻能够领导公众,引导历史进程和社会发展的方向。[①] 对于社会改革过程中的精英转型问题,西方学界存在着两种相关的理论学说,即"精英再生产理论"(theory of elite reproduction)和"精英循环理论"(theory of elite circulation)。精英再生产理论是指同样的群体在社会资源再分配过程中由一种精英向另一种精英的转化,它强调改革前后精英的连续性。而精英循环理论是指在转型的过程中,随着原体制旧精英基础的不断丧失和新机会的出现,在非精英群体中形成一批新的没有权力背景的精英过程[②]。精英循环理论强调的是精英的替代性。对政治转型过程中的中亚各国而言,这两种精英的生成与转换方式同时在起作用。其中,"再生产式"的精英,主要是指从苏联体制转型而来的那些当权派精英;而"循环式"精英则主要包括政治转型过程中形成的所谓"新生代政治精英"。

此外,在社会转型的过程中,一部分在政权中占据着核心地位的政治精英对国家的经济资源拥有一定的掌控权,因与经济资本更加接近,成为带有经济利益取向的政治精英,与利益集团相仿。一般而言,利益集团是指在政治共同体中具有特殊利益的团体,它们力图通过自己的活动来实现其特殊利益。它们通常只代表整个社会中一小部分成员的利益,其自身并不图谋组阁政府或代替政府,而是为了共同的利益或目标向政府机构提出要求或施加压力,致力于影响国家的政策方向,使其符合自己的利益[③]。在中亚各国,由于转型时期国家的政治经济资源集中于少数政治精英和利益集团手中,因而普遍形成了权力与资本相结合的利益相关体。同时,由于中亚各国尚未实现工业化与经济的市场化,社会也并未出现明显的社会分层,政治精英与利益集团彼此交叉,因而在分析中亚国家此类政治精英与利益集团时,很难完全套用西方的精英转换理论加以区分。有鉴于此,本节将二者统称为"政治精英",并将其作为一个整体类型加以论述。

---

① 〔英〕戴维·米勒、韦农·波格丹诺编《布莱克维尔政治学百科全书》,邓正来译,中国政法大学出版社,2002,第 236~237 页。
② 孙立平:《实践社会学与市场转型过程分析》,《中国社会科学》2002 年第 5 期。
③ 许耀桐:《利益集团就是利益群体吗?》,《解放日报》2007 年 1 月 8 日。

第七章　中亚国家政党、政治精英与政治转型

一　原苏维埃体制的再生精英

根据上述精英再生产理论，由苏维埃体制的执政精英转换而来的政治精英可归于此类。独立后，中亚各国的政权实现了从苏维埃体制向三权分立体制的转型，因未受到国内反对派的强烈冲击，大多数中亚国家的领导层并没有因政治体制的变革而出现实质性的权力位移，苏联加盟共和国的最高领导人通过总统选举等方式重新成为新权力体系下的政治核心，不仅保持了国家权力的连续性，而且原苏维埃体制下的权力资源也得到了相应的保留与继承。权力体系中的政治精英阶层也保持了相对的延续性，继续拥有对社会资源的控制与分配能力，进而实现了执政精英在新的权力体系下的"再生产"。

与戈尔巴乔夫和叶利钦相比，中亚各国领导人远非现实的改革派，他们对苏维埃体制并无迫切的改革要求，对旧有体制的继承性多于变革，最终造成其在新体制的构想与建设问题上倾向保守。事实上，中亚各国在独立后的一段时间内均保留了最高苏维埃的机构设置。作为从原有体制继承而来的议行合一的权力机构，最高苏维埃在中亚各国一直发挥着最高权力机关的作用，其职权范围远远超出立法机关的范畴。在土库曼斯坦政体中，这种苏维埃特征更加明显。该国独立后成立的人民委员会由总统、议会议员、最高法院院长、最高经济法院院长、总检察长、内阁成员以及各州、市、区的行政负责人和人民代表组成。① 其结构与职能同最高苏维埃相同，集立法、执行与司法职能于一身，是土库曼斯坦最高权力代表机关。该机构直到2008年才在人民委员会的特别会议上自行取消，其职能划归总统、国民议会和最高法院，土库曼斯坦自此以三权分立的原则重新架构国家权力。

很多危机是由领导人和处在政治金字塔塔尖上的小团体的作为或不作为而引发的；同时，也几乎没有危机不对精英的组成和功能产生重要改变的，危机和精英变迁是紧密相连的。② 政治危机导致的政治体制变迁，对于政治精英的转型轨迹及精英的构成会产生不小的影响。法国学者马太·杜甘曾在《国家

---

① Конституция Республики Туркменистана 1992 г, см. статья 45, 48.
② 〔法〕马太·杜甘：《国家的比较》，社会科学文献出版社，2010，第249页。

的比较》一书中将危机导致的精英构成和精英运作方式的变化归纳为 11 种"路线图"（见表 7-1）。

表 7-1 政体变迁的路线图以及相应的精英更替模式

政体路线	精英构成	典型个案
从传统型到稳定民主	从名贵显要到自由竞争中脱颖而出的职业政治家，或共识型精英联盟	英国,1668~1669 年 瑞典,1808~1809 年 荷兰,1813~1814 年
从传统型到威权体制	原统治精英的覆灭或被新精英分裂的	土耳其,1922 年 埃及,1952 年 埃塞俄比亚,1974 年
从传统型到极权体制	原统治精英的覆灭或被在新的意识形态上联合的精英取而代之	俄国,1917~1922 年 南斯拉夫,1945 年 伊朗,1979~1981 年
不稳定的民主到稳定的民主	政治精英的大洗牌或共识型精英联盟开始形成	法国,1958~1962 年 意大利,1992~1994 年
从不稳定民主到威权主义	军事和官僚精英取代政治家或精英分裂	葡萄牙,1926 年 西班牙,1936~1939 年 大多数东欧国家,1919~1939 年
从不稳定民主到极权主义	官僚和商业精英继续存在或新意识形态上联合的政治精英压制了敌对的精英	意大利,1922~1926 年 德国,1933 年
从旧威权体制到新的威权体制	敌对精英被彻底消灭或统治精英保持分裂	印尼,1965 年
从威权体制到稳定民主	威权统治者被推翻或剩下的精英形成共识型联盟	哥斯达黎加,1948 年 哥伦比亚,1957~1958 年 委内瑞拉,1957~1958 年
从威权体制到极权体制	原统治精英的覆灭或被新意识形态上联合的精英取而代之	大多数东欧国家,1945~1948 年
从极权体制到后极权体制	技术精英的崛起或意识形态上联合的精英开始出现分化	匈牙利,20 世纪 70~80 年代 苏联,20 世纪 70~90 年代
从后极权体制到稳定或不稳定民主	意识形态上联合的统治精英内部瓦解,剩下的精英之间或形成共识型联盟或分裂	匈牙利,1989 年 苏联,1991 年

资料来源:〔法〕马太·杜甘:《国家的比较》,社会科学文献出版社,2010,第 255~256 页。

第七章 中亚国家政党、政治精英与政治转型

实际上，中亚国家并没有因政治改革造成对政治体制的冲击危机，也未经历苏联后期上层精英间的权力斗争，因而，其政治精英并未经历过大洗牌、分裂和覆灭。相反，中亚国家的政治精英在新体制下完成了再生，甚至很多从原来苏维埃政治体制中转型而来的执政精英，如哈萨克斯坦总统纳扎尔巴耶夫和乌兹别克斯坦总统卡里莫夫，至今仍活跃在中亚国家的政治舞台上，受思维惯性的影响，在其思维方式中具有很强的保守性。在新的政治体制下，中亚各国以总统为核心的执政精英阶层保留了很多苏联时期的治国理念、政治思维传统以及政治行为方式与习惯。如在新的总统制下，各国通过频繁修宪、提前选举等方式不断扩大总统权力，以确保现任总统执政的长期性。以哈萨克斯坦为例，独立至今，哈萨克斯坦分别于1993年和1995年通过两部宪法，其后对1995年宪法进行了三次修订，其内容均与扩大总统权力有关。此外，哈萨克斯坦还曾两次提前进行了总统选举与议会选举。不仅如此，"总统终身制"这一违背西方民主原则的决议也可以在中亚国家以宪法的形式加以确认。1999年12月，土库曼斯坦人民委员会和议会联合通过决议，授权尼亚佐夫可以"无限期行使总统权力"。尼亚佐夫自1991年当选土库曼斯坦总统至2006年去世，在其执政的15年间，从未经历总统选举而是通过修宪和全民公决等方式实现了合法地长期执政。2007年8月，哈萨克斯坦新修改的宪法也将"无限期总统身份"授予了开国元勋、现任总统纳扎尔巴耶夫。与此同时，中亚各国对于独立后政治改革的总体规划与构想也表现出了政治保守性。在获得独立后，中亚国家的领导人普遍放慢了政治制度改革的步伐，将维护政权稳定和维系总统的政治权威作为立国的前提与长期任务。土库曼斯坦前总统尼亚佐夫就曾指出："没有国家的政治稳定，就谈不到国家的经济发展与繁荣……政治稳定是保证国家发展的首要条件。"[1] 哈萨克斯坦总统纳扎尔巴耶夫也多次强调："对于哈萨克斯坦来说，国家的稳定和独立才是最重要的问题。安定与团结是我们最宝贵的财富。"[2] 独立20多年来，中亚各国的政治体制改革与制度调整都是围绕保持政权稳定、巩固总统权力展开的。中亚各国领导人通过修宪与选

---

[1]〔土〕萨·尼亚佐夫：《永久中立，世代安宁》，赵常庆等译，东方出版社，1996，第28、29页。

[2]〔哈〕努·纳扎尔巴耶夫：《前进中的哈萨克斯坦》，哈依霞译，民族出版社，2000，第28页。

举来维持总统长期执政的合法性，在很大程度上是受到了苏联时期领导人长期执政的思维惯性影响。

值得一提的是，不仅在执政精英阶层存在着政治保守倾向，民众也普遍表现出了维稳心态，进而为执政精英保全现行政治体制，维持其政权的合法性提供了广泛的民意基础。如前所述，早在苏联解体前举行的"有关是否保留苏联"的全民公决中，中亚加盟共和国的选民就表现出对苏联的留恋情绪。根据 1991 年 3 月 17 日全民公决的统计数据，中亚各加盟共和国的投票率与投赞成票的比率均远远高于苏联其他加盟共和国，其中，土库曼斯坦和吉尔吉斯斯坦支持保留苏联的投票率最高，分别为 97.9% 和 96.4%，之后相继是塔吉克斯坦为 94.2%，哈萨克斯坦为 94.1%，乌兹别克斯坦为 93.7%。[1] 五国均远远高于全联盟 76.4% 的平均支持率。[2] 除了没有强烈的独立与离心倾向外，中亚各国民众对于政治体制改革也表现出相对冷漠的态度，他们更习惯把生活的改善与国家的稳定寄托于总统个人，而非体制本身。因而他们对体制改革的预期普遍较低，而对本国领导人长期执政的现象和对扩大总统权力等问题给予较高认同和积极支持，这一点，从中亚各国就上述问题举行的全民公决和领导人屡次获得高票率的事实中可以得到印证。尽管哈萨克斯坦总统纳扎尔巴耶夫、塔吉克斯坦总统拉赫蒙和乌兹别克斯坦总统卡里莫夫当政时间均超过 20 年，但他们在本国民众中仍享有崇高的个人威望。

二　地方与部族政治精英

独立以后，在国家政权管理方面，中亚各国普遍沿用了苏联时期中央对地方的垂直管理方式，州、直辖市的行政长官均由总统直接任命，是总统及政府在地方的权力代表。[3] 其他地方官员则由上级权力机关直接任命产生。这种自上而下的垂直权力体系保证了国家行政权力体系的基本稳定，并在一定程度上遏制了地方势力"做大"的趋势。但中亚一些国家由于历史、民族、宗教以

---

[1] Всесоюзный референдум 17 марта 1991 года о сохранении СССР, http://forum - msk. org/material/society/777200. html.

[2] http://www.historykingdom.com/simple/? t205682. html.

[3] Конституция Республики Казахстана (1995 г.), Статья 87.

第七章　中亚国家政党、政治精英与政治转型

及国家政策等原因，地区间经济与政治发展很不平衡，由此产生了地区间的矛盾、族际间的对立以及民众的不满情绪。这种矛盾与对立不断积聚，成为一些地方性政治精英发起事端、挑战中央政权的由头。

历史上，中亚各国普遍存在着一些传统的地方权贵精英和地方统治势力，造成了中亚各国现代社会传统的地方政治精英相互对峙的格局。如位于吉尔吉斯斯坦的楚河与塔拉斯地区的布古部落与萨勒－巴基什部落[①]，哈萨克斯坦南部大玉兹控制的地区，塔吉克斯坦的苦盏地区以及乌兹别克斯坦的塔什干、撒马尔汗及费尔干纳地区，都产生过各国传统的统治阶层，历史上显赫的部落首领和苏联时期共和国的领导人也大多出自这些地区。这些地区的政治精英在现代中亚国家的政权建设中依旧发挥着重要作用，有的进入了国家的权力体系，成为执政精英，有的则依托地区优势雄霸一方，成为地域属性较强的地方政治势力。

由于受到中亚地区特有的家长制、部族利益、政治文化等因素的影响，中亚各国的政治精英与利益集团带有非常鲜明的地区特色，中亚各国的领导人往往具有浓厚的同乡情结和地域观念。无论是苏联时期，还是独立以后，中亚一些国家的领导人往往对其家乡地区在经济发展和基础设施建设方面给予一定的政策倾斜，并从这些地区选拔亲信进入政府部门，形成亲政权的执政精英阶层。这种做法的副作用就是给某些地方带来了经济发展的资源与政策优惠，并直接造成地区经济发展的差异，为其他地方政治精英同该地区精英乃至总统之间形成政治对立埋下了隐患。在塔吉克斯坦的地方势力中，北方城市苦盏是该国第二大城市。苏联时期，该市一直是塔吉克加盟共和国的政治中心，在国家政治生活中占据优势地位，是北方政治精英代表的地区。1946～1991年，按照苏联时期的政治传统，塔吉克共产党的第一书记一直由该地区的政治精英和莫斯科委任的领导人轮流担任（详见表7－2）。国家在当地投入了大量资金，发展面向当地劳动力和资源的工业，形成了统一的

[①] 苏维埃政权初期吉尔吉斯的第一代领导人曾出自布古部落，但在1930年后逐渐衰落，另一个部落萨勒－巴基什的代表占据了领导位置。Волнения в Кыргызстане с точки зрения соперничества кланов, 6 июня, 2002, http://russian.eurasianet.org/departments/insight/articles/eav060602ru.shtml.

国民经济综合体以及部分国防工业联合体。①1991～1992年担任塔吉克斯坦第一任总统的纳比耶夫便来自该地区。1994年，来自南方库利亚布地区②的总统拉赫莫诺夫上台后，苦盏地区的政治重要性逐渐下降。同时，拉赫莫诺夫执掌国家政权后，在家乡投入了大量资金进行基础设施建设。同时，在人事任命方面，拉赫莫诺夫总统也重用同乡，选择南方政治精英进入政权核心，构筑其在中央层面的执政精英。

表7-2 塔吉克斯坦共产党中央委员会第一书记名录

姓 名	在任时间	来自地区
鲍·托尔贝戈	1925～1927	莫斯科
穆·霍扎耶夫	1927～1930	苦 盏
米·达·巴·古辛诺夫	1930～1933	莫斯科
格·布洛伊多	1933～1934	莫斯科
C.K. 萨东兹	1934～1937	莫斯科
德·布洛托波夫	1937～1946	莫斯科
波·咖甫罗夫	1946～1956	苦 盏
土·乌扎巴耶夫	1956～1961	苦 盏
让·拉苏洛夫	1961～1982	苦 盏
拉·拉赫曼	1982～1985	苦 盏
卡·马赫卡莫夫	1985～1991	苦 盏

资料来源：Shokhrat Kadyrov, The ethnology of political management; yesterday, TODAY & TOMORROW, A special Report for the Conference 《The Turkmenistan: not on Orange revolution but Regional?》, Oslo, 6 june 2005, http://www.igpi.ru/bibl/other_articl/1119947605.html。

因领导人的政策导向引起地方精英间对立的现象在吉尔吉斯斯坦南北精英间长期存在，并且已经成为其动荡的根源。以北方楚河和塔拉斯地区为代表的北方精英与以奥什和贾拉拉巴德地区为代表的南方政治精英的政治对立由来已久。在苏联时期，为保持吉尔吉斯斯坦南北方政治发展的平衡，苏共中央在该共和国最高领导人任命的问题上一直实行南北政治精英轮流"坐庄"的政策，避免任何一方势力因长期执政而做大。独立后，由于北方政治精英的代表、前

---

① 何希泉：《世纪之交的塔吉克斯坦形势》，《国际资料信息》2000年第7期。
② 1993年库利亚布州与库尔干秋别州合并为哈特隆州。

总统阿卡耶夫长期执政,非但无意将权力转交给南部精英,而且希望通过子女进入政权来谋求权力的延续。这种做法使南北方积怨不断激化,最终,巴基耶夫为代表的南方政治精英以街头政治推翻阿卡耶夫政权这种极端形式实现了政权的轮回。巴基耶夫的上台被认为是消解南北地区矛盾的唯一选择。吉尔吉斯斯坦的《我的首都报》是这样评价巴基耶夫上台的:"巴基耶夫是南方吉尔吉斯人,选举他担任国家最高职务可以自动消除多年来累积的已经白热化的地区间矛盾。如果巴基耶夫当上总统,那么占吉尔吉斯斯坦总人口60%的南方,将迎来期待已久的历史公正。"[1]但巴基耶夫在第二任期中依旧沿袭党同伐异的传统做法,提拔本部族的政治精英以扩大南方部族的政治影响力,重用家族和南方政治精英,打压北方政治势力,造成北方及其他地区政治精英的极度不满,最终他重蹈阿卡耶夫的覆辙。2010年,巴基耶夫政权被联合反对派政治力量推翻,吉尔吉斯斯坦改行议会制。但在政体改革后,吉尔吉斯斯坦南北对立的矛盾依旧在构建执政联盟和政府组阁等问题上不断显现。2012年3~4月,作为南方利益的代表,议会反对派政党故乡党退出执政联盟,向以北方政治势力为主的执政联盟发难,以吉尔吉斯斯坦国内经济和社会形势恶化为由要求巴巴诺夫政府辞职,并要求重新组建执政联盟。[2] 巴巴诺夫政府下台后,祖国党、尊严党和社会民主党三党重组政府,并选举社会民主党成员萨特巴尔季耶夫出任政府总理。仅时隔一年,该政府再度被以故乡党为首的议会反对派联盟弹劾。

地方精英之间的对立往往由领导人个人的政策导向所致。总统个人的好恶导致地区间政治经济发展的不平衡,而当这种地区间经济的差异与政治的对立同宗教、民族对立情绪相结合时,便会引起更大规模的地方政治精英间的矛盾与冲突。吉尔吉斯斯坦独立以来,两个政权相继倾覆的事实就表明,地区间的经济差异与政治对立很容易被代表不同地方利益的政治势力所利用,并不断被强化,最终成为发生"暴力革命"的借口。全民选举的合法性受到戴着民主

---

[1] 艾莱提·托洪巴依:《2007年3月吉尔吉斯斯坦可能再次发生"颜色革命"》,http://cblog.chinadaily.com.cn/blog-128327-11548.html。

[2] Оппозиция Киргизии проведет переговоры с премьером в прямом эфире, http://ria.ru/world/20120418/628995670.html。

面具的地方势力的攻击，国家认同被强烈的地方认同所冲击，①最终使得吉尔吉斯斯坦的社会政治动荡成为常态。

在乌兹别克斯坦，地方政治精英同政权的矛盾与对立倾向更多表现为对本地区在政治、经济、文化等方面优势的认同和对其他地区的排斥上。自古以来南部费尔干纳地区的政治精英就具有一定的文化优越感，在苏联时期就是该国较有影响力的地方势力。苏联解体使该费尔干纳地区的政治精英"退居二线"，②地位下降与优越感丧失引发的挫败心理使当地政治精英产生了强烈的反抗情绪。莫斯科卡内基研究中心中亚问题专家安·马拉申柯认为，2005年发生的"安集延事件"是乌兹别克斯坦精英内部，即塔什干和费尔干纳地方政治精英之间矛盾激化所致。③ 塔吉克斯坦议员 M. 卡比利也认为，2005年"安集延事件"是费尔干纳地方政治精英对卡里莫夫政权的挑战。如果说发动"颜色革命"的乌克兰和格鲁吉亚的地方精英领袖是政治改革的倡导者，那么中亚国家地方政治精英的改革动力远远不及前者。苏联解体以后，中亚一些国家的科研教育水平不断下降，特别是在乌兹别克斯坦和土库曼斯坦，地方精英同中央在教育程度与欧化程度上的差距不断拉大。④ 与此同时，这些地方的居民大多信奉伊斯兰教，具有浓厚的伊斯兰教文化传统，因而极易受到宗教极端主义势力的影响。在宗教因素的作用下，这种地方对中央政权的不满在某种程度上表现为对世俗政权的反抗，因而这些地区为宗教极端主义的滋生和发展提供了场所。同样的矛盾与冲突也时常出现在吉尔吉斯斯坦的南部地区。在吉尔吉斯斯坦南部费尔干纳谷地生活的人大部分为乌兹别克族，其中多数人认为，

---

① Оппозиция Киргизии проведет переговоры с премьером в прямом эфире, http://ria.ru/world/20120418/628995670.html.

② Кариби М. Авторитаризм ведет к дестабилизации (интервью). 20 мая 2005. Интернет сайт www.centrasia.org. см. Shokhrat Kadyrov: The ethnology of political management: yesterday, today & tomorrow, A special Report for the Conference The Turkmenistan: not on Orange revolution but Regional?, Oslo, 6june 2005, http://www.igpi.ru/bibl/other_ articl/1119947605.html.

③ А. Шустов, Постсоветский трайбализм – клановые элиты стран Центральной Азии, 23.4.2008, http://www.centrasia.ru/newsA.php? st =1208944620.

④ Shokhrat Kadyrov, The ethnology of political management: yesterday, today & tomorrow, A special Report for the Conference The Turkmenistan: not on Orange revolution but Regional?, Oslo, 6 june 2005, http://www.igpi.ru/bibl/other_ articl/1119947605.html.

阿卡耶夫在当地实施的政策带有歧视性。吉尔吉斯斯坦乌兹别克族社团的领导人，为壮大自己的政治影响力，不断利用民众的不满情绪发展非法的宗教团体，其中就包括乌兹别克斯坦伊斯兰运动。[1] 在巴基耶夫时期和奥通巴耶娃时期，在奥什和贾拉拉巴德地区发生的暴力袭击事件都是此类组织所为。

近年来，在哈萨克斯坦也存在着地方政治精英与中央政治精英的对抗情绪。哈萨克斯坦依靠能源经济的拉动作用，已经跃身为独联体中仅次于俄罗斯的第二大经济体，2013年人均GDP已超过12000美元。[2] 石油经济的迅猛发展凸显了政治发展的不平衡，西部地区的精英依靠石油收入积累起较大的经济资源，成为挑战以总统为核心的中央政权的力量。地方精英在中央政府内部寻找代言人，逐渐成为操控政权甚至总统的影子势力。2011年12月，哈萨克斯坦西部城市扎瑙津发生了大规模的群众示威游行，随后升级为暴力骚乱和流血冲突事件。"扎瑙津事件"虽是由劳资纠纷引起，但事件背后却暴露出哈萨克斯坦地方精英与中央政权在石油经济利益分配、税收以及部族政治等诸多领域的矛盾与问题。在哈萨克斯坦，大玉兹部落的政治精英一直以来都掌握着国家政权，而西部的小玉兹则凭借其雄厚的油气资源禀赋掌握着国家的石油经济命脉，二者在经济贡献率与政治资源分配方面处于失衡状况，后者希望分享更多的政治利益，最终导致扎瑙津及其周边地区一系列抗议事件的爆发。[3] 此外，"扎瑙津事件"还暴露出哈萨克斯坦地方政治精英、总统周围的政治精英及总统的亲信不断膨胀起来的政治野心，并开始危及总统的权力基础。前总统办公厅主任穆辛及其党羽就因此事件被剔除出总统阵营。[4] 事实上，总统阵营中的执政精英也存在着诸多矛盾，官员间"党同伐异"的现象较为频繁，这里包括原总统办公厅主任穆辛与原总理马西莫夫之间的矛盾、穆辛与国家安全委员会主任努·阿贝卡耶夫之间的矛盾等。"扎瑙津事件"后，纳扎尔巴耶夫总统

---

[1] Волнения в Кыргызстане с точки зрения соперничества кланов, 6 июня, 2002, http: // russian. eurasianet. org/departments/insight/articles/eav060602ru. shtml.

[2] 国际货币基金组织数据，哈萨克斯坦2013年人均GDP为12843美元，排名世界第55位，俄罗斯为14818美元，排名第49位。

[3] Глава СК Аслан Мусин покинул Казахстан? Подробности внезапного отъезда за рубеж влиятельного чиновника, http: //www. guljan. org/ru/news/informblok/2012/October/2695.

[4] Назарбаев уволил главу своей администрации, http: //lenta. ru/news/2012/09/21/musin.

对政府高层官员进行了重新调整，以改变执政精英内部权力分配失衡的状态，寻求各派精英间的"平衡"。① 功成名就的总理马西莫夫主动请辞，并表示愿意填补总统办公厅主任一职的空缺；原第一副总理谢·阿赫梅托夫升为总理；巴·穆哈梅让诺夫被任命为曼吉斯套州州长。② 纳扎尔巴耶夫总统通过对政府高级职位的重新排序，在一定程度上钝化了各派政治精英内部的矛盾和官员间的对立关系，而对政府、总统办公厅及相关州州长的人事安排又相应地协调了中央与地方之间的关系，达到了一举多得的效果。同时，哈萨克斯坦政府专门设立地区发展部，将经济与财政规划部和经济发展与贸易部的部分职能转由该部执行，意在加强中央与地方的经济政治联系，并加强管理。③

中亚各国正在进入新一轮政权更替期，国内政治与安全形势日趋复杂多变，地方政治精英借助经济危机、宗教势力和地区安全等因素的负面影响，挑战中央政权的可能性正在逐步增大。

三 新生代政治精英及政治反对派

在政治体制转型的过程中，社会政治与经济资源也随之进入新体制下的再分配进程。在所有的社会资本中，政治资本是所有资本的核心，也是从苏联体制中转型而来的执政精英所依托的执政基础。由于体制的变换并没有打破原有体制下执政精英的权力重心，使得原体制下的国家领导人实现了在新旧体制间的权力位移，并将从旧体制中继承而来的政权资本转化为掌控国家社会政治经济资源的优势。中亚各国的政治体制和权力结构发生变化的同时，各国的经济私有化程度也在日益深入，经济资本的地位开始上升，在中亚各国逐渐出现了一批拥有雄厚经济实力的企业家和金融家，他们为了维护其在新的经济条件下所取得的财富和特权，开始努力进入政界，或通过选举成为议会议员，进入立法机关，或成为政府官员，或在政府中寻找自己的代理人，以谋得更多的政治

---

① 《哈萨克斯坦总理请辞获准，获任命总统办公室主任》，新华网，http：//www.chinanews.com/gj/2012/09 - 25/4209732. shtml。

② Н. Назарбаев в Жанаозене. Новым акимом Мангистауской области назначен генерал Б. Мухамеджанов, 22. 12. 2011，http：//www.centrasia.ru/newsA.php? st = 1324566960。

③ Главные политические события 2013 года в Казахстане, 2014 - 1 - 3http：//www.zakon.kz/4594588 - glavnye - politicheskie - sobytija - 2013. html。

利益，为其经济资本的扩大提供有效的政治保障。相对于从苏联体制中转型而来的执政精英，这些以经济资本为依托的新生代政治力量，无论从年龄、政治立场，还是从对政权的利益诉求上都不同于前者，后者更希望通过改造现行的政治制度和权力结构来获取更多的政治权力空间。因此，为了便于区别，本书将由苏联体制中转型而来的政治精英称为旧式政治精英，与新生代政治精英相对应。

随着中亚各国社会政治、经济转型的深化，新旧政治精英在政治和经济资源分配方面的不对称性日益显露，对经济发展和政治改革等问题的看法也因各自立场和利益的差异出现分歧，政治精英阶层出现了明显的分化。由于缺乏政权资本的依托，新生代政治精英逐渐走向政权的对立面，向长期执掌并倚重于政权资本的旧式政治精英发起挑战。作为政权的反对派，新生代政治精英打出了"精英替代"的旗号，主张通过改革，改造现有的政治体制，完善分权原则，实现真正意义上的政权轮替。新生代政治精英在哈萨克斯坦表现得最为典型。1993~1996年，哈萨克斯坦加快了私有化进程，石油、天然气、金属等资源型大企业以及具有战略意义的工业部门成为私有化对象[1]，社会上出现了一批以经济资本为依托，拥有金融资本和商业资本的商业精英和银行家，后来逐渐发展为新生代政治精英的代表。随着经济资本的不断积累和扩大，其政治野心也逐渐膨胀。1994~2001年，新生代政治精英开始进入哈萨克斯坦政界，哈萨克斯坦政权内部出现了以新生代政治精英为代表的改革派，他们积极推进国家的经济改革，并因对政权在政治与经济改革方面设限不满而与政权出现矛盾和分歧，最终形成政治对峙。为削弱不断上升的新生代改革派势力，纳扎尔巴耶夫总统在1998~2001年采取了强硬手段，更换了政府内多位主张改革的内阁成员和政府高官，将改革派人士剔除出政府，结果导致大批新生代政治精英加入到反对派阵营，成为哈萨克斯坦反对派的主要力量。前总理卡热格尔金、前副总理乌·让多索夫以及很多反对党领导人，都是从纳扎尔巴耶夫政权内部出走的新生代政治改革派。

---

[1] Т. Умбеталиева, Экономическая элита Казахстана на современном этапе, Кто есть с кем, 23.11.2002, http://www.centrasia.ru/newsA.php? st = 1038002640.

应该说，新旧政治精英更替问题是包括哈萨克斯坦在内的所有中亚国家领导人在进入新的政权更替期时不得不面临的现实问题。2003~2006年，以新生代改革派为主体的反对派政治精英十分活跃，他们希望通过选举，取代那些长期执政的、保守的旧式政治精英，以获得更多的发展空间。根据精英政治理论，在格鲁吉亚和乌克兰等一些原苏联加盟共和国发生的"颜色革命"以及政治动荡，都可以被看作转型时期新旧政治精英之间的政治交锋。这种较量在一定程度上也可以被视为政治资本与处于上升状态中的经济资本的较量，新生代政治精英在这场较量过程中显示出了较强的经济资本优势。有鉴于此，一些中亚国家的政权将遏制经济资本的上升视为打压新生代政治精英的有效手段。哈萨克斯坦风险分析中心领导人多·萨特巴耶夫就认为，哈萨克斯坦政府建立的萨穆鲁克－卡兹纳国家资产基金公司，将采矿、能源等大公司控制在一个集团的手中，其目的就是削弱本国新生代政治精英的经济基础，从而扼杀其觊觎总统权力的政治野心。[①] 21世纪的第二个十年，纳扎尔巴耶夫开始新的总统任期，为了消除日益强大的金融工业集团的政治寻租现象和官商结盟给总统权力稳固带来的危机隐患，2012年，哈萨克斯坦政府开始对部分大型企业实行国有化。首先被国有化的企业是总统长女达·纳扎尔巴耶娃所持有的最大媒体集团"哈巴尔"，总统办公厅派人进入该集团的领导层。俄罗斯媒体认为，政府的这一行为并不是针对总统女儿展开的，而是希望借此解决在冶金、银行、保险、化工和其他领域的垄断问题，并在政治上减少一些利益集团对政权的影响作用。

事实上，无论是新生代政治精英还是由苏联政治体制转型而来的旧式政治精英，都是现行政治体制的产物和既得利益者，其经济基础与社会资源均来自苏联后期的政治改革与私有化运动，并同现行体制有着割舍不断的利益关系。因此，新旧政治精英都对现行政治体制存在着依附心理，这也决定了他们会是现行体制的维护者。政权内部旧式政治精英的执政理念大多趋于保守，他们希望通过建立有利于政策连续性的制度化规则，包括限制政治竞争，来维护其合

[①] Уровень конфликтогенного потенциала внутри политической элиты Казахстана, http://www.risk.kz/pages.php? id =1&id_ m =104.

法收益①。多数新生代政治精英也不愿意彻底打破现有的经济基础与制度环境，因为他们也是现行政治体制的受益者，在经济稳定的情况下，他们会考虑本利益集团的经济收益和政治民主化的成本，因而不会贸然采取颠覆政权的行动，而是希图执政精英能够采取措施导向民主化，或在反对派的压力下释放政治资源和政治空间，改革政治制度，以适应其参政的需要。鉴于其自身的局限性，中亚国家新旧政治精英能够给予政治转型的内在推动力相对有限。同时，中亚国家的领导人将经济稳定与政治稳定放在头等重要的位置。由于石油收入的诱惑以及石油产业的导向发展，中亚石油富国的领导人都会有选择地将财富分配给特定的政治与社会集团，借以换取政治稳定，这将会导致新生代政治精英政治民主化的愿望逐步萎缩。②

近些年来，哈萨克斯坦和乌兹别克斯坦等中亚国家政权党都在通过修宪，压缩未来总统的权力，并相应扩大和提升议会与政党在国家政治生活中的作用，同时通过改革政党制度，吸纳更多的政党进入议会参与国家政权的管理。如果把这些政治行动视为一种释放政治空间的政治妥协的话，那么这些被释放出来的政治空间势必成为执政精英与温和的新生代政治精英对话的平台，从而降低政治斗争的成本，避免"出现严重的社会冲突、改革策略的失败以及破坏稳定的政策循环"③。有鉴于此，新生代政治精英要想实现精英替代，在政治改革问题上与执政精英达成相对稳定的政治妥协，恐怕才是最优途径。

四 总统阵营中的权贵阶层

权力与资本的结合构成了权贵阶层的基础，其核心内容是权力，即利用手中的权力"因权而资""因权而贵"。苏联时期干部花名册制度遗留下来的官僚体系和特权阶层，在中亚国家获得独立后继续掌握权力，并进一步演变为操控国家权力与资本的官僚与寡头阶层。④

---

① 张伦：《民主化的陷阱——关于民主化的几点思考》，《现代中国研究》1999年第4期。
② 杨鸿玺：《美国中亚战略20年——螺旋式演进》，社会科学文献出版社，2012，第219页。
③ 〔美〕斯蒂芬·海哥德、罗伯特·考夫曼：《民主化转型的政治经济分析》，张大军译，社会科学文献出版社，2008，第182页。
④ 杨雷：《论哈萨克斯坦三玉兹的关系》，《俄罗斯中亚东欧研究》2011年第1期。

在新旧体制转换的过程中,中亚国家传统的特权阶层不仅保持了在旧体制下的既得利益,而且利用其与政权之间的特殊关系,或在政权中身居要职,或在政府中选择自己的代言人,或将手中的政治资本与特权及时地转化为其他形式的资本,成为新体制下的权贵阶层,在国家的政治和经济生活中继续占据主导和核心的地位。①在中亚总统制权力体系下,国家的权力相对集中。中亚国家总统的家族成员及其周围亲信大多因权而"资",通过其特殊身份与特权掌握着国民经济中的优势资源产业和经济增长部门,进而控制了国家的经济命脉。在中亚国家的权贵阶层中,以总统家族的势力最为显赫。在自然资源稀缺的塔吉克斯坦,国家仅有的铝矿产业是由总统家族成员所掌控的。塔吉克斯坦总统拉赫蒙的兄弟哈·萨杜拉耶夫拥有塔吉克斯坦最大的铝厂。②在哈萨克斯坦,纳扎尔巴耶夫总统的三位女儿及其家庭成员构建了实力强大的产业家族,其中纳扎尔巴耶夫总统的长女达·纳扎尔巴耶娃掌握着国家最大的传媒集团,该集团控制着全国90%的媒体;二女儿季娜拉和丈夫铁木尔·库利巴耶夫除了拥有媒体集团外,在哈萨克斯坦能源领域也占据着举足轻重的地位,铁·库利巴耶夫还担任哈萨克斯坦能源联合会主席、企业家协会董事、国有天然气公司董事等职。2008年10月至2011年12月,库利巴耶夫受命领导拥有800亿美元资产的哈萨克斯坦"萨姆鲁克-卡泽纳"国家财富基金管理委员会,负责400多家国有大型企业股份公司的管理与资产投资,同时兼任资产基金公司旗下的哈萨克斯坦石油天然气公司、萨姆鲁克能源公司等多家子公司的执行董事③。2011年12月,库利巴耶夫因对"扎瑙津事件"处理不当而被总统解职,但他依然稳坐哈萨克斯坦能源产业的第一把交椅。哈萨克斯坦《谁是谁》杂志主编阿申巴耶夫指出:"撤职没有给库利巴耶夫带来任何损失,他仍旧是天然气能源领域的领军人物,谁也无法撼动其在哈萨克斯坦能源领

---

① 许涛:《中亚区域合作与上海合作组织》,《现代国际关系》2005年第11期。
② Кровавая трагедия в правящей семье, Eurasianet, http://posit.kz/? lan = ru&id = 105&pub = 9619.
③ Являлся председателем советов директоров дочерних компаний фонда «Казатомпром», «КазМунайГаз», «аза»стан тем«р жолы», «KEGOC», «Самрук - Энерго».

域的职位与特权。"①2012年福布斯评出的最富有的50位哈萨克斯坦人中，总统的长女和二女儿夫妇都榜上有名。②曾与吉尔吉斯斯坦前总统阿卡耶夫儿子联姻的纳扎尔巴耶夫的小女儿阿莉娅·纳扎尔巴耶娃，也是哈萨克斯坦非常有影响力的房地产商之一。在吉尔吉斯斯坦，前任总统阿卡耶夫和巴基耶夫的家族势力都曾在其任期内控制着该国多个关键的经济行业。③

对于以血缘和家族为基础的中亚国家来说，家庭与家族具有十分重要的意义，它不仅是维系整个部族体系的纽带，也是部族文化传承的载体。而以总统家族为代表的中亚各国权贵阶层，不仅掌握着国家的经济命脉，而且还积极进入政界，或通过选举进入议会，或成为政府要员，延续其家族的统治。其中，哈萨克斯坦总统的长女达·纳扎尔巴耶娃曾担任过哈萨克斯坦国家电视局局长、记者大会主席、阿萨尔党主席以及议会下院议员等职务。其前夫拉·阿利耶夫也曾先后担任过国家安全委员会第一副主席、外交部第一副部长以及哈萨克斯坦驻斯洛文尼亚、克罗地亚、奥地利、欧安组织和联合国的大使等职。④同样的情况，在其他中亚国家也屡见不鲜。如吉尔吉斯斯坦前总统阿卡耶夫及其妻子的家族成员中也有多人担任过政府要职。阿卡耶夫下台后，巴基耶夫当选总统后不久，也先后将自己的兄弟和儿子安排在外交与国防部门任职，以扩大其家族势力，实现其对国家经济与政治领域职能部门的垄断。⑤作为转型时期特殊的精英群体和利益集团，家族势力俨然变成总统权力在政治、经济领域内的一种延续，中亚国家的总统家族及其亲信也都毫无例外地成为本国最有影响力的政治势力。这样，在多数中亚国家，随着总统权力的加强，总统家族的势力也在国家的行政权力体系中不断壮大，而为了保持既得的优势地位和对国家政治的长期影响力，中亚各国领导人都试图在权贵精英内部寻找和培养国家

---

① Увольнение Кулибаева из фонда "Самрук - Казына" не отразится на его должности в Газпроме, 27. 12. 2011, http: //www. centrasia. ru/newsA. php? st = 1324936620.

② http: //forbes. kz/leader/50_ samyih_ bogatyih_ lyudey_ kazahstana.

③ Кыргызстан до и после «тюльпановой революции». Политическая ситуация в Кыргызстане в 1990 - 2004 годах, 19 октября 2005, http: //www. stratagema. org/polittechnology. php? nws = gq14p1781632563.

④ Они будят по утрам президентов, Известия (Москва), 02. 03. 2007.

⑤ "Литер": Время собирать камни. Как будет развиваться Кыргызстан, 11. 04. 2010, http: //www. centrasia. ru/newsA. php? st = 1270972140.

最高权力的接班人。哈萨克斯坦纳扎尔巴耶夫总统的长女达·纳扎尔巴耶娃、乌兹别克斯坦卡里莫夫总统的长女古·卡利莫娃都曾在本国的政界中频繁亮相，前者曾组建过自己的政党，并两度赢得议会选举，成为下院议员；而后者曾是乌兹别克斯坦外交官，拥有自己的基金会，并试图在政界中进一步扩大其影响力。吉尔吉斯斯坦前总统巴基耶夫的三个兄弟都在国家权力机关身居要职。① 巴基耶夫连任后，任命其子马克西姆为投资发展与创新中央局局长，任命其三个兄弟分别担任政府要职，构筑了巴基耶夫家族的"小政府"，马克西姆甚至被公认为总统的接班人。虽然巴基耶夫政权最终垮台，但其对家族精英的人事安排足以反映出在总统家族内部或在总统亲信中寻找接班人是中亚国家领导人在权力更替问题上的传统思路。2013 年，塔吉克斯坦政府进行了较大的人事变动，除更换了总理和国防部长外，还对外交部、能源与水资源部和海关总署等关键部门的一把手进行了调整。总统 27 岁的儿子鲁斯塔姆·埃莫马利被任命为海关总署的领导人。分析家们认为，该任命仅是辅助鲁斯塔姆·埃莫马利步入政权核心的第一块铺路石，待其积累了一定的官场经验与处理部族关系的能力之后，总统将委以他相称的国家职位。②

　　以家族势力为中心形成的权贵阶层掌握着国家政治经济的控制权，已经成为中亚一些国家政治转型的特色之一。在这些国家中，家族势力成为巩固总统权力的精英基础，总统通过此途径建立起对自身效忠的群体，总统的政治资源为家族势力的壮大提供了必要的政治庇护，以确保其利益的长期性。与此同时，这种权力资本与经济资本结合的方式也对中亚国家总统制政体的发展增加了诸多负面因素。首先，为了维护权贵阶层经济资本的优势地位，总统需要通过谋求连任或推举自己的接班人来保持其政治影响力的长期性，这势必引起民众的不满和对总统权力合法性的质疑，为政权反对派发起反政府运动提供借口。正因如此，尽管目前一些中亚国家领导人都试图通过家族关系实现其总统权力的传承，但出于种种考虑，至今还没有哪位领导人敢于

---

① Кыргызстан: От каких врагов будет охранять президента его брат?, Фергана. ру. 2008. 3 июня. http://www.ferghana.ru/article.php?id=5729.
② Внутреняя политика Таджикистана 2013, Аналитический отдел ? Prudent Solutions?, http://analitika.org/tj-tk/tt-politics/2635-tadzhikistan-obzor-sobytiy-za-noyabr-2013.html.

第七章　中亚国家政党、政治精英与政治转型

迈出这一步。

其次，随着权贵阶层的势力不断扩大，其政治野心也在不断膨胀。为加强对总统的影响、争夺各自的实际利益，权贵阶层内部也常常出现分歧和矛盾，甚至导致严重的内部分化。在乌兹别克斯坦，总统卡利莫夫的政治威望虽然无人能及，但执政精英内部围绕对总统影响力所展开的竞争却愈演愈烈，并在一定程度上撼动了总统权力的根基。2013 年，国家安全局领导人鲁斯塔姆·伊诺亚托夫同总统长女古·卡利莫娃之间的矛盾不断升级，并逐步将总统亲信与总统家族成员之间多年的较量公开化。伊诺亚托夫指责卡利莫娃支持其表哥——总统妻子的外甥阿·阿布杜拉耶夫成为总统继承人，并于 2013 年 9 月以涉嫌受贿、逃税等罪名将阿·阿布杜拉耶夫逮捕。阿·阿布杜拉耶夫是乌兹别克斯坦著名的企业家，在费尔干纳地区拥有石油、纺织、贸易等多家企业。他曾被提名为议会上院议员，具有一定的政治影响力。① 虽然他与卡里莫娃都曾多次表示无意总统宝座，但最终还是招致总统亲信对总统家族公开的清洗。在哈萨克斯坦，权贵阶层内部已是暗流涌动。2007 年，总统大女婿阿利耶夫因涉嫌多桩政治丑闻，并试图挑战总统权威而被逐出总统家族，此后，长女达·纳扎尔巴耶娃在政坛中的影响力也日渐式微，轰动全国的"阿利耶夫事件"被看作巩固总统权力、平衡家族势力的政治举动。此后，总统二女婿库利巴耶夫的影响力开始逐步上升。如前所述，作为石油大亨和家族利益代表者的库利巴耶夫不断被委以重任，也曾被视为最有潜力的总统接班人，但随后因"扎瑙津事件"被免职。尽管库利巴耶夫至今仍是哈萨克斯坦石油界的"掌门人"，但其政治影响力已大不如前了。② 独立至今，多数中亚国家都没有通过选举来实现国家最高权力的易位，而更多是通过对选举制度和其他政治制度的修改延长现任总统的任期。可以说，多数中亚国家的权力结构体系中缺乏相对稳定的精英替代或精英再生机制，这也为未来政权的稳定性造成一定的风险。总统权力的归属是未来几年内进入新一轮政权更替期的中亚国家所不能回避的

---

① Задержан родственник президента Узбекистана. Акбарали Абдуллаева подозревают в хищении денег, 14. 10. 2013, Tengrinews. kz, http：//www. centrasia. ru/newsA. php? st = 1381767360.

② Увольнение Кулибаева из фонда "Самрук - Казына" не отразится на его должности в Газпроме, 27. 12. 2011, http：//www. centrasia. ru/newsA. php? st = 1324936620.

现实问题，也将是政治精英内部斗争的焦点。权贵政治精英和执政精英内部为争夺对总统的影响力以及对未来总统的竞争，无疑将成为这些国家政治发展进程中的重要内容。吉尔吉斯斯坦连年的政治动荡使其他中亚国家政权看到了威权退去后的危机和恶果。因此，多数中亚国家都在力图通过政治制度的调整和人事安排，营造出有利于政权平稳交接的法律环境，培育稳定的执政精英阶层。中亚各国正在试图通过有效的制度设计和人事安排，提升国家政权更替的制度化水平，营造良性的法律环境与稳定的执政精英阶层。此外，吉尔吉斯斯坦的议会制趋于稳定，其制度化进程的经验将为中亚国家的政治发展进程提供可供借鉴的参照。如今，在哈萨克斯坦和乌兹别克斯坦两国的总统家族中缺少适合的权力继承人，因此两国都试图在法律和制度化方面做文章。如前所述，哈萨克斯坦和乌兹别克斯坦两国已通过修宪缩短了未来总统的任期，并相应地扩大议会的权限及其在国家权力体系中的决策地位，以期一旦现任总统大权旁落时国家权力依旧能够平稳运行，避免政权体系因领导人的更换而出现大的政治波动。纳扎尔巴耶夫曾多次对媒体表示，希望通过稳定的制度化安排实现政权的平稳过渡，使国家政权体系不会因领导人的更替而出现大的动荡。他推崇新加坡前总理李光耀、马来西亚前总理马哈蒂尔以及俄罗斯前总统叶利钦的权力交接方式，并表示哈萨克斯坦未来政权更替的模式将是哈萨克斯坦式的。[1]因此可以说，中亚国家未来通过总统家族实现执政精英更替的可能性尚存。但除了这种"子承父业"的阿塞拜疆模式[2]外，中亚国家也很有可能采取俄罗斯式的指定接班人的权力交接模式来实现精英替代。

---

[1] Иван Третьяков, Назарбаев намерен мирно передать власть в стране, 5 июля 2013, http://rus.ruvr.ru/news/2013_07_05/Nazarbaev-nameren-mirno-peredat-vlast-v-strane-1942/.
[2] 2003 年 10 月，阿塞拜疆前总统阿利耶夫与儿子伊·阿利耶夫同时宣布参加总统选举，但却在投票前夕宣布退出，全力支持儿子参选总统，并顺利实现了总统权力在家族中的传承。

第八章　中亚国家的政治文化与政治转型

政治文化指的是特定人群或国家的价值、理念、标准、信仰体系和行为模式，它与决定着一个民族或集团政治行为方式的文化、精神、情绪或价值观等有关。关于政治文化的研究由来已久，亚里士多德曾描述过促成政治稳定或变革的心态因素，伯克认为"习惯凝聚"会影响政治机构的运行，人类学家和历史学家直到最近还在论述"民族特性"和传统在人类行为中的重要作用。政治价值观一旦确立起来，就会成为影响政治行为的重要因素，即使政治制度发生变化，许多旧观念依然会根深蒂固，难以改变。[1] 政治文化作为一种政治价值观和政治心理倾向，反映了社会与民族对政治的态度，因此对人们的政治行为和民主现实具有一定的解释功能。依据美国比较政治学家加布里埃尔·阿尔蒙德的观点，政治文化是一个民族在特定时期流行的一种政治态度、政治信仰和感情，它由本民族的历史和社会的现实、经济、政治活动所促成。[2] 政治文化由信仰、价值观等组成，界定政治行为，确定政治体系的性质，反映人们对于政治系统的心理取向。[3] 因而，政治文化被看作一个国家政治体系的精神内涵，与该国的政治制度

---

[1] 〔英〕戴维·米勒、韦农·波格丹诺编《布莱克维尔政治学百科全书》，邓正来译，中国政法大学出版社，2002，第550~551页。
[2] 燕继荣：《发展政治学》，北京大学出版社，2010，第217页。
[3] 〔美〕罗纳德·H. 奇尔科特：《比较政治学理论：新范式的探索》，潘世强等译，社会科学文献出版社，1998，第9页。

相互匹配并相互影响。虽然政治文化与大众舆论都是有关政治的态度，但与大众舆论不同的是，政治文化是由长期的价值观念熏陶而成，而不是人们对特定时间和问题的简单反应。[①] 政治文化是从公民文化、选民心理以及社会精神层面对民众政治行为的一种考量。在政治文化传承与传播的过程中，历史、宗教、语言、经济发展水平、政治社会化程度、民众对权威的态度等因素均发挥着重要影响。

中亚地区的政治文化植根于伊斯兰教与部族政治传统，是该地区民众关于政治态度、信仰、情感和价值判断等政治心理倾向和价值取向的总和。长期以来，中亚各民族是以游牧为生活方式的民族，在历史上多次遭受外族入侵与殖民统治，因此，该地区一直未形成稳定的主流文化，其文化长期居于次区域文化带，或称为亚文化带上。这既是中亚国家政治文化的特色，也是其政治文化的发展起点。历史上，由于战乱和大国的武力征服，中亚地区未出现过现代意义的国家形态，社会结构主要是部族或部族联盟。19世纪下半叶，在很多地区和民族逐步形成民族国家之际，中亚地区的国家化进程却因臣服于沙皇俄国而被迫停止。正因为如此，中亚民族的民众相对缺乏现代意义上的国家观念与国家认同，他们对于国家的认知与意识来源于所依附的大国，即作为帝国或大国的一部分而形成的国家认同，其政治文化中既保留着传统民族文化的特征与价值取向，也带有被大国文化同化的痕迹。国家独立后，中亚各国才逐渐形成对新的政治体制与独立国家的认同。由于各国政治转型的时间普遍较短，而且文化的转变往往滞后于国家政治制度的变迁，因此，转型20余年的中亚国家在政治文化上带有浓重的地区传统文化的烙印。

本章将选取中亚社会中具有代表意义的政治文化现象，即部族政治文化与伊斯兰教文化这两种政治文化现象作为研究对象，通过比较分析，阐释其对于中亚各国民众的政治态度、价值取向和行为模式所产生的作用，及其对于中亚各国政治体制构建和社会稳定的现实意义。

---

① 〔英〕安德鲁·海伍德：《政治学核心概念》，吴勇译，天津人民出版社，2008，第268页。

第一节　部族政治文化及其对中亚国家
政治转型的影响

　　氏族、部落、部族与民族是民族共同体发展过程中几个不同的发展类型。其中，氏族一般是指原始社会由血缘关系联系起来的共同体。由于氏族的自然发展，人口不断增加，氏族的一部分人开始向外开拓新的领地和生活空间，于是从一个老的氏族又分化出新的氏族，几个新老氏族组合在一起，就形成一个部落。[1] 部落是原始社会的一种社会组织类型，它一般由若干氏族血缘相近的宗族、氏族组成。[2] 部族是一种介于氏族、部落与现代民族之间的民族共同体类型。部族与氏族和部落不同的是，它已不再仅仅是以血缘为联系，而是由以地域为联系的部落不断融合而成。因此，部族已不是严格意义的亲属群体，在血缘亲属关系上比氏族有所扩大。[3] 部族政治文化是地域型政治文化的一种形式。由于社会成员被封闭在地域狭小的空间里，生活单纯，人们不关心自身区域之外的事务，国家政策也很少影响到他们的生活，所以，部族政治文化具有封闭性和单一的特征。这种较为原始的政治文化一般与部落酋长和宗教巫师的统治相匹配。[4] 历史上，中亚各民族在突厥化过程中，形成了以血缘和地域为标志的部族关系。同时，因居住环境、语言文化、宗教传统、生产方式、经济发展水平的不同，形成了部族文化间的差异。此外，在苏联进行民族划界之前，中亚五国从未有过稳定的国家边界和统一的民族认同，因此，部族属性往往就成为中亚各民族自我识别的重要标志之一。

　　部族在俄文中有"клан"和"племя"等译法，而在英文中则大多译为"clan"。俄语的"клан"一词有部族、部落、宗派和人群之意，强调族群之间的派别性和差异性，而"племя"有部落和氏族的含义，强调某种程度的亲缘

---

[1]　史谢红、吴宏伟：《吉尔吉斯斯坦吉尔吉斯人传统社会探析》，《新疆师范大学学报（哲学社会科学版）》2014年第1期。
[2]　史谢红、吴宏伟：《吉尔吉斯斯坦吉尔吉斯人传统社会探析》，《新疆师范大学学报（哲学社会科学版）》2014年第1期。
[3]　《中国大百科全书·民族》，中国大百科全书出版社，2004年8月第1版，第62页。
[4]　燕继荣：《发展政治学》，北京大学出版社，2010，第220页。

和血缘关系。而英语中的"clan"与俄语中的"клан"相对应。在独联体的有关中亚部族的文章中,"部落"一词"клан"与"племя"经常混用。① 中亚各国的部族按照生产与生活方式的不同,大致可以分为以哈萨克斯坦、吉尔吉斯斯坦和土库曼斯坦为代表的游牧部落或部族,以及以乌兹别克斯坦和塔吉克斯坦为代表的农耕部族或氏族。②

20世纪初,中亚地区相继建立了苏维埃政权,中亚地区的游牧民族由此完成从游牧社会组织向近代农业村落社会结构的过渡,以血亲部落联盟为基础的居民过上了定居或半定居的生活。此后,一些部族在相对固定的区域内繁衍生息,逐渐形成了以地域属性为特征的部族文化,族群之间的对立与差异也逐步形成。如在塔吉克斯坦就有南塔吉克人和北塔吉克人之分,他们分别指生活在塔吉克斯坦南方平原的居民和北部山区的山民;在哈萨克斯坦有大、中、小三玉兹之分,并分别居于国家的南、北和西部三方;在吉尔吉斯斯坦则存在着南方部落与北方部落的传统对立。③长期以来,由于彼此生活方式与历史传统的不同,中亚地区逐渐形成了具有鲜明民族个性和地域特色的部族政治文化。中亚国家独立后,这些各具特色的部族政治文化作用于民众的政治心理与政治行为方式,对本国的政体模式与发展道路的选择产生了深刻的影响。

---

① 在土库曼斯坦,主要用"племя"来称呼其国内的主要部族。而在哈萨克斯坦,一般用"клан"或哈萨克语中的"жуз"(玉兹)来表示部落或部族之意。在吉尔吉斯斯坦,"клан"无论在地域范围还是在部落规模上指的都是一个较大的部落,而"племя"则指相对较小的部族派别和分支。如吉尔吉斯斯坦的北方部族楚河-伊赛克部落(клан)内部还包含有萨勒巴什部族的部落分支(племя)。

② Славомир Горак, Трансформация идентичности среднеазиатских элит: Традиция и современность. Доклад круглого стола «Проблемы трансформации идентичности общества и личности на постсоветском пространстве», Пермь, 4–5 июля 2005 г., http://iicas.org/articles/library/libr_rus_20_03_01_t.htm.

③ Смирнов В. Религия + деньги: кто поднял восстание в Андижане? (Интервью с Вячеславом Смирновым, директором НИИ политической социологии) // Русский журнал, 25 мае 2005 г. (Беседовал Владимир Голышев), см. Shokhrat Kadyrov, The ethnology of political management: yesterday, today & tomorrow, A special Report for the Conference "The Turkmenistan: not on Orange revolution but Regional", Oslo, 6 june 2005, http://www.igpi.ru/bibl/other_articl/1119947605.html.

一 哈萨克斯坦部族政治文化

哈萨克汗国出现于公元15世纪，在16世纪中期逐步形成三个具有明确生产和生活方式且相对独立的部落联盟①，即大玉兹（乌勒玉兹）、中玉兹（奥尔玉兹）和小玉兹（克什玉兹），或称为"大帐""中帐"与"小帐"。② 大玉兹各部落主要分布在哈萨克斯坦东南部地区的七河流域③至锡尔河之间，这里也是哈萨克文明的发源地。中玉兹各部落主要分布在大玉兹的北方，即哈萨克斯坦的东北部和中部地区，其足迹遍及从额尔其斯河到锡尔河中下游的广袤草原，夏季牧场主要在锡尔河中游及卡腊山脉一带，冬季牧场在托博尔河、伊什姆河、努腊河、萨雷苏诸河流域。④ 小玉兹位于今哈萨克斯坦的西部地区，其冬季牧场在锡尔河下游和里海东岸，夏季牧场在托波尔河上游及里海北部。

"玉兹"在哈萨克语中的本意为"部分"或地区，而在现代语义中，"玉兹"是集部落联盟形式和行政管理制度于一身的特有形式，特指在哈萨克斯坦民族中形成的三个民族地域联合体。这一体系尊崇王权至上的思想，汗王集军政大权于一身，不仅拥有最高决策权，而且还掌握着最高军事统辖权，汗王同时也是土地和财富的所有者。⑤ 在玉兹体制中还有可汗、苏丹等一系列等级制度和继承制度，以及汗议会、部落大会等一系列协商机制。⑥ 关于玉兹的最

---

① Игорь Нестеров. Количество жертв беспорядков в Мангистауской области увеличилось до 16 человек. Лада, 26.12.2011, см. Назарбаев, Нурсултан, Президент и верховный главнокомандующий Вооруженными силами Казахстана, http://lenta.ru/lib/14160029/full.htm.
② 三个玉兹的哈语名称分别为大玉兹——Улы жуз，中玉兹——Орта，小玉兹——Киши。Жузы в социально-политической жизни Казахстана, 30-03-2006, http://analitika.org/kazakhstan/kz-politics/1679-20060330062832414.html.
③ 七河流域主要指流入巴尔喀什湖的七条河流，即伊犁河、卡拉塔尔河、阿克苏河、列普萨河、阿亚古兹河、楚河、塔拉斯河。
④ 杨雷：《论哈萨克斯坦三玉兹的关系》，《俄罗斯中亚东欧研究》2011年第1期。
⑤ 孟楠：《俄国统治中亚政策研究》，新疆大学出版社，2000，第111~124页。
⑥ 参见贾合甫·米尔扎汗：《论哈萨克汗国的社会结构和政治制度》，《西域研究》2000年第2期。

早记载出现在17世纪初俄罗斯的文献中。① 对于玉兹的成因说法不一。地缘学研究者认为，玉兹的产生缘于生活方式的转变，即游牧民族从几千公里之外的地方来到相对固定的地区放牧，逐渐形成了较为稳定的活动区域。历史学家图尔苏诺夫认为，玉兹的形成是在冬季和夏季牧场转换过程中，各部落形成了相对固定的区域，在这些方圆1000~1700公里的游牧区域内建立起了同邻近部落之间的联系，这种联系逐渐形成统一体，游牧领地也因此固定下来。由于广袤的草原地广人稀，缺少发达的现代社区，使得当地的劳动与市场相互分离、彼此隔绝，最终形成了具有不同语言、文化习俗与历史烙印的三个彼此独立的玉兹部落联盟。② 同时，三个玉兹有各自不同的经营活动，如中玉兹主要从事羊、马和骆驼等畜牧养殖，而大玉兹主要从事种植业和渔猎活动。③ 哈萨克各玉兹之间经常因争夺牧场而发生战乱，长期处于分立状态，统一的时期相对短暂。然而，与中亚其他游牧部族不同的是，哈萨克各玉兹有时也会为共同的利益而结成相对松散的联盟，通过博弈的方式使本部落的利益最大化。此外，三个玉兹虽然彼此分立，但部族成员对于哈萨克共同的民族属性却有着一致认同，均认为自己是哈萨克民族的组成部分。

18世纪末到19世纪初，哈萨克各玉兹分别归顺了沙皇俄国和中国清朝。俄国对中亚各部落的军事体制实行改革，不但剥夺了哈萨克汗王的爵位和特权，摧毁了部落首领的权威性，而且还取消了哈萨克原有的部落管理体制，哈萨克民族固有文化被边缘化。十月革命结束后，哈萨克作为苏联的加盟共和国加入苏联，进入了苏维埃高度集权的政治体系，哈萨克部族间的界限日渐模糊，部族意识进一步淡化，开始了民族一体化的进程。

在哈萨克民族一体化的进程中，部族间固有的矛盾与竞争不时出现。如小玉兹在地理位置上与俄罗斯相邻，距离俄罗斯的权力中心也较近，小玉兹

---

① Алексей Топалов, Назарбаев ответил отставками на бунты. — Газета. Ru, 22.12.2011, см. Жузы в социально - политической жизни Казахстана, 30 - 03 - 2006, http：//analitika.org/kazakhstan/kz - politics/1679 - 20060330062832414.html.

② Жузы в социально - политической жизни Казахстана, 30 - 03 - 2006, http：//analitika.org/kazakhstan/kz - politics/1679 - 20060330062832414.html.

③ Назарбаев, Нурсултан, Президент и верховный главнокомандующий Вооруженными силами Казахстана, http：//lenta.ru/lib/14160029/full.htm.

被俄罗斯同化的程度也相对较高。在沙皇俄国征服中亚期间，小玉兹曾是哈萨克各玉兹中最早归顺沙皇俄国的哈萨克部落，由此瓦解了哈萨克各玉兹间的联盟关系，并同大玉兹和中玉兹部落结下了历史积怨。在 1925 年之前，小玉兹辖区内的奥伦堡（现为俄罗斯联邦奥伦堡州首府）一直是沙皇俄国管理哈萨克各部的政治中心，小玉兹至今同俄罗斯保持着紧密的经济交往。历史与现实的条件使小玉兹的一些地区时常出现分离主义情绪。苏联时期，为维持部族间的均势，苏共中央在哈萨克加盟共和国的人事任命上实行以部族为基础的干部轮换制和委任制，按照哈萨克各部族规模和势力的大小来分配党政领导职务。这样不但维持了哈萨克各部族之间传统的力量平衡，而且在某种意义上弥合了民族间的矛盾和对立。当然，在这种干部轮换制的执行过程中，哈萨克人已淡化了的部族观念又在无形中被强化了。一般而言，苏共中央会任命大玉兹的代表担任哈萨克共产党中央第一书记，部长会议主席由中玉兹的代表担任，最高苏维埃主席团主席由小玉兹的代表出任。[1]1964 年，大玉兹代表津·库纳耶夫担任哈萨克共产党中央第一书记之后，有意关照大玉兹的利益，选拔和任用了大批大玉兹的干部担任政府要职，使大玉兹的势力不断"做大"。1989 年，大玉兹的新一任代表纳扎尔巴耶夫担任哈萨克共产党中央第一书记之后，依旧实行对大玉兹部落的倾斜政策。在总统制的权力结构中，甚至出现了国家最高职务、各级行政职务乃至司法机构的最高职务均由某一个部族的代表担任的现象。从独立以来各玉兹的精英在哈萨克斯坦权力体系中的职务分配看，中、小玉兹的势力一直受到排挤和压制。截至 2000 年，大、中、小玉兹代表在国家领导层的任职比例为 23∶13∶6，其中，总理、议长、安全委员会主任、财政部部长、外交部部长等执行权力机关的要职以及下院议长均由大玉兹的代表担任，而以知识分子、科技和学术界代表为主体的中玉兹势力在政权中呈下降趋势，总体上维持了苏联时期大玉兹势力强大，其他部族势力相对较弱的力量格局。[2]

---

[1] Н. Амрекулов, Жузы в социально－политической жизни Казахстана, Центральная Азия и Кавказ. 2000. №3.

[2] Н. Амрекулов, Жузы в социально－политической жизни Казахстана, Центральная Азия и Кавказ. 2000. №3.

加入苏联之后,哈萨克苏维埃社会主义共和国逐步将政治重心东移,先后把首都设在大玉兹势力范围内的卡泽洛尔达和南部城市阿拉木图。迁都之举既反映了苏联时期大玉兹势力对政权影响力的上升态势,同时也印证了哈萨克各玉兹部族之间长期竞争关系的现实存在。独立后,纳扎尔巴耶夫当选为总统,依旧延续着大玉兹掌握国家最高权力的政治传统,这在独立初期确保了国家政局的稳定。除历史积怨外,三个玉兹之间内部的矛盾与竞争还表现为社会经济层面的差异性。中玉兹和大玉兹的矛盾表现为一种现代与传统的矛盾,也是发展方式上的矛盾,是一种现代化工业生产与传统农牧业生活之间的矛盾。[①] 事实上,以知识分子为主体的中玉兹精英在思想文化领域更加亲近俄罗斯,很多中玉兹知识分子都曾在俄罗斯接受过教育,在其辖区内至今还居住着大量俄罗斯族人。1997年,总统纳扎尔巴耶夫宣布将首都由阿拉木图迁至中玉兹的聚居区阿克莫拉(后改名为阿斯塔纳),以推动哈萨克族人口向北部移民,平衡中玉兹地区哈萨克族人与俄罗斯族人比例失调的问题。除了因历史结怨而生的对立与不合,小玉兹与大玉兹之间的矛盾还表现为"工业文明与农牧业文明间的对立,甚至也是两种文化间的矛盾,即亲俄文化与亲伊斯兰文化的对立,是哈萨克斯坦两种文化极端之间的对立,是哈部族间矛盾的深层次因素"[②]。在经济体制转型和经济发展过程中,小玉兹与大玉兹精英之间的矛盾更多表现为新旧精英之间在资源再分配方面的矛盾。地处哈萨克斯坦西部的小玉兹拥有丰富的能源和矿藏储量,与俄罗斯的经济联系密切,苏联解体时,哈萨克斯坦境内的工业设施大多分布在小玉兹地区,居民生活较为富裕。在哈萨克斯坦石油经济的推动下,在小玉兹聚居的西部石油产地成长起一大批拥有雄厚经济实力的企业家代表,经济实力的上升使其逐渐对国家的发展和政策的制定产生相应的政治诉求,他们希望通过进入政权,替代从苏维埃体制转型而来的"旧式"政治精英,在国家的权力体系中占有一席之地。独立后,大玉兹的代表作为总统及各级官员长期执政,进一步拉大了部族间的不平衡,中央与地方的矛盾反映出部族对立的现实。2011年年底,在哈萨克斯坦西部城镇扎瑙津等

---

① 杨雷:《论哈萨克斯坦三玉兹的关系》,《俄罗斯中亚东欧研究》2011年第1期。
② 杨雷:《论哈萨克斯坦三玉兹的关系》,《俄罗斯中亚东欧研究》2011年第1期。

第八章 中亚国家的政治文化与政治转型

地出现的暴力袭击事件就是这种矛盾与对立的极端表现。因此,哈萨克斯坦未来部族间的冲突很有可能来自以部族为基础的地方精英与执政精英之间矛盾的激化。

独立以来,纳扎尔巴耶夫总统一直试图维持三玉兹之间的适度平衡,破除三玉兹隔阂,加强民族内部的融合。为了加强民族凝聚力和维护国家稳定,促进国内各民族和部族间的和谐共处,避免激化三玉兹间的矛盾,近年来,哈萨克斯坦政府有意在民众中提倡哈萨克族的整体文化认同和对哈萨克斯坦的国家认同,以弱化哈萨克族民众中自身的部族意识。纳扎尔巴耶夫总统在其出版的著作《在历史的长河中》指出:"哈萨克人知道了自己的民族属性、自己的七个分支,并通过他们了解自己的氏族和玉兹。这样,在自己故土的任何地方就能感觉到自己是出自具有同一血统的人们中间,感觉到自己是同一个大家庭的成员。"[①] 同时,他还积极鼓励哈萨克人民按照七祖先和七个支系来进行民族的自我识别,淡化部族意识,强化哈萨克族人民对本民族的整体认同。纳扎尔巴耶夫总统强调:"七个支系原则天然地保障着整个哈萨克人民的民族生物学上的整体性、民族文化的整体性和民族精神的整体性。"[②] 1997年,纳扎尔巴耶夫总统顶着多方压力,决定将首都北迁至中玉兹辖区内的阿斯塔纳。如前所述,此次迁都之举有平衡民族间人口的意图,但此举在确立国家性与国家认同方面也具有深意。与以往迁都不同的是,纳扎尔巴耶夫总统并没有在其所属的大玉兹聚集的南部地区继续稳固江山,而是以全民族总统的身份将自己的影响力扩大到本部族以外的中玉兹所在地,甚至号召3500名哈萨克官员从阿拉木图迁至阿斯塔纳。纳扎尔巴耶夫总统大动干戈之举,曾经招致大玉兹政治精英的抵制。但俄罗斯学者维塔利·赫柳宾指出,历史上,哈萨克的领导人均遵循着部族政治的传统,而纳扎尔巴耶夫却是这一传统的破坏者。他积极寻求政治的非民族主义(политический неоэтногенез),目的是将自己塑造为各民族和各部族的代表。[③] 时至今日,迁都阿斯塔纳已近20年,事实证明,纳扎尔巴

[①] 〔哈〕纳扎尔巴耶夫:《在历史的长河中》,徐葵等译,民族出版社,2006,第24页。
[②] 〔哈〕纳扎尔巴耶夫:《在历史的长河中》,徐葵等译,民族出版社,2006,第24页。
[③] Игорь Шестаков, Почему Назарбаев перенес столицу? http://www.neweurasia.info/archive/articles/AST.htm.

耶夫将政治中心北移是明智之举。他树立了一个全民总统的形象并建成了各部族统一的政治中心，并由此慢慢地改变着哈萨克人对国家和民族的观念和意识。

可以说，与其他中亚国家不同，在整个政治转型过程中，哈萨克斯坦较少受到部族政治文化的负面影响和地方分立主义的困扰。相反，部族与民族文化传统，在某种程度上成为政府团结民众、增强哈萨克主体民族乃至全体民族凝聚力的重要手段。

二　吉尔吉斯斯坦部族政治文化

吉尔吉斯族的族源可以追溯到古代居住在叶尼塞河上游的鬲昆、契骨、黠戛斯等氏族。公元7世纪后，其先民开始向天山地区发展，蒙古人入侵后又往帕米尔、费尔干纳、昆仑山区迁徙，其间吸收了葛逻禄、回鹘、诺盖等部落的一些人，一直到形成现代民族之前，仍以有血缘联系但互不统属的几十个吉尔吉斯部落散居于天山、帕米尔高原和昆仑山麓。19世纪，吉尔吉斯部落逐步迁移到现在的吉尔吉斯斯坦境内。

以游牧为主要生活方式的吉尔吉斯族，在生存和迁徙的过程中，形成了众多大小不一的氏族部落。吉尔吉斯语中，"吉尔吉斯"（Kyrgyz）一词的一种解释是"40个少女"，意为衍生出整个吉尔吉斯民族的40个氏族的始祖。根据谱系资料，吉尔吉斯民族最初包括了40个乌鲁①（ypyy），乌鲁有氏族和村落之意，所以又把吉尔吉斯人称作有40个氏族的民族。② 由此，"吉尔吉斯"一词的另一种解释是40个部落。③ 若干氏族或乌鲁联合构成了具有一定亲缘关系的部落。而在原始社会后期，部落逐渐因生存与战争的需要实现了联合，形成部落联盟，亲缘关系、共同语言以及利益一致，是组成部落联盟的基础和条件。

---

① "乌鲁"（ypyy）指密切生活在一定地域的、其成员之间不仅有现实的而且有臆想的血缘关系的较大共同体。焦一强：《影响吉尔吉斯斯坦政治转型的部族主义因素分析》，《俄罗斯中亚东欧研究》2010年第3期。
② 史谢红、吴宏伟：《吉尔吉斯斯坦吉尔吉斯人传统社会探析》，《新疆师范大学学报（哲学社会科学版）》2014年1期。
③ 〔俄〕维多利亚·潘菲洛娃：《吉尔吉斯斯坦大选前部族矛盾加剧》，《独立报》7月14日。

第八章　中亚国家的政治文化与政治转型

有关吉尔吉斯人南北部族构成一般认为是由左、右翼部族繁衍而来。而"两翼"的由来说法不一，其中"双胞胎之说"和"军事联盟之说"较为普遍。据传说，1227年成吉思汗侵入叶尼塞河流域的吉尔吉斯人所在地区时，吉尔吉斯部落首领多隆·比（Долон-бий）带着双胞胎儿子阿合吾勒（Ак уул，意为右翼）和胡吾勒（Куу уул，意为左翼）① 逃出叶尼塞河地区来到天山西部。阿合吾勒和胡吾勒各有15个儿孙，故而形成了30个"奥土孜吾勒"（Отуз уул，意为外部）外部部落。他们被认为是北方吉尔吉斯人的先祖。除左右翼外，还有多隆·比自己的守护部队，有10个部落，被统称为内部部落（Он уул），逐渐繁衍为南方部落族群。这种说法符合了吉尔吉斯40个部落的说法。

根据"军事联盟之说"，吉尔吉斯社会主要由两大部落联盟构成，即伊奇吉利克人和阿尔卡勒克人。在古代，吉尔吉斯部落联盟带有一定程度的军事联盟色彩，内部和外部部落以及左翼和右翼的划分也是出于进行有效军事作战部署的需要。伊奇吉利克人意为内部的、内姓的吉尔吉斯人，同时还有阿尔卡勒克人，主要指新的、外部的和山地的吉尔吉斯人。② 在战术部署上，伊奇吉利克人位于军队的内部（中军）位置，其两翼部署阿尔卡利克人，其中右翼为"翁卡纳特"，左翼为"索勒卡纳特"。③ 右翼部落群居住在吉尔吉斯斯坦的南部山地地区，所以又被称为山地吉尔吉斯人；左翼部落群地处吉尔吉斯斯坦西部和北部的平原地区，又被称为平原吉尔吉斯人。

有关左右翼部落群族形成的另一个说法是，左翼主要地处吉尔吉斯斯坦西部和北部的平原地区，萨雷巴噶什（Сарыбагыш）、库什丘（Кушчу）、索尔托（Солто）、特纳伊（Тынай）、萨雅克（Саяк）、布库（Бугу）、萨鲁（Сары）等七个大的部族构成了北方部落的主体。右翼部落群居住在吉尔吉斯

---

① Бермет Маликова. Правая рука не ведает, что творит левая? http://members.vb.kg/2010/02/26/klanir/1.html.
② 史谢红、吴宏伟：《吉尔吉斯斯坦吉尔吉斯人传统社会探析》，《新疆师范大学学报（哲学社会科学版）》2014年第1期。
③ 伊奇吉利克（Ичкилик），吉尔吉斯语意为平原吉尔吉斯人，阿尔卡勒克（Аркалык），吉尔吉斯语意为山地吉尔吉斯人。翁卡纳特（он канат），吉尔吉斯语意为右翼，索勒卡纳特（сол канат），吉尔吉斯语意为左翼。

斯坦的南部山地地区,右翼只包含一个部族——埃迪基内(Эгины)。① 南部吉尔吉斯人的另一个组成部分是伊奇吉利克人。② 他们被认为是与多隆·比同行的兄弟萨巴泰的部落繁衍而来的一支。右翼部落群逐步分为占据大部分天山的塔盖部落、居住在南部的阿迪格乃部落和蒙古什部落三支,后两支与伊奇吉利克人逐渐实现了联合。伊奇吉利克人在南方拥有相当大的支系,由多个部落组成,其中还混杂有包含乌兹别克族在内的大量非吉尔吉斯族人群。在与部分的右翼部族构成南方部落族群的过程中,伊奇吉利克人扮演了重要角色。③吉尔吉斯斯坦南方部落的构成相对庞杂,支派众多,派别纷争也由来已久。

古代吉尔吉斯这种传统的社会组织结构与军事作战部署结构逐渐发展为吉尔吉斯的部族社会结构,部落联盟内部和族群之间的对立与分离也最终演变为部族间的对立,传统的南北部族间的差异与矛盾由此产生。④ 军事功能逐渐衍生为吉尔吉斯部族的一些外部特征,如军事征召、旗帜、牲畜的烙印、种族的纯洁性、成员互助、部族长老、部族英雄等,⑤ 这也成为吉尔吉斯部族政治文化的一些共性特征。同时,吉尔吉斯斯坦的部族还具有浓厚的地方主义色彩。在南北两大部族内部,根据各自不同的地域属性和历史分界,吉尔吉斯各部族势力还可分为楚河和塔拉斯河区域、奥什和费尔干纳区、纳伦区以及其他一些支派与族群。⑥ 在众多族群之中,分别置于吉尔吉斯斯坦境内南方和北方的奥

---

① 焦一强:《影响吉尔吉斯斯坦政治转型的部族主义因素分析》,《俄罗斯中亚东欧研究》2010年第3期。
② Сабыр Аттокуров, Родословная кыргызов, 13 мая 2014, http://www.open.kg/about-kyrgyzstan/culture/ethnography/431-rodoslovnaya-kyrgyzov.html.
③ 史谢红、吴宏伟:《吉尔吉斯斯坦吉尔吉斯人传统社会探析》,《新疆师范大学学报(哲学社会科学版)》2014年第1期。
④ Имарали Кушматов, Кыргызам нельзя войти в будущее, не оглядываясь на прошлое, 2.12.2011, http://www.centrasia.ru/newsA.php?st=1322801520.
⑤ Андрей Грозин, Элиты Туркменистана и центральноазиатские кланы: общее, особенное и трудности модернизации, http://www.perspektivy.info/oykumena/krug/elity_turkmenistana_i_centralnoaziatskije_klany_obshheje_osobennoje_i_trudnosti_modernizacii_2010-12-21.htm.
⑥ Владимир Ханин, Кыргызстан: этнический плюрализм и политические конфликты, 7 апреля, 2010, http://www.peoples-rights.info/2010/04/kyrgyzstan-etnicheskij-plyuralizm-i-politicheskie-konflikty.

第八章　中亚国家的政治文化与政治转型

什－费尔干纳与楚河－塔拉斯族群是吉尔吉斯斯坦最具代表性的地区性部族群体，它们在社会经济和政治文化上表现出明显的地区差异。

苏维埃政权建立之前，吉尔吉斯斯坦北方地区由于较为靠近俄罗斯，经济条件较好，也更为富庶，这里聚集着吉尔吉斯斯坦传统的贵族和富农，而南部地区主要为广袤的农耕区，社会构成主要是以家族和氏族为基础的无产者阶层。[1] 北方部族受俄罗斯影响较深，现代化程度较高，而南方部族受伊斯兰教和乌兹别克文化影响较深，伊斯兰教信众较多，独立后该地区还出现了再伊斯兰化的过程。[2] 由此可见，吉尔吉斯斯坦南北族群的对立延续至今，在很大程度上不仅是历史上生产方式与经济发展水平存在差距所致，而且还有"现代与传统、世俗文化与宗教文化之间的分立因素"[3]。

同对待哈萨克部族政治的方法类似，在苏联时期，苏共中央为缓解和平衡吉尔吉斯部族间的矛盾与对立，在南北部族间实行领导干部轮换制。自1950年到阿卡耶夫当选总统之前，吉尔吉斯共和国中央第一书记的职位一直在南北部族政治精英之间轮换[4]。苏联解体后，平衡各部落之间力量的干部分配机制被打破，以苏共中央为核心的权力体系被部族政治取代。前总统阿卡耶夫在分配部长和政府要职时，部族利益是其重要的参考因素[5]。在阿卡耶夫执政的15年间，吉尔吉斯斯坦出现了单一部族，即北方部族长期执政的局面，政府高官也基本上被阿卡耶夫所属的北方部族势力所把持。阿卡耶夫及其所属部落的成

---

[1] Владимир Ханин, Кыргызстан: этнический плюрализм и политические конфликты, 7 апреля, 2010, http://www.peoples-rights.info/2010/04/kyrgyzstan-etnicheskij-plyuralizm-i-politicheskie-konflikty.

[2] Galieva Zairash. Civil Society in Kyrgyz Republic in Transition // Central Asia Monitor, 1998, No. 5. P. 9., см. Владимир Ханин, Кыргызстан: этнический плюрализм и политические конфликты, 7 апреля, 2010, http://www.peoples-rights.info/2010/04/kyrgyzstan-etnicheskij-plyuralizm-i-politicheskie-konflikty.

[3] Владимир Ханин, Кыргызстан: этнический плюрализм и политические конфликты, 7 апреля, 2010, http://www.peoples-rights.info/2010/04/kyrgyzstan-etnicheskij-plyuralizm-i-politicheskie-konflikty.

[4] М. Оленев, Роды и кланы Средней Азии, Генеалогия. 2006. №5. http://www.whoiswho.ru/russian/Curnom/52006/klan.htm.

[5] Алишер ТАКСАНОВ, Ташкент, Кланы и коррупция в Узбекистане, http://www.zonakz.net/articles/1119.

员占据着包括财政、内务和国家安全等部门的政府要职。① 部族间的传统对立与政治权力分配的不均衡,直接造成阿卡耶夫执政时期政权结构失衡的格局。② 执行权力机关基本上由阿卡耶夫领导的北方部族成员组成,而议会主要是由通过单名选区制和比例代表制从地方政治精英中选举产生的代表所组成,其中很多是南方部族的政治精英,由此,便形成了以北方部族为主体的执行权力机关同以南方部族为主要力量的立法权力机关的对峙。二者长期不和,致使议会对总统的掣肘不断,总统政令不能及时地获得议会的通过,最终表现为总统治理效率的低下。因此,为削弱议会对总统的实际影响,阿卡耶夫在执政后期,曾通过修改宪法,对立法机关进行结构性改革,将两院制议会改为一院制,并将议会议员的产生方式由比例代表制改为单名选区制,从而在一定程度上遏制了南方部族势力借助政党在立法机关中扩大其影响力的势头。

吉尔吉斯斯坦独立后,由于北方部族精英长期执政,其他部族精英失去了进入政权的机会,地方对中央政权的不满情绪不断被激化,南方部族对北方部族的积怨也日益加深。这种积怨激发出来的地区主义情绪也成为阿卡耶夫下台之后吉尔吉斯斯坦连年政治动荡的根源。2005 年"3·24 事件"中,以巴基耶夫为代表的南部精英推翻了阿卡耶夫领导的北部精英政权,进而改变了南北精英在政权中的力量格局。"3·24 事件"后,吉尔吉斯斯坦实现了部族精英的大轮换,政权核心由南部精英所掌握,行政权力机关内部也出现了以南方精英巴基耶夫为总统和以北方精英库洛夫为总理的权力均势,从而实现了南北方部族精英力量之间暂时的平衡。但随着 2007 年年初库洛夫的离任,南北部族的力量均势再次被打破。由于吉尔吉斯斯坦政治中缺乏平衡各部族之间利益和进行权力合理分配的政治传统,也不存在正常的政权轮换机制与政治妥协机制,因而,南北部族之间的宿怨至今仍是影响吉尔吉斯斯坦政权稳定的潜在隐患。③ 2010

---

① Волнения в Кыргызстане с точки зрения соперничества кланов, 6 июня, 2002, http://russian.eurasianet.org/departments/insight/articles/eav060602ru.shtml.
② В. Э. Ханин, Этнополитический плюрализм и политические конфликты в Республике Кыргызстан, Восток. 2002. №1. С. 84, 89–90.
③ Александр Шустов, Динамика правящих элит в Киргизии, 18.06.2008, http://www.fondsk.ru/article.php?id=1440.

年 4 月,吉尔吉斯斯坦再次爆发政治骚乱,反对派要求巴基耶夫总统兑现"倒阿(阿卡耶夫)"时许下的实行议会制改革的承诺。在未得到满意结果后,联合反对派再次以街头暴力方式推翻了巴基耶夫政权,并宣布实行议会制改革,将总统制改为议会制,由多党组成联合政府,共同治理国家。议会制改革是吉尔吉斯斯坦在以部族和地方势力为主的多党政治之中,寻求政治妥协新途径的一次制度性尝试,因此在吉尔吉斯斯坦的社会转型中具有里程碑意义。

与其他中亚国家相比,部落文化和部族政治在吉尔吉斯人的个体生活与国家构建中具有重大意义,象征部落的帐篷甚至成为独立后吉尔吉斯斯坦的重要标志,被画在独立国家的国旗上。部落对于吉尔吉斯人来讲就是国家,这里蕴含着吉尔吉斯人的社会观念、传统道德规范、精神与文化价值观、民族习惯、风俗传统和理想。[1] 部族关系作为一种亚民族关系,或次级民族关系,在吉尔吉斯斯坦呈现出鲜明的地域性和家族性特征。爱国主义在吉尔吉斯人的传统观念中多半是与"自己的"部族和地域联系在一起的。[2] 传统的政治冲突也因此以地区性部族冲突的形式表现出来。从民族和国家形成的角度看,民族国家的创建一般要经历氏族、部落、部族与民族等发展阶段,渐进地形成民族国家,并一般以国家认同为最高认同。而在吉尔吉斯斯坦,部族认同时常高于对民族国家的认同,部族成员往往以本部族的利益为中心,致使国家和社会因各地部族之争而陷入动荡。与此同时,以家族、部落为纽带的部族关系构成了某种稳定的社会关系,即一种获取与分配社会资源的模式和部族家庭-代理人的关系。[3] 对于部族"下层"成员来说,本部族精英获得的政治利益与自身获得的收益成正比,即政治精英获利越多,部族成员的份额也就越多,这些份额包括

---

[1] Имарали Кушматов, Кыргызам нельзя войти в будущее, не оглядываясь на прошлое, 2.12.2011, http://www.centrasia.ru/newsA.php?st=1322801520.

[2] Андрей Грозин, Элиты Туркменистана и центральноазиатские кланы: общее, особенное и трудности модернизации, http://www.perspektivy.info/oykumena/krug/elity_turkmenistana_i_centralnoaziatskije_klany_obshheje_osobennoje_i_trudnosti_modernizacii_2010-12-21.htm.

[3] Ситнянский Г. Ю. Интеграционные тенденции на постсоветском пространстве и противодействие им (на примере Киргизии) 1991-1999 гг. // Расы и народы. Современные этнические и расовые проблемы. Ежегодник. Вып. 27. М.: «Наука», 2001. С. 245.

资本占有、福利补贴、官职以及所属地区的基础设施等。① 曾经两次参加总统竞选的吉尔吉斯斯坦女政治家乌梅塔利耶娃指出，很多吉尔吉斯人千方百计地成为精英部族成员，因为这不仅能够提升其社会地位，而且还能为其经商和从政开辟道路。② 鉴于此，这种以部族政治为基础的社会关系势必在政治斗争中形成某种效忠机制，即社会下层不仅不会挑战同部族的上层精英，而且会在同其他部族争夺利益和领导权的斗争中给予本部族精英最大的支持。因此，祖国党议员珍别科夫认为，"族属关系、民族主义和部族制在吉尔吉斯斯坦正变得越来越重要"。目前，在吉尔吉斯斯坦，部族首领并不会直接参加总统选举，但一些总统候选人会竭力通过部族首领来获取某些部族及地区的支持。因此，区分部族归属不仅仅是总统候选人的需要，在当局无能的情况下需要维护自身利益的民众也需要分清部族。③ 家族成员间的依存关系维系着精英与群众之间的联系和部族内部相对的团结，为政治精英提供了稳定的民众支持，吉尔吉斯斯坦历任总统无一不是得到本部族成员的有力支持而上台的。可以说，部族上、下阶层之间存在着支持与庇护的关系，其核心是维系地方的共同性，保证上层精英对地方权力的垄断。④换言之，这种部族成员的效忠与庇护机制同地方性群体行动的有机结合维持了部族内部相对稳定的社会结构。但在国家的政治转型和制度现代化进程中，这种部族政治也导致国家认同的削弱甚至缺失。

部族政治是吉尔吉斯斯坦独立进程中不可忽视的重要因素。1991年，吉尔吉斯斯坦首任总统阿卡耶夫被授予具有象征意义的"吉尔吉斯最高汗"的封号，这在一定程度上起到维持国家和政权稳定的作用。时任吉尔吉斯

---

① Владимир Ханин, Кыргызстан: этнический плюрализм и политические конфликты, 7 апреля, 2010, http://www.peoples-rights.info/2010/04/kyrgyzstan-etnicheskij-plyuralizm-i-politicheskie-konflikty.

② 〔俄〕维多利亚·潘菲洛娃：《吉尔吉斯斯坦大选前部族矛盾加剧》，《独立报》2010年7月14日。

③ 〔俄〕维多利亚·潘菲洛娃：《吉尔吉斯斯坦大选前部族矛盾加剧》，《独立报》2010年7月14日。

④ Владимир Ханин, Кыргызстан: этнический плюрализм и политические конфликты, 7 апреля, 2010, http://www.peoples-rights.info/2010/04/kyrgyzstan-etnicheskij-plyuralizm-i-politicheskie-konflikty.

斯坦总统阿卡耶夫还建议，给予传统的长老们正式的官职以及国家薪金的待遇，恢复部族政治中旧有的马纳普氏族代表制①，使传统的部族等级制度和以家庭为纽带的氏族组织模式在重新分权的进程中发挥作用。② 以阿卡耶夫为代表的自由主义民主派试图利用部族政治树立自己的良好形象、巩固国家政权，但反而被部族政治利用，部族政治中的地域属性不断被强化，并逐步被地方主义替代。③ 在独立后的第二个10年里，吉尔吉斯斯坦的部族势力已在事实上掌握了地方的行政与财政大权，甚至控制着地方的选举。正如独联体国家的一些学者所指出的那样："阿卡耶夫创造了一个他驾驭不了的怪物。"④

作为一种民族文化，吉尔吉斯的部族文化本身并不具有政治色彩。2005年"3·24事件"之后，部族文化被政治化了，并成为削弱国家权力的不利因素。⑤ 在吉尔吉斯斯坦多党政治的体制下，政党政治也表现出浓郁的地方特色。一些政党产生于群众性的反对运动，在政治斗争中夹杂着政党领袖个人的狭隘性和地区主义色彩。因此，吉尔吉斯斯坦很少有规模较大且具社会影响力的政党组织，⑥ 大多数政党仅具有有限的地区代表性。同时，在部族政治精英

---

① 马纳普是吉尔吉斯部族特有的军事头领、博学者和仲裁者。Современный толковый словарь изд. Большая Советская Энциклопедия？（онлайн версия），http：//www.classes.ru/all-russian/russian-dictionary-encycl-term-32849.htm.

② Владимир Ханин，Кыргызстан：этнический плюрализм и политические конфликты，7 апреля，2010，http：//www.peoples-rights.info/2010/04/kyrgyzstan-etnicheskij-plyuralizm-i-politicheskie-konflikty.

③ Владимир Ханин，Кыргызстан：этнический плюрализм и политические конфликты，7 апреля，2010，http：//www.peoples-rights.info/2010/04/kyrgyzstan-etnicheskij-plyuralizm-i-politicheskie-konflikty.

④ Владимир Ханин，Кыргызстан：этнический плюрализм и политические конфликты，7 апреля，2010，http：//www.peoples-rights.info/2010/04/kyrgyzstan-etnicheskij-plyuralizm-i-politicheskie-konflikty.

⑤ Андрей Грозин，Элиты Туркменистана и центральноазиатские кланы：общее，особенное и трудности модернизации，http：//www.perspektivy.info/oykumena/krug/elity_turkmenistana_i_centralnoaziatskije_klany_obshheje_osobennoje_i_trudnosti_modernizacii 2010-12-21.htm.

⑥ Владимир Ханин，Кыргызстан：этнический плюрализм и политические конфликты，7 апреля，2010，http：//www.peoples-rights.info/2010/04/kyrgyzstan-etnicheskij-plyuralizm-i-politicheskie-konflikty.

内部的权力之争中，政党领袖也表现出某种民粹主义的特征。① 2010 年，吉尔吉斯斯坦虽然实现了从总统制到议会制的政体改革，但中央与地方精英之间以及南北部族之间的矛盾并没有因体制的变化而消解，各方反而常常以议会为平台，在议长与总理人选、执政联盟的官员任命等问题上继续进行着利益交换和讨价还价的政治游戏。

三 土库曼斯坦部族政治文化

土库曼族的祖先是公元 5 世纪前后来到里海沿岸草原地带的突厥部族，以及公元 9～10 世纪迁来的乌古斯人（塞尔柱人）。历史上，土库曼先后臣服于花拉子模朝、希瓦汗国和布哈拉汗国，直到 20 世纪初才形成现代的土库曼族。

目前，关于土库曼传统部落的数量存在着多种说法，一般认为，土库曼部族主要有 6 大部落，分别为尤穆德部、吉泽尔 - 阿尔瓦特部、铁金部、巴尔干部、恰尔朱部和塔沙乌斯部。② 土库曼斯坦前总统尼亚佐夫在《鲁赫纳玛》一书中指出，"土库曼民族始于土库曼的奥古兹汗"，而"奥古兹汗人就是土库曼人"。他强调，早在 5000 年前奥古兹汗时代起土库曼民族就有了自己的纪年。奥古兹汗有 6 个儿子和 24 个孙子，其 24 个孙子形成了 24 个部落，目前生活在世界各地的土库曼人都是这 24 个支系的后裔。③ 因此也就有了 24 个部落之说，即认为土库曼有 8 大部落和 16 个独立的小部落。此外，还有 5000 个氏族与 9 大部落之说④。苏维埃政权建立初期，土库曼各部落联合在一起成立了土库曼苏维埃共和国。⑤ 1973 年，苏共中央通过民族划分与合并的方式，按

---

① Владимир Ханин, Кыргызстан: этнический плюрализм и политические конфликты, 7 апреля, 2010, http://www.peoples - rights.info/2010/04/kyrgyzstan - etnicheskij - plyuralizm - i - politicheskie - konflikty.
② Олег Сидоров, Политическая элита Туркменистана вчера и сегодня, 06.05.05, http://www.gazeta.kz/art.asp? aid = 59230.
③ 施玉宇：《列国志——土库曼斯坦》，社会科学文献出版社，2005，第 29～30 页。
④ Олег Сидоров, Политическая элита Туркменистана вчера и сегодня, 06.05.05, http://www.gazeta.kz/art.asp? aid = 59230.
⑤ Shokhrat Kadyrov, The ethnology of political management: yesterday, today & tomorrow, A special Report for the Conference "The Turkmenistan: not on Orange revolution but Regional?", Oslo, 6 june 2005, http://www.igpi.ru/bibl/other_ articl/1119947605.html.

照五大行政区划分土库曼各部落人口,因此出现了在主体部落聚居区内,各部落间的混居现象。如在埃尔萨利部落主要居住的列巴埔州还聚居着恰尔朱、铁金、乔多尔等其他部落的人群,在尤穆德部生活的西部和北部地区,同样居住着戈克兰、恰尔朱、卡拉达什利和阿塔等部落的土库曼人。[1] 在土库曼斯坦的部落中,铁金部和尤穆德部是人口最多、分布面积最广的两个部落,其人口数量占土库曼斯坦总人口的50%,而其分布面积占全境的60%。[2] 铁金部主要聚居在阿哈尔州和马勒州。它又分为两个主要的支派——阿哈尔铁金(ahal Tekee)和马雷铁金(mary Tekee),前者大体分布在土库曼斯坦中南部人口稠密的地区,首都阿什哈巴德也包含其中;后者主要分布在阿哈尔州以东、与伊朗和阿富汗接壤的地区。苏联时期,铁金部落中的阿哈尔铁金部一直在国家政治领域保持着较大的影响力。考虑到阿哈尔铁金部的强势地位和土库曼各部族之间的竞争,苏共中央有意采取了压制阿哈尔铁金部以维持各部落间均势的政策,始终让阿哈尔铁金部的代表只能占据土库曼共产党中央"第二把交椅"。在1924~1951年的27年中,土库曼共产党第一书记均由俄罗斯族人担任,在此后的34年间,即1951~1985年,土库曼共产党中央第一书记基本上是由非阿哈尔铁金部的其他部落的代表担任(详见表8-1)。[3]

表8-1 1924~1991年土库曼共产党中央书记一览表

顺序	姓名	在任时间	部落属性	土库曼共产党中央书记处职位
1	Х. С. 撒哈特穆拉多夫	1924~1928	阿哈尔铁金	第二书记
2	Ч. А. 维列科夫	1929~1935	阿哈尔铁金	第二书记
3	А. 穆哈梅多夫	1936~1937	阿哈尔铁金	第二书记

---

[1] Shokhrat Kadyrov: The ethnology of political management: yesterday, today & tomorrow, A special Report for the Conference "The Turkmenistan: not on Orange revolution but Regional?", Oslo, 6 june 2005, http://www.igpi.ru/bibl/other_articl/1119947605.html.

[2] Трофимов Д. Центральная Азия: проблемы этноконфессионального развития. М., 1994. С. 40. см. А. Шустов: Постсоветский трайбализм – клановые элиты стран Центральной Азии13: 57 23.04.2008, http://www.centrasia.ru/newsA.php? st = 1208944620.

[3] Олег Сидоров, Политическая элита Туркменистана вчера и сегодня, 06.05.05, http://www.gazeta.kz/art.asp? aid = 59230.

续表

顺序	姓名	在任时间	部族属性	土库曼共产党中央书记处职位
4	А. 别尔德耶夫	1937～1938	不 详	第二书记
5	Х. Б. 巴巴耶夫	1938	尤穆德	第二书记
6	别尔马诺夫	1941	不 详	第二书记
7	Ш. Б. 巴提罗夫	1946～1947 1947～1951	阿哈尔铁金	第二书记 第一书记
8	С. Б. 巴巴耶夫	1951～1958	阿利利	第一书记
9	Дж. К. 卡拉耶夫	1959～1960	铁 金	第一书记
10	Б. О. 奥维佐夫	1960～1969	尤穆德	第一书记
11	М. Г. 加普罗夫	1969～1985	埃尔萨利	第一书记
12	С. А. 尼亚佐夫	1985～1991	阿哈尔铁金	第一书记

资料来源：Shokhrat Kadyrov：The Ethnology of Political Management，Yesterday，Today & Tomorrow，A special Report for the Conference "The Turkmenistan：not on Orange revolution but Regional？"，Oslo，6 june 2005，http：//www.igpi.ru/bibl/other_articl/1119947605.html。

尼亚佐夫于1985年担任土库曼共产党第一书记后，土库曼最高权力重新回到了阿哈尔铁金部的手中，从而使该部落在国家权力体系中的核心地位再次得到确立。以血缘和地缘关系维系的部族关系赋予中亚民族浓厚的同乡情结，中亚各国普遍存在着一人当官，全部族受惠的传统。同时，中亚国家现行的总统制赋予总统在行政、司法与立法等领域的人事任免权，这就使作为部族代表的国家最高领导人通过职务任命的方式在国家政权体系中扩大本部族势力成为可能。这种现象在土库曼斯坦十分常见。在土库曼斯坦的部族政治文化中有一条不成文的传统，即领导人掌权后只能委任本部族的人担任政府要职。所以，领导人上任后，除了给予所属地区以倾斜政策外，一般还会提拔和重用本部族的人进入政权体系，培养自己的亲信。[1] 尼亚佐夫时期，阿哈尔铁金部的代表几乎垄断了土库曼斯坦各部门、检察院和法院等国家权力机构的要职。[2] 尼亚

---

[1] Александр Шустов，Динамика правящих элит в Киргизии，18.06.2008，http://www.fondsk.ru/article.php?id=1440.

[2] Эсен Аман，Состав руководства Туркменистана，Хроника Туркменистана. 2008. 2 апр. http：//www.chrono-tm.org/.

佐夫去世后,同属于该部落的别尔德穆哈梅多夫接任了总统职务,并凭借这种传统的政治资源优势,延续了该部落在国家政权中的核心地位。[①]

  为保障土库曼斯坦社会政治的稳定,防止因发展不平衡而导致的部落冲突,土库曼斯坦前总统尼亚佐夫十分重视协调各部落间的关系。他曾一再强调,作为总统,他将坚持"部落中立"的立场,避免某一部落代表长期占据政府关键职位,以保持部落之间的力量平衡。[②] 尼亚佐夫时期,土库曼斯坦国家最高权力机关是人民委员会,该机构由总统领导,由议会议员、总检察长、最高法院院长、地方人民代表及各级行政首脑组成。人民委员会的这种组合方式也为地方领导人进入国家决策层、参政议政提供了可能。此外,在土库曼斯坦,还设有由部落首领组成的元老院,具有国家咨询机构的性质,为尼亚佐夫政权献计献策。尼亚佐夫在其所著的《鲁赫纳玛》一书中阐释了其对于土库曼民族与国家的理解,并提出有关发展独立国家的治国理念。在土库曼语中"鲁赫纳玛"的本意是"精神"。为增强国家凝聚力和人民的团结,尼亚佐夫总统在《鲁赫纳玛》一书中积极倡导实现新的民族一体化。他指出,土库曼民族的共同祖先是奥古兹汗。他希望土库曼斯坦能够依据圣训,重新回到过去纯粹的土库曼时代,将众多部落统一为土库曼民族,最后建立民族国家。[③] 在苏联时期并未形成真正意义上的土库曼民族。苏联解体后,在面临建国问题的同时,土库曼斯坦也肩负着构建主体民族的任务。尼亚佐夫曾经指出,构建民族需要依靠精神、内在的精神,正如其在《鲁赫纳玛》的前言中所指出的那样,"精神能维系人群,构成民族""精神推动生命,而不是物质"。总体上说,土库曼斯坦独立 20 多年来,国内政治一直较为稳定,即使是在国家最高权力因尼亚佐夫

[①] Андрей Грозин, Элиты Туркменистана и центральноазиатские кланы: общее, особенное и трудности модернизации, http://www.perspektivy.info/oykumena/krug/elity_turkmenistana_i_centralnoaziatskije_klany_obshheje_osobennoje_i_trudnosti_modernizacii_2010-12-21.htm.

[②] Олег Сидоров, Политическая элита Туркменистана вчера и сегодня, 06.05.05, http://www.gazeta.kz/art.asp?aid=59230.

[③] Shokhrat Kadyrov, The ethnology of political management: yesterday, today & tomorrow, A special Report for the Conference "The Turkmenistan: not on Orange revolution but Regional?", Oslo, 6 june 2005, http://www.igpi.ru/bibl/other_articl/1119947605.html.

去世而易手的情况下，也未出现大规模的政治震荡，这与领导人重视改善与协调部落间关系有关。

四 乌兹别克斯坦部族政治文化

乌兹别克族的主体是中亚突厥化后锡尔河流域和阿姆河下游的操突厥语的诸部族，在文字记载中，关于乌兹别克部落的说法不一，曾经有92部落的说法。但经过长期的定居与融合，部落间的界限被打破，逐渐形成现代的乌兹别克族。以农耕业为主要生产生活方式的乌兹别克部落族群，其身份认同不是以血缘或亲缘关系为标志，而主要是以语言和社会关系组织中的地域原则为依据。如果说，以游牧业为主的哈萨克、吉尔吉斯、土库曼等部族在财产和资源管理方面仍保留着部族等级制度中以血缘关系为基础的"垂直"分配观念和方式的话，那么乌兹别克斯坦的族群关系则主要是依靠以村镇和地区为纽带的地域认同来维系的[1]。长期的定居生活赋予人们较为清晰的地域观念和界限，地域认同与同乡情结构成了乌兹别克斯坦独特的部族政治文化。这是因为乌兹别克斯坦地处中亚腹地，自然地貌以沙漠和绿洲为主，农耕地被自然分割，从而形成相对封闭而独立的绿洲农业。在乌兹别克斯坦，多数地区的部族逐渐发展为以一定自然区域为中心的相对自给自足的绿洲文化群体。这种绿洲文化重视地域边界和邻里关系，人们在心理上对部族成员间的血亲认同已经被地域和同乡认同所替换，并在政治文化心理上形成了具有明确地域观念的同乡情结。在这种政治文化心理的作用下，乌兹别克斯坦逐渐出现了强大的政治势力和政治帮派[2]。同时，鲜明的地属特征加之农耕文化本身固有的保守性与封闭性，都进一步拉大了地区间族群的差异并使彼此之间产生隔阂，甚至使不同族群形同异族。

在乌兹别克斯坦，较有影响的地方部族势力大体分布在三个区域，东部的

---

[1] Алишер Таксанов, Ташкент, Кланы и коррупция в Узбекистане, http://www.zonakz.net/articles/1119.

[2] В. И. Бушков, Таджикистан: традиционное общество в постиндустриальном мир, Этнографическое обозрение. 1995. №4. C. 89 – 90.

费尔干纳、安集延、纳马干,西部的撒马尔罕、吉扎克①、锡尔达理以及首都塔什干。乌兹别克斯坦的政治斗争大多是在这三大地区的政治势力之间进行的。与前两个地区相比,塔什干虽然在规模和人口上没有前两者强大,但却吸收了为数众多的政治活动家。

苏联时期,苏共在乌兹别克斯坦实行"第二书记"管理体制,即由当地部族代表轮流担任该共和国共产党的第一书记,而由斯拉夫人担任当地共产党的"二把手",后者在政权体系中负责协调部族矛盾,起到缓冲器的作用,并保证各地区集团与帮派间的利益平衡。②从 1929 年起,乌兹别克共产党第一书记开始由塔什干帮和费尔干纳帮的代表轮流出任(详见表 8-2)。但自 1959 年苏共中央提拔了西部部族帮派代表拉希多夫担任乌共中央第一书记以来,乌兹别克各族群势力开始呈现出失衡状态。在此期间,西部部族撒马尔罕帮和锡尔达理帮的势力得到了加强,政府各部及地方各州的要职大多是由西部部族代表出任。吉扎克部族所在地区在拉希多夫时期获得了州负责人的地位。1984 年拉希多夫去世之后,乌兹别克斯坦第一书记由费尔干纳帮的乌斯曼霍扎耶夫接任,但他很快因腐败问题被撤职。1989 年,卡里莫夫出任乌兹别克共产党第一书记,这被视为撒马尔罕帮重新崛起的标志。1992 年,卡里莫夫成功地应对了塔什干帮及其代表、时任副总统舒库鲁鲁对其总统权力的挑战,在宪法中剔除副总统一职,从而巩固了总统权力。卡里莫夫本人出身于撒马尔汗帮,与中亚其他国家领导人一样,卡里莫夫上任后不久,任命了不少同乡担任政府要职。然而,随着总统与同为撒马尔罕帮成员的前副总理朱拉别科夫发生不和,而后者又存在严重的腐败问题,致使卡里莫夫逐渐失去了对本部族成员的信任。1998 年,卡里莫夫总统对本部族的官员进行大换血,撤换了政府

---

① 有些学者认为吉扎克不是一个部族,它一直都是撒马尔罕帮的一部分,吉扎克人至今都被认为是撒马尔罕帮的同乡。它的崛起得益于曾任乌共第一书记的拉希多夫。参见 Шохрат Кадыров, Политтехнологии в советской и постсоветской Центральной Азии (теория и практика). http://www.worldstatesmen.org/Kazakhstan/htm (последнее посещение 10 сентября 2005 года)。

② Алишер Таксанов, Ташкент, Кланы и коррупция в Узбекистане, http://www.zonakz.net/articles/1119.

机构中大批撒马尔罕帮的人，从而大大削弱了撒马尔罕帮的势力。[①] 可以说，卡里莫夫执政以来，他所依靠的政治资源并非是本部族势力，而是政府的强力部门和执行权力机关的垂直权力体系。因此，很多学者指出，卡里莫夫可以依靠的政治资源是那些对其效忠的人，而不是在其左右的政治人物，因为这些人被认为是卡里莫夫的竞争者。正因为如此，在乌兹别克斯坦，基本没有出现过部族势力与国家最高权力之间彼此借重的现象。独立后，乌兹别克斯坦总统不但是全民总统，而且事实上还扮演着原来苏维埃政党体制内"第二书记"的角色，维系着各部族间的权力平衡。

表8-2 1924~1991年乌兹别克共和国共产党中央负责人一览表

姓名及民族	在任时间	来自地区
В. 伊万诺夫（俄罗斯族）	1924~1927	非乌兹别克斯坦地区
К. 基尔基什（白俄罗斯族*）	1927~1929	非乌兹别克斯坦地区
Н. 吉卡罗（乌克兰族）	1929	非乌兹别克斯坦地区
И. 扎林斯基（犹太人）	1929	非乌兹别克斯坦地区
А. 伊克拉莫夫（乌兹别克族）	1929~1937	塔什干
Д. 秋拉别科夫*（乌兹别克族）	1937	苦盏
П. 雅科夫列夫*（俄罗斯族）	1937	不详
У. 尤苏波夫（乌兹别克族）	1937~1950	费尔干纳
С. 努尔特津诺夫*（乌兹别克族）	1950	塔什干
А. 尼亚佐夫（乌兹别克族）	1950~1955	费尔干纳
Н. 穆希金诺夫（乌兹别克族）	1955~1957	塔什干
Ш. 拉希多夫（乌兹别克族）	1959~1983	吉扎克
И. 乌斯曼霍扎耶夫（乌兹别克族）	1983~1988	费尔干纳
Р. 尼沙诺夫（乌兹别克族）	1988~1989	塔什干
И. 卡里莫夫（乌兹别克族）	1989~1991	撒马尔罕

注：*当时为负责人，并没有第一书记一职。

资料来源：Шохрат Кадыров, Политтехнологии в советской и постсоветской Центральной Азии (теория и практика). Часть 2: Объединяй и властвуй, Центрahttp://www.central-eurasia.com/index/articles/? uid = 243, http://www.worldstatesmen.org/Kazakhstan/htm（последнее посещение 10 сентября 2005 года）.

[①] И. Хисамов, Вызов Исламу, Эксперт. 1999. 22 февр. С. 50; У. Хакназаров, Возрождение "серого кардинала" узбекской политики, ЦентрАзия. 2003. 2 янв. http://www.forum.uz/printthread.php? t = 13423.

第八章 中亚国家的政治文化与政治转型

即便如此，乌兹别克斯坦部族之间的政治纷争依然存在，其固有的矛盾时常因利益之争而被激化，并扰乱着国家政治发展进程中脆弱的政治平衡与社会秩序，甚至发展为街头暴力事件。一些中亚学者认为，2005 年 5 月发生在乌兹别克斯坦东部城镇安集延的暴力骚乱事件，就是政权内部不同派别之间矛盾激化的结果。① 俄罗斯《生意人报》观察家季加尔指出，2005 年的"安集延事件"充分表明乌兹别克斯坦各帮派之间矛盾与斗争的尖锐程度。执行权力机关在事件中表现出来的指挥无序、行动迟缓，恰恰表明以内务部部长阿马托夫为代表的撒马尔罕帮和以安全局局长 P. 伊诺亚托夫为代表的塔什干帮之间权力斗争的现实。②

五 塔吉克斯坦部族政治文化

塔吉克族是波斯人的后裔，其祖先来自欧亚草原的东伊朗部落，在突厥部落征服中亚地区之前，他们长期居住在阿姆河、泽拉夫尚河流域和费尔干纳盆地地区，从事农耕的定居生活。塔吉克斯坦是一个部族势力较为浓重的国家，同乌兹别克的部族文化类似，塔吉克的部族也大多以地域划分和命名，根据部族属地的不同逐渐形成各自独特的部族政治文化心理与部族认同。

突厥部落征服中亚后，一些塔吉克人被突厥化，但更多的塔吉克人被迫向南部山区迁徙，因而出现了草原塔吉克人和山地塔吉克人，前者主要分布在塔吉克斯坦北部，以农耕定居生活为主；后者主要分布在南部山区，以畜牧业为主。北部塔吉克人主要聚居在布哈拉、撒马尔罕、苦盏（1939～1991 年被称为"列宁纳巴德"）三个城市周围，并受乌兹别克人的影响较为明显。1929 年建立塔吉克苏维埃社会主义共和国后，塔吉克北部的大部分地区被划给了乌兹别克斯坦，仅剩下苦盏地区。南方塔吉克人主要居住在"东布哈拉"区域内，现代塔吉克斯坦主要是以该地区为中心建立起来的。③ 可以说，北方部族以苦

---

① С. В. Бирюков, Элиты - клиенты как ключевой фактор политического развития центральноазиатских государств. Русский Журнал. 2003. 18 марта. www.russ.ru/politics/20030318 - bir. html.

② М. Зыгарь, Клановая операция. Узбекистан перенес удаление главы МВД , Коммерсант. 04 июля 2005.

③ 吴家多：《塔吉克人与塔吉克斯坦内战》，《民族论坛》1998 年第 5 期。

盏人为代表，南方部族以杜尚别人为代表。此外，塔吉克斯坦还居住着帕米尔人、戈尔诺-巴达赫尚人、卡拉特金人和达尔瓦斯人等亚民族人群。[1] 也有学者把现代的塔吉克民族划分为五个大的地域亚民族，即北方人、卡拉特金人、库利亚布人、吉萨尔人、帕米尔人。[2]

在塔吉克的部族中，地处塔吉克斯坦北部的苦盏人虽然较少，但由于其历史悠久、经济相对发达，因而自古以来就是塔吉克的文化中心与政治中心。与乌兹别克斯坦费尔干纳地区的居民相似，苦盏人在文化心理上也具有独特的优越感。凭借其文化优势与历史传统，苦盏在苏联时期一直在塔吉克社会政治中处于主导地位。自1946年塔吉克共产党中央第一书记交由塔吉克人担任至1991年塔吉克斯坦独立前夕，该职位一直由列宁纳巴德（苦盏）[3] 的政治精英担任。可以说，塔吉克共和国是苏联时期中亚各共和国中，唯一一个没有通过国家领导人由部族间轮流"坐庄"的方式来维持部族间力量均势的共和国，而是由一个部族长期占据政治的主导地位。苏联时期，苏共中央在列宁纳巴德投入了大量资金，发展面向当地劳动力和资源的工业，并形成统一的国民经济综合体以及部分国防工业联合体。[4]

苏联解体后，随着旧有的苏维埃体制对塔吉克斯坦内政的影响力逐步下降，塔吉克斯坦部族内部的政治平衡被打破。独立初期的1991~1992年，塔吉克斯坦东部的领导人联合库尔干秋别地区的代表提出参政议政的政治诉求，要求替代北方苦盏的政治精英的传统领导。为了重新划分权力，失去既得利益的官僚们形成了政府反对派。不同地区的塔吉克人结成了彼此对立的政治联盟，即支持政权的苦盏-库利亚布-吉萨尔联盟和支持反对派的卡拉特金-帕

---

[1] Ротарь И. Таджикская и чеченская смуты：сравнительный анализ двух конфликтов // Независимая газета, 1997, 15 мая., см. Shokhrat Kadyrov：The ethnology of political management：yesterday, today & tomorrow, A special Report for the Conference "The Turkmenistan：not on Orange revolution but Regional?", Oslo, 6 june 2005, http：//www.igpi.ru/bibl/other_articl/1119947605.html.

[2] 吴家多：《塔吉克人与塔吉克斯坦内战》，《民族论坛》1998年第5期。

[3] 原名为苦盏（俄文为Худжанд），1939年起，该城市更名为列宁纳巴德，直到1991年才重新恢复为"苦盏"。

[4] 何希泉：《世纪之交的塔吉克斯坦形势》，《国际资料信息》2000年第7期。

米尔联盟。① 反对派为争夺权力和资源，不断发起对政府的暴力行动，最终将刚刚获得独立的塔吉克斯坦拉入长达五年的内战之中。很多学者在分析塔吉克斯坦独立初期发生内战的原因时，片面夸大宗教因素，即伊斯兰复兴党的作用，部族间的矛盾与竞争经常被置于次因的位置上。事实上，在宗教因素介入冲突之前，地方部族势力一直是对抗政权的主要力量，而伊斯兰势力的介入最终使其成为反对派势力联合的对象和对总统进行分权的工具。② 1994年，塔吉克斯坦内战期间，来自南部库利亚布地区的领导人拉赫莫诺夫得到了民众的普遍拥护，并当选为总统。拉赫莫诺夫上台后，将政治中心南移至杜尚别，苦盏的政治地位被弱化。同其前任一样，拉赫莫诺夫总统也是一位具有浓厚同乡情结的领导人，在任期间，他给予家乡库利亚布和同部族成员更多的优惠政策。在人事任命方面，他重用同乡，选择和提拔南方政治精英进入政权核心。同时，他还在家乡库利亚布投入大量资金进行基础设施建设与改造，于1998年和1999年分别建成了库利亚布国际机场和长达132公里的库尔干秋别－库利亚布铁路线，这不但开通了库利亚布同其他地区之间的联系，也给予当地更多的发展空间与机遇，总统对家乡的倾斜政策比单纯的资金支持更有远见。

六　部族政治文化与政治转型

部族认同曾经是中亚民族身份认同的重要标志。部族政治文化可以被解释为一种民族文化、民族心理、文化传统、非正式的社会结构与权力体系等。对于部族政治文化的界定在学术文献中尚无定论。中国学者李保平将部族政治文化等同于部族主义，认为同一部落或部族的人们怀有强烈的集团意识，强调对本部落本部族的忠诚和认同。这种部族政治文化就被称作部族主义，它是传统政治文化的核心内容。它倾向于排斥其他部落或部族，将对国家的忠诚和认同置于次要地位③。

按照生活方式，中亚五国的主体民族大体可以分为两类，即以游牧生活为

---

① 吴家多：《塔吉克人与塔吉克斯坦内战》，《民族论坛》1998年第5期。
② Алишер Таксанов, Ташкент, Кланы и коррупция в Узбекистане, http://www.zonakz.net/articles/1119.
③ 李保平：《传统文化对黑非洲政治发展的制约》，《西亚非洲》1994年第6期。

主要生产生活方式的哈萨克族、吉尔吉斯族、土库曼族和以农耕生活为主的乌兹别克族和塔吉克族。前者往往十分明确自己的部族属性，而后者则以所属地域定位自我的身份认同。部族属性是长期生活在行国之中的游牧民族身份认同的唯一标志，因此与农耕民族相比，部族认同对于游牧民族的意义更大些。与此同时，在民族观念和民族心理上，中亚民族在对整个民族认同的同时，首先更重视对本部落或部族的认同。①

加入苏联后，中亚各民族成为苏维埃体制下的成员，被纳入集体农庄和集体村社，生产与生活方式发生了较大改变，多数游牧民过上了定居的生活，原有的部族管理体系和组织形式被打破。表面上看，中亚各民族的部族特征被淡化了，并逐渐被共产主义意识形态所替代。②但在部族成员的心里，整个部族和族群的利益依旧高于一切，并由此衍生出具有强烈同乡情结的部族政治文化。部族精英利用苏维埃体制，为本部族谋取福利。与部族内部成员彼此依存关系形成对比的是，各部族间存在着较大的文化差异，不同部族之间在文化心理上呈现出彼此分立甚至是对立的状态，偶尔的军事联合也难以弥合部族间的排他性。

在苏维埃政权建立初期，中亚地区的部族文化传统在地区自治和管理方面发挥了潜在的影响力。因此，为防止出现某一个部族在共和国政权体系内获得强势地位，莫斯科直接委派代表担任各共和国的领导职务。苏联领导层深知管理中亚社会的难度与复杂性，因此在很多方面利用了部族政治文化的特性。为了保持部族间的利益平衡，苏共中央在中亚各共和国的行政管理与干部任命方面采取人事轮换制和委任制相结合的管理体制，即共和国的最高领导人——共产党第一书记由不同部族的政治精英轮流担任，同时委派斯拉夫人担任共和国的第二把手，负责协调部族间的矛盾。各级共产党体系中的"第二书记"，在部族政治中发挥了缓冲器的作用。③除了共和国党的主要负

---

① Shokhrat Kadyrov, The ethnology of political management: yesterday, today & tomorrow, A special Report for the Conference "The Turkmenistan: not on Orange revolution but Regional?", Oslo, 6 june 2005, http: //www. igpi. ru/bibl/other_ articl/1119947605. html.

② Алишер Таксанов, Ташкент, Кланы и коррупция в Узбекистане, http: //www. zonakz. net/articles/1119.

③ Алишер Таксанов, Ташкент, Кланы и коррупция в Узбекистане, http: //www. zonakz. net/articles/1119.

责人的人事任命外,莫斯科在各共和国的最高苏维埃委员会、部长会议、科学院等机构的人事安排上实行同样的政策,其目的依旧是避免出现个别部族势力过大的现象。

如果说部族内部下级对上级的服从是维系部族团结的内在行为逻辑的话,那么苏维埃的部族管理体制则是部族政治的外在约束机制。"第二书记"的安排维持了苏共中央对中亚各共和国的垂直领导。轮换制在一定程度上缓解了部族之间的矛盾,但部族间的轮换制却也在另一个层面上承认并固化了部族间的原有矛盾。因此可以说,轮换制并没有从根本上消除或弥合中亚各共和国部族之间的矛盾与对立,反而进一步损害了非执政部族的利益,强化了部族间的竞争,造成部族分化日益加剧,最终给民族和社会埋下动荡的隐患。如在吉尔吉斯斯坦,南北方部族的对立矛盾延续至今;在乌兹别克斯坦,地区帮派政治纠结不断;在塔吉克斯坦,地方势力之间的派系斗争此起彼伏,这些都是历史痼疾和苏联体制遗存矛盾的延续。1988年,苏共中央不顾哈萨克人民的民族感情,任命俄罗斯族人科尔宾取代哈萨克族人库纳耶夫担任哈萨克共和国共产党中央第一书记。这一政治举动直接破坏了传统的轮换制和"第二书记"安排,引发当地人的不满情绪,在阿拉木图爆发了群众性示威游行与政治骚乱,这就是历史上著名的"阿拉木图事件"。"阿拉木图事件"虽然很快被平息,但苏共中央与中亚部族间的对话与平衡关系却由此被打破,原有的矛盾加上轮换制所造成的矛盾与危机不断加剧,这些问题在苏联后期因苏维埃权力中心的缺失更加暴露出来。学者卡迪罗夫在研究苏维埃体制对中亚部族政治的影响时发现,苏维埃管理体制与以血缘为纽带的部族政治传统之间存在着诸多矛盾,即垂直的苏维埃管理体制要求中亚各民族服从中央的统一领导,而中亚内部的部族认同则具有分离主义情绪。苏共中央干部轮换制度带来的直接后果就是强化了部族主义。因此,随着苏联解体,外部垂直管理体系的削弱不可避免地使地方自治传统得到了复兴。

在部族分立与民族分化的过程中,苏俄在文化教育领域对中亚地区采取文化同化政策,作为"外来文化"的苏俄文化使中亚地区的本土文化逐渐被边缘化。但一些边远的中亚地区由于较少受到现代文化与科技的影响,却保留了大量本民族和族群的传统文化与信仰。文化与科技的差异拉大了中亚各国中央与地方精英之间的差距。① 同时，部族认同中也掺杂着欧化或俄罗斯化与本土化、现代化与再传统化、宗教化与世俗化等多重矛盾与对立。

中亚地区的部族政治文化表现出以下两个基本特征。

第一，中亚的部族政治文化具有鲜明的排他性。部族政治文化是一种亚民族的族群文化，强调人种的纯粹性、部族的独特性以及部族利益的重要性，这有时会使民众在民族国家的构建中迷失方向。如今在塔吉克斯坦，居住在山区的帕米尔人、卡拉特金人和达尔瓦斯人等被认为是纯粹的塔吉克人，相形之下，北方的苦盏人和南方的库利亚布人则因混有突厥血统而被认为是非纯粹的塔吉克人。② 在乌兹别克斯坦，费尔干纳人完全不认为塔什干人是乌兹别克族。在土库曼斯坦也存在着类似的人种纯粹性问题。每个亚民族族群都认为自己比其他族群更纯粹，而过分强调族群的特殊性这种观念本身就带有强烈的排他性，势必影响或阻碍民族内部和部族之间的联合。事实上，在独立的中亚国家，所有民族都是多部族混杂的，无论哪个部族都无法宣称自己是现代民族的土著民或本土民。部族间的政治文化在强化差异性的同时，也强化了部族彼此间的封闭性与排他性，造成中亚国家内部地区性的割据状态和严重的分离情绪，使民族内部不断分化。

与此同时，部族政治强调的是狭隘的群体利益与地区利益，弱化了整体民族的利益，在强调地区与部族认同的同时，削弱了国家与民族的整体认同，最终造成民族与社会的分化以及中央与地方的分离。在政治现代化的进程中，民族国家的形成存在着不同的发展阶段，即有氏族、部落、部族、民族乃至国家等不同层面的认同阶段或发展时期。③ 由于对部族或民族的认同高于对国家的认同，因而在新独立的国家中容易形成地方分离主义倾向。部族文化中的同乡情结还衍生出官员间的庇护关系，诱发国家政权中裙带关系并导致腐败问题的滋生，这在很大程度上会破坏国家政府体系的运行规则，成为国家转型时期政

---

① Кариби М., Авторитаризм ведет к дестабилизации (интервью). 20 мая 2005. Интернет сайт.

② 吴家多：《塔吉克人与塔吉克斯坦内战》，《民族论坛》1998 年第 5 期。

③ Смирнов В., Религия + деньги: кто поднял восстание в Андижане? (Интервью с Вячеславом Смирновым, директором НИИ политической социологии) // Русский журнал, 25 мае 2005 г. (Беседовал Владимир Голышев).

治动荡的根源。部族政治文化所衍生的这些副产品都不利于国家政权体制的稳步运行。

第二，部族政治文化突出"家国同构"观念，以效忠机制维系部族内部及上下级关系。部族政治是一种非正式的权力结构，有其内在的政治行为逻辑，即部族下层必须服从上层，不得挑战上层精英的权威，这样才能获取更多利益份额。这种行为逻辑是由古代部族首领与下属间的庇护与效忠关系演变而来。部族和部落曾经是部族成员寻求庇护与获取自身利益的唯一所系，因为牲畜、牧场、水井等一切与牧民生活息息相关的财产、物品都要依靠部族及部族首领来供给和维护。无论对于家庭、氏族还是部落，首领都是关键人物。①部族首领有权最大限度地利用本部族的资源来巩固其在权力结构中的统治地位。② 在转型过程中，这种逻辑关系在处理精英与民众关系、中央与地方关系，甚至是族际关系中都发挥着重要的作用。此外，血缘和家族在部族政治文化中占有举足轻重的地位，它不仅是部族文化传承的载体，也是维系整个部族的纽带。伴随着独立进程，大多数中亚国家形成了以总统为中心的家族势力，他们不但掌握着国家的经济命脉，而且试图进入政界延续家族统治。

在整个政治发展进程中，中亚民族的部族政治文化结合苏联政治文化以及官僚体系，构成了中亚民族的政治文化传统，它们自然也成为中亚各国政体选择和权力模式构建过程中必然的影响因素。③ 部族政治文化中的"家国同构"观念、臣属观念与群体意识都是中亚各民族普遍认同的政治文化传统，也是民众对国家最原始的认知观念，其衍生出来的等级观念、领袖崇拜与世袭传统为巩固和延续总统权力提供了良好的社会基础。事实上，在中亚各国构建独立国家的进程中，部族政治文化一直被中亚国家的领导人所重视，并成为巩固权力基础的重要手段。在领袖崇拜心理的作用下，人们更愿意把治理国家的希望寄

---

① 〔美〕加文·汉布里：《中亚史纲要》，吴玉贵译，商务印书馆，1994，第16页。

② Владимир Ханин, Кыргызстан: этнический плюрализм и политические конфликты, 7 апреля, 2010, http://www.peoples-rights.info/2010/04/kyrgyzstan-etnicheskij-plyuralizm-i-politicheskie-konflikty.

③ С. Каспэ, Постсоветские нации в саду расходящихся тропок, 28.12.2009, Россия в глобальнойполитике, http://www.centrasia.ru/newsA.php?st=1261983720.

托在领袖个人身上,从而使国家权力最终趋向总统,维护总统权力的稳定自然成为维护国家稳定的同义词。当然,这种部族民众对首领的忠诚也并非一成不变。在历史上,由于缺少国家观念,中亚各部族之间常常通过征战而获得生存的条件。在草原文化中,只有战争的胜利者才能获得包括权力和部落居民在内的一切社会财富,被征服者为了保全自己的性命,不得不改变与原部落首领的臣属关系,转而依附于新的征服者,由此形成了中亚民族传统文化中的另一个特点,即对权威的多变心理和以追求现实物质利益为目的的价值取向。沙俄统治时期,为谋求本部族的最大利益,中亚民族中就曾出现过多位在沙皇政府与各部族之间周旋的部族领袖。他们运用自己的智慧,同沙皇政府讨价还价,灵活地协调和处理各部族间的关系。苏联解体后,获得独立的中亚各国领导人大多采取了多元平衡的外交政策,这在某种程度上也是善于左右逢源的民族心理在现代政治中的反映。

在政治转型的现阶段,中亚各国在利用部族文化为政权服务的过程中,因领导人治国理念的不同,其发展也出现了两种不同的结果。有些中亚国家领导人能扬长避短,充分挖掘和发挥部族文化中的积极因素,进而促进了国家政权的稳定与社会的发展;而有些中亚国家的领导人,或因长期的部族矛盾与冲突而最终丧失了政权,或为部族政治所累,在任期间国内不断爆发政治与社会危机。吉尔吉斯斯坦为克服部族政治文化给政治发展造成的负面阻力,改行议会制,希望通过政治分权的制度化改造,解决部族对立的局面。但事实上,对于所有中亚国家来说,要克服部族政治的弊端,实现政治现代化和精英现代化并构建西方式的民族国家仍是任重而道远。

第二节 宗教因素对中亚国家政治转型的影响

伴随着国家的独立与转型进程,中亚地区出现了一股回归民族传统与复兴伊斯兰教的浪潮。作为中亚主体民族的传统文化,伊斯兰教在帮助中亚各主体民族找回文化标识和民族认同的同时,也日益显现出其反世俗的一面,成为独立与发展进程中的一柄双刃剑。宗教的政治化倾向给正处于转型进程中的中亚社会带来严重的安全隐患,甚至引发了政治动荡与内战。

一　中亚民族的早期宗教

宗教对于中亚民族来说，不仅是一种哲学思考，而且还是对于自然力量的理解与信仰。在这一地区，伊斯兰教传播之前的原始宗教对中亚民族的宗教观念的形成产生了较大的影响。

中亚地处欧亚大陆腹地，是丝绸之路必经之处，自古就是古代东西方文化碰撞与交融之地，特殊的地理位置与复杂的文化构成形成了具有多元化与兼容性的中亚地域文化特质，中亚各民族的宗教观念也因此具有了相对的包容性。在伊斯兰教传入中亚之前，摩尼教、佛教和基督教也在该地区得到了较为广泛的传播。各种拜物教在中亚各部族中拥有众多虔诚的信众，其中腾格里教、祆教（拜火教）、萨满教、景教等拜物教对游牧民族原始宗教观念的形成产生了深远的影响。

同蒙古族一样，中亚的游牧民族也崇信万物有灵，在中亚游牧部落的原始宗教信仰体系中，自然界的生物被赋予诸多美好的寄寓，动物和植物被塑造为各种神明的形象并被顶礼膜拜。在崇尚血亲关系并以氏族部落为基础的中亚社会中，人们本能地认为自己所属氏族的血统与某些自然界的生物存在着必然的联系，于是对动物等生物进行崇拜、信仰与供奉，形成了独具宗教色彩的图腾文化。中亚古代的游牧民族有很多关于崇拜和信奉狗、狼、雪豹、狮子、老虎、金雕等动物的文字记载。在一些氏族部落中，作为图腾的动物是不允许被宰杀的，它们被视为氏族的原始起源，人们通过一系列祭祀仪式，演绎这些生灵与本氏族的神秘联系与衍生过程。此外，在伊斯兰教传入之前，游牧部落对于先人的崇拜与供奉在其信仰体系中占有重要地位。如吉尔吉斯人认为，先人的灵魂不但存在于现世，而且还能福佑与其拥有血缘关系的家族成员，使之免于不幸与灾祸。原始宗教信仰的产生往往源于人们对生死的思考。在这里，宗教不仅是一种哲学思考，而且成为一种对超自然力量的信仰。[①] 在众多拜物教中，萨满教曾以其简单的祈祷与膜拜仪式以及独特的功能在中亚游牧民族中广为流传。

---

① 迪木拉提·奥迈尔：《当代哈萨克族的萨满教信仰：仪式及其变迁》，《新疆社会科学》2007年第5期。

对于萨满教一直存在着多种理解。从文化人类学的角度看，萨满教被认为是一种古老的通灵术和医术。萨满可以帮助人们摆脱疾病与灾难的困扰，并在治病驱邪之外，承担着助人济世的责任。时至今日，在吉尔吉斯斯坦仍有较多萨满教的信众，他们经常求助萨满为其治病、析梦、解惑，甚至占卜未来，信众中不乏政治家、商人和议员。① 同时，萨满教也是一种原始的共同体宗教，因其具有连通社会与自然的独特功能而在传统文化中发挥着文化聚合的作用。② 在吉尔吉斯斯坦等以游牧民为主的中亚地区，萨满教被视为历史和民族文化的象征。吉尔吉斯斯坦学者吉尼斯·布鲁西洛夫斯基就认为，现代的萨满教是传达民族文化信息的独特渠道。③ 萨满教对吉尔吉斯斯坦和哈萨克斯坦各游牧民族原始宗教观念的形成产生了深远影响。对萨满的信仰及崇拜留存于人们的思想观念中，很多与萨满教相关的习俗都成为人们日常的风俗习惯，至今难以改变。作为哈萨克族土生土长的民间信仰文化，萨满教有着极强的生命力，外来宗教的传入与压制都难以抵消它的影响。伊斯兰教在哈萨克草原涤荡了先前传入的宗教，但仍未能将萨满教这个信仰多神和巫术的活动铲除，反而受到萨满教的一些影响。④ 时至今日，萨满教仍在不断发展，人们除了对萨满教的价值观体系进行不断更新外，还积极地在《古兰经》中寻找萨满教义的注脚。

二 伊斯兰教的复兴与政治转型

公元 7 世纪后期，阿拉伯帝国大举进入中亚地区，开始了对中亚各部的征服，伊斯兰教也在这一时期传入中亚。由于生产与生活方式的不同，伊斯兰教在中亚农耕区与游牧区传播与发展的程度表现出明显的区域差异。

---

① Бермет Маликова, Шаманизм в нашем городе, http://members.vb.kg/2011/03/18/nekak/1.html.
② Бермет Маликова, Шаманизм в нашем городе, http://members.vb.kg/2011/03/18/nekak/1.html.
③ Бермет Маликова. Шаманизм в нашем городе, http://members.vb.kg/2011/03/18/nekak/1.html.
④ Бермет Маликова. Шаманизм в нашем городе, http://members.vb.kg/2011/03/18/nekak/1.html.

（一）伊斯兰教在中亚的传播与历史演进

公元 7 世纪末至 8 世纪初，阿拉伯军队先后征服了布哈拉、撒马尔罕和花剌子模等地，并占领了整个河中地区①。伊斯兰教在这一时期传入了中亚西部的呼罗珊和中亚腹地的河中地区，即现在的塔吉克斯坦和乌兹别克斯坦境内。公元 9 世纪中叶以后，萨曼王朝统治时期，河中地区的大多数居民接受了伊斯兰教。② 可以说，河中地区在一定意义上是中亚伊斯兰教的发源地，中亚地区伊斯兰教的传播与中亚民族的伊斯兰化进程大体也是以这一地带为中心逐步辐射到其他地区的。这一地带保留了大量伊斯兰文化的遗迹，如著名的古城撒马尔罕、布哈拉等，费尔干纳盆地至今仍是中亚伊斯兰教传统最为浓厚的区域，与之毗邻的地区也是中亚各国穆斯林高度集中的地带。

伊斯兰教在中亚地区传播之初就因各民族生产与生活方式的不同而存在差异。定居的农耕民受到伊斯兰文化的影响比游牧民大得多，因而也更容易被伊斯兰化。伊斯兰教在今天的乌兹别克斯坦、塔吉克斯坦以及吉尔吉斯斯坦西南部农耕地区得到了较为稳定而深入的传播，当地居民较早地皈依了伊斯兰教。而在游牧或半游牧民聚集的七河流域③，即如今的哈萨克斯坦和吉尔吉斯斯坦部分地区，伊斯兰教的渗透力则较弱，当地伊斯兰化的时间也相对漫长。正如西方学者所指出的那样，由于中亚地区在地缘上具有"双重边缘性"，即处于定居文明和游牧文明的交汇处，因而有"早期伊斯兰化"和"晚期伊斯兰化"的划分。④ 早期伊斯兰化的塔吉克人和乌兹别克人受到的伊斯兰教影响是中亚地区最为深厚的。在苏联时期划归给吉尔吉斯斯坦的奥什州和贾拉拉巴德州，因在经济与文化方面同乌兹别克斯坦的联系较紧密，当地伊斯兰化的程度也较

---

① 河中地区，也有文献将该地区称为"河间地区"，主要指咸海东南、锡尔河和阿姆河流域之间以及泽拉夫尚河流域地带，主要包括现在乌兹别克斯坦全境和哈萨克斯坦西南部。
② 蓝琪：《论中亚的伊斯兰化》，《西域研究》2011 年第 4 期。
③ 七河流域主要指流入巴尔喀什湖的七条河流，即伊犁河、卡拉塔尔河、阿克苏河、列普萨河、阿亚古兹河、楚河、塔拉斯河。
④ 常玢：《伊斯兰教在中亚的传播与发展》，《东欧中亚研究》2001 年第 1 期。也有学者将中亚的伊斯兰化划分为两个伊斯兰化浪潮，即伊斯兰教在中亚的传播经历了二次浪潮：第一次发生在 7 世纪后的一段时间，那是与伊斯兰教的"五功"相联系的；第二次发生在 14 世纪后，主要与伊斯兰苏非神秘主义广泛传播相联系，其中的"和卓崇拜"尤其引人注目。参见潘志平：《和卓崇拜的兴衰》，《民族研究》1992 年 2 期。

深,那里建有很多大规模的清真寺院和圣陵。在公元 10~11 世纪,以奥什为中心的费尔干纳盆地几乎成为中亚伊斯兰教的传播中心。当地居民改信伊斯兰教之后,在语言文化、生活方式、生活习惯、宗教习俗、经济制度、政权构建等诸多方面都发生了根本的变化。相较之下,在七河流域,即今天的哈萨克斯坦和吉尔吉斯斯坦境内的多数游牧民则属于晚期伊斯兰化的民族。哈萨克族在公元 9 世纪才完成伊斯兰化进程。在楚河流域到天山山麓一带的吉尔吉斯人在公元 10 世纪时还将伊斯兰教视为自己的死敌。① 而由蒙兀儿汗国控制的吉尔吉斯各部落在 16 世纪初,才在伊斯兰化的蒙古人影响下,皈依了伊斯兰教。在吉尔吉斯斯坦全境的伊斯兰化进程直到 20 世纪初才基本结束。②

伊斯兰教在中亚各民族传播时的不同步性及其影响力的不均衡性,直接导致中亚各地与各民族在文化发展上的差异性。伊斯兰教对哈萨克斯坦、吉尔吉斯斯坦和土库曼斯坦的影响明显小于乌兹别克斯坦和塔吉克斯坦地区,皈依伊斯兰教后的游牧民族的宗教文化与河中农耕地区民族存在较大差异,不同地区和民族对伊斯兰教的认同也有区别。游牧民受到生产方式的限制,很难像农耕地区的居民那样严格按照《古兰经》规定的"五功"进行礼拜。在日常生活中,他们更多地保持着萨满教的基本习俗,而其原有的财产分配制度、宗法等级制度与传统习俗也在不同程度上淡化了民众对伊斯兰教的态度与观念。各部落一般都有自己的伊斯兰教领袖——毛拉,但在游牧民族中,毛拉的社会地位明显低于部落首领,平时毛拉与所在部落的牧民一起生活和放牧,只有在举行相关的宗教活动时才被邀请主持相关的仪式。另外,游牧民的清真寺没有自己的私有财产,既没有授予的土地和牧场,也没有牲畜等财产。由此可见,伊斯兰教宗教领袖毛拉在游牧民的生活中没有像在农耕地区那样占据着绝对的中心位置,宗教领袖的活动及宗教仪式大多是以游牧部落的生活为中心,毛拉的活动也要以整个部落及部落首领为中心。可以说,因生产生活方式的不同导致中亚地区的游牧民与农耕民在信仰诉求、宗教体验以及一系列宗教行为上也存在明显的差异。

---

① Бермет Маликова, Шаманизм в нашем городе, http://members.vb.kg/2011/03/18/nekak/1.html.
② 许涛:《吉尔吉斯斯坦民族宗教概况》,http://www.mzb.com.cn/html/report/144190-1.htm。

第八章 中亚国家的政治文化与政治转型

中亚民族多数为逊尼派穆斯林，崇拜自然、圣人（和草）、圣墓（麻扎），却远离《古兰经》中关于非偶像崇拜的"正统"教义。[①] 在游牧民族的宗教观念与宗教体验中，更多地保留了伊斯兰教传播之前拜物教的原始宗教观念。在吉尔吉斯斯坦等国，对自然、天体的多神崇拜一直贯穿于游牧民族的生产活动和精神生活之中。这也是中亚穆斯林容易受到伊斯兰教逊尼派中具有神秘主义的苏非教派[②]影响的原因。苏非主义与萨满教有很多共同之处，因而更容易被中亚的穆斯林接受。事实上，不仅对于中亚的游牧民族，而且对于农耕民来讲，苏非主义都有着强烈的吸引力和深厚的影响力。苏非派在中亚历代王朝中，如喀喇汗王朝、塞尔柱王朝和花剌子模王朝都发挥了重要的影响。在苏非派教士的帮助下，喀喇汗王朝的阿尔斯兰木萨实现了汗国的伊斯兰化，并于公元960年宣布伊斯兰教为国教。[③]就连哈萨克斯坦总统纳扎尔巴耶夫也不得不承认，苏非主义对于哈萨克族人的思想有着深远的影响。他同时指出，哈萨克斯坦中世纪的伊斯兰文化具有其自身特色，它很少遵循正统的伊斯兰教义。在中亚地区，12世纪苏非派导师和诗人谢赫·亚萨维的陵墓始终是民众崇拜的圣地。[④] 亚萨维将苏非主义渗透至当时突厥语社会的所有思想领域，在他的学说中保留着对突厥人生活与政治哲学中具有象征意义的腾格里教的解释。[⑤]

沙皇俄国时期，针对中亚各民族不同的宗教信仰状况，沙俄政府采取了不

[①] 王智娟、潘志平：《所谓"南北夹击"下的中亚》，《东欧中亚研究》1995年第4期。

[②] "苏非"一词及其由来有多种解释。一般认为，苏非一词源于苏夫（Suf, 羊毛），即指穿粗制羊毛衣服的人。这种衣服最初是穷人和忏悔人的服装，在哈里发阿布杜勒·马立克（685～705年）时，它是苦行者装束。到了9世纪中叶，"苏非"一词才正式出现在阿拉伯文献中，用来指那些完全奉献于伊斯兰教精神生活的苦行主义者。10世纪时，苏非又采用了神智的观念。大约在10世纪时，整个穆斯林神秘主义者都被称为"苏非"。粗制的羊毛服装便于他们席地而坐和随地倒卧，也适应他们经常的流浪和旅行生活。随后，以神秘主义思想为指导的苦行主义者逐渐组织化，从而形成了伊斯兰教中的苏非派。参见张文德：《苏非主义在中亚：思想与历史》，《新疆社会科学》2001年第4期。

[③] 张宏莉：《浅谈中亚的伊斯兰教根源》，《西北民族学院学报》2001年第1期。

[④] 〔英〕弗朗西斯·鲁宾逊主编《剑桥插图伊斯兰世界史》，安维华、钱雪梅译，世界知识出版社，2005，第57页。

[⑤] Р. Жумалы, Исламская религия как фактор политического влияния в Центральной Азии, из книги Р. Жумалы "Геополитика Центральной Азии". http://www.kyrgyznews.kg/news/apart/comments/18339.

同的宗教政策与管理方式。在中亚的浩罕、希瓦和布哈拉等汗国，伊斯兰文化已经融入当地民族的道德规范、价值取向、生活方式、习俗礼仪等生活之中。沙俄政府没有轻易触及这些汗国的宗教事务，而是为其保留了形式上的主权与自治，但在政治与经济领域却加强了对当地的渗透与扩张。对于伊斯兰教观念相对淡薄的哈萨克人和吉尔吉斯人聚集地区，沙皇政权则邀请其政治精英进入沙皇的殖民政府。也正是由于伊斯兰教没有真正撼动当地居民的世界观和宇宙观，所以在这些地区的土壤中始终没有燃起过宗教复仇之火。[1] 在反对沙俄的民族解放运动时期，游牧地区的政治精英几乎很少打宗教的旗号来号召各派力量反抗沙俄统治。

十月革命胜利之后，苏维埃政权不顾中亚地区民族的宗教感情与宗教管理模式，采取了较为激进的民族宗教政策，如废除当地的宗教法庭——卡迪法庭，拆毁清真寺和经学院，没收清真寺的土地等，宗教组织遭到严格的控制，穆斯林的正常宗教活动也受到限制。到1965年，中亚各地的清真寺仅剩下不到400座。[2] 中亚地区的宗教问题始终与民族问题联系在一起。在苏联时期，几代苏联领导人对中亚地区实施意识形态和文化领域的同化政策，通过反宗教宣传，不断强化共产主义意识形态，淡化宗教意识，消除宗教对政权的消极作用。同时，苏共中央还根据"民族自决"理论在中亚地区建立苏维埃加盟共和国，强行进行民族划界与民族识别。苏联时期的民族划界工作给中亚各加盟共和国留下了诸多矛盾与问题，如在费尔干纳盆地，吉尔吉斯斯坦、乌兹别克斯坦、塔吉克斯坦三国的领土犬牙交错地纠缠在一起，为独立后的民族与宗教认同造成混乱。与之相关的主权、民族与宗教等矛盾频繁引发事端，挑战着处于脆弱平衡之下的中亚地区安全。

苏联时期，对中亚地区民族宗教传统文化不加区分地限制与打压，伤害了中亚地区穆斯林的民族感情，引发了不满和抵触情绪。即便如此，伊斯兰教在中亚一些地区依旧保持着较大的影响力，"民间伊斯兰"和"非官方的毛拉"

---

[1] Р. Жумалы, Исламская религия как фактор политического влияния в Центральной Азии, из книги Р. Жумалы "Геополитика Центральной Азии". http://www.kyrgyznews.kg/news/apart/comments/18339.

[2] 邓浩:《苏联时期的中亚民族宗教问题》,《世界民族》1997年第4期。

一直在秘密活动。苏联时期开展的"无神论"宣传攻势,没有能够将伊斯兰教完全排挤出人们的意识与生活习惯之外。在这些地区,普通百姓仍遵循着伊斯兰法规,并把它看作本民族固有的习俗。[①] 直至20世纪80年代后期,随着苏联政治体系的崩塌,潜伏在中亚社会中的宗教、民族问题涌现出来,诸多社会不稳定因素由此滋生。

(二) 伊斯兰教在中亚地区的复兴与"再传统化"

苏联的解体造成中亚地区原有政治制度的崩溃和思想价值体系的断裂,社会意识形态领域也出现真空地带。思想价值体系的缺失刚好为伊斯兰教的复兴提供了良好的契机,20世纪的最后10年堪称中亚地区宗教发展的黄金时期。当社会主流意识缺失时,宗教的、民族的、自由的、极端主义的各种思想便应运而生。在长达70年的时间里,中亚各民族在文化和思想意识领域被高度地俄罗斯化和苏维埃化了,即便如此,伊斯兰教仍然在中亚社会中保留着大量的印记,并在各国独立后,成为主权国家的人文符号和回归历史文化传统的标志。[②] 作为植根于中亚社会的传统文化,伊斯兰教迅速地填补了人们在思想意识领域的真空。正如塔什干大穆夫提穆哈梅德·尤素福所说:"共产主义思想体系的崩溃,在我们地区和我们人民中造成了一个精神真空,唯有伊斯兰教可以填补这一真空。"[③] 因此,伊斯兰教在中亚的复兴既有其文化传统的根源,也存在着历史机遇与社会发展的现实需求。

随着伊斯兰教在中亚各国的复兴,伊斯兰教组织和团体的活动逐渐公开化,伊斯兰教的礼仪与传统也在中亚各国得到了全面恢复,出现了一股重拾传统文化与复兴伊斯兰教的社会浪潮,伊斯兰教信徒和清真寺的数量与日俱增,赴沙特阿拉伯圣地麦加朝觐的人数也在逐年递增,伊斯兰教在中亚地区得到了空前的发展。以伊斯兰教影响较弱的吉尔吉斯斯坦为例,独立前,在吉尔吉斯斯坦只有五六种宗教派别,现如今的宗教派别已经远远超过30个,而清真寺

---

① 陈小沁:《从塔吉克斯坦民族和解进程看伊斯兰教在国家政治生活中的作用》,《俄罗斯中亚东欧研究》2004年第5期。

② Андрей Грозин, Элиты Туркменистана и центральноазиатские кланы: общее, особенное и трудности модернизации, http://www.perspektivy.info/oykumena/krug/elity_turkmenistana_i_centralnoaziatskije_klany_obshheje_osobennoje_i_trudnosti_modernizacii_2010-12-21.htm.

③ 常玢:《苏联解体前后的中亚国家伊斯兰教状况》,《东欧中亚研究》2001年第5期。

的数量也从 1991 年的 39 所发展为现今的 2500 所。① 同时，吉尔吉斯斯坦全境还开办了 60 多所经学院、伊斯兰中心和宗教教育机构。②

作为恢复和发展民族传统文化的重要标志，伊斯兰教在中亚各国的政治生活中发挥着独特的作用。如前所述，独立后的中亚国家面临着建国与建制的双重任务，恢复伊斯兰教文化传统对于强化民众对新独立国家的群体认同具有重要的现实意义。独立之初，中亚各国领导人几乎都把伊斯兰教视为民族精神的源泉，激发民众国家意识、增进民族团结、促进社会稳定的精神武器。各国政府也均把恢复伊斯兰教作为政府工作的主要任务，积极扶持和推动伊斯兰教在本国的发展。任何一个统治集团都要求社会的宗教结构与政治结构相适应，总是设法利用宗教来巩固自己的统治③。中亚国家也不例外。正如塔吉克斯坦总统拉赫莫诺夫指出的那样："我们尊重伊斯兰教，因为它是我们纯洁的精神道德与优秀民族文化的源泉。"④

在独立之初，伊斯兰教的复兴得到了中亚各国政府的普遍支持。各国政府积极组织修复和兴建了大量的清真寺教堂和经学院，一些国家的政府还专门设立了宗教基金会或宗教管理委员会，并从事清真寺的建设与修缮工作（详见表 8-3）。

表 8-3　中亚五国独立前后清真寺数目统计表

单位：座

国别/时间	1980 年代	1990 年代初期	1990 年代中叶
乌兹别克斯坦	87	300	5000
塔吉克斯坦	70	90	2870
哈萨克斯坦	25	63	4000 多
吉尔吉斯斯坦	30	60	2000 多
土库曼斯坦	4	115	200 多

资料来源：《苏联解体前后的中亚国家伊斯兰教状况》，《东欧中亚研究》2001 年第 5 期。

---

① Дюшенбиев С. У. Ислам в современном Кыргызстане: состояние и проблемы // Религиоведение. 2011. No 3. C. 107-126. http://relig-articles.livejournal.com/33045.html.
② http://www.advantour.com/rus/kyrgyzstan/religion.htm.
③ 梁丽萍：《宗教的政治参与及其影响——以伊斯兰教为例》，《西亚非洲》2007 年第 1 期。
④ 赵常庆主编《十年剧变——中亚与外高加索卷》，中共党史出版社，2004，第 35 页。

第八章 中亚国家的政治文化与政治转型

同时，中亚各国政府还欢迎中东与西亚的阿拉伯国家与宗教团体对本国的伊斯兰教复兴给予援助。如吉尔吉斯斯坦伊斯兰教的发展就得到了阿拉伯联合酋长国和科威特等阿拉伯国家的资助，几乎在每个村庄都有漂亮的清真寺。① 外部资助在很大程度上影响着中亚国家伊斯兰教的发展方向，原本信教程度不高的吉尔吉斯斯坦和哈萨克斯坦等国即是如此。如伊斯兰教中的伊斯玛依教派在中亚地区就有着较为深厚的影响力。2000 年，该教派的精神领袖阿迦汗亲王曾与哈萨克斯坦、吉尔吉斯斯坦和塔吉克斯坦三国政府签订合作协议，修建私立大学——中亚大学，学校已于 2010 年动工。中亚大学将分别在吉尔吉斯斯坦的纳伦、哈萨克斯坦的铁克利和塔吉克斯坦的霍洛格建设三个校区，并配备各种教学设施，建校宗旨是为了在贫困地区普及教育，防止宗教极端主义势力的产生。除教学外，该教派还计划与政府合作兴建工厂。② 此外，吉尔吉斯斯坦每年有数以百计的青年人远赴埃及和沙特阿拉伯等国的伊斯兰教研究中心进修深造，足见年轻人对伊斯兰教的兴趣在逐步增强。③

就中亚各国穆斯林人数的分布来看，乌兹别克斯坦的信徒最多，占中亚穆斯林总人数的 50.1%，哈萨克斯坦位居其次，占比为 19.9%，以下依次是塔吉克斯坦、土库曼斯坦和吉尔吉斯斯坦。④ 而从穆斯林人口在本国人口的占比情况看，乌兹别克斯坦、塔吉克斯坦以及土库曼斯坦因主体民族在人口中比例较大，其穆斯林在全国总人口中的比重也相对占优，三国穆斯林人口均超过总人口的 80%。比较而言，哈萨克斯坦和吉尔吉斯斯坦由于除主体民族以外，还生活着相当数量的斯拉夫人及其他非主体民族的人，因而其穆斯林人口的占比也相对略低。

与历史上伊斯兰教的传播方向大体一致，独立后，伊斯兰教在中亚地区再传统化的进程也是以河中地区为核心向中亚其他区域成辐射状展开的。中国学

---

① С. Чериков, Свято место пусто не бывает. Кто заполняет идеологический вакуум в Кыргызстане?, 16.01.2010, http://www.centrasia.ru/newsA.php?st=1263622260.

② А. Шелепова, Имам ищет таланты. В казахстанских горах началось строительство исмаилитского Университета Центральной Азии, 16.01.2010, http://www.centrasia.ru/newsA.php?st=1263628800.

③ Ислам в Киргизии стремительно распространяется. http://islamtv.ru/news-214.html.

④ 安维华:《中亚五国穆斯林民族与地区分布及信仰虔诚度的差异》,《东欧中亚研究》1997 年第 3 期。

者安维华教授曾对中亚伊斯兰教的分布及信仰程度进行了较为深入的比较研究。他认为，在中亚地区存在着一个以河中地区为中心的伊斯兰教条带地区，包括今天的乌兹别克斯坦的撒马尔罕、布哈拉、塔什干、费尔干纳盆地、浩汗等地区以及塔吉克斯坦的库利亚布、库尔干秋别、杜尚别、戈尔诺－巴达赫尚、苦盏等地区，哈萨克斯坦的奇姆肯特、克孜勒尔达州，吉尔吉斯斯坦南部费尔干纳盆地的奥什和贾拉拉巴德两州，土库曼斯坦的塔沙乌兹地区、查尔朱等其他与之相邻的中亚国家地区。这一地带是中亚各国穆斯林较为集中的地带，信徒的虔诚度也是由此地带向其他地区逐步递减的。① 如果把中亚五国看作一个整体，则多数国家的北部地区，因受到俄罗斯的影响较深，穆斯林居住得相对分散，其伊斯兰化程度也较弱，具有代表性的是哈萨克斯坦和吉尔吉斯斯坦的北部地区；而在以河中地区为中心的南部地区，穆斯林人口相对集中，受到以伊斯兰文化为主体的乌兹别克文化的影响较深，伊斯兰教信众较多，因此在独立后再伊斯兰化的进程较快。②

三　伊斯兰教的政治化

伊斯兰教诞生时，穆罕默德尚未创建国家。因此，穆罕默德及其创立的伊斯兰教与信众不仅是简单的信仰与被信仰的关系，而且前者还肩负着对后者的庇佑责任。穆罕默德从麦加迁至麦地那后，便在《麦地那宪章》中宣布，他及其弟子所建立的社团"乌玛"，即穆斯林社团或公社是一个排斥他人的社团，穆罕默德是乌玛组织内部关系及与外人之间关系的仲裁者；乌玛必须同时既是会聚的人群，又是国家；而这胚胎国家便是穆罕默德在麦地那创建的国家。③ 因此，伊斯兰教在初创时期不仅承担着道德与教育的功能，而且还承担

---

① 安维华：《中亚五国穆斯林民族与地区分布及信仰虔诚度的差异》，《东欧中亚研究》1997 年第 3 期。
② Galieva Zairash. Civil Society in Kyrgyz Republic in Transition // Central Asia Monitor, 1998, No. 5. P. 9. ，см. Владимир Ханин，Кыргызстан：этнический плюрализм и политические конфликты，7 апреля，2010，http：//www.peoples－rights.info/2010/04/kyrgyzstan－etnicheskij－plyuralizm－i－politicheskie－konflikty.
③ 〔英〕费朗西斯·鲁宾逊主编《剑桥插图伊斯兰世界》，安维华、钱雪梅译，世界知识出版社，2005，第 8 页。

第八章　中亚国家的政治文化与政治转型

着国家的政治与经济功能。伊斯兰教的信徒在真主及其使者穆罕默德那里寻求庇护。同时，由于伊斯兰教产生时，已被更为成熟的宗教或文明所包围，在与周围成熟或强大的宗教—文明征战过程中，伊斯兰教形成了尚武的精神，[①] 穆斯林的"圣战"也由此产生。可以说，伊斯兰教在创立之初就是一个政治化和国家化的概念。

从人类文明现代性的演进来看，社会发展的总趋势是由政教合一的政治形态向政教分离的形态转变的。在现代社会，传统宗教丧失了对政治、经济乃至日常生活的社会法权，宗教组织不再是提供社会整合的唯一基础，而是被从社会政治制度中剥离出来，作为一个不可或缺的社会次属制度系统和语义，与其他社会次属系统和语义共同构成社会整合的基础。[②] 与其他宗教形成鲜明对比的是，伊斯兰教政教合一的教权理论表达了强烈的政治参与意愿，并曾一度发挥出极强的社会作用，因而具有国家化倾向。伊斯兰教在近代历史上没有经历过像基督教新教派那样的以世俗化和政教分离为基本标志的宗教改革，因而依旧保留着显著的政治文化特色，也就是说，伊斯兰教有能力为政治斗争、政治理念和政治功能提供传统文化资源的支持。[③] 伊斯兰教具有强大的政治社会动员力量，在相关国家争取民族解放的斗争中发挥过很大作用。在中亚各国的转型时期，伊斯兰教的政治化作用尤为突出。随着苏联的解体，中亚国家由集权体制转为新的权力与价值体系，伊斯兰教在这一过程中发挥着积极的凝聚作用。[④] 伊斯兰教本身具有强烈的政治性和政治化倾向，因而较易在社会转型，特别是出现社会危机或政治危机时被人利用，成为野心家的宗教外衣。[⑤] 中亚国家在独立之初，政治系统与社会价值体系均处于瘫痪状态，社会的政治经济生活危机四伏，伊斯兰教不仅作为一种信仰或社会团体的社会次属系统应运而生，而且进入到一些国家的社会政治领域，一些具有宗教性质的政党提出夺取

---

① 梁丽萍：《宗教的政治参与及其影响——以伊斯兰教为例》，《西亚非洲》2007 年第 1 期。
② 梁丽萍：《宗教的政治参与及其影响——以伊斯兰教为例》，《西亚非洲》2007 年第 1 期。
③ 曲红：《中东政治伊斯兰发展走向》，《西亚非洲》2001 年第 2 期。
④ Исламская религия как фактор политического влияния в Центральной Азии, 15.05.2008, Из книги Р. Жумалы "Геополитика Центральной Азии". http://www.kyrgyznews.kg/news/apart/comments/18339.
⑤ 石岚：《中亚费尔干纳：伊斯兰与现代民族国家》，民族出版社，2008，第 100 页。

政权的目标，甚至不惜采取更加极端的战争方式来达成其政治意愿。

伊斯兰教的政治化主要是指，通过揭示经训中的政治含义，阐释教义主张与政治的关系，进而利用伊斯兰教的政治特性，强调它的超地域、超国家、超民族的普遍性，极力使宗教向政治演变。① 伊斯兰教参与政治的主要方式有两种：一是以宗教政党方式夺取国家政权，二是发展原教旨主义运动，以夺取政权建立政教合一的国家。② 独立初期，在伊斯兰教影响较深的塔吉克斯坦和乌兹别克斯坦境内均出现了具有宗教性质的政党和社会团体，其中塔吉克斯坦伊斯兰复兴党、乌兹别克斯坦伊斯兰运动和乌兹别克斯坦解放党③等政党的影响力相对较大。塔吉克斯坦伊斯兰复兴党在其党纲与党章中明确地表达了其政治目标，即复兴塔吉克斯坦共和国公民的优秀传统思想美德，提高全体公民的政治宗教觉悟和增强伊斯兰教教法观念，把伊斯兰教的基本原则、思想贯彻到共和国穆斯林的一切生活之中。同时，该党还明确指出，塔吉克斯坦伊斯兰复兴党是一个以信仰伊斯兰教为支柱的社会政治组织，信奉唯一的安拉和安拉的使者穆罕默德，"不仅要在宗教信仰方面，而且要在政治、经济、文化、社会文明、日常生活，也就是社会生活的所有领域，全面地、不折不扣地执行安拉的启示——《古兰经》中的规定；不承认任何与沙里亚（伊斯兰教法）相悖的法律"④。在1991年塔吉克斯坦和1995年乌兹别克斯坦的总统选举中，均有伊斯兰性质的政党参加竞选活动，并公开提出复兴伊斯兰教和建立政教合一国家的政治纲领和竞选口号。一些宗教政党领袖宣传民族团结、独立与发展的观念，并主张在反对民族主义价值观的斗争中，将所有持民主观点的力量联合起来，从而产生"民主伊斯兰主义"。⑤ 塔吉克斯坦伊斯兰复兴党就是以这种"民主伊斯兰主义"的面目示人的。该党曾多次强调，作为一个议会型政党，

---

① 金宜久：《当代伊斯兰问题》，民族出版社，2008，第67页。
② 梁丽萍：《宗教的政治参与及其影响——以伊斯兰教为例》，《西亚非洲》2007年第1期。
③ 乌兹别克斯坦伊斯兰运动的俄语名为 Исламское движение Узбекистана；乌兹别克斯坦解放党的乌兹别克语为 Хизбут—тахриральисламия Узбекистана，俄语为 Партия освобождения Узбекистана。
④ 张来仪：《塔吉克斯坦的伊斯兰复兴党》，《东欧中亚研究》1999年第4期。
⑤ 陈小沁：《从塔吉克斯坦民族和解进程看伊斯兰教在国家政治生活中的作用》，《俄罗斯中亚东欧研究》2004年第5期。

要以合法的方式进行活动，力图通过民主的途径实现其目标。该党的一位领导人曾经表示：伊斯兰复兴党暂不考虑马上建立一个伊斯兰神权共和国，而是主张先引进西方式的民主管理体制。但作为穆斯林，应在人民群众中广泛开展伊斯兰教的宣传教育工作。相信塔吉克斯坦人民在经过一段时期的深思熟虑之后，会对是否应当建立伊斯兰神权共和国做出自己的选择。[①]"民主伊斯兰主义"的兴起也是伊斯兰复兴党在塔吉克斯坦独立不久便能聚合起强大的宗教与反对派势力、挑战民选政权的原因之一。此外，此类政党的影响力往往不仅仅局限于一个国家，而是外溢到整个中亚地区。如乌兹别克斯坦伊斯兰运动，自成立之初就是一个跨国的宗教组织，通过几年的努力，它已逐步发展为一个高度军事化和组织化的宗教极端组织。塔吉克斯坦的伊斯兰复兴党还主张把原苏联地区所有的穆斯林组织起来，恢复伊斯兰教的法规。乌兹别克斯坦伊斯兰运动甚至还提出在整个中亚地区及中国的新疆地区建立以费尔干纳盆地为中心的伊斯兰国家的倡议。这些伊斯兰政党的参政要求不仅对本国民选政府构成了严重的威胁，而且也对转型时期中亚各国的世俗化进程提出了现实挑战，根本目的依旧是恢复伊斯兰教在穆斯林社会和国家制度构建中的中心地位。

在通过合法的政治程序无法进入现政权后，一些国家的宗教政党便开始走向极端。1994～1997年，塔吉克斯坦爆发的内战是宗教政治化的极端表现。塔吉克斯坦是中亚国家中受到宗教文化传统和宗教极端主义影响程度最深的国家。在戈尔巴乔夫"多元化"政治改革的影响下，塔吉克斯坦伊斯兰教出现政治化倾向。在最高苏维埃内，以伊斯兰复兴党为首的政治反对派联盟向政府发难，试图建立伊斯兰政权，以此对抗塔吉克斯坦民选的世俗政权。1992年年初，以伊斯兰复兴党、伊斯兰民主党为代表的反对派在反对共产党人继续执政的共同目标下，建立了救国阵线，要求解散最高苏维埃，对政府进行改组，并先后通过"逼宫"的方式将民选总统马赫卡莫夫和纳比耶夫拉下了马。1992年5～8月，在政府的一再妥协和退让下，塔吉克斯坦反对派发起的地方武装冲突逐渐升级为内战。塔吉克斯坦内战是各方在选择建立世俗政权，还是建立政教合一的伊斯兰共和国问题上的对立而引发的一场国内武装冲突，即以

[①] 张来仪：《塔吉克斯坦的伊斯兰复兴党》，《东欧中亚研究》1999年第4期。

民选合法政府为一方和以联合反对派为另一方的夺权斗争。内战使塔吉克斯坦付出了昂贵的代价，国家独立和制度建设进程均受到影响。鉴于民族和解的需要，拉赫莫诺夫政权对宗教反对派做出了巨大让步，在新宪法中取消了对宗教性质政党的禁令，使伊斯兰复兴党重新获得进入政权的合法性。事实上，塔吉克斯坦内战爆发的原因是多重而复杂的，这里混杂着转型初期政治体系与思想价值体系转变过程中的矛盾，以及因政治权威的缺失引发的中央与地方政治精英的冲突，同时还包括外部伊斯兰宗教势力的资助与影响，但决定性的因素还是宗教因素。在地方主义和部族政治的背景下，塔吉克斯坦的"民主伊斯兰主义"者联合各种反对派势力组成了"民主伊斯兰联盟"，向拉赫莫诺夫总统领导的民选政权发起挑战，塔吉克斯坦伊斯兰复兴党逐渐成为反对派联盟的主导力量。

尽管在国内外的双重压力下，以伊斯兰复兴党为代表的反对派同拉赫莫诺夫政权达成协议，结束了长达五年之久的内战，实现了民族和解，但伊斯兰教对塔吉克斯坦社会的影响依然存在，甚至有增无减。伊斯兰教在塔吉克斯坦广大的农村地区拥有深厚的社会基础和文化根基，在家庭与社会的双重影响之下，伊斯兰教正逐步影响着塔吉克斯坦青年人的人生观与世界观。伊斯兰教在苏联时期对塔吉克斯坦就具有深层次的影响。因此，在苏联解体之际，塔吉克斯坦的反对派成为伊斯兰教在中亚国家复兴的领导者。在经历了经济崩溃和数万人死亡的内战之后，伊斯兰教的影响力依然得到了进一步增强。[1] 更有学者认为，伊斯兰教可以把总统的权力削弱为零。[2] 民族和解协定签署后，宗教性质的政党在塔吉克斯坦被合法化，拉赫蒙政权让出30%的政府职位给反对派联盟，使具有宗教色彩的政党成为世俗国家政治体制内的合法政党。

除了伊斯兰政党的兴起外，中亚的伊斯兰教政治化还表现在宗教极端主义势力的泛滥上。对于新独立的中亚各国政权来说，伊斯兰教是一柄双刃剑。中亚各国政府在利用伊斯兰教唤起民族意识与增强国家凝聚力的同时，也或多或

---

[1] А. Шустов, Исламизация Таджикистана. Влияние "Джамоати Таблиг" 08：47 30.08.2010，http：//www.centrasia.ru/newsA.php？st＝1283143620.

[2] Ю. Рогов, Скажи "нет" светскому образу жизни. В Таджикистане религия превратилась в средство борьбы и поддакивания, http：//www.centrasia.ru/newsA.php？st＝1262785380.

少地滋长了伊斯兰教反世俗的一面,宗教极端势力应运而生。中国学者金宜久认为,宗教极端主义是"宗教"与"极端主义"的复合概念,它指的是宗教中含有极端主义的成分或因素,是宗教性的极端主义。在有些国家或地区,宗教极端主义已与恐怖主义和分裂主义结合起来,形成三位一体的怪胎。① 宗教极端主义,一般是指打着宗教的旗号,通过传播极端主义思想和主张,宣传对其他群体的不认同和憎恨,从事暴力恐怖活动或民族分裂活动的社会思潮和政治势力。谋求建立地区性伊斯兰哈里发国家的理想是支撑这些极端主义组织斗争的核心目标。② 与此同时,中亚地区伊斯兰政治化在很大程度上受到了瓦哈比教派的影响。独立之初,一些中亚国家境内的伊斯兰教团体得到了将瓦哈比派教义定为国教的沙特阿拉伯的资助。瓦哈比教派兴起于18世纪中叶的阿拉伯半岛,主张以循古的方式,遵循先知和正统哈里发的传统,传播伊斯兰教,维护伊斯兰教的正统性。其在理论上与其他教派存在较大分歧,主张以极端的手段排斥异己。瓦哈比教派的信徒主要集中在沙特阿拉伯和卡塔尔。中亚国家独立后,瓦哈比教派通过对中亚境内伊斯兰教团体的资助,不断扩大其影响力,在吉尔吉斯斯坦南部与乌兹别克斯坦有众多信众。此外,外国政府的援助也是中亚宗教极端主义势力滋长的重要因素。塔吉克斯坦内战期间,伊斯兰复兴党等反对派武装就得到了阿富汗、伊朗和沙特阿拉伯等伊斯兰国家的大力支持。③ 因此可以说,作为中亚地区伊斯兰教政治化的表现,宗教极端主义势力的兴起与泛滥在很大程度上归咎于外部势力在中亚地区的渗透与扩张。

国家的独立与伊斯兰教的复兴激发了中亚各国的地方民族主义情绪,当民族分离势力与宗教极端势力相互结合后,便形成了强大的反对世俗政权的政治力量,且这种民族主义情绪与分离倾向越来越具有了恐怖主义的性质。1999~2000年,"三股势力",即民族分裂主义势力、宗教极端势力和国际恐怖主义势力,在中亚地区异常活跃,在中亚各国相继发生了多起恐怖袭击事件。如1999年2月,在乌兹别克斯坦首都塔什干发生了针对卡里莫夫总统的爆炸事

---

① 金宜久:《宗教在当代社会的蜕变》,《世界宗教研究》2002年第2期。
② 石岚:《中亚伊斯兰极端主义:"回归"与冲突》,《新疆大学学报》2007年9月号。
③ 陈小沁:《从塔吉克斯坦民族和解进程看伊斯兰教在国家政治生活中的作用》,《俄罗斯中亚东欧研究》2004年第5期。

件；同年 8 月，在吉尔吉斯斯坦南部巴特肯地区发生了恐怖分子绑架人质事件；在哈萨克斯坦也出现了由来自阿富汗的极端分子开办的非法宗教学校；2000 年 8 月，乌兹别克斯坦伊斯兰运动武装分子袭击了山村，甚至与政府军发生交火，占领了交通要地。

2005 年 5 月，在乌兹别克斯坦爆发的"安集延事件"是宗教极端主义势力对卡里莫夫政权的一次重大冲击，该事件被当局定性为宗教极端分子联合恐怖主义势力向乌兹别克斯坦世俗政权发出的挑战，是继塔吉克斯坦内战后，伊斯兰教政治化在中亚国家的再次体现。按照乌兹别克斯坦官方的声明，"安集延事件"是中亚宗教极端组织——伊斯兰解放党分支组织"阿克拉米亚"所为，他们与政府反对派相勾结，目的是在乌兹别克斯坦煽动类似于吉尔吉斯斯坦的"革命"，推翻乌兹别克斯坦合法政权。"安集延事件"给中亚各国敲响了警钟，各国开始将宗教极端主义视为危害国家政治稳定与地区安全的主要因素之一。"安集延事件"后，美国等西方国家既想在中亚地区继续推动"民主变革"，又担心被宗教极端势力所利用，为他们推翻当地世俗政权提供借口，因此，鉴于"安集延事件"中复杂的宗教因素，美国等西方国家在向中亚地区推行民主化战略时，逐渐放弃了先前强硬的手段与严格的标准，转而采取相对谨慎的立场。

进入 21 世纪以来，宗教极端主义势力再次呈现抬头之势。在吉尔吉斯斯坦两次出现政权更替后，伊斯兰解放党在吉尔吉斯斯坦南部的活动更加猖獗，2010 年吉尔吉斯斯坦共查处 54 起宗教极端事件，并逮捕 106 人。[1] 近年来，甚至在相对稳定的土库曼斯坦和素有"中亚稳定岛"之称的哈萨克斯坦也出现了宗教极端主义组织的活动。2008~2013 年，哈萨克斯坦发生的群体恐怖主义犯罪案件从 27 起增加到 171 起，极端主义犯罪案件从 56 起增加到 168 起。[2] 此外，在中亚，代表地区主义的部族势力的有组织犯罪也引起了各国政府的关注，与极端主义和恐怖主义组织一样，部族势力组织的抗议活动经常引

---

[1] 《吉尔吉斯斯坦总统强调要特别关注宗教极端组织的活动》，新华网，http://news.xinhuanet.com/world/2011-02/02/c_121047941.htm.

[2] Евгений Сатановский, Дестабилизация Центральной Азии, 18 февраля 2014, Источник: Военно-промышленный курьер？, http://www.vz.ru/opinions/2014/2/18/673075.html.

起地区性群众骚乱，对政权和社会秩序具有较强的破坏力。吉尔吉斯斯坦在2005年和2010年两度政权更迭都是部族政治极端表现的结果。这些事件不但给当地社会制造了极大恐慌，而且也对地区和平与安全构成了严峻挑战。甚至有学者认为，在中亚地区，部族政治与宗教的结合将以其突发性和破坏性成为威胁中亚国家国内稳定与地区安全的最大威胁。因此，俄罗斯学者曾预言，2015~2017年将是中亚地区的危险期，而且这种危险期将因地方反政府极端主义势力的升级而持续到2020年。① 做出这种推测的原因之一，是2014年美军撤出阿富汗之后，中亚地区的宗教极端势力会有所抬头，有可能填补这一政治真空。它们很可能打着"伊斯兰世界公平"或"伊斯兰团结"的旗号，在伊斯兰教影响较深，且政权相对脆弱的地区和国家联合各种反对派势力发动夺权斗争，从而导致地方势力与中央矛盾的升级。由于中亚国家政府在伊斯兰教传统较浓厚的地区以及国家边界地带疏于管理，因而这些地区很可能成为政治动荡地带，并在危机的情态下造成中央与地方的失联。因此，宗教因素以及各种极端主义活动将是威胁中亚国家内部稳定的不可控因素之一。

作为中亚地区的传统文化，伊斯兰教在独立之初起着"去苏联化"和强化国家认同的作用，填补了这一地区因苏联解体和国家独立所带来的思想意识领域和民族认同领域的空白。各国也普遍经历了再度伊斯兰化的进程。无论作为传统文化还是精神支柱，伊斯兰教在这一地区都有其得天独厚的优势。独立后，各国普遍出现的文化寻根现象也成为伊斯兰教在中亚地区复兴和扩大其影响力的有利契机。然而伊斯兰教也是一柄双刃剑，各国政权在利用伊斯兰教唤起民族意识与增强国家凝聚力的同时，也或多或少地滋长了伊斯兰教反世俗的一面。在吉尔吉斯斯坦南部、乌兹别克斯坦和塔吉克斯坦的费尔干纳地区，伊斯兰教信众较多，这些对宗教认同较高的地区，对世俗中央政权的认同就相对较弱，因而也使一些地区出现离心倾向，中亚各国领导人在处理政权与宗教的关系时，常常陷入左右为难、举步维艰的境地。事实上这也形成了一种悖论，即政权原本希望借助这些传统文化的凝聚力增进民族团结、维护政权稳定，即

---

① Евгений Сатановский, Дестабилизация Центральной Азии, 18 февраля 2014, Источник: Военно‐промышленный курьер？, http：//www.vz.ru/opinions/2014/2/18/673075.html.

在利用其反世俗的一面为其世俗政权服务，但同时这也激发出伊斯兰教反世俗的一面和分离倾向。

四 中亚地区伊斯兰教的发展及各国的宗教政策

作为中亚民族的传统文化与自我认同的重要标志，在转型进程中的中亚各国，伊斯兰教的社会作用不断被唤起，并在国家构建初期为各国政权所利用，伊斯兰教的政治化倾向正是在这一时期被不断强化的。中亚各国政府对伊斯兰教都表现出既支持又防范的矛盾心理，在政策上一般采取疏堵结合的做法。

独立初期，中亚各国政府大多利用伊斯兰教在民众中的影响力，积极挖掘其在传统社会中道德教育等领域的潜质，发挥其凝聚人心的作用，并以此来提高民众对现政权的认可度。在乌兹别克斯坦，政府主动吸纳一些愿意与政府合作的宗教人士进入政府，担任宗教事务方面的职务，以避免宗教团体与政府出现对立。[1]土库曼斯坦前总统尼亚佐夫在位期间，采取扶植宗教团体、鼓励发展宗教事务的政策，包括降低宗教组织的注册门槛，取消只允许逊尼派伊斯兰教组织和俄罗斯东正教组织注册的禁令，鼓励宗教信仰与宗教派别的多元化[2]。

与此同时，中亚各国也把实行政教分离、建立世俗政权作为国家政治发展的重要目标之一，并将其写入宪法。如哈萨克斯坦在 1995 年的宪法中规定，"哈萨克斯坦共和国是民主的、世俗的、法治的与全民的国家"，宣布"宗教团体与国家相分离，国家不赋予任何宗教或'无神论'以优先地位"。[3] 各国政府还通过制定法律与制度对宗教组织和宗教极端主义行为进行严格的限制与监督。如乌兹别克斯坦宪法严令禁止建立以暴力改变宪法制度为目的的反对共和国主权、领土完整与国家安全的政党和社会组织，同时规定"宗教组织和

---

[1] 巨英、于坚：《乌兹别克斯坦政治转轨评述》，《新疆社会科学》2004 年第 3 期。
[2] Кыргызстан является самым серьезным нарушителем прав человека в пространстве ОБСЕ.（Конгрессмен Смит делится взглядами на демократизацию в Центральной Азии），Вашингтонский файл. 11 - 12 - 2004，http：//www. anticorruption. kg/ru/news/1/151.
[3] Конституция Республики Казахстан, 1995, Астана, http：//www. constcouncil. kz/rus/norpb/constrk/.

第八章 中亚国家的政治文化与政治转型

团体与国家政权相分离"。① 吉尔吉斯斯坦的宪法明文规定，吉尔吉斯斯坦将坚持政教分离的原则，即"宗教和一切宗教活动同国家相分离"，在吉尔吉斯共和国不允许：以宗教为基础建立政党、宗教组织追求政治目的、宗教组织工作人员和宗教人士干预国家机关的活动，不允许国家财政向宗教组织和宗教活动提供经费，民间非宗教团体和企业对宗教组织的赞助须经过政府有关部门的认可。1991 年 12 月，吉尔吉斯斯坦颁布的《宗教信仰自由和宗教组织法》规定，国家不干预宗教组织的合法活动，国家不给予宗教组织活动经费，也不拨款进行无神论宣传。宗教组织可以参加国家的政治生活，但不允许在吉尔吉斯斯坦境内建立宗教政党及其分部，不允许它们进行活动，国家的教育系统同宗教组织相分离。土库曼斯坦的宪法也规定，"禁止宗教组织行使国家职权，国家教育系统同宗教组织相分离"。同时，针对伊斯兰教政治化日益严重、伊斯兰教政治势力不断扩大的现实，中亚各国政府普遍将宗教极端势力的扩散视为对本国政权稳定的潜在威胁，相继制定了有关禁止宗教团体进入政权的各种措施。1998 年，乌兹别克斯坦颁布了《信仰自由与宗教组织法》，严令禁止吸收未成年人参加宗教组织。进入 21 世纪后，塔吉克斯坦的宗教政策也悄然发生了变化。塔吉克斯坦原本允许宗教性质的政党存在，但 2000 年 3 月，总统拉赫莫诺夫却宣布，由于民族和解进程结束，国家步入和平重建的新阶段，因此国家将实行政教分离的宪政体制，在宗教政策上将加强对宗教组织和宗教政治化的控制。同年，塔吉克斯坦通过修宪，对宗教团体和组织的政治活动做出严格限定。如宪法第八条中明确规定："塔吉克斯坦实行政治与意识形态多元化。包括宗教在内的任何意识形态都不得成为国家意识形态。宗教组织与国家脱离，禁止其干涉国家事务。"此外，针对宗教极端组织在其境内的活动，宪法中还专门规定："禁止建立从事有关民族与社会分裂及宗教对立的宣传或煽动推翻宪政体制、组织武装集团活动的社会团体和政党。"②

继塔吉克斯坦爆发内战之后，"安集延事件"再次给中亚各国政权敲响了警

---

① 姜士林主编《世界国家宪法大全》，青岛出版社，1997，第 512～520 页。
② Статья 8, Конституция республики Таджикистана, Государственное устройство Таджикистана Конституция, Издательство Шарки озод, 2000год, http：//www.tajik - gateway.org/wp/? page_id = 12067&print = print.

钟，即在特殊的条件下，宗教极端主义有可能同各种反对派势力实现联合，汇聚成冲击政权的巨大洪流。宗教因素，特别是宗教极端势力在中亚地区已被视为威胁国家安全与稳定的政治隐患，各国开始对宗教团体和宗教活动采取收缩的政策。吉尔吉斯斯坦在2010年的新宪法中明确规定，禁止以宗教、民族的名义组建政党，禁止带有攻击和改变宪政体制、威胁国家安全、煽动社会分裂、挑起族际与部族间对立以及宗教对立的团体进行活动。此外，在新宪法中还明文规定防止宗教政治化的条款。如吉尔吉斯斯坦宪法第七条规定，在吉尔吉斯斯坦境内任何宗教不得作为国教或必要的规则；宗教及其礼拜事务与国家分离，禁止宗教团体及其礼拜事务进入国家机关。[①] 提倡言论自由，但禁止进行民族、种族、宗教仇视的宣传以及其他形式的歧视、敌对和暴力的宣传活动。[②]

面对国内逐年递增的极端主义与恐怖主义犯罪案件，中亚各国政府都把严打宗教极端主义势力作为保障国家安全的当务之急。2011年9月，针对在首都阿斯塔纳发生的爆炸事件，哈萨克斯坦总统纳扎尔巴耶夫发表声明，坚决谴责宗教组织破坏社会秩序和国家安全的行为，并向议会提出制定有关重新注册宗教组织与团体的法律动议。他强调，哈萨克斯坦是法治国家，"我们必须在自己的国家里整顿宗教秩序"。他同时指出，要加强对在哈萨克斯坦境内国外宗教团体的监管力度。哈萨克斯坦立法机构必须对宗教活动加强监管，确保宗教组织合法有序地开展活动，保障国家免受宗教极端主义的侵扰。[③] 2013年9月24日，哈萨克斯坦发布《关于2013~2017年反对宗教极端主义和恐怖主义国家计划》的总统令，指出哈萨克斯坦将斥巨资打击极端势力，同时，责成政府制定相关法律与政策加强对极端主义的打击。哈萨克斯坦官方认为，宗教极端主义蔓延的趋势是全世界范围的，宗教极端主义主要是通过互联网传入哈萨克斯坦境内，因此要加大对境外极端主义渗透的打击力度，并在意识形态领域加强健康的思想文化建设。在中等和高等教育中增加有关宗教知识和宗教组织的普及教育，分阶段地消除极端主义的思想基础，尤其要加强对农村地区的

---

① Статья 7.1., Конституция Кыргызской республики, http://www.gov.kg/?page_id=263.
② Статья 31.4., Конституция Кыргызской республики, http://www.gov.kg/?page_id=263.
③ 《哈萨克斯坦将针对宗教活动加强立法》，新华网，http://news.xinhuanet.com/world/2011-09/02/c_121949478.htm?prolongation=1。

青年和儿童的思想意识与文化教育的正常引导。① 同时，为防范宗教极端主义以伊斯兰教之名向本国教民进行政治渗透，哈萨克斯坦还不断强调国家的世俗性，反对政教合一，强化国家政权与宗教分离的国家观念。纳扎尔巴耶夫总统在2012年的国情咨文中指出，作为穆斯林社会的一员，我们感到骄傲。但是不要忘记，我们也有世俗社会的传统，因为哈萨克斯坦是一个世俗国家，世俗性是哈萨克斯坦成功发展的重要条件。我们应该树立符合本国传统和文化准则的宗教意识，借鉴好的行为模式，盲目信仰与我国爱好和平的人民心理状态格格不入，也与哈萨克斯坦穆斯林信奉的哈乃斐派教义背道而驰，我们绝不允许对上天的虔诚信仰被侵蚀性和毁灭性的宗教狂所取代。②

此外，除了加强对宗教事务和宗教团体的监督与控制外，各国政府还积极加入各种国际合作机制，扩大同北约、俄罗斯与上海合作组织等国家和地区组织在反恐和安全领域内的合作，打击和消除"三股势力"及其影响，增强各自对极端主义和恐怖主义势力的防范能力。"安集延事件"后，乌兹别克斯坦政府还在各地新建了大批宗教学校，希望通过这些宗教学校，传播伊斯兰教义中积极的内容，引导穆斯林居民的宗教行为向维护国家的稳定与民族团结、防止政权的伊斯兰化方向发展。哈萨克斯坦政府也表示，希望借助"世界与传统宗教领袖大会"的平台，建立促进解决宗教冲突的新机制。

五 中亚地区伊斯兰教政治化的可能性

中亚地区是各种民族聚居之地，因地理位置与生活方式的特殊性难以形成稳定的地区性主流文化，其文化特质是多元的大文化相融的区域文化，抑或说是一个次区域文化，或亚文化。独立后，中亚各国在文化领域虽然存在着多项选择，但依旧是依附于大国的文化价值观或在大国文化圈中做出选择。伊斯兰教在中亚地区的传播与发展历程也是如此。公元10世纪中亚各民族开始了伊

---

① Указ Президента Республики Казахстан от 24 сентября 2013 года №648 О Государственной программе по противодействию религиозному экстремизму и терроризму в Республике Казахстан на 2013 – 2017 годы, http：//www. nomad. su/？ a = 3 – 201310070036.
② Послание Президента Республики Казахстан – Лидера нации Нурсултана Назарбаева народу Казахстана, Стратегия Казахстана – 2050: новый политический курс состоявшегося государства？. 14 декабря 2012 г., http：//strategy2050. kz/ru/multilanguage.

斯兰化进程。在长达千年的传播与发展过程中，伊斯兰教深植入中亚当地民族的生活与文化之中。当然，也有学者认为，伊斯兰教在同化中亚民族的同时，也受到中亚民族固有文化的影响发生了异变，因而形成了具有中亚特色的伊斯兰文化。正如中国学者潘志平、王智娟在论述中亚伊斯兰化问题时所指出的，伊斯兰文化进入中亚，是叠化在当地多种文化层之上的，必然接受中亚本土多种文化的"改造"，使之有了中亚的特点，成为"中亚模式"的伊斯兰文化。① 中亚民族以其独有的历史文化传统、民族智慧与宗教观念对伊斯兰教进行了自己的解读与诠释。

作为传统社会占统治地位的意识形态，伊斯兰思想体系在中亚地区的特色之一即是它在传播与发展进程中具有国别特征和区域差异性。如前所述，因生产生活方式的不同导致伊斯兰教在中亚地区的传播方式与影响程度出现差异，并由此形成了不同的伊斯兰教文化传统。以农耕业为主的塔吉克斯坦和乌兹别克斯坦的穆斯林受伊斯兰文化的影响较深，对伊斯兰教相对比较虔诚，其政治文化也相对保守与传统。而以游牧业为主的哈萨克斯坦、吉尔吉斯斯坦和土库曼斯坦受伊斯兰教的影响相对较弱，信奉伊斯兰教的人相对较少，穆斯林教徒对伊斯兰教的虔诚程度也远远低于塔吉克斯坦和乌兹别克斯坦两国的信徒。除国别差异外，在一个国家的内部对于伊斯兰文化的认同也存在着地区差异。以吉尔吉斯斯坦为例，在同塔吉克斯坦、乌兹别克斯坦交界的地区，如费尔干纳盆地、奥什和贾拉拉巴德等地区，信仰伊斯兰教的居民数量相对较多，而居住在伊塞克湖和塔拉斯地区的居民，伊斯兰化的程度明显偏低。②

伊斯兰教在中亚的这种区域性差异，也是出现伊斯兰教政治化的重要原因之一。总体而言，中亚地区的宗教极端势力和伊斯兰教政治反对派大多集中在受伊斯兰教影响较深的乌兹别克斯坦和塔吉克斯坦，其中宗教极端主义势力最强的地区是乌兹别克斯坦、塔吉克斯坦和吉尔吉斯斯坦三国交界的费尔干纳地区，独立后中亚各国新建的清真寺也大多集中在这里。③这里也是宗教极端主义组织相对集中的地区。费尔干纳盆地丰富的石油和矿产资源，以

---

① 王智娟、潘志平：《所谓"南北夹击"下的中亚》，《东欧中亚研究》1995 年第 4 期。
② 常玢：《苏联解体前后的中亚国家伊斯兰教状况》，《东欧中亚研究》2001 年第 5 期。
③ 石岚：《中亚费尔干纳：伊斯兰与现代民族国家》，民族出版社，2008，第 83 页。

及优越的绿洲农业,保障了这一地区经济上的自给自足。这里地理环境和交通状况相对闭塞,政权机关控制能力相对较弱,因此成为宗教极端主义势力较易渗透的地区。同时,由于该地区对中亚其他地区的辐射力较强,乌兹别克斯坦伊斯兰运动等多个宗教极端主义组织均在这一地区设立了大本营。[1] 1992 年,沙特阿拉伯政府向吉尔吉斯斯坦的瓦哈比派伊斯兰组织捐赠了 100 万卢布,用于在奥什修建大清真寺和经学院,以便在这里建立向中亚其他地区进行宗教渗透的基地。

伊斯兰教传播和发展的区域性差异还使个别国家内部在对世俗政权认同的问题上出现分歧。由于地理上的阻隔,吉尔吉斯斯坦南北之间在文化上处于彼此孤立的状态,南北文化差异主要表现在对伊斯兰教的认同程度上,这也是构成南北部族对立的一个重要原因。与吉尔吉斯斯坦的南北部族问题类似,塔吉克斯坦的南北方问题和乌兹别克斯坦中央与地方关系问题中同样包含有大量的宗教认同与文化认同的差异性。对宗教认同越高的地区,对于世俗的中央政权的认同却相对较弱,这往往会使国家出现分离倾向,甚至陷于分裂的边缘。可以说,中亚地区对伊斯兰文化的认同问题事实上是国家政权世俗化与宗教化的政治选择问题,换言之,是两种不同的价值观对国家构建模式的选择,也是民选世俗政权与宗教势力之间的较量,在极端的条件下甚至可能演化为伊斯兰教徒同非教徒之间的对立。由于中亚民族的伊斯兰化进程与民族的突厥化基本上是同步进行的,因而中亚地区的宗教问题还经常与民族问题捆绑在一起,宗教极端主义势力时常打着民族主义的旗号扰乱各国脆弱的地区安全。与此同时,这里还掺杂着主体民族与少数民族、突厥人口与斯拉夫人口、土著居民与迁徙人口之间的多重矛盾,使各种问题变得异常复杂难解。

在西亚、北非等伊斯兰国家频频出现以暴力革命的方式推翻民选政权的背景下,对同为伊斯兰国家的中亚国家是否会发生西亚、北非式的"阿拉伯之春"存在着两种不同的看法。从爆发革命的条件考量,中亚国家同西亚、北非国家在资源禀赋、社会经济条件、居民收入、政权体制以及领导人权威等方面存在着诸多相似之处。考虑到社会贫富分化、失业率和贫困率以及宗教的影

---

[1] 〔美〕奥尔卡特:《中亚的第二次机会》,时事出版社,2007,第334页。

响力等因素,塔吉克斯坦被认为是最有可能发生"西亚、北非革命"的国家①。同时,也有观点认为,人民的愤怒、低水平的生活、民主的缺乏、排挤不同政见者以及领导人长期执政等发生"西亚、北非革命"的条件在土库曼斯坦同样存在,因而该国也具备爆发"西亚、北非革命"的土壤。②而相反的观点认为,利用互联网发动的"西亚、北非革命"在中亚地区蔓延的可能性较小。首先,由于中亚地区与俄罗斯、中国、伊朗、巴基斯坦等世界大国和地区性大国为邻,是世界地缘政治中心,其影响力远远大于西亚、北非国家。其次,中亚地区被俄罗斯视为自己的后院,涉及俄罗斯的切身利益,俄罗斯绝不会允许这一地区发生动荡。再次,正如美国南亚和中亚事务助理国务卿罗·布莱克所言,中亚国家的网络普及率较低,反对派通过互联网发动革命的可能性很小。同时,中亚国家媒体的管制也比较严格,阿拉伯世界发生革命后,这些国家都加强了戒备。③ 塔吉克斯坦总统拉赫蒙宣布塔吉克斯坦不可能出现"阿拉伯危机",因为"塔吉克人民不想回到内战"④。乌兹别克斯坦总统卡里莫夫也强烈谴责西方"资助"阿拉伯国家的反对派势力,指出其目的是获取该地区的石油、天然气和矿产资源。卡里莫夫敦促民众"警惕当前的动乱,感谢来之不易的和平生活",警告反对派不要效仿他国在本国搞阿拉伯式革命。⑤哈萨克斯坦总统纳扎尔巴耶夫认为:"在 21 世纪,全球秩序的顺利更迭只能通过演进来实现。'阿拉伯之春'已经表明,革命只能阻碍社会发展,使经济

---

① Арабский Кригис 20 апреля 2011, Глава Таджикистана исключает «арабский сценарий» в стране Таджикский народ не хочет возвращаться к гражданской войне, заявил Эмомали Рахмон, http://www.bfm.ru/news/2011/04/20/glava-tadzhikistana-iskljuchaet-arabskij-scenarij-v-strane.html.

② С. Жильцов, Туркменскую стабильность испытают демократией. Углеводородные ресурсы предопределяют повышенный интерес Запада к Ашхабаду, http://www.centrasia.ru/newsA.php?st=1328646540.

③ 《美议员称中亚极可能发生新一轮革命,遭俄专家坚决反驳》, http://www.hhw1927.com/hqsy/junqing/2011/0514/23460_2.html。

④ Арабский кризис 20 апреля 2011, Глава Таджикистана исключает «арабский сценарий» в стране, Таджикский народ не хочет возвращаться к гражданской войне, заявил Эмомали Рахмон, http://www.bfm.ru/news/2011/04/20/glava-tadzhikistana-iskljuchaet-arabskij-scenarij-v-strane.html.

⑤ 《美议员称中亚极可能发生新一轮革命,遭俄专家坚决反驳》, http://www.hhw1927.com/hqsy/junqing/2011/0514/23460_2.html。

和社会关系倒退,令国际关系复杂化,并产生更多的问题。"因此,他在第五届阿斯塔纳经济论坛上提出"G – Global 原则"时指出,保证人类文明良性发展的原则是"进化而非革命"。[1] 总体而言,中亚国家的地缘政治环境和国内政治发展现状不同于西亚、北非国家,因而不能简单地判断中亚国家是否会出现"西亚、北非革命"。同时,中亚各国发展速度与水平不同,发生危机的可能性也会出现差异。

  此外,在中亚国家伊斯兰教再传统化的进程中,经济因素也发挥着或积极或消极的作用。在转型时期,中亚一些地区出现严重的贫富分化,经济发展水平的地区差异以及高失业率等社会问题也为宗教极端势力攻击世俗政权提供了口实。可以说,中亚的伊斯兰问题不仅是单纯的教派斗争,或教义之争,而且是对各国世俗政权权力基础与执政能力稳定性的一种挑战。虽然世俗政权是中亚各国多数民众的政治选择,但领导人的个人意志及其对政权的把握能力对国家的政治发展方向起到关键作用。

---

[1] 《哈萨克斯坦总统提出人类文明良性发展五原则》,新华国际,http://world.huanqiu.com/hot/2012 – 06/2788180.html。

第九章 中亚国家政治转型的外部因素

中亚五国深处欧亚大陆的腹地，自古就是各种文化相融之地。在不同的历史时期，中亚各民族经历了欧亚大陆上古代帝国的多次武力征服，并先后经历了突厥化与伊斯兰化过程。由于长期从事游牧生活，在这个地区较难形成稳定的主流文化，更多的是一些多民族的次区域文化形态，或称为亚文化形态。同时，在中亚社会历史上未曾出现过现代意义的国家形态，虽然曾经存在过希瓦、浩罕和布哈拉等汗国，但终因臣服于沙皇俄国而被迫停止了国家化进程。[1] 中亚民族的国家观念和国家意识大多是依附于地区大国而形成的，比如在沙俄和苏联时期，中亚国家都是作为帝国或大国的一部分而存在。苏联解体使中亚五国第一次获得建立独立国家的可能性，这同时也改变了中亚地区的地缘政治环境，使这些原本处于苏联羽翼庇护之下的中亚加盟共和国瞬间成为与俄罗斯、中国等地区大国和阿富汗、伊朗等地区热点国家为邻的独立国家，中亚地区也因此成为大国博弈的平台。

"9·11事件"后，美国和北约以反恐之名进驻中亚地区，中亚被推到了大国博弈的前沿地带，其地缘战略地位再次被抬升。2003~2005年，后苏联空间出现的一系列"颜色革命"与政治动荡都表明，俄美两国在欧亚地区的新较量再度拉开帷幕。2010年年底，西亚、北非地区出现的政治动荡又使刚刚庆祝完独立20周年的中亚国家再次对西方民主制进行思考。与此同时，由于世界能源价格迅速上涨，一些油气资源较为丰富的国家在国际能源结构中的

---

[1] 许涛：《中亚区域合作与上海合作组织》，《现代国际关系研究》2005年第11期。

重要性日益凸显，其地缘经济因素成为大国博弈的筹码，阿富汗局势的复杂性也使一些富于地缘政治资源优势的中亚国家拥有了同大国博弈的资本。在此基础上，中亚国家在地缘政治选择与外交政策导向上表现出的主动性，不仅改变着中亚地区的地缘政治版图，而且直接关系到其政权的稳定与社会发展模式的路径和方向。

第一节　中亚国家政治转型中的俄罗斯因素

俄罗斯对中亚国家的独立与政治转型进程的影响是多重的。俄罗斯不仅在中亚具有诸多地缘优势和历史优势，而且还是独联体集体安全条约组织和上海合作组织两大地区性合作组织的主导国。中亚国家与俄罗斯有着息息相关的历史与传统，在经济、安全等多个领域均保持着对俄罗斯较强的依存关系。俄罗斯既是迫使中亚国家走向独立的原动力之一，又是中亚国家政治转型进程中重要的外部影响因素和政治制度的效仿对象，甚至在独立20年后，俄罗斯依旧对中亚国家的政治与社会发展具有较强的影响力。

一　中亚国家对俄罗斯传统的依赖关系

俄罗斯与中亚各国在苏联体制中长期共存，不仅经历了共同的历史发展时期，而且拥有了共同的语言与相近的风俗传统，从而形成了共同的政治文化传统。其中，俄语及俄罗斯文化对中亚各国具有重要的人文影响力。在苏联时期，苏维埃政府通过语言、行政管理体制等同化政策使中亚国家在文化认同上已经接近俄罗斯，一些独联体国家的学者将此称为俄罗斯化或苏维埃化。中亚各国均有大批亲俄派的政治精英，他们大多在俄罗斯接受过教育，同俄罗斯精英在语言和思维方式上相类似，并常常与后者保持着密切联系。对中亚民族的苏维埃化或俄罗斯化持负面态度的观点认为，这种沙皇俄国的殖民化和苏联化进程，使中亚社会的本土文化与受到了压制与削弱。一些土库曼斯坦学者甚至认为，在文化方面，哈萨克斯坦和吉尔吉斯斯坦俄罗斯化的程度较高，而在政治领域，土库曼斯坦俄罗斯化的程度较高。

独立之初，中亚各国均把俄罗斯置于其对外政策的首要位置和优先方向。

除土库曼斯坦外，中亚各国都同俄罗斯建立了不同层次的伙伴关系，这是由于受国家实力与地缘政治所限，中亚多数国家虽然获得了国际法意义上的独立地位，但在经济领域都还要依赖俄罗斯才能获得发展所需的资源与市场，在军事防务领域也有赖于俄罗斯的军事支持。独立之初，哈萨克斯坦总统纳扎尔巴耶夫就曾坦言："俄罗斯将是哈萨克斯坦长期的战略伙伴，俄罗斯不仅是哈萨克斯坦商品的巨大市场，俄罗斯文化也是哈萨克人永远都需要的。"[1] 即便是与俄罗斯若即若离的乌兹别克斯坦，其总统卡里莫夫也表示："如果考虑到俄罗斯对乌兹别克斯坦生活、命运和未来的现实影响，那就应该客观地承认，我们两国合作的意义是极其巨大的。"[2]

苏联时期实行的产业分工制度造成中亚各加盟共和国畸形的产业结构，哈萨克斯坦是苏联时期主要的产粮区，乌兹别克斯坦则以产棉见长，塔吉克斯坦虽然没有大型的铝矿，却有着重要的铝业加工企业，而吉尔吉斯斯坦则以金矿开采著称。这种畸形的产业结构使得中亚各国在市场和原料供应上对俄罗斯存在着不同程度的依附关系。独立至今，中亚各国仍未能建立起完全独立的经济运行体系，无论是以发展资源外向型经济为主的哈萨克斯坦、乌兹别克斯坦和土库曼斯坦，还是因资源和能源短缺而发展内向型经济的塔吉克斯坦和吉尔吉斯斯坦，都在消费品和原料的供应上延续着对苏联的继承国——俄罗斯的依存关系。独立20年后，俄罗斯依旧保持着中亚国家第一大贸易伙伴国的地位。2012年，俄罗斯对哈萨克斯坦、乌兹别克斯坦和吉尔吉斯斯坦的贸易额分别为170亿美元、76.2亿美元和20亿美元，并分别占这几个国家对外贸易总额的38.4%、29%和27.6%。[3] 同时，苏联时期建立起来的各加盟共和国之间的交通、运输、管道网络体系，至今依旧是中亚各国获取资源和实现对外经济交往的主要通路，其中油气出口方面对这一体系的依赖尤为突出。2001年，俄罗斯与乌兹别克斯坦、土库曼斯坦、哈萨克斯坦等国建立了"欧亚天然气联盟"；2003年，俄罗斯天然气工业股份公司与哈萨克斯坦、乌兹别克斯坦、土

---

[1] Н. Назарбаев, Россия—наш главный партнер, Деловой ежедневник, 19 Декабря 1997.
[2] И. А. Каримов, Узбекистан: свой путь обновления и прогресса, Ташкент, Узбекистан, 1992, С. 28.
[3] 哈萨克斯坦、乌兹别克斯坦对俄贸易数据来源于中国商务部网站。

库曼斯坦等国签署了能源合作协议，斥巨资控股中亚石油天然气的开采与加工，并帮助中亚国家解决各国之间能源供应不顺畅的问题。目前，哈萨克斯坦超过 3200 万吨的石油是经过里海输油管道（KTK）途径俄罗斯境内的诺沃罗西斯克流向世界市场。① 中哈石油与天然气管道开通前，哈萨克斯坦几乎所有的石油和土库曼斯坦全部的天然气都是通过俄罗斯出口到欧洲市场的。对哈萨克斯坦、乌兹别克斯坦和土库曼斯坦等新兴能源出口国而言，油气资源的出口是实现其国民经济增长的主要拉动力，因此，把握了中亚国家油气资源出口的路径也使得俄罗斯最终掌控了中亚油气出口国的经济命脉与生命线。对于资源相对缺乏的塔吉克斯坦和吉尔吉斯斯坦而言，俄罗斯是其劳务移民输出的主要目的地国。境外务工人员的侨汇收入是塔、吉两国国民收入的重要来源之一。世界银行在 2012 年公布的一份有关"移民与汇款"的研究报告中指出，按照世界各国劳务输出汇入国内的资金量计算，塔吉克斯坦和吉尔吉斯斯坦汇款在国民生产总值的占比分别位居首位和第 3 位，其中，塔吉克斯坦的侨汇收入占国民生产总值的 47%，吉尔吉斯斯坦的这一比例为 29%。② 这些侨汇收入主要来自俄罗斯。因此，对劳务移民的政策和劳务输出配额设限，也日渐成为俄罗斯对塔吉克斯坦和吉尔吉斯斯坦两国施压的主要政治手段。2011 年 3 月，塔吉克斯坦政府扣押了在其境内违法经停的俄罗斯籍和爱沙尼亚籍的两名飞行员，并以侵入领空、走私和违反航空规定等罪名将他们监禁。此后，作为对判决的回应，俄罗斯以违反登记规定为由拘留了数百名在俄境内的塔吉克斯坦公民，并随后将他们驱逐出境。③ 很多俄罗斯政治家甚至还提出通过取消对塔吉克斯坦免签制度等方式对塔吉克斯坦进行制裁，最终导致塔吉克斯坦政府腹背受敌，不但要面对俄罗斯的谴责，还要受到来自国内民众和反对派的多重压力。同时，劳务移民问题也常成为中亚国家同俄罗斯进行政治博弈的重要筹码。同样在塔吉克斯坦，2013 年 8 月，议会批准了关于俄罗斯在塔吉克斯坦

---

① Казахстан обходит Россию, http://www.ng.ru/cis/2014-04-09/7_kazakhstan.html.
② 《世界侨汇收入最多国家排行榜》, http://kz.mofcom.gov.cn/aarticle/jmxw/201211/20121108449577.html.
③ 《塔监禁俄罗斯飞行员或凸显独联体内部矛盾》, http://www.24mil.com/2011/1118/7186.shtml.

境内驻军的限期延长为49年的协议,换取了俄罗斯丰厚的政治回报,其中就包括放宽对塔吉克斯坦公民在俄罗斯务工的诸多限制,将塔吉克斯坦公民在俄务工的期限延长至4年,同时将其在俄罗斯境内驻留的时间由7天延长至15天等。①

除了经贸领域对俄罗斯存在着较高的依存度外,中亚国家同俄罗斯在安全防务问题上的利益是一致的,因此也是彼此需要和相互共存的关系。俄罗斯视中亚地区为其南部边境安全的屏障及战略缓冲地带,中亚五国的战略安全防务也大多依靠俄罗斯的支持。俄罗斯通过其主导的独联体集体安全条约组织,强化了对中亚国家在军事空防与边防领域的影响力。2001年"9·11"事件之后,中亚国家对于反恐与反对宗教极端主义的需要不断上升,北约邀请中亚多数国家参与其主导的对话伙伴合作计划,并先后在吉尔吉斯斯坦的玛纳斯和乌兹别克斯坦的汉纳巴德设立军事基地,作为对阿富汗反恐行动的战略支点。面对美国等西方势力在中亚地区的军事渗透不断升级,俄罗斯也通过扩大与加强在中亚地区的军事存在与美国展开较量。2003年10月,俄罗斯同吉尔吉斯斯坦阿卡耶夫政府签署了关于坎特俄罗斯军事基地地位与条件的协议,成为苏联解体后俄罗斯在境外建立的第一个军事基地。②该军事基地的建立形成了俄罗斯同美国-北约的军事存在"同处一国"的对峙局面,也由此折射出俄美地缘政治竞争逐步焦灼的态势。在经历了格鲁吉亚和乌克兰的"颜色革命"、吉尔吉斯斯坦的政治震荡与乌兹别克斯坦的"安集延事件"等一系列事件之后,中亚国家再次将政权稳定的筹码押给俄罗斯,把去除以美国为首的西方势力在该地区的政治影响作为维护社会稳定与政权安全的前提。乌兹别克斯坦等国重新调整了对境内外非政府组织和基金会的政策,通过财政税收等行政手段对其进行清查,一系列西方的非政府组织和基金会被关闭,其中包括索罗斯等西方基金会驻乌兹别克斯坦代表处。同时,为排除美国的军事影响,乌兹别克斯坦还通过上海合作组织对北约和美国干预中亚国家内政的行为进行了谴责,并对美国驻乌军事基地下了逐客令。2005年,在吉尔吉斯斯坦巴基耶夫政府上台

---

① Таджикистан: обзор событий за ноябрь 2013, Аналитический отдел Prudent Solutions, http://analitika.org/tj-tk/tt-politics/2635-tadzhikistan-obzor-sobytiy-za-noyabr-2013.html.

② http://azzzik.livejournal.com/281259.html.

后，俄罗斯驻吉尔吉斯斯坦的坎特999空军基地建成启用。[①] 此外，俄罗斯还在塔吉克斯坦设有201军事基地，在哈萨克斯坦保留着拜克努尔航天发射场、沙雷沙甘反导靶场、巴尔哈什雷达站，在吉尔吉斯设有俄罗斯的海军远程通信站，在塔吉克斯坦的普里帕米里耶设有俄罗斯全球太空空间监视系统组成部分的"天窗"光电观测枢纽等军事设施。[②] 可以说，"颜色革命"后，中亚各国政权对美国的"民主输出"行为感到不安，因此，在国家政权安全上更加倚重俄罗斯。俄罗斯也把握时机拉近同中亚国家的关系，特别是同离心倾向较强的乌兹别克斯坦的关系，重新夺回在中亚地区的主导权，不断"收复中亚失地"，在俄美地缘政治较量中，中亚各国的天平再次向有利于俄罗斯的方向倾斜。

同劳务移民问题一样，俄罗斯在中亚的驻军问题也是中亚国家同俄罗斯进行政治博弈的筹码，吉尔吉斯斯坦和塔吉克斯坦都曾试图以小博大，为自己赢得发展的经济资本与地缘政治空间。面对俄罗斯强势回归中亚的态势，吉尔吉斯斯坦和塔吉克斯坦等国都以允许俄罗斯的军事存在为条件换取俄罗斯对其经济发展的政策与资金支持。2005年10月，吉尔吉斯斯坦时任总统巴基耶夫要求美国在"提高玛纳斯军事基地的租金"和"撤离军事基地"之间做出选择，美国最终同意将租金提高到每年1740万美元，租期为5年。2009年2月，巴基耶夫在出席集体安全条约组织和欧亚经济共同体成员国首脑峰会时，在与俄罗斯签署了有关获得长期贷款、免除债务以及财政援助的协议之后，宣布将关闭美国在玛纳斯的空军基地，并要求美军在180天之内撤离玛纳斯基地。但富有戏剧性的是，2009年5月13日，吉美再次签署"政府间合作协议"和"关于玛纳斯国际机场中转中心及相关设施/不动产的协议"，规定美军可以继续使用玛纳斯机场，年租金提高到6000万美元，并将"空军基地"转变为"中转中心"。有学者风趣地将巴基耶夫政府在玛纳斯军事基地问题上的摇摆态度比作是向克里姆林宫"手摇玛纳斯军事基地这颗胡萝卜"，在俄美大国间玩弄外交平衡，结果"演砸了整出戏"。可以理解的是，吉尔吉斯斯坦的多边外交

[①] Военные объекты России в Кыргызстане, http://azzzik.livejournal.com/281259.html.
[②] 王晓军：《俄罗斯中亚地区军事安全战略与军事政策解析》，《俄罗斯中亚东欧研究》2011年第1期。

政策并非出于领导人的品质和道德观念,而是受制于国家经济的灾难性状况。① 鉴于在经济领域对俄罗斯的现实依存关系,吉尔吉斯斯坦在对俄关系上没有太多选择和讨价还价的余地。② 巴基耶夫也因在军事基地问题上的"骑墙"失去了俄罗斯的信任与支持。2010年4月,巴基耶夫政府被反对派推翻,吉尔吉斯斯坦社会再次陷入政治骚乱的困境。吉尔吉斯斯坦曾要求俄罗斯出兵帮助协调和维持社会秩序,但遭到俄罗斯的拒绝,俄罗斯时任总统梅德韦杰夫和政府总理普京均表示,俄罗斯不干涉吉尔吉斯斯坦内政,仅愿意以经济和人道主义援助的方式回应吉尔吉斯斯坦的政治诉求。2011年当选的吉尔吉斯斯坦总统阿坦巴耶夫在军事基地问题上表现出与俄罗斯积极合作的态度。他曾在竞选期间多次强调要加强同俄罗斯的一体化关系,希望借此赢取俄罗斯的政治支持。③ 当选总统后,阿坦巴耶夫继续向俄罗斯示好,要求美国2014年撤出玛纳斯军事基地,或到期后同俄罗斯共用该基地。④ 2013年6月20日,吉尔吉斯斯坦根据同俄罗斯的协议,通过了关于玛纳斯过境转运中心的法案,宣布提前解除2009年6月22日签署的吉美两国政府间合作协议以及关于玛纳斯国际机场过境转运中心的协议,吉方表示计划将玛纳斯过境转运中心转型为大型国际商业中心。⑤ 同吉尔吉斯斯坦一样,塔吉克斯坦也在此期间深化了与俄罗斯的军事合作。2013年8月,塔吉克斯坦议会正式批准了塔俄两国在2012年5月签署的关于俄罗斯在塔吉克斯坦境内驻军期限延长至2042年的协议。⑥ 事实上,随着美国与北约军队从阿富汗撤军进入倒计时,加强与俄罗斯及独联体集体安全条约组织在安全防务领域的合作已成为中亚各国唯一且被迫的选择。

---

① Новый президент Киргизии – перспективы и риски, http: //www. centrasia. ru/newsA. php? st = 1322812980.

② Альянс элит севера и юга Киргизии достаточно прочен – политолог Михеев, http: //www. ria. ru/politics/20101223/312465102. html.

③ "РГ": Бишкек ищет доноров. Новый глава Киргизии обзаводится неожиданными друзьями, 02. 12. 2011, http: //www. centrasia. ru/newsA. php? st = 1322813400.

④ А. Шустов, Центральная Азия – 10 событий 2011 года, http: //www. centrasia. ru/newsA. php? st = 1327470900.

⑤ 《吉尔吉斯斯坦议会通过美国转运中心合同终止议案》,新华网,http: //news. xinhuanet. com/world/2013 – 06/20/c_ 116229265. htm。

⑥ Лавров, База РФ в Таджикистане поможет поддержать мир в регионе, http: //ria. ru/defense_ safety/20140308/998713917. html.

相较外部安全防务，维护国内安全与稳定对于中亚各国政权而言显得更为迫切。2010年巴基耶夫政权一夜垮台之后，吉尔吉斯斯坦国内各派的政治斗争始终未能消解，而自2010年12月以来西亚、北非国家连续的政局动荡，使一些处于"老人政治"的中亚国家再次产生危机感，并越来越意识到其政权的稳定离不开俄罗斯的支持。2005年5月，在乌兹别克斯坦安集延地区出现越狱和暴动事件后，乌兹别克斯坦政府的反暴动行动招致了西方社会的谴责与外交制裁，卡里莫夫及其政府内部的多位高层官员被西方政府列入黑名单。与西方的外交窘境迫使乌兹别克斯坦重新选择与俄罗斯修好，并得到了俄罗斯积极的回应。俄罗斯外交部发言人雅科文科发表声明表示，"在这艰难时刻，俄罗斯支持友好的乌兹别克斯坦领导层"，同时谴责"乌兹别克斯坦极端分子的攻击，他们为达到自己的政治目标采取了暴力的、违反宪法的手段"。俄罗斯表示在必要情况下可以在控制安集延局势上向乌兹别克斯坦提供帮助，而不是暴动者所请求的某种形式的政治调解。① 虽然自独立以来，乌兹别克斯坦对俄罗斯采取的政策始终是若即若离，但在维持自身政权安全的关键时期，乌兹别克斯坦还是希望得到俄罗斯的政治支持。

2005年3月，阿卡耶夫因"3·24事件"下台后，美国国务卿赖斯甚至将此视为"有活力的民主改革"的成功，但当巴基耶夫总统上台后，美国才发现，巴基耶夫延续了阿卡耶夫的亲俄立场，在其就任后第二天就暗示美国应该撤出在吉尔吉斯斯坦的军事基地。2010年10月，吉尔吉斯斯坦改行议会制的第一届议会选举后第四天，进入议会的三个政党的领导人尊严党领袖库洛夫、共和国党领袖巴巴诺夫和故乡党的领袖也纷纷赶赴俄罗斯，表达亲俄立场，并就建立联盟等事宜与俄罗斯商讨。在这届议会中，多数政党为亲俄派政党，只有祖国党持同西方合作的态度。② 2011年新当选的总统阿坦巴耶夫也将其就任后出访的第一站定为俄罗斯。③ 阿坦巴耶夫在其就职演说中表示，会将

---

① 《俄新社报道说安集延骚乱与乌地缘政治选择有关》，http：//express.cetin.net.cn：8080/cetin2/servlet/cetin/action/HtmlDocumentAction？baseid=1&docno=231822。

② Лидеры трех партий Кыргызстана находятся с визитом в Москве, http：//www.golos-ameriki.ru/content/kyrgyzstan-russia-politics-2010-10-14-104967069/189315.html.

③ Альянс элит севера и юга Киргизии достаточно прочен - политолог Михеев, http：//www.ria.ru/politics/20101223/312465102.html.

国家稳定和平、反腐败以及同俄罗斯的战略伙伴关系置于其施政的首位,[1] 对吉尔吉斯斯坦而言,同俄罗斯关系保持平稳发展是确保其国内稳定的重要前提。无论总统还是反对派都将对俄立场置于其竞选纲领的重要位置。正如俄罗斯学者米哈伊夫所言,吉尔吉斯斯坦的政治家们如果头脑健全且记忆尚佳的话,都会明白与俄罗斯的关系至关重要,处理不当只能导致自己的国家和人民战略利益受损。[2]

二 俄式政体的示范作用

俄罗斯与中亚各国政治转型的起点都是苏联时期的政治体制改革,在政治机构设置、政治体制形式、政治观念等方面拥有较多相似之处,但俄罗斯政治转型的初衷与中亚各国显然不同,因而在由苏维埃议行合一的政治体制向三权分立的宪政体制转变中,俄罗斯与中亚国家在对待政治改革和国家独立问题上表现出不同的态度。如前面章节所述,俄罗斯的政治精英对于政治改革有充分的心理准备和较高的政治期许,可以说,俄式的政治转型是主动而为,而中亚各国从精英到社会民众都对政治改革缺乏认识与准备,政治改革是被动地顺势而为。苏联后期,以叶利钦为代表的反对派是政治改革的倡导者。叶利钦、盖达尔等改革派精英在苏联后期和俄罗斯独立初期一直在积极推动政治改革和"去苏联化",苏联后期的很多重大政治改革都是在俄罗斯联邦改革派的直接倡议下进行的。他们向苏联共产党中央领导权威发起挑战并掀起覆盖苏联全境的"共和国主权'大检阅'"运动。苏共中央在俄罗斯联邦改革派推动的政治运动与权力斗争中不断丧失领导地位,苏联也因苏共领导核心地位的丧失而瓦解。因此,俄罗斯是苏联后期政治转型的先驱者和倡导者,具有较强的主动性和主导性。中亚各国缺乏叶利钦式的激进改革派,在苏维埃体制下,各国领导人习惯于执行苏共中央的指令和倡议,对政治改革和国家独立普遍缺乏心理准备和必要的制度设计以及人员储备。苏联解体后,对俄罗斯政治转型与发展模

---

[1] A. Оторбаева, С чем пришел Алмазбек Атамбаев (размышления над инаугурационной речью), http://www.centrasia.ru/newsA.php?st=1322804760.

[2] Альянс элит севера и юга Киргизии достаточно прочен - политолог Михеев, http://www.ria.ru/politics/20101223/312465102.html.

式进行效仿，是中亚各国领导人服从联盟中央命令的一种惯性思维。同时，独立初期，俄罗斯的制宪经验与教训也为中亚国家政体模式的选择和制度建设提供了可供效仿与借鉴的模板。因此，在转型初期，中亚国家与俄罗斯出现了相似的政治发展轨迹，除了在改革的速度与步骤上表现出不同步外，在改革道路的选择上，并没有本质的区别。

作为苏联的继承国，俄罗斯比中亚各国具有更为强烈的国家意识与民族观念，其政治体制架构、机构设置，以及包括国民心理、文化认同在内的一切独立国家的形态都相对完整，因此，俄罗斯的政治转型总体上是一个国家权力机构升级的过程，即由苏联社会主义加盟共和国的地方级行政权力机构升格为具有国际法主体地位的主权国家的权力机关的过程。而中亚各国则因缺少独立与建国的经验，在独立与政治体制转型初期都自然而然将俄罗斯作为自己政治转型的样板和参照系，其总统制的选择以及政治体制的架构也都亦步亦趋地仿效俄罗斯，因而二者有着较为相似的政治发展轨迹。可以说，俄罗斯对中亚各国的道路选择起到了重要的示范作用。

如前文所述，土库曼斯坦和乌兹别克斯坦在独立之初的宪法中保留了苏维埃体制的痕迹，原有的最高苏维埃的名称及其作为国家最高代议机关的职能得到了较为完整的保留，原最高苏维埃主席也通过选举顺利地转型为国家总统。由于乌土两国的领导层没有出现重大的权力位移，因而社会也保持了相对的稳定性。对于哈萨克斯坦、吉尔吉斯斯坦和塔吉克斯坦三国，领导层试图以三权分立模式来改造本国的苏维埃体制，并以俄罗斯为模板，对本国的制度进行设计，以打造多元化政党体制与多党制议会。其中，哈萨克斯坦和吉尔吉斯斯坦完全复制了俄罗斯的建制轨迹和政治框架，包括取消副总统，设立议会两院制等。因此，哈吉两国在制宪过程中也经历了类似于俄罗斯独立初期出现的政治多元化以及总统与议会的政治纷争状况。1994年，哈萨克斯坦与吉尔吉斯斯坦相继出现府院之争，多党议会与总统因权力的划分而频繁出现摩擦与掣肘现象，导致国家权力上层纷争不断。为防止俄罗斯1993年10月"炮轰白宫事件"在本国上演，哈、吉两国都通过修改或重新颁布宪法，确立了在三权分立原则基础上的以总统权力为核心的国家权力结构体系。而在塔吉克斯坦，制宪进程因部族、民族与宗教问题变得异常复杂，在独立初期实行的总统制也因

1992~1997年间的内战而暂时改为议会制,之后随着总统势力的不断巩固与加强,塔吉克斯坦再次回到总统制的轨道上来。

在巩固总统权力方面,哈萨克斯坦和吉尔吉斯斯坦两国也直接或间接地参照俄罗斯的做法,在扩大总统权力的同时相应地削弱议会的权力。在总统与议会的权力制衡关系上,中亚各国在有关议会弹劾总统的程序以及总统解散议会的条件上,都与转型初期俄罗斯所执行的宪法有相似的内容,因而在权力结构中也呈现出与俄罗斯相似的"大总统、弱议会、小政府"的特征,并且在中亚政治文化传统的作用下,总统的权力不断得以扩大与强化。

另外,在政党制度建设过程中,中亚多数国家也同俄罗斯一样在取消共产党的执政地位后经历了政党碎片化、总统"无党化"的时期,以及政权党或亲政权党逐渐做大的"单极化"政治格局的演进过程。转型初期,中亚各国意识形态的禁锢被打破,社会政治制度的变化给政党政治的多元化创造了条件,中亚社会出现政党林立的局面,有些国家政党的数量甚至过百,政党格局也因此呈现多样性特征。独立初期,中亚多数国家的总统仿照俄罗斯首任总统叶利钦,退出共产党,并宣布不再参加任何政党,从而成为无党派总统。这样做主要是由于中亚社会多元化程度不高,政党的代表功能较弱,政党的纲领与政党精英的政见趋同,这些无党派总统往往能以其个人的魅力和超党派的政治身份在总统竞选中获得更多的选民支持。1995年,叶利钦授意总理切尔诺梅尔金和国家杜马主席雷布金等建立亲政权的"中右"和"中左"派政党,试图通过中派政党构建政权党主导的政党政治格局。中亚各国领导人也纷纷效仿俄罗斯,着手培育自己的亲政权势力。但在这一时期,经济的衰退以及生活水平的下降使民众对政治改革和政党政治的热情不断消退,无论是在俄罗斯还是在部分中亚国家,亲政权党派和政党联盟都因缺乏成熟务实的政党纲领而难以获得相对稳定的选民基础,因而也就无力胜任政权党的角色。除土库曼斯坦和塔吉克斯坦总统因某些特殊原因拥有自己的政权党外,其他中亚国家的总统都像时任俄罗斯总统叶利钦一样,没有明确的政党属性和稳定的政党支持。然而,俄罗斯这一政党政治格局在1999年出现改观,团结党在俄罗斯杜马选举中顺利过关,并一举成为与俄罗斯共产党并驾齐驱的议会大党。该党明确表示将在议会下院形成支持总统的稳定多数,并在2000年2月总统大选前成立竞选联盟支持代总统普京参选总统。普京当选总统后曾表达过建立政权党的意愿，他指出，"俄罗斯需要真正的多党体制"，不是那种只代表政党利益的多党体制，而是代表社会大多数人利益的多党体制，只有大多数人的利益才能成为国家政策的导向。① 2001年12月1日，俄罗斯的团结党、祖国党和全俄罗斯党三党联合组成统一俄罗斯党，并得到普京的支持。此后，统一俄罗斯党一直以政权党的身份，成为普京执政的辅佐力量，俄罗斯结束了叶利钦时期时常出现府院相争的混乱状态，形成总统、政府与议会密切合作的局面。

俄罗斯政党政治因政权党的崛起而改观，这给予中亚各国领导人以新的启示，他们进一步整合亲总统势力，积极扶植亲总统政党的发展。哈萨克斯坦的祖国党以及乌兹别克斯坦的人民民主党和自由民主党就是在这一时期发展成为亲政权政党的。2001年7月，俄罗斯颁布新的政党法，提高了政党进入议会的准入门槛，将政党进入议会所需获得的得票比率由5%提高到7%。2003年，又修改了议会选举法，宣布取消单名选区制，议会代表全部按比例代表制方式在参选政党中选出。参照俄罗斯的经验，中亚多数国家也相继增加了立法机关中比例代表制议员的数量，以提高政党参与国家政治生活的程度，给予政党更多的发展空间。在哈萨克斯坦2007年重新修订的宪法中，比例代表制议员的人数由原来的10名扩大到了98名，同时宪法还将政府组阁权赋予议会下院多数党。2007年9月，吉尔吉斯斯坦也通过修宪，将比例代表制选举产生议员的名额扩大到全体议员。

此外，俄罗斯在政权更替过程中的经验与教训也为中亚各国巩固总统权力提供了可资借鉴的依据。1996年，在俄罗斯总统选举中，叶利钦经过两轮选举以微弱的优势险胜共产党候选人久加诺夫，为防止政权更替期出现此种险情，避免同反对派政党领袖进行正面交锋，中亚各国的领导人或通过修宪，或通过全民公决的方式绕开总统选举，以谋求长期执政。此外，中亚各国的宪法和选举法对总统候选人资格、年龄限制也做了一定的修改，以使选举更有利于现任总统。这一点同样也是仿效俄罗斯总统叶利钦在1996年总统选举前的做法，如1995年4月俄罗斯颁布了第二部总统选举法，取消了候选人65岁的年

---

① 陈新明：《转型时期的俄罗斯政党发展》，《中国社会科学院研究生院学报》2004年第6期。

龄上限，使1996年即将步入65岁的叶利钦拥有了候选人资格。

当然，谋求领导人的长期执政既是苏联时期的政治传统，又与中亚地区的政治文化传统有着内在的联系，并在中亚各国社会中存在着现实的政治空间。中亚国家中，吉尔吉斯斯坦是唯一一个没有通过修宪延长总统任期的中亚国家。事实上，吉尔吉斯斯坦时任总统阿卡耶夫也并非没有此意愿，只是由于议会与政府之间长期存在矛盾而无法如愿。由此可见，中亚国家的领导人在主观上都不愿意按照制宪原则主动让出权力，而是希望沿袭苏联时期领导人长期执政的模式。尽管在一些国家出现了领导人更替，那也是以非正常方式实现的。如吉尔吉斯斯坦以革命的方式实现了政权易手，并使国家陷入连年的政治动荡，最终，国家由总统制转为议会制。土库曼斯坦是由于总统尼亚佐夫病逝而实现政权轮换。中亚其他三国的领导人均自国家独立以来执政至今。因此，可以说，独立至今，中亚国家均未进行正常的政权更替。与中亚国家不同的是，俄罗斯独立以来已经通过选举产生了三位总统，实现了宪政意义上的政权轮换，所以在政权与精英更替模式上，中亚国家呈现出一些不同于俄罗斯的发展轨迹。

即便如此，俄罗斯与中亚国家在总统的政治行为、执政理念与思维模式上仍存在诸多相似之处，中亚各国政权面临重大危机时，还是习惯性地希望从俄罗斯那里寻求有效"药方"。如在2003～2005年，独联体地区发生"颜色革命"与政治动荡之后，俄罗斯加强了对本国非政府组织及外国基金会的管理力度，实行较为严厉的管理政策，重新修订了非营利政府组织法等相关法律文件，以打击一切试图干涉俄罗斯内政的非法组织，防止其成为外国政府干预俄罗斯内部事务的工具[①]。哈萨克斯坦、乌兹别克斯坦等中亚国家也如法炮制，将打击国内外非政府组织作为防止"颜色革命"的有效手段。

三 中亚国家的"去俄罗斯化"进程

中亚国家对于俄罗斯怀有复杂而矛盾的心态：一方面在安全与发展方面对俄罗斯心存依赖；另一方面，又试图通过多边外交政策发展同其他地区和世界

---

① Начало встречи с Председателем Государственной Думы Борисом Грызловым, 25 ноября 2005 года, Ново – Огарево, www.kremlin.ru/appears/2005/11/25/1707_type63374type63378_98077.shtml.

大国的合作，摆脱俄罗斯的控制与束缚。

在独立初期，俄罗斯把苏联时期形成的产业分工与供应体系视为阻碍其发展经济的"包袱"。以盖达尔为代表的亲西方政治家认为，俄罗斯不应当继续充当中亚国家的"奶牛"角色，并认为，原各加盟共和国是俄罗斯民主改革的障碍，是妨碍俄罗斯尽快回归西欧文明的累赘。[①] 为了甩掉中亚这个经济"包袱"，俄罗斯不但停止了对中亚国家的财政补贴以及原材料和工农业产品的供应，而且还通过追讨欠债、放开物价等策略，斩断在苏联供给体制下同中亚国家的经济联系。同时，俄罗斯还单方面实施"休克疗法"的经济改革，致使尚处于卢布区的中亚各国遭受到了严重的经济衰退和通货膨胀。1993年，俄罗斯向中亚各国提出，如希望继续留在卢布区，就要将本国的黄金外汇储备和外贸活动置于俄罗斯中央银行的控制之下。面对俄罗斯的苛刻条件和摆脱经济困境的迫切需求，中亚五国被迫退出卢布区。吉尔吉斯斯坦是第一个退出卢布区的中亚国家，而促使其离开卢布区的原因之一，就是它只有发行了本国货币，才能获得国际货币基金组织提供的2.6亿美元的贷款。1993年5月3日，吉尔吉斯共和国最高苏维埃通过决议，决定退出卢布区，并于同年5月7日起发行本国货币。此后，其他中亚国家相继效仿，先后于1993年5月至1994年12月发行本国货币。[②] 塔吉克斯坦是最后退出卢布区的国家。"甩包袱"政策不但弱化了俄罗斯同中亚国家传统的密切关系，而且还收缩了其在中亚地区的利益范围。[③] 如果说苏联解体使中亚国家被动地走上了政治独立的道路，那么从1993年起中亚各国在俄罗斯"甩包袱"的政策下退出卢布区，是其真正迈向经济独立的开始，也是其"去俄罗斯化"进程的起步阶段。如此，中亚各国才真正开始了脱离俄罗斯、步入国家独立发展的进程。

独立后，在文化与人文交流领域，中亚各国领导人在不断宣传和强化本国国家意识与主体民族文化观念的同时，也都在内政与外交中表现出或明或暗的"去俄罗斯化"倾向。其中在语言文字方面的"去俄语化"表现得尤为突出。

---

① 杨鸿玺：《美国中亚战略20年——螺旋式演进》，社会科学文献出版社，2012，第229页。
② 柳丰华：《俄罗斯在中亚：政策的演变》，《国际政治研究》2007年第2期。
③ 郑羽主编《既非朋友，也非敌人——苏联解体后的俄美关系（1991~2005）》（下卷），世界知识出版社，2006，第637页。

语言文字是一个民族的基本特征之一，对于中亚国家而言，国语还具有特殊的主权象征意义。独立后，中亚各国均通过修宪和制定相关的法律，确立了本国主体民族语言的国语地位，将复兴与发展主体民族的语言文字与传统文化置于主权意识与国家形象的高度上，同时也对俄语进行重新定位。乌兹别克斯坦在1992年宪法中明确规定，乌兹别克语为本国的国语，乌兹别克斯坦共和国将保障国家和人民对语言、习俗、传统的尊重，并为其发展创造条件。[①] 土库曼斯坦也同样将土库曼语作为国家主权的标志写入1992年宪法的"宪法结构基础"一章。[②] 2000年，乌兹别克斯坦颁布了《字母法》，规定将用拉丁字母替代乌兹别克语中的俄语字母。[③] 2007年，哈萨克斯坦也提出修改字母文字的倡议，并主张在学校使用哈语教学。[④] 需要指出的是，乌兹别克斯坦和土库曼斯坦在宪法中并未提及俄语的地位问题。与乌、土两国不同的是，吉尔吉斯斯坦、哈萨克斯坦和塔吉克斯坦三国的宪法，除了规定主体民族语言为国语外，还保留了俄语为官方通用语言或族际交流语言的地位。[⑤] 其中哈萨克斯坦经常以保留俄语在本国地位问题表达同俄罗斯的友好姿态。2011年，哈萨克斯坦百余名社会活动家、政治家、文学家、文化名人曾经公开向总统上书，要求取消宪法中关于俄语与国语哈萨克语同为官方交际语言的平权地位。同年9月15日，哈萨克斯坦上院议长凯拉特·马米对此做出了回应。他表示："哈萨克语是哈萨克斯坦的主要语言，但必须明白，我们独立后取得的一个重要成就就是实现了族际间的和睦相处。而民族间的和谐是以哈萨克斯坦人也说俄语为前提的。因此议会在近年内不会审议有关修改俄语地位

---

① 1992年乌兹别克斯坦宪法第一章第一条第四款，http：//www.parliament.gov.uz/ru/constitution.php#anchr268。

② Туркменистан. Конституция, http：//www.krugosvet.ru/node/32965？page=0, 8。

③ Использование казахского и русского языков позволит сохранить политическую стабильность в Казахстане – глава государства, http：//www.kz-today.kz/index.php？uin=1133168007&chapter=1153402426。

④ Использование казахского и русского языков позволит сохранить политическую стабильность в Казахстане – глава государства, http：//www.kz-today.kz/index.php？uin=1133168007&chapter=1153402426。

⑤ 如吉尔吉斯斯坦1993年宪法中规定，俄语为官方通用语言，而哈萨克斯坦和塔吉克斯坦在独立初期的宪法中规定，俄语是该国的族际交流语言。

的修宪补充议案。"① 哈萨克斯坦官方以此否定了那些试图取消俄语第二国语地位的修宪企图。与其他中亚国家不同，拥有近30%俄罗斯族人口的哈萨克斯坦不但将俄语视为文化交流工具，更将其作为协调民族关系、发展同俄罗斯友好关系的外交手段。哈萨克斯坦总统纳扎尔巴耶夫就曾在其年度国情咨文中指出，俄语是哈萨克斯坦人的交际语言，掌握俄语是哈萨克斯坦人的一笔财富。

苏联时期，俄语的普及使多数中亚国家主体民族语言的发展处于停滞状态，因而在独立初期，中亚国家的国民掌握国语的程度和人数都很有限，同时，各国国语的现代化程度也不高，很多现代词义都需要借助俄语表达。独立后，多数中亚国家在国语教育方面投入了大量人力、物力与财力，以激发国人，特别是主体民族公民学习国语的热情。此外，多数中亚国家还将掌握国语作为进入政界的敲门砖和具备被选举权的资质条件。在哈萨克斯坦和吉尔吉斯斯坦，两国的宪法和总统选举法中均规定，总统候选人需要熟练地掌握本国国语。2000年，吉尔吉斯斯坦还启动总统候选人国语资格考试程序，总统候选人要用吉尔吉斯语书面阐述自己的竞选纲领，并要进行15分钟的口头演讲和朗读测试，并由国家语言委员会裁定，考试通过后才能取得竞选总统的资格。② 同时，哈萨克斯坦政府还将熟练使用哈萨克语作为哈萨克族官员晋升的必要条件，在国家机关普及和推广国语。③ 可以说，中亚各国主体民族语言的复兴与地位的重置，一方面突出了中亚各国在国家独立进程中主体意识与自我认同观念的增强，另一方面对俄语的排斥和对俄语地位的削弱也是各国试图弱化俄语乃至俄罗斯在本国人文、教育和政治领域影响力的体现。

此外，中亚国家对境内俄罗斯族人口的政治态度不断微调，也体现了其对俄政策的变化，这一点突出体现在对本国俄罗斯族公民的双重国籍的身份认同上。苏联解体后，大量俄罗斯族居民留在中亚各国，其中在哈萨克斯坦的俄罗

---

① http://pik.tv/ru/news/story/18891 - spiker - senata - kazaxstana - v - konstituciiu - respubliki - ne - budut - vneseni - popravki - otnositelno - russkogo - iazika, 15 Сентября 2011.
② 《吉尔吉斯斯坦总统顺利通过选前国语考试》，国际在线专稿，http://gb.cri.cn/27824/2009/05/26/3245s2520703.htm.
③ Использование казахского и русского языков позволит сохранить политическую стабильность в Казахстане - глава государства, http://www.kz - today.kz/index.php?uin=1133168007&chapter=1153402426.

斯人最多，约有 600 万，约占其总人口的 30%；在乌兹别克斯坦和吉尔吉斯斯坦分别有 100 多万人和 90 多万人；在土库曼斯坦的俄罗斯族人口最少，仅有 15 万人。① 一些中亚国家早在独立初期颁布的《国籍法》中就明确规定，不允许本国公民拥有双重国籍身份。如乌兹别克斯坦 1992 年颁布的《国籍法》第十条中就规定，本国公民不允许拥有别国公民身份。② 塔吉克斯坦 1995 年颁布的《国籍法》第四条也对双重国籍做出明确规定，塔吉克斯坦公民不允许拥有别国国籍，但国家间签署协议的除外。③ 有鉴于此，在苏联解体后不久，俄罗斯便向所有中亚国家政府提出给予境外俄罗斯族人"双重国籍"的建议。哈萨克斯坦、吉尔吉斯斯坦两国同俄罗斯签署了有关当地的俄罗斯族公民拥有双重国籍的备忘录，土库曼斯坦也于 2003 年同俄罗斯就双重国籍问题签署备忘录，承认土库曼斯坦公民可以拥有俄、土两国公民身份。但时隔十年，2013 年 6 月 10 日，土库曼斯坦单方面终止了该协议，取消了公民可以拥有俄罗斯和土库曼斯坦双重国籍身份的规定。④ 目前，只有哈萨克斯坦、吉尔吉斯斯坦允许公民拥有双重国籍。

独立后，中亚各国凭借本国的地缘政治优势或能源优势，都不约而同地推行多边平衡外交政策，为自己打造同大国直接对话的平台和政治空间，并试图在大国博弈中寻求均势，实现本国经济与政治利益的最大化。独立后的土库曼斯坦为巩固国家独立和主权、保持社会政治稳定，主张走适合本国国情的发展道路。1995 年，土库曼斯坦向联合国提出赋予其"中立国"地位的申请，承诺不参加任何政治、军事集团，在相互尊重主权、平等互利、互不干涉内政原则基础上发展与世界各国的友好合作关系。在中亚五国中，土库曼斯坦算是特立独行的"异类"。2005 年，土库曼斯坦放弃了俄罗斯主导的独联体的正式成

---

① А. Грозин, Туркменская власть уверенно роет себе вместительную яму… http：//www.chrono-tm.org/2013/03/turkmenskaya-vlast-roet-sebe.
② Закон Республики Узбекистан о гражданстве Республики Узбекистан, http：//lex.uz/mobileact/4880.
③ Конституционный Закон Республики Таджикистан О гражданстве Республики Таджикистан, http：//refworld.org.ru/docid/531dd3d34.html.
④ А. Грозин, Туркменская власть уверенно роет себе вместительную яму… http：//www.chrono-tm.org/2013/03/turkmenskaya-vlast-roet-sebe.

员资格，表现出与俄罗斯不结盟的立场。与首任总统尼亚佐夫时期对外政策不同的是，别尔德穆哈梅多夫总统虽然依旧坚持中立国地位的立场，但却在外交政策中表现出了一定的灵活性。土库曼斯坦在区域合作问题上表示愿意参与欧盟等西方国家主导的区域合作，建立政治、法律、财政、经济和技术多方责任机制，并加强能源领域的合作与协调。土库曼斯坦的对外政策方向之一是参与欧安组织的活动，主要是为了建立防止国际冲突的有效预警与中立机制，反对政治与宗教极端主义，在能源运输方面制定和建立现代模式的国际合作框架。[①] 乌兹别克斯坦自独立以来一直保持着高调的"去俄罗斯化"态度。乌兹别克斯坦于1991年6月成为中亚国家中第一个发表主权宣言的国家，同时也是中亚地区中最早提出取消俄语国语地位的国家。乌兹别克斯坦退出独联体，加入由乌克兰、摩尔多瓦、阿塞拜疆、格鲁吉亚组成的"古阿姆"联盟，以反对俄罗斯深化独联体一体化进程和在独联体国家采取军事行动的行为。虽然该组织现已不了了之，但这一系列举动凸显出乌兹别克斯坦抵制俄罗斯军事影响的意图。此后乌兹别克斯坦在对俄关系上始终若即若离，试图在俄罗斯和西方的关系上寻找自己的平衡点。对于俄罗斯以关税同盟和欧亚经济共同体的名义推动的地区一体化合作，乌兹别克斯坦尚未提出参与意向。

哈萨克斯坦和乌兹别克斯坦等地区大国均提出过以本国为主导的多边合作机制和一体化合作的倡议，促进地区经济的发展以保障地区安全与稳定，扩大本国对地区事务甚至国际事务的影响力。哈萨克斯坦总统纳扎尔巴耶夫于1992年提出并于1999年启动的亚洲相互协作与信任措施会议（简称"亚信会议"）是一个有关安全问题的多边论坛，截至2014年5月，其成员已经发展为26个，其影响范围扩大到整个欧亚地区。哈萨克斯坦、乌兹别克斯坦和土库曼斯坦等资源型国家，凭借资源优势，相继与美国、欧盟、中国等大国和国际组织签署了管道运输协议，积极寻求能源出口的多元化，摆脱对俄罗斯的依赖。随着经济独立性的相对增强，这些国家都开始强调独立治国和走具有本国特色的发展道路，在同大国的博弈中不断调整自己的利益诉求。作为俄罗斯的

---

① Внешняя политика и дипломатия Туркменистана: философия мира и сотрудничества, http://www.turkmenistan.gov.tm/? id = 5906.

战略伙伴和关税同盟成员国,哈萨克斯坦仅仅热衷于同俄罗斯发展经济一体化合作,而对俄罗斯试图推进的政治与军事安全全面一体化的意图则持有不同意见。中亚国家与俄罗斯的分歧在近年来的一些政治表态中表现得十分突出。2014年3月,在是否支持克里米亚独立的联合国公决中,独联体国家中仅有白俄罗斯和亚美尼亚投了赞成票,哈萨克斯坦和乌兹别克斯坦投了反对票。①即便是与俄罗斯存在军事和经济依赖关系的塔吉克斯坦和吉尔吉斯斯坦,也以弃权票的方式表达了对此问题的疑虑。由此可见,中亚国家对俄罗斯在原苏联地区的扩张心存忌惮。作为新独立的国家,中亚国家尤其珍视其主权和领土完整。

与此同时,自2001年以美国为首的北约国家在阿富汗展开反恐军事行动之后,美欧等西方国家再次加强了对中亚国家的攻势,积极寻求同中亚国家的军事、安全与经济合作,以便在欧亚地区设立反恐的战略支点,排挤俄罗斯在该地区的影响。西方势力的进入为中亚国家开展务实外交提供了多元化选择,也对中亚国家的"去俄罗斯化"起到推波助澜的作用。2001年以来,中亚各国加快了同西方的军事合作,美国先后使用了吉尔吉斯斯坦的马纳斯机场、塔吉克斯坦杜尚别机场和乌兹别克斯坦杰尔梅兹机场为其空军基地,以配合其在阿富汗和中亚地区反恐行动的需要。2008年12月,哈萨克斯坦政府也批准了有关允许将阿拉木图机场作为北约驻阿富汗空军飞机紧急着陆使用的备用机场的备忘录,塔吉克斯坦也随即与美国达成关于通过塔境内向阿富汗运输货物的协议。除土库曼斯坦外,中亚各国均为北约和平伙伴关系计划成员国。可以说,美国及其主导的北约借反恐之名,进入了被俄罗斯称为软肋的中亚腹地。

四 俄罗斯中亚战略的回归

俄罗斯视中亚为其传统的势力范围,是其南部边界安全的屏障和战略缓冲带,也是俄罗斯维持同西方战略平衡的底线。维护俄罗斯在中亚地区的特殊利益是俄罗斯外交政策的优先发展方向。在以美国为首的西方势力通过"颜色

---

① Даурен Алтынов, Президент Казахстана возвращает премьер - министра, Институт освещения проблем войны и мира, 11 апреля 2014 года, http://inozpress.kg/news/view/id/41441.

革命"、格俄冲突和乌克兰问题不断挤压俄罗斯南部和西部的战略空间后，中亚地区对于俄罗斯的战略意义显得格外重要。

自独立以来，俄罗斯的中亚政策大体经历了"甩包袱""重拾失地""强劲回归"与全面推进独联体地区一体化等几个发展阶段[①]。2001年"9·11事件"后，以美国为首的北约部队开始在阿富汗和中亚地区实施反恐行动，俄罗斯表示支持美国的反恐立场。于是在俄罗斯的"默许"下，美军和北约部队不断加强对中亚地区的军事渗透，将北约和平伙伴关系计划拓展到整个中亚地区，并在吉尔吉斯斯坦、塔吉克斯坦和乌兹别克斯坦建立了空军基地，作为反恐行动的中转站。此后，美国及北约试图在中亚寻求长期的军事存在并使之成为楔入俄罗斯传统势力范围的战略支点。很多俄罗斯学者都对"9·11事件"之前俄罗斯的中亚政策提出批评，他们认为，美国部署和加强在中亚地区的军事存在，不但损害了俄罗斯的战略利益，而且增加了俄罗斯重新恢复在该地区影响力的成本，使其在军事基地问题上不得不与吉尔吉斯斯坦和塔吉克斯坦等中亚国家讨价还价，为清除北约和美国的军事存在付出高昂的代价。

普京执政后，特别是在其第二任期内，石油经济的发展推动俄罗斯国力上升，使得俄罗斯有实力调整对包括中亚国家在内的独联体政策。"颜色革命"后，中亚各国多边外交政策的重心普遍倒向俄罗斯一方，执政当局都希望获得俄罗斯的政治支持，以保持政权稳定。因此，俄罗斯并未因"颜色革命"陷入被动，反而因美国在中亚优势的消退而获得重新恢复影响力的契机。为了迎合中亚国家对政权稳定的迫切需求，俄罗斯主动拉近与中亚五国的关系，不失时机地给予中亚执政当局以政治支持。2005~2007年，哈萨克斯坦、塔吉克斯坦、乌兹别克斯坦分别举行了议会选举和总统选举，俄罗斯通过高层访问、经济项目合作、经济援助、派出本国和独联体观察员团等多种途径，给予这些国家执政当局

[①] 柳丰华：《俄罗斯在中亚：政策的演变》，《国际政治研究》2007年第2期。此文将苏联解体以来俄罗斯对中亚的政策分为在经济上"甩包袱"和在军事上谋求建立集体安全体系（1991年12月至1995年9月）、重返中亚（1995年9月至2001年9月）和谋求恢复在中亚的传统影响（2001年9月至今）三个阶段。作为对上述观点的补充，本书将2008年以来俄罗斯对中亚政策作为一个新的政策时期加以论述。在此期间，俄罗斯对中亚地区加紧推进以经济为先导的全面一体化进程。

以有力支持。① 此外，俄罗斯还对包括中亚国家在内的独联体地区促进民主和保护人权的非政府部门给予的专用拨款，仿照美国和欧盟国家在该地区建立专门的基金以支持民主发展的方式，通过建立社会基金资助中亚国家在法律法规方面的建设。2008 年，俄罗斯与格鲁吉亚发生军事冲突后，俄美在外高加索和中亚地区的地缘政治平衡再度被打破，大国较量进入新时期，中亚地区也因此再次成为俄美等大国角逐的焦点。为拉拢中亚国家，俄罗斯采取了一系列措施。2009 年 1 月，俄罗斯将同乌兹别克斯坦的双边关系升格为"战略伙伴关系"。同年，俄罗斯同吉尔吉斯斯坦政府签署了一系列关于向吉提供无偿援助、提供国家贷款、减免国债，以及其他方面经济合作的谅解备忘录，作为回报，吉尔吉斯斯坦巴基耶夫政府承诺将关闭美国驻吉尔吉斯斯坦的军事基地。

此外，俄罗斯还通过改变独联体集体安全条约组织的决策机制与职能，提高其在独联体地区存在的合法性与行动力，进而有步骤地推进后苏联空间的重新一体化。2011 年 12 月，集体安全条约组织（简称"集安组织"）成员国在莫斯科峰会上通过决议，禁止其他国家在未经所有成员国同意的情况下在成员国领土上设立新的军事基地和军事设施。② 尽管该决议并不影响成员国已有的外国军事基地，但却有效阻止了美国等西方势力在这一地区扩大其军事影响力的企图，同时也对成员国提出集体约束机制，即成员国在考虑本国财政收益的同时，也应考虑伙伴国的利益。这样中亚成员国加强同美国等西方国家的军事合作将受制于集体安全条约组织，确切地讲是要征得俄罗斯的同意。此规定可以阻止美国在塔吉克斯坦和乌兹别克斯坦建立军事基地，俄罗斯领导人费尽心力关闭美国驻吉尔吉斯斯坦空军基地的一幕不会重演。③ 更重要的是，该决议排除了在集安组织成员国建立外国军事基地的可能。④ 此外，会议还通过了"为维护集安组织成员国利益建立保障信息安全体系的活动清单""关于反对外部势力利用互联网进行推翻集安组织成员国政权的措施"，用以应对网络和

---

① 柳丰华：《俄罗斯在中亚：政策的演变》，《国际政治研究》2007 年第 2 期。
② Елена Черненко, Максим Юсин, "Къ": Базы, go home! Интеграционный марафон. Россия нашла применение СНГ и ОДКБ, http://www.centrasia.ru/newsA.php?st=1324433820.
③ Елена Черненко, Максим Юсин, "Къ": Базы, go home! Интеграционный марафон. Россия нашла применение СНГ и ОДКБ, http://www.centrasia.ru/newsA.php?st=1324433820.
④ 曾向红：《乌兹别克斯坦与集体安全条约组织的曲折关系》，《国际问题研究》2012 年第 6 期。

现代信息技术的负面影响及其对政权造成的冲击。① 2012 年 3 月，普京重新当选总统后，俄罗斯继续利用独联体和集体安全条约组织的决策与组织机制强化其在中亚地区的军事与政治影响力，并赋予集体安全条约组织实现政治干预与行动的合法性。2012 年 12 月，各成员国在独联体国家首脑峰会上签署了一系列文件，其中包括提高独联体观察员国在成员国议会选举和总统选举中的使命作用，即维护其选举的合法性与稳定性。这项声明一方面有力地震慑了那些试图通过街头政治上台的反对派势力，另一方面也对充当"逼宫推手"的西方势力给予警示，即对于策动政治骚乱和其他颠覆政权的行为，独联体集安组织将可出兵制止。这为集安组织快速反应部队的职能增添了新内容，在之前应对外部军事进攻、进行国际反恐、打击有组织犯罪、禁毒和灾害救助等安全防务功能基础上，增加了政治合作的职能，集安组织有权应成员国政权的要求为保护其宪政体制而采取行动，也就是在成员国发生政治骚乱时，如果当事国领导人提出请求，集体安全条约组织的快速反应部队将及时介入。集体安全条约组织职能的升级意味着成员国将有可能让渡部分主权给这个超国家的军事组织，以维护本国国内政权的稳定与合法性。可以说，集体安全条约组织正在由一个装饰性的机构变为完全的军事政治组织，俄罗斯通过主导该组织决策程序与职能的转变，将其打造成一个阻止西方现实和潜在威胁的庇护所、抵御"颜色革命"的屏障以及遏制西方在后苏联空间影响力的地区性军事政治合作组织。

由于地理位置所限，中亚地区无法同西方国家建立直接的地域交通，因此，无论是在该地区进行民主化建设还是强化军事存在，美国等西方国家都只能通过"空投"的方式来实现对中亚地区的影响力。因此，西方国家很难在短期内取代俄罗斯在该地区的作用。

俄罗斯与中亚国家同处于政治转型的发展阶段，均被西方称为"不完全民主"或"半民主"国家，因此，俄罗斯难以为中亚国家政治发展提供更多的转型经验。中亚国家的"去俄罗斯化"进程在某种意义上是"去苏联化"的延续，是中亚国家告别苏维埃体制步入政治民主化与国家独立的蜕变过程。中亚国家对

---

① Сессия Совета коллективной безопасности ОДКБ, 20 декабря 2011 года, http://www.dkb.gov.ru/session_ fortnight/a.htm.

待俄罗斯的心态是矛盾的。一方面，为了实现国家独立，不得不强化主体民族观念与国家意识，脱离俄罗斯的影响；另一方面出于经济发展和政权稳定的需要，中亚各国又离不开俄罗斯的支持。可以说，俄罗斯对中亚各国的建国与建制进程仍具有特殊的影响力，中亚国家的独立进程还有很长的路要走。

俄罗斯在与中亚国家的关系中始终占有优势地位并拥有主导权。由于苏联时期的思维惯性，俄罗斯并不将中亚国家视为与之平等的国家，可以在不做出让步的前提下强迫这些国家与其合作。① 同时，俄罗斯对中亚国家的政治支持，在很大程度上是俄罗斯对外战略中维持与美国力量均势的一个砝码。在同美国争夺对中亚地区主导权的竞争中，俄罗斯在制度选择和外交政策方面竭力引导中亚国家向有利于自己的方向发展，支持各国政权的亲俄立场，而不会要求中亚各国进行以西方民主标准为目标的政治体制改革，相反，美国可能逐渐以政治自由、保障反对派权利等为目标加强对中亚国家的政治压力。② 在俄罗斯不断调整同中亚"软腹部"的亲疏关系时，中亚各国也在"亲俄"与"去俄罗斯化"的道路上左右徘徊。

第二节　美国对中亚国家的"民主输出"战略

"民主输出"是欧美等西方国家用其思想文化、价值观、社会制度和生活方式改造其他国家与施加影响力的重要手段。在中亚地区，欧美等国"民主输出"的最终目的是消除中亚国家在政治体制演变过程中的"苏联因素"和在地缘政治中的"俄罗斯因素"，使这些转型国家"去苏""脱俄"，最终走上西方式民主宪政体制和亲西方的道路。在中亚各国独立后，美国和欧盟等西方大国和国际组织以金钱开道，在经济、政治、军事、文化等方面通过各种名目的援助与合作介入中亚国家的社会生活，推行民主化政策，扩大自己的影响

---

① 《塔监禁俄罗斯飞行员或凸显独联体内部矛盾》，http：//www.24mil.com/2011/1118/7186.shtml。

② Елена Черненко，Максим Юсин，"Къ"：Базы，go home！Интеграционный марафон. Россия нашла применение СНГ и ОДКБ，21.12.2011，http：//www.centrasia.ru/newsA.php？st＝1324433820。

力，挤压俄罗斯的战略空间。如果说"去俄罗斯化"是中亚国家在"去苏联化"进程中衍生出的一种自我认同与独立意识的内在表达，那么美欧等国家和国际组织对中亚国家的"民主输出"则是这一进程的外部助动力。

一 美国对中亚国家的"民主输出"战略

美国的"民主输出"是其在世界推行"美国化"的重要内容和手段。在美国看来，向外输出民主和价值观，不仅是其在道义上要履行的义务，而且是保卫美国国家安全最可靠的战略内容。[1] 在美国决策者看来，适当的民主政权是解决国际和国内问题的最佳途径，同时也能最好地服务于美国的对外政策目标。支持中亚国家的民主转型有利于美国的国家安全利益，建设自由民主国家，可以减少美国潜在的军事对手，增加潜在盟友。[2] 因而"民主输出"时而作为辅助手段，时而作为战略目标在美国对中亚政策的优先级中处于变动状态，一以贯之的是始终以美国国家的安全利益为主旨。

在苏联解体、中亚国家获得独立后，美国希望通过"民主输出"战略帮助中亚各国实现政治民主与经济市场化的转型，消除俄罗斯对该地区的影响。同时，美国不希望也不愿意看到中亚卷入"伊斯兰风暴区",[3] 而是希望中亚国家的转型成为中东伊斯兰世界政治民主化的模板，将中亚从异己变成西方阵营中的成员，成为美国等西方世界可控的民主地区，从而使美国获得真正意义上的国家安全，这也是美国对外政策的深远意图。美国对中亚战略目标的排序等级与重视程度因各届政府的外交理念与对中亚地区地缘价值判断的不同而存在阶段性差异，但其"民主输出"、挤压俄罗斯的冷战思维贯穿始终。另外，在中亚国家推动反恐与安全合作，推进在民主化进程以及市场经济改革是美国在中亚地区的基本战略目标。

自中亚国家独立以来，美国在该地区推进的"民主输出"战略基本可以按照各届总统任期划分为四个发展阶段，由于俄罗斯对中亚的政策在某种程度

---

[1] 刘国平：《美国民主制度输出》，社会科学文献出版社，2006，第152页。
[2] 〔美〕詹姆斯·F.霍利菲尔德、加尔文·吉尔森主编《通往民主之路》，社会科学文献出版社，2012，第334页。
[3] 杨鸿玺：《美国中亚战略20年——螺旋式演进》，社会科学文献出版社，2012，第148页。

上是对美国在该地区政策的回应与抵制,因此,对美国中亚政策时段的划分与俄罗斯对中亚政策的变化大体对应。

第一阶段为独立初期至1996年,是支持中亚国家的独立阶段。这一时期,中亚国家刚刚获得独立,俄罗斯疲于解决国内政治经济危机,无暇顾及中亚地区,而美国对新独立的中亚国家也缺乏认识,对中亚地区的战略价值判断较低,因而对与该地区国家的关系没有制定出完整而系统的政策。① 此时,美国对中亚国家"民主输出"的主要目标是防止新独立的国家重新回到苏维埃体制。在美国看来,只有"民主制度"的普遍建立才能切实保障中亚国家的独立地位②,从而有效抵制俄罗斯主导中亚事务,并阻止伊斯兰复兴运动对中亚地区的冲击。美国的决策层认为,"在所有其他条件均等的情况下,外交政策应当支持民主转型,在它们开始巩固时给予帮助"。③ 因此,支持独立与政治转型成为美国对新独立的中亚国家推行民主化改造的基本内容。苏联解体后,美国于1992年通过了《自由援助法》。该法案专门用于支持俄罗斯和新独立的原苏联加盟共和国从共产主义过渡到民主社会和自由市场经济,表示将在贸易与投资、商业与经济发展、人权、人员交流与培训、安全与社会发展等领域给予经济援助,以便推广和传播美国式的民主和价值观念,实现"民主过渡"和民主化改造,把这些国家纳入美国主导的西方体系。这些援助款项大多通过世界银行、国际货币基金组织、欧洲复兴开发银行、欧盟等国际金融机构或国际组织划拨给有财政需要的转型国家。④

---

① Казанцев Андрей Анатольевич, Политика США в постсоветской Центральной Азии: характер и перспективы, http://www.perspektivy.info/book/politika_ssha_v_postsovetskoj_centralnoj_azii_kharakter_i_perspektivy_2012-11-15.htm, Братерский М. В. США и проблемные страны Азии: обоснование, выработка и реализация политики в 1990 – 2005 гг. М.: МОНФ ИСК РАН, 2005. 240 с. См. Андрей Казанцев, Политика США в постсоветской Центральной Азии: характер и перспективы, http://www.perspektivy.info/book/politika_ssha_v_postsovetskoj_centralnoj_azii_kharakter_i_perspektivy_2012-11-15.htm.
② 杨鸿玺:《美国中亚战略20年——螺旋式演进》,社会科学文献出版社,2012,第149页。
③ 〔美〕詹姆斯·F.霍利菲尔德、加尔文·吉尔森主编《通往民主之路》,社会科学文献出版社,2012,第334页。
④ 20 years of USA ID Economic Growth Assistance in Europe and Eurasia, 2013-7-24, http://www.usaid.gov/where-we-work/europe-and-eurasia/20-years-economic-growth-assistance.

这一时期适逢中亚各国的建国与建制阶段,美国给予中亚国家的财政与技术支持普遍较多,这也是美国政府对中亚各国民主援助的第一个高峰期。除1992年援助力度较低外,美国在此阶段对中亚五国的总援助额均超过了美国对外援助总额的10%,而1994年这一数值达到16.53%(见表9-1)。由于各国国内政治形势、政治改革进程不同,美国对中亚各国的财政援助额也呈现出波动曲线和国别差异。其中,1993年,美国对吉尔吉斯斯坦和土库曼斯坦的援助达到两国获得援助的最高值,分别为1.08亿美元和0.57亿美元,中亚地区大国哈萨克斯坦在中亚国家中获得的援助总额最多,高达2.03亿美元。

表9-1 1992~1996年美国对中亚各国财政援助统计

单位:百万美元

国家/年份	1992	1993	1994	1995	1996
哈萨克斯坦	20.33	51.47	202.75	138.85	79.32
吉尔吉斯斯坦	13.03	108.22	90.36	44.43	63.63
塔吉克斯坦	11.61	33.72	45.26	33.71	45.36
土库曼斯坦	14.71	57.28	22.38	21.82	25.33
乌兹别克斯坦	5.62	15.00	34.07	14.44	23.34
对中亚国家的援助总额	65.30	265.69	394.82	253.25	256.98
对欧亚地区总援助额	2057.30	2258.69	2388.82	2248.25	2252.98
占欧亚地区对外总援助额比例(%)	3.17	11.80	16.53	11.26	11.40

注:对中亚国家援助总额及其在欧亚地区总资助额占比为作者根据表中统计数字计算所得。

资料来源:Derived from U. S. Department of State, Office of the Coordinator for Europe and Eurasia. 引自 Jim Nichol, Central Asia: Regional Developments and Implications for U. S. Interests, Specialist in Russian and Eurasian Affairs, November 20, 2013。

此外,积极推动中亚地区的弃核进程,实现该地区的无核化、防止哈萨克斯坦成为"伊斯兰的原子弹"[1],也是美国这一时期在中亚的外交战略要点。1994年12月,俄罗斯总统叶利钦、美国总统克林顿和英国首相梅杰在匈牙利首都布达佩斯签署了保障无核化的哈萨克斯坦安全的备忘录。依据同年2月哈

---

[1] Казанцев Андрей Анатольевич, Политика США в постсоветской Центральной Азии: характер и перспективы, Вестник МГИМО, №4, 2012, http://www.perspektivy.info/book/politika_ssha_v_postsovetskoj_centralnoj_azii_kharakter_i_perspektivy_2012-11-15.htm.

美签署的"民主伙伴关系纪要",美国承诺将在哈萨克斯坦遭受侵略或者受到来自核武器的威胁时,呼吁联合国安理会采取紧急行动。同时,美国不惜花重金销毁苏联在中亚地区遗留下来的核生化武器,防止核武器的扩散。1996年9月,在哈萨克斯坦拆毁了最后100个弹道导弹发射井后,中亚无核化的目标基本实现。[1] 截至2001年,美国向哈萨克斯坦提供的防止核扩散援助项目金额高达9830万美元。与此同时,北约同中亚国家的和平伙伴关系计划也开始启动,土库曼斯坦、哈萨克斯坦、吉尔吉斯斯坦和乌兹别克斯坦四国均于1994年相继加入该计划,塔吉克斯坦于在2002年加入。

第二阶段是从1997年至2001年"9·11事件"前,美国以军事与能源合作为主攻方向,加强同中亚国家的战略合作。随着俄罗斯加紧"收复中亚失地"并实施加强独联体集体安全条约组织的军事一体化政策,美国也开始重视地理位置重要和资源丰富的中亚地区,特别是1997年时任美国总统安全顾问布热津斯基所著的《大棋局》一书问世,再次将美国的视线拉回中亚地区。美国希望利用中亚地区这个潜在的战略平台,在欧亚大陆构架"去俄罗斯化"的战略布局。在克林顿总统第二任期,即1997年7月,美国参议院外交委员会宣布中亚和外高加索是美国"重要利益地区",并制定"新中亚战略"。该战略首次明确将中亚对美国的地缘政治价值提升到利益相关区的高度,标志着美国将开始全面介入中亚事务。1998年颁布的《美国国家安全战略报告》中指出,美国不允许在涉及美国利益的任何地区出现一个起主导作用的敌对国家。与俄罗斯在独联体框架下的军事合作平行进行的是北约同中亚国家密集开展的和平伙伴关系计划,此举直接触动了俄罗斯在中亚地区的敏感神经,挑战着俄罗斯在中亚地区的权力以及其一贯扮演的"中亚地区唯一外来的合法安全保障'角色'"。[2] 在这一时期,美国公司大规模地进入中亚能源领域,并不惜重金修建绕开俄罗斯的能源通道,以图控制中亚能源的开发和输出,使该地区成为美国21世纪的战略能源基地。同时,美国支持中亚各国的"脱俄"倾向与民主建制,帮助其发展民族经济,加强国防力量,极力排除俄罗斯的影

---

[1] 杨鸿玺:《美国中亚战略20年——螺旋式演进》,社会科学文献出版社,2012,第111页。
[2] 杨鸿玺:《美国中亚战略20年——螺旋式演进》,社会科学文献出版社,2012,第82页。

响，使各国成为美国的战略伙伴。

第三阶段是"9·11事件"后至2005年，是着力反恐与推进"颜色革命"阶段。这是美国在中亚的战略优势由盛渐衰的阶段。2001年"9·11事件"之后，布什政府在阿富汗启动反恐军事行动，中亚地区的地缘政治地位得到迅速提升。2002年美国政府颁布的《美国国家安全战略报告》中，对中亚有了新的认识，并将中亚与近东地区列为美国国家安全利益的优先地区。[①] 在反恐的旗帜下，美国得到俄罗斯的默许，加强了对中亚地区的军事渗透，采取由点及面的战术，在中亚地区部署战略支点。美国在中亚地区租用的军事基地和军用机场有乌兹别克斯坦境内的汉纳巴德军用机场、塔吉克斯坦境内的库利亚布军用机场和吉尔吉斯斯坦境内的玛纳斯民用机场等。美国在中亚的驻军，打通了欧亚大陆的"心脏地带"，也打破了俄罗斯对中亚地区安全事务的垄断局面。美国试图通过军事存在的长期化，持续打击阿富汗境内的恐怖主义残余势力，控制并防止恐怖主义势力向中亚地区渗透，排挤俄罗斯在中亚的政治空间，搭建新的战略平台。同时，美国希望在经济转型、能源、安全、民主建设等领域加强同中亚国家全方位的合作，促进中亚国家市场经济建设，打通通往国际能源市场的出口通路，遏制中亚地区的国际恐怖主义和宗教极端主义，保障油气资源及输出线路的安全。可以说，美国的中亚战略谋求的是复合性战略利益，既有地缘政治利益，也有能源经济利益，更有安全利益和文化价值利益。[②]

反恐合作符合美国的国家安全利益需要，但美国并不满足于仅仅依靠纯粹的军事关系维持表面上的地区安全，而是希望与中亚国家合作，帮助后者规避邻近大国试图对其加以控制的威胁。[③] 小布什政府认为，中亚地区经济落后，为宗教极端主义势力和恐怖主义滋生提供了适合的土壤，若要彻底改变这种状况，只有推动民主进程和经济发展，建立真正的公民社会，才能根治"恐怖

---

① Svargaman, Политика Америки в Центральной Азии, http://voprosik.net/politika-ameriki-v-centralnoj-azii.
② 杨鸿玺:《美国中亚战略20年——螺旋式演进》，社会科学文献出版社，2012，第146页。
③ Stephen J. Blank, "After two wars: reflections on the American strategic revolution in Central Asia", July 2005, http://oai.dtic.mil/oai/oai?verb=getRecord&metadataPrefix=html&identifier=ADA435961.

主义"。2000年7月，美国国际开发署专门制定了名为《美国国际开发署中亚地区援助战略（2001~2005）》的五年计划。援助范围涉及经济自由化、市场化、民营化、政治民主化和建立新的社会保障体系等内容，核心内容是对中亚国家的民主化援助，在当地培育公民社会和民主文化。以吉尔吉斯斯坦为例，2004财政年度，美国政府部门对吉尔吉斯斯坦援助的款项达5080万美元，基本集中在民主改革与经济发展领域（详见表9-2）。其中，民主计划的援款主要用于改善政治程序和提高政府各部门的责任感，加强社会的民主文明和公众对政权的支持与拥护程度，扶持独立的媒体。在吉尔吉斯斯坦筹备2004年与2005年地方、议会和总统选举过程中，美国政府在中立政党、团体和独立媒体的监督上提供了大量的培训与资助。培训包括鼓励公民积极参与地方政府的决策、支持非政府组织和人权倡导者、提高公民教育水平。这些培训和交流计划为中亚国家下一代领导人提供了有关市场功能与民主机制的第一手经验，有助于建立一个具有改革意识的领导班子，培养具有民主意识的公民。2003年，美国政府邀请330名吉尔吉斯斯坦公民到美国参加广泛的学术和行业交流。自1993年以来，吉尔吉斯斯坦参加美国交流计划的人数增加到2700人。[①]

表9-2 2004财政年度美国对吉尔吉斯斯坦共和国援助情况

单位：百万美元

项目	金额	项目	金额
民主计划	12.2	人道主义援助	4.0
经济与社会改革	21.8	跨行业部门的援助活动	1.2
安全与法律实施	11.6	总　计	50.8

资料来源：U. S. Assistance to the Kyrgyz Republic – Fiscal Year 2004, Bureau of European and Eurasian Affairs, Washington, DC, February 17, 2005 http：//www.state.gov/p/eur/rls/fs/35990.htm。

2003年，美国国会通过《全球民主促进法》，敦促中亚国家"加速民主进程"，表示将采取行动，帮助中亚国家建立"公民社会"，推动政治经济体制转型。2001~2003年，美国对中亚地区的财政援助达到第二个高峰期，其中，

---

① U. S. Assistance to the Kyrgyz Republic – Fiscal Year 2004, http：//www.state.gov/p/eur/rls/fs/35990.htm。

2002年，美国通过《自由援助法案》对中亚五国的财政援助预算额达到5.8亿美元，占美国对中亚国家总援助额的25%（详见表9-3）。而在这一时期，乌兹别克斯坦获得的民主援助是中亚五国中最多的，这体现了美国对这一战略盟友和中亚地区战略支点的重点支持与关切。

表9-3　美国对中亚国家的援助预算额度

单位：百万美元

国家/年度	1992~2002	2001	2002	2003	2004
哈萨克斯坦	885.95	74.87	89.34	42.72	32
吉尔吉斯斯坦	635.03	41.46	95.66	37.85	40
塔吉克斯坦	489.96	56.48	141.29	25.80	35
土库曼斯坦	218.20	12.57	18.06	7.80	8
乌兹别克斯坦	530.59	57.22	239.78	38.75	42
总　计	2759.73	242.60	584.13	152.92	157
百分比（%）	13	21	25	20	27

注：2002年及以前的资金来源为《自由援助法案》和美国国际开发署，2003~2004年资金来源还包括150项其他基金，占比指美国对中亚五国的援助在对欧亚地区援助资金总额中所占比重，是根据年度数据所得的计算值。

资料来源：郑羽：《中俄美在中亚：合作与竞争（1991~2007）》，社会科学文献出版社，2007，第108页。

除了对中亚国家政府的民主援助外，美国还通过政府项目或借助基金会及非政府组织机构，资助当地非政府组织，传播美国的民主制度与价值观，扶植反对派势力，培育亲西方的政治精英。援助非政府组织是美国等西方国家向中亚输出民主价值观的常用手段。从1991年12月到2000年6月，美国共向独联体国家提供了约73亿美元的无偿经济和技术援助，其中3/4用于扶植非政府组织和独立媒体等。另外，美国和欧洲国家还通过合办学校、设立奖学金、进行短期培训、开展交流计划、资助学术和鼓励赴美国留学等方式，培养大批对美国制度和民主价值具有认同感的年轻精英，使他们成为植根于当地的亲西派精英。其中，中亚与欧美国家合办的大学有设在哈萨克斯坦南部城市阿拉木图的哈美大学、哈萨克斯坦—美国自由大学、哈萨克斯坦—英国技术大学，以及设在吉尔吉斯斯坦的吉美大学等，这些大学都得到了美国开明社会研究所、欧亚基金会等非政府组织的支持。① 1993～2005 年，已有九万多名独联体官员、学者获得资助赴美留学。这些大学毕业生或留学归国人员，在参与本国立法、制定社会经济纲领乃至编制教材时，都会受到西方价值观的影响。

此外，美国还在中亚国家建立和资助一些国际非政府组织机构，来推进当地公民社会和法律体系的建设，加强社会各界对政府的监督，促进政府良性治理，防止政权回归集权统治。在中亚地区比较活跃的西方非政府组织有民主研究所、国际共和研究所、自由之家、索罗斯基金会、欧亚基金会等。同时，美国政府和国会还在当地资助创建一些独立媒体和出版印刷机构，传播中亚国家各方面的信息，甚至是领导人及其家族腐败的丑闻，试图使各国信息多元化。2005 年 3 月，美国国会通过了《促进民主法案》，明确表示美国将继续通过和平的方式在全球范围内推进民主政策和加强民主国家的联合，促使"部分民主国家"或"半民主国家"早日向"完全民主国家"转变，同时加大对各国非政府组织的资助和支持力度，以促进当地的民主与人权建设。②

虽然美国为在中亚地区推行民主采取了一系列措施，但在这一时期，美国对中亚地区的影响力非但没有得到明显提升，反而因独联体地区出现的一系列政治动荡而有所下降。2001 年"9·11 事件"后，中亚各国为维护自身安全，对美国和北约的反恐行动均持支持立场，积极配合美国在阿富汗的反恐军事行动，对美国和北约部队开放领空，准许美国租用本国军用机场。然而，中亚五国更愿意成为美国反恐行动的合作伙伴，而非民主改造的对象。对中亚国家而言，"反恐"在一定时期和一定意义上等同于国家安全，因而被中亚各国普遍接受，但"民主"却并不等同于政权稳定。美国急功近利地在短时间内向中亚地区强行输出民主价值观，强制推行民主标准和民主化进程，结果造成中亚部分国家的政治乱局。2005 年，吉尔吉斯斯坦相继出现大规模的地区性政治骚乱，阿卡耶夫政权被推翻。2005 年 5 月，乌兹别克斯坦的安集延地区发生政治暴乱事件后，乌兹别克斯坦政府采取措施治暴，结果遭到美国的严厉指

---

① 郑羽：《中俄美在中亚——竞争与合作（1991～2007）》，社会科学文献出版社，2007，第 150 页。
② http：//www.theorator.com/bills109/hr1133.html. 以及 H. R. 5133, Advance Democracy Act of 2005, wcl. american. edu? hrbrief/13/legislative. pdf.

责，美乌关系急转直下。2005 年，乌兹别克斯坦通过上海合作组织阿斯塔纳峰会向美国发出撤军的"通牒"。同年 7 月，乌兹别克斯坦正式对美国提出撤军的时间表，要求其在半年内撤出汉纳巴德基地。吉尔吉斯斯坦新总统巴基耶夫也曾提出美国在吉军事基地的前途问题。[①] 可以说，布什政府在中亚地区强行推进民主化政策遭到中亚国家的普遍抵制。美国式的民主给中亚国家政权强烈的不安全感，中亚各国开始对美国"民主输出"的做法表示质疑与警惕。哈萨克斯坦和乌兹别克斯坦等国家纷纷出台有关加强对国内外非政府组织管理的政策与法规，随即取缔了一系列西方非政府组织在当地的代表机构。在建制与治国方面，中亚国家领导人开始更多地强调走符合本国国情的发展道路。在外交政策中，中亚国家在俄美之间的天平上重新向俄罗斯倾斜。独联体地区的"颜色革命"以及中亚地区出现的政治动荡造成美国与中亚国家关系的紧张局面，在一定意义上抵消了美国在"9·11事件"后在中亚地区积累起来的战略优势。美国被迫撤离在中亚地区的军事基地，失去中亚地区的战略支点，这在很大程度上打乱了美国试图长期据守中亚的战略构想，也显示出美国在中亚地区的战略进攻态势由盛转衰，而俄罗斯则趁机强势回归中亚，拉近了与中亚国家的关系，重新夺回在中亚地区的主导权。

第四阶段是 2005 年年底以来，美国对中亚政策进入重新调整时期，这也是美国对"民主输出"政策反思的阶段。当然，因不同总统的外交理念和执政风格不同，也有学者以奥巴马上台为界，将此阶段美国对中亚的政策分为小布什总统第二任期和奥巴马时期两个阶段。但本书认为，自 2005 年在中亚的"民主输出"政策遭到挫败后，美国的战略重心逐渐从中亚地区移开，对中亚的政策处于战略收缩态势，并放慢了对中亚国家民主化改造的步伐，从单纯地输出民主制度、公民社会等民主价值观逐渐转变为对中亚地区进行经济与文化软实力推广，在政治领域相应地采取了更为宽容的政策和立场，从这个意义上讲，布什总统第二任期与奥巴马总统上任以来美国政府对中亚的政策具有一致性与连续性，二者只是在实施中亚政策的手段与力度等方面存在一些差异。当然，二者在对待俄罗斯的态度上也存在着某种差异，与小布什总统不同的是，

---

① 赵华胜：《中国的中亚外交》，时事出版社，2008，第 246 页。

奥巴马有时会顾及俄罗斯在中亚的利益，避免在此地与俄罗斯发生正面冲突。从小布什第二任期开始，民主化改造政策便成为美国对外战略的重点。美国重新调整了对中亚的政策，由原来为反恐战争服务而保持中亚国家现政权稳定的优先原则调整为以"推进民主"为优先原则的政策，并不遗余力地试图通过加强公民社会建设等项目改造中亚国家的社会政治结构。小布什政府认为，反恐的重心应从军事行动转向"民主化"，在全世界实现"民主"才是消除恐怖主义和保证美国国家安全最有效的措施。① 在美国看来，"民主化"还可以消解恐怖主义对美国本土安全的威胁。比起驻军和军事合作等手段，美国更希望用民主、自由的价值观彻底改造中亚地区人们的思维，帮助中亚各国实现政治民主、经济自由转型，使之走向世界市场和西方阵营，摆脱对俄罗斯在经济和军事安全上的依赖，从而彻底消除美国的安全隐患。

然而，中亚各国为了防范"颜色革命"在本国上演，分别从法律层面和行政管理层面对反对派的活动与外部资助情况进行监督，以消除政府反对派和非政府组织对选举的干扰，遏制"内乱"的源头。这些措施都促使美国不得不调整对中亚地区的"民主输出"战略。"安集延事件"后，乌兹别克斯坦关闭了索罗斯基金会驻乌代表处、教育慈善基金会等一系列西方非政府组织在乌兹别克斯坦的代表处，并停止了美国"自由之家"和欧亚基金会在乌的活动。叫停"自由之家"的理由是该组织对其2004年财务中62.6万美元的去向没有明确的说明，另外该组织也未经允许便在撒马尔罕举办研讨活动。欧亚基金会驻乌兹别克斯坦办事机构也是因为类似的理由被乌兹别克斯坦政府叫停的。此外，鉴于西方资助的非政府组织在独联体国家的影响过大，2005年5月，哈萨克斯坦议会提议修订并通过了《国家安全法的议案》《非营利组织法》以及《哈萨克斯坦境内的国际和外国非营利组织分支机构及办事处（独立分部）活动法》的修订案，以加强对非营利组织的活动和资金来源的监管。② 独联体地区出现"颜色革命"和政治动荡之后，美国同中亚国家的关系一度恶化，小布什政府实行单边主义和先发制人的外交政策遭到一些政治理论家的批评。

---

① 杨鸿玺：《美国中亚战略20年——螺旋式演进》，社会科学文献出版社，2012，第128页。
② 张宁：《哈萨克斯坦的非营利组织》，《俄罗斯东欧中亚市场》2011年第8期。

2005年10月，美国学者福山就在英国《金融时报》撰文对布什政府的全球反恐战略提出尖锐批评，称以先发制人为特色的所谓"布什主义"已无法继续生存。① 美国开始重新反思反恐与民主化的关系，并意识到贫困问题是诱发恐怖主义的根源，它导致人们希望的幻灭和情绪的极端化……因此，没有正常的经济地位，自由只不过是宣传口号而已②。有的学者提出相对于军事援助，美国必须优先增加社会和经济发展基金，这些措施将有助于催生地区自由与民主；要推动美国与伊斯兰世界的对话，民主化要基于各国社会发展的具体措施以及该地区固有的特点。同时，它还要给予社会发展的具体措施，而非空谈的政治热望，并兼顾各地的历史传统与固有矛盾。③ 美国政府承认，民主化是个长期的过程，需要在各国内部逐渐生成，而非外力强制输入而成。因此，美国开始重新调整中亚政策，加强了对中亚国家社会经济与教育培训等领域的援助力度，重点提升美国软实力的影响，力图在中亚国家培育公民社会与民主文化。

在对待中亚国家政治发展和民主化问题时，美国政府一改之前单纯谴责中亚国家集权体制不符合民主标准的态度，转而表现出相对宽容的姿态。2005年10月，美国国务卿赖斯实现了对因"颜色革命"与美国关系一度趋冷的中亚三国吉尔吉斯斯坦、哈萨克斯坦、塔吉克斯坦的访问，主动修好与中亚国家的关系，此行被称为"颜色革命"后的"破冰之旅"。赖斯出访前，美国国务院发言人麦科马克就明言："我们要传达的信息是，美国支持这个区域持续进行政治和经济改革，也要对那些采取必要的政治和经济改革的领导人表现我们的支持。"在对哈萨克斯坦的访问中，赖斯表达了对哈的亲好姿态，称哈萨克斯坦为中亚地区具有潜力的领导者、中亚经济的火车头和民主改革的新样板。同时，赖斯此次出访还有意绕开曾经的战略伙伴乌兹别克斯坦，以表达对其在处理美国军事基地问题上的不满。2005~2007年，中亚国家陆续进入选举季，对此赖斯强调，美国视民主进程为与中亚国家关系的组成部分，希望哈萨克斯

---

① 《赖斯身负三重使命，中亚之行首选美军基地》，http://gb.cri.cn/3821/2005/10/12/762@734059.htm。
② 杨鸿玺：《美国中亚战略20年——螺旋式演进》，社会科学文献出版社，2012，第133页。
③ 杨鸿玺：《美国中亚战略20年——螺旋式演进》，社会科学文献出版社，2012，第133页。

坦和塔吉克斯坦确保举行美国期望的自由公正的选举。①

与此同时，美国试图重新构建欧亚大陆地缘政治格局。2005年，美国学者斯塔尔提出了"大中亚计划"，而后美国参议院于2006年5月通过了《2006年丝绸之路法案》，于2007年提出了"新丝绸之路计划"等。其中，"大中亚计划"可以说是在乌兹别克斯坦和吉尔吉斯斯坦驻军的问题受挫之后，美国为谋划地缘政治新格局所抛出的一块"探路石"。该计划以中亚各国迫切需求的经济合作为切入点，希望通过在能源运输、交通和电力等领域的合作，将中亚五国与南亚地缘政治板块整合为一，在中亚的能源供应国与南亚的能源需求国之间构建能源互补结构体系。同时，该计划也没有放弃美国长期执行的民主目标。斯塔尔主张放缓在中亚地区的民主化进程，通过经济、教育和文化援助以及民间外交、建立市场经济体系等非军事手段协助中亚各国发展地区经济，以此深化西方价值观念，排斥俄罗斯价值观以及宗教极端主义对中亚国家的影响，恢复美国对该地区的影响力，从而为中亚社会的进一步民主化改造奠定基础。可以说，"大中亚计划"坚持了美国民主化改造和"去俄罗斯化"的传统立场，其民主目标依旧是促进中亚国家的民主政治发展，使其成为其他伊斯兰国家的样板，并通过"大中东计划"和"大中亚计划"实现美国控制整个伊斯兰世界的目的。

虽然，"大中亚计划"尚未上升为美国对中亚的战略，但它却为美国政府重新调整中亚政策提供了新思路。2006年1月，美国重新整合了国务院的相关部门，将中亚事务从欧亚局分离出来，与南亚局合并成立了南亚-中亚事务局，对中亚及阿富汗事务进行整体的战略考量和统一管理，从而在美国地缘政治版图上形成南亚—中亚新板块。中国学者徐晓天认为，"美国将中亚重心的战略南移是为了改变俄罗斯在中亚的'主场状态'"。② 力图人为地割裂中亚与俄罗斯及独联体的传统联系，推进中亚的"去俄罗斯化"。此外，斯塔尔还提出，除了在南亚选择印度为其战略伙伴以外，还将发挥中亚地区"领头羊"——哈萨克斯坦的地位和作用，意在借助哈印两国的地缘政治经济优势，

---

① 《赖斯身负三重使命，中亚之行首选美军基地》，http：//gb.cri.cn/3821/2005/10/12/762@734059.htm。
② 徐晓天：《美国"拉郎配"，谋划"大中亚"》，http：//news.xinhuanet.com/world/2006-07。

在中亚—南亚新板块上建立以美国为主导的合作机制。在2005年之后的外交行动中,美国重新调整了其在中亚地区的战略合作伙伴,拉近了与哈萨克斯坦的关系,并希望通过构建全面的美哈关系强化美国在中亚的存在。如表9-4所示,美国对哈萨克斯坦的财政援助一直处于高位,在1992年至2010年的18年间,哈萨克斯坦所获得的美国经济援助达20.5亿美元,占美国对中亚五国援助总额的36%。而自2006年开始,哈萨克斯坦同中亚其他国家获得美国政府援助的金额差逐年拉大(详见表9-4)。

表9-4 2002~2010年美国对中亚国家财政援助统计

单位:百万美元

国家/年份	2002	2003	2004	2005	2006
哈萨克斯坦	97.40	97.88	111.00	84.91	81.31
吉尔吉斯斯坦	94.47	53.85	55.25	55.23	43.44
塔吉克斯坦	136.34	48.71	53.01	65.69	42.81
土库曼斯坦	18.93	10.98	10.42	18.94	10.44
乌兹别克斯坦	224.14	90.77	84.25	78.28	49.30
国家/年份	2007	2008	2009	2010	1992~2010年总计
哈萨克斯坦	167.55	179.52	220.28	157.90	2050.40
吉尔吉斯斯坦	71.25	71.23	111.74	117.52	1221.71
塔吉克斯坦	49.94	67.33	67.44	82.99	988.57
土库曼斯坦	19.84	16.83	20.78	28.26	351.55
乌兹别克斯坦	35.90	38.33	48.55	37.38	971.36

资料来源:Derived from U.S. Department of State, Office of the Coordinator for Europe and Eurasia. See Jim Nichol, Central Asia: Regional development and implications for U.S. Interests, November 2013, CRS Report Congress。

2006年2月,美国国会提出了向中亚地区的民主和人权事业提供援助的《中亚民主和人权决议法案》,该法案规定,自2006年起,美国政府每年向中亚五国拨款1.88亿美元,以推进中亚五国的民主化进程,同时设置专门的审核体系,对中亚五国政府的民主和人权政策进行年度监督,将"民主事业"的成效与援助的数额挂钩。该法案还规定,在法案实施的第一年,若中亚某个国家民主和人权领域未取得令美国认可的"成效",美国对该国的援助将减少

33%；若第二年仍未达到标准，援助额将继续减少66%；若第三年"考核"再"不及格"，美国将彻底终止对该国提供的援助。① 美国希望借助这种方式来告诫中亚各国政府"没有免费的午餐"，并表明其不放弃推进"民主化"的决心。

此外，除了通过"民主输出"的手段影响中亚地区的政治生活外，美国还希望以中亚为基础在俄罗斯南部边界建立亲西方的"隔离带"，并通过能源、军事等方面的合作，帮助中亚国家摆脱对俄罗斯的依赖。2006年，美国邀请哈萨克斯坦加入巴库—第比利斯—杰伊汗石油管道协议，这是主要由西方国家铺设的从中亚国家通向欧洲市场的第一条绕开俄罗斯的石油管道。此后，在俄罗斯于2007年提出"濒里海管道计划协议"后，美国、欧盟等西方政府又提出修建跨里海天然气管道的"纳布科计划"，借以抗衡俄罗斯对天然气出口大国土库曼斯坦和哈萨克斯坦的控制权。②

美国总统奥巴马上台后，阿富汗和中亚在美国全球战略中的地位开始下降，美国对中亚的政策呈现出战略收缩的态势，并避免同俄罗斯在俄核心利益上交锋。如对2011年吉尔吉斯斯坦亲俄派总统阿坦巴耶夫的再次当选，美国也采取了默许的态度。虽然宣布将从阿富汗撤出，但美国并不会放弃将中亚地区作为其全球战略中一个支点的地位，而只是改变了在中亚的策略，力图通过地区经济一体化机制来取代直接的军事投入。2011年7月，美国政府正式推出"新丝绸之路计划"，着力构建以阿富汗为核心，贯通南亚和中亚的铁路、公路、天然气和电力供应等交通运输基础设施网路，促进南亚和中亚国家间的跨地区贸易及能源供应合作，为重建阿富汗创造良好的条件与环境，同时推动区域经济一体化，将南亚和中亚地区地缘政治板块整合为一。同时，利用南亚的民主模式来影响中亚国家，从而将中亚从俄罗斯的势力范围中分离出去。③

独立以来，中亚各国未能建立独立的经济运行体系，无论是以发展资源外

---

① 李晓春、陈诚：《美国用重金渗透中亚五国》，《环球时报》2006年3月6日。
② С. Мамедов, Астана и Ашхабад ставят трубой на Европу, 21.08.2007, http://www.centrasia.ru/newsA.php4？st = 1187678640.
③ 邓浩：《从吉尔吉斯斯坦剧变看中亚地区形势走向》，《新疆师范大学学报（哲学社会科学版）》2011年第1期。

向型经济为主的哈萨克斯坦、乌兹别克斯坦和土库曼斯坦,还是资源和能源短缺的塔吉克斯坦和吉尔吉斯斯坦,都对俄罗斯有很高的依存度。长期的经济依附关系使中亚各国政权很难摆脱俄罗斯对其政治的影响。吉尔吉斯斯坦巴基耶夫政权一夜垮台的事实以及该国延续几年的政权动荡,都使中亚各国领导人意识到,其政权的稳定离不开俄罗斯的支持,因此,中亚各国把同俄罗斯的关系置于其对外政策的首要位置。

可以说,随着美军撤出阿富汗,俄美在中亚的争夺将有增无减。俄罗斯和美国都在试图通过区域一体化的方式吸纳中亚国家进入各自主导的地缘政治板块,中亚国家的政治选择将更加趋于多元化。但因资源禀赋、地缘环境、国家发展战略规划以及领导人执政能力的不同,中亚各国在国家发展模式选择和社会经济与政治发展进程上仍会出现差异。

二 美国"民主输出"战略的评估

如前所述,美国在中亚地区追求的是复合型的战略利益,这里既有美国的地缘政治利益,也有丰富的能源利益,同时还包含着"去伊斯兰化"的因素。美国对中亚的"民主输出"战略是一个复杂的同化或西方化(以下简称"西化")的过程,在多重利益的驱使下,这一进程又可以大体概括为美国和西方国家在该地区推行"去苏联化""去俄罗斯化"和"去伊斯兰化"的进程。美国相继采取经济援助手段促进中亚地区经济的市场化,以便将该地区纳入西方的市场体系;通过军事合作的方式打击中亚地区的宗教恐怖势力,避免中亚国家转型期间政治乱局的外溢;同时通过民主化改造计划,输出美国式民主价值观以推动中亚地区的政治民主化进程,力图把该地区打造成民主转型的样本,推广到中东等伊斯兰世界的其他国家,"以最终收获中亚'繁荣与安全的红利'"。[①]

(一)"去苏联化"与"民主输出"战略评估

在苏联后期民主化政治改革的影响下,对西式民主抱有美好愿望的中亚各

---

① 郑羽:《中俄美在中亚:合作与竞争(1991~2007)》,社会科学文献出版社,2007,第249页。

国在政治转型初期接受了西式的民主价值观,并在否定苏维埃政治体制与共产主义价值观的前提下,确立了以三权分立为基础的政治体制。在中亚国家政治转型的进程中,"西化"与"去苏联化"具有一定的同向性。这里包含着对西方民主体制与民主价值观的热望与期许,以及对苏联意识形态与政治制度的放弃与否定。苏联的解体和共产党执政体系的坍塌为美国等西方国家提供了输出意识形态和推行民主改造计划的"真空地带",这是"民主输出"战略的"天时"。美国为巩固冷战的胜利成果,防止中亚国家重回苏联体制,全力在刚刚获得独立的中亚地区推行其民主援助计划,试图按照自己设计的时间表和路线图将中亚各国改造成西方式的民主国家。

中国学者杨鸿玺在所著的《美国中亚战略 20 年——螺旋式演进》一书中,将美国民主化的目标视为美国外交战略中的一种意识形态利益,该目标包括促进中亚国家民主转型、政治建设以及市场经济发育,推进自由人权事业等。[①] 美国等西方国家希望通过意识形态与制度上的改革,促成中亚国家在思想观念与权力结构上的变革,以便将其拉入西方阵营,使其成为美国等西方世界可控的民主区域。在评估美国对中亚民主战略的成果时,杨鸿玺教授指出,美国的"民主输出"已部分地达到了战略实施的初衷。在中亚各国独立初期,美国向中亚输出民主推动了"西化"倾向,各国普遍以西方的民主政治体制为模板,建立起西方式的民主制度,各国《独立法》都规定,实行政教分离,按世俗国家原则建立政治体制。[②] 在权力体系构建过程中,中亚各国均将建立世俗的、民主的、法治的国家作为宪政目标,在议会民主、多党竞争、选举、言论自由等基础上构建本国的权力结构体系,并将其写入本国宪法。经过多年的政治实践,中亚已进入"程序性民主"阶段,西方的民主价值观念已基本成为公民参与国家政治生活的准则和依据。多数国家已经初步构建了多党议会和国家领导人选举机制,通过全民选举的方式,产生自己的代议机关和国家最高领导人。

中亚国家在公民政治参与和体制建设等方面已经取得了长足的进步,实现了从苏维埃体制向三权分立的权力体系的制度性转变,并以法律的形式加以确

---

① 杨鸿玺:《美国中亚战略 20 年——螺旋式演进》,社会科学文献出版社,2012,第 95 页。
② 杨鸿玺:《美国中亚战略 20 年——螺旋式演进》,社会科学文献出版社,2012,第 208~209 页。

立。但美国等西方国家依旧不认可中亚国家的政治改革成果,称其为"形式上的政治民主",理由是中亚各国在政治体制运行过程中仍存在着领袖权威主义、官僚腐败、选举缺乏公平性以及公民社会脆弱等问题。西方学者在评价中亚国家政治转型时,负面评价远远多于正面的褒扬,美国学者霍华德·威亚尔达将中亚国家归为政治制度薄弱和民主制"不够坚定"的国家,甚至将部分中亚国家称为失败国家(霍华德·威亚尔达的分类详见表9-5)。

表9-5 霍华德·威亚尔达对发展中国家的分类比较

类型	特征	典型国家
第一类 成功国家	经济上和政治上都获得成功的国家,也就是说已经建立起较为稳定、有效的民主政府	智利,哥斯达黎加,中欧、东欧和东北欧(波罗的海地区)国家,墨西哥,韩国,新加坡
第二类 中间状态的国家	经济脆弱,政治制度薄弱,民主进程有一定的发展,但是不够坚实	大部分拉美国家,俄罗斯及独联体成员国,埃及、约旦,黎巴嫩,印度,印度尼西亚,菲律宾
第三类 失败国家	处于停滞,进步不大,濒于分裂的状态	海地,尼加拉瓜,撒哈拉以南的大部分,东南欧(巴尔干国家),中东的部分地区、中亚以及南亚和东南亚的部分地区

资料来源:〔美〕霍华德·威亚尔达:《新兴国家的政治发展——第三世界还存在吗?》,刘青、牛可译,牛可校,北京大学出版社,2005,第27页。

意识形态与政治体制的转型需要以民主启蒙思想的普及与相应的物质基础作为必要条件。中亚各国脱胎于苏联集权体制,原体制中旧有的思维与观念难以在短期内消除,加之中亚地区缺乏民主传统,政治文化中存在着浓厚的威权主义思想,因此远远未能形成西方民主制度得以健康成长所需的社会环境。美国全方位地在中亚地区推进民主改造计划,非但没有在中亚国家创建出分权制衡的宪政民主机制,反而在经济形势与社会政治形势恶化的情况下,强化了体制的集权性与领导个人意志在宪政体制中的合法性,威权主义体制依旧在中亚各国的政治稳定与经济建设中发挥着有效作用。同时,作为"民主输出"的重要手段,经济援助和市场经济的促进计划也没有刺激中亚市场机制和民主化机制的发育,反而造成资本和资源的进一步集中。中亚传统威权主义思想在经济恶化与社会动荡的转型时期发挥了积极的作用,并得到民众的普遍认可。作为中亚转型的外在动力,美国实施"民主输出"战略时未能充分考虑中亚国家的社会传统和政治遗产,支持和资助各国反对派与非政府组织,企图在反对现政府的力量中寻找自己的代理人,改造中亚国家的社会政治结构,结果出现水土不服的现象,给中亚各国社会带来政治震荡,并造成"中央与地方、领导人与政治精英、政权与社会组织等诸多关系紧张的局面"。[①]

(二)"去俄罗斯化"

在美国外交思维中,长期存在着一种观点,认为自由民主国家之间不大可能动武……美国帮助转型国家建设自由民主社会,是为了减少美国潜在的军事对手,增加潜在盟友。[②] 克林顿总统就曾说过,美国承诺确保全世界的民主转型,是为了美国自身的安全利益,因为民主政体比非民主政体更可能成为美国坚定的盟友。[③] 因此,支持民主转型有利于美国的国家安全。基于这种利益观的考虑,美国将对"部分民主"或"不民主"国家进行民主化改造、建立亲美政权视为直接关乎其国家安全利益的要务,这也使得"民主输出"战略成为美国对外战略中永恒的主题。建国与建制是中亚国家政治转型的基本内容,这既是一个"去苏联化"的进程,也是一个"去俄罗斯化"的进程;既是一个脱离苏联母体获得独立的进程,也是一个需要花更长时间摆脱对俄罗斯等大国依附关系的蜕变过程。苏联解体后,中亚国家均选择了政治民主化、经济自由化、国家世俗化的政策取向,总体而言,这是选择了一种西方式的宪政制度与发展模式。美国等西方国家试图以民主化改革为条件,以经济、军事援助为手段,使中亚各国成为亲西方或依附西方的可控民主国家。"西化"符合转型初期中亚国家独立与建制的主观需要。此时,俄罗斯与中亚各国同为步入现代化和转型中的国家,俄罗斯能够提供给中亚国家参照和借鉴的经验十分有限。

然而,在地缘政治的背景下,中亚国家的政治转型已经不是单纯的国家建制问题,而且还是掺杂着诸多大国关系与利益竞争的博弈过程。在维护地缘战

---

① 赵华胜:《中国的中亚外交》,时事出版社,2008,第230~231页。
② 〔美〕詹姆斯·F.霍利菲尔德、加尔文·吉尔森主编《通往民主之路》,社会科学文献出版社,2012,第334~335页。
③ 〔美〕詹姆斯·F.霍利菲尔德、加尔文·吉尔森主编《通往民主之路》,社会科学文献出版社,2012,第336页。

略利益的前提下，美国始终坚持"挤压"俄罗斯的冷战思维，中亚国家作为美国潜在的战略支点，是美国调整其全球战略的新平台，对美国谋划欧亚地缘战略以及中东战略具有重要意义。美国和北约在中亚地区进行军事合作与反恐行动的意义并不仅仅局限于军事方面，它不但能震慑宗教极端主义和恐怖主义势力，而且还能渗透到俄罗斯传统的势力范围，为中亚国家选择多边平衡外交以及维护地区安全与稳定提供新的可能。同时，军事合作还增强了中亚国家的军事装备与技术经验，从而进一步强化中亚国家在国防和安全领域的独立与主权意识。从这个意义上说，中亚国家的"西化"进程同其"去俄罗斯"进程基本上是同步的。尽管美国等西方国家采取各种措施削弱俄罗斯在中亚地区的影响，如在能源出口、地区经济发展以及地区安全领域给予中亚国家诸多援助，但要让中亚国家真正实现"去俄罗斯化"还需要美国投入大量财力与物力。由于地理与历史等诸多因素的限制，以美国为首的西方国家在中亚地区实施影响的手段十分有限，势必造成中亚国家"脱俄"的停滞不前。同时，美国时常在中亚民主化改革问题上采取双重标准，为满足自身的安全与经济利益的需要而对中亚国家的政权采取或支持或施压的立场，这在很大程度上触及了中亚国家的主权底线，造成中亚社会中"反美"和"反西方"情绪的上升，以及对美式民主的普遍质疑。

此外，如前面章节所言，作为"去俄罗斯化"的主体，中亚各国对俄罗斯都存在不同程度的依存关系，这种对俄罗斯的依附情结时隐时现，并因西方等外部因素保持着时缓时急的节奏。正因为中亚对俄罗斯在政治、经济、交通与国防等诸多领域存在传统的依附关系，中亚国家在"去俄罗斯化"的进程中都显得动力有余，能力不足，并常因政治动荡而中断这一进程。事实上，处在地缘政治夹缝中的中亚国家，处于大国竞争的矛盾中心，无论是依附西方还是依附俄罗斯，中亚国家都摆脱不了对大国的依附关系，很难获得真正意义上的独立。虽然独立以来，中亚各国大多坚持多边平衡的外交政策，但由于各种条件所限，其外交选择空间十分有限。

按照美国的逻辑，民主是安全的保障，因为民主国家间不会轻易发生武装冲突，当然，这种安全保障是符合美国国家安全利益的，并不涉及中亚国家的政权安全与社会稳定。推动"颜色革命"是美国建立中亚亲美政权的重要方式,亲美政权有助于美国实现其在民主、反恐与能源方面的利益诉求,是美国对俄罗斯和中国进行战略遏制的重要保障。① 另外,"颜色革命"的外部因素是美俄冲突,是大国地缘政治角力的产物,如格鲁吉亚和乌克兰都存在与俄罗斯的矛盾,因此那些亲俄派力量均被亲美的反对派拉下了马。但在中亚不存在强烈的反俄情绪,无论是政府还是反对派都离不开俄罗斯的支持,西方难以找到实施"颜色革命"的切入点。② 同时,独联体地区发生的"颜色革命"和政治动荡使美国式民主遭到了中亚社会的抵制,中亚各国政权加强了对美国等西方国家的政治戒心,西方国家与中亚国家的关系一度降温。中亚国家独立15年后,美国陷入后"颜色革命"的尴尬处境,即应该继续推行现行的政策,以民主为美国中亚政策的主要标志,还是应该改弦易辙,减少意识形态因素,以追求现实利益为首要目标。③ 美国的"民主输出"战略面临进退两难的困局。

(三)"去伊斯兰化"

独立之初,作为中亚地区的传统文化,伊斯兰教扮演着"去苏联化"和自我认同的标志性角色,各国普遍经历了再次伊斯兰化的进程。无论是作为传统文化还是精神支柱,伊斯兰教都有其得天独厚的地区优势。独立后,各国普遍出现的文化寻根现象成为伊斯兰教在中亚地区复兴和扩大影响力的有利契机。然而,伊斯兰教也是一柄双刃剑,各国政权在利用伊斯兰教唤起民族意识与增强国家凝聚力的同时,也或多或少地滋长了伊斯兰教反世俗的一面。在吉尔吉斯斯坦南部、乌兹别克斯坦和塔吉克斯坦的费尔干纳地区,伊斯兰教信众较多,而对宗教认同越高的地区,其对世俗的中央政权的认同就相对较弱,从而在一些国家出现宗教势力对世俗政权的离心倾向,甚至出现宗教极端主义势力威胁国家政权的事件。

与伊朗、伊拉克等传统的伊斯兰国家相比,伊斯兰文化在中亚地区的影响力并不浓厚。独立后,中亚各国在宪法中提出以建立民主的、世俗的国家为发

---

① 杨鸿玺:《美国中亚战略20年——螺旋式演进》,社会科学文献出版社,2012,第216页。
② Верхотуров Д. Н., Выборы в Таджикистане: импортная демократия или все - таки исламская? http://www.fergananews.com/articles/3493.
③ 赵华胜:《中国的中亚外交》,时事出版社,2008,第335页。

第九章 中亚国家政治转型的外部因素

展目标,这符合美国等西方国家的民主化标准,因此,新独立的中亚国家对于美国而言犹如一张白纸,具有高度的可塑性。美国希望通过"民主输出"战略"同化"中亚的世俗政权,把其塑造成西方民主社会中的一员和中东国家民主化进程的样板。特别是在美国对伊斯兰世界的民主改造战略屡次受挫的情况下,中亚地区民主化进程若取得胜利将具有象征意义。独立之初,中亚国家的邻国伊朗和土耳其等地区性大国,纷纷通过经济援助和文化寻根等方式加强同中亚国家的联系,扩大自己在该地区的影响力。这种现象引起了美国的担忧,美国不希望中亚政权成为伊朗等伊斯兰国家的同盟。美国和北约在中亚地区谋求军事存在和实施反恐行动,一方面意在打击和震慑中亚地区的恐怖主义势力,弱化宗教极端主义势力对该地区世俗政权的影响,防止伊斯兰势力在中亚地区的渗透,以及因民族、宗教矛盾的激化而造成政治乱局外溢;另一方面,也存在着抵制伊朗等国影响力的战略意图。

与中亚地区民族与地域存在的复杂性一样,中亚地区的宗教文化也混杂着民族矛盾与部族主义的因素,使得宗教极端主义往往与恐怖主义联系在一起。2005年吉尔吉斯斯坦的"3·24事件"与乌兹别克斯坦的"安集延事件"虽然同是由街头暴力事件引发的政治动荡,但其诱因不同。前者是地区间经济差异与部族间矛盾造成的,而后者主要是由宗教极端势力煽动的政治骚乱,并以推翻卡里莫夫总统、建立政教合一的伊斯兰政权、改变国体和政体为目标。"安集延事件"背后的宗教因素折射出中亚地区特殊而复杂的人文环境与政治文化。俄罗斯学者布列阿布拉仁斯基认为,"安集延事件"远远超出"颜色革命"的范畴,属于恐怖事件[1]。"安集延事件"中暴露出的宗教因素使美国等西方国家意识到,中亚国家的民主进程有其特殊性,不能一味推进"西方化"改革。卡里莫夫的威权政府虽然不符合西方的民主标准,却是世俗政权稳定的重要保证。美国若在中亚地区强行进行民主传播不仅会加剧民族冲突,导致多民族和多种族国家出现分裂,还极有可能被宗教极端势力所利用。混迹于反对派之中的中亚宗教极端势力企图效仿吉尔吉斯斯坦的"街头革命",借助反对

---

[1] И. Преображенский, Акрамия не могла свергнуть Каримова, http://www.centrasia.ru/newsA.php?st=1116137700.

派来攻击政府,推翻世俗政权。如果威权主义政府被推翻,在中亚新的地缘政治真空中有可能出现包括塔利班残余势力、基地组织和中东原教旨主义等各种极端力量的渗透和蔓延,甚至导致伊斯兰政权的出现,这都是美国所不愿意见到的。乌兹别克斯坦的"安集延事件"之后,美国等西方国家放缓了在乌兹别克斯坦推行民主化进程的速度,转而对反对派势力的态度持保留立场。美国等国家转变态度以防止伊斯兰势力的外溢,也是塔吉克斯坦没有爆发"颜色革命"的原因之一。西方支持中亚国家民主化革命要看反对派是否具有亲西方倾向,如果该反对派具有伊斯兰性质,则很难得到西方的肯定。与中亚其他国家相比,塔吉克斯坦的伊斯兰教气氛更加浓厚,伊斯兰复兴党是塔吉克斯坦唯一有较高影响力的反对派政党,由于其宗教性质和政治目标与美国等西方国家的民主目标相悖,因而无法得到西方的支持,更不可能成为西方策动"颜色革命"的民主样板。①

此外,美国在阿富汗的军事反恐行动虽然在一定程度上打击了恐怖主义势力,但没有根除恐怖主义和宗教极端主义势力滋生的土壤,反而"越反越恐",强化了伊斯兰世界同西方社会的对立,布什政府无疑用反恐战争演绎了一场现实版的"文明的冲突",并使自己在中亚地区的"民主输出"战略中陷入困境。

总之,在"民主输出"战略的推动下,美国等西方国家以政治改革为前提条件,将经济援助与民主化改造挂钩,对中亚国家的政治转型施加压力,使后者被迫对国内反对派采取较为宽松的政策,以促进符合西方标准的公民社会的发展。对于经济落后和政治现代化基础较弱的中亚国家而言,西方民主强行施加的政治压力,有时会成为其社会失控和政治无序的祸首。吉尔吉斯斯坦就是一例。作为中亚国家"民主化"程度最高的国家,吉尔吉斯斯坦是中亚五国中最早进入世界贸易组织等国际机构、最先被西方接受的国家,但同时也是在政权更替过程中最先出现政治动荡和街头暴力的国家。从另一方面讲,尽管西方在中亚推行的民主计划存在诸多弊端,但在全球化的背景下,中亚国家也

---

① Верхотуров Д. Н., Выборы в Таджикистане: импортная демократия или все-таки исламская? http://www.fergananews.com/articles/3493.

不得不顺应民主化的政治潮流，以赢得国际社会的认同。同时，为寻求更多的外部援助并为政权稳定营造相对良好的外部环境，中亚各国领导人也不得不接受西方的民主改革条件，对本国的政治体制进行改革与调整。例如，2005年4月，土库曼斯坦总统尼亚佐夫放弃终身总统身份，表示在2009年将依据宪法进行新一届总统选举。尼亚佐夫总统表示，土库曼斯坦将作为公正合理的世界新秩序的范例随时代潮流迈出新的步伐。而在2009年，哈萨克斯坦也迫于西方的政治压力，为避免西方国家对其一党制议会的指责，对政党法重新进行了修改，允许选举中获得第二多数的政党进入议会下院。近年来，随着中亚国家领导人的任期行将结束，各国政府也越来越希望通过各自的民主改革姿态，赢得西方对其权力合法性的认可。

中亚国家政治制度转型采取的基本是移植式转型模式，即注重新体制对旧体制的扬弃，新体制吸纳旧体制中的积极成分作为转轨的条件和新体制成长的基础。[①] 其制度构建模式虽然在宪政体制设计的过程中做了适当的修改，但基本遵循三权分立的民主原则，并通过独立20多年来的宪政修订过程，逐步倾向于半总统制。然而，任何制度都只有在得到社会的深度认可，并同非制度性因素相结合的情况下，才能更好地发挥作用。西方的民主价值观是作为一种异质文化，被强行植入中亚社会肌体中的。中亚五国普遍缺乏现代政治发展所需的基础与传统，因而外来的西方政治文化难以找到健康发育的环境和土壤来完全取代各民族的政治文化。在格鲁吉亚和乌克兰发生"颜色革命"以及在中亚两国出现政治动荡后，中亚国家的政治生活中普遍出现威权主义回归的现象，这种现象来自对传统文化的认同与继承。中亚政治文化中有很多威权主义和宗法制的元素，与同样崇尚权威与服从意志的伊斯兰文化以及苏联的政治文化具有同质性，因而这些文化比较容易被中亚民族与社会认可和接受，在沙俄殖民统治时期和苏联时期中亚社会及民众都表现出了对权威绝对服从的心理，这与崇尚平等、重视分权与制衡理念的西方政治文化存在着本质的区别。对于西方式民主这种异质文化中亚国家威权体制对其产生了排异现象。在"颜色

---

① 张养志、郑国富：《中亚五国经济体制转轨的新制度经济学分析》，《俄罗斯东欧中亚研究》2007年第1期。

革命"后,这种现象表现为中亚社会普遍以稳定作为政权绩效的标准,民众对可以保障国家稳定的领袖人物寄予厚望。这一点,我们可以从"颜色革命"后,中亚五国一系列总统和议会选举的结果中找到印证。无论是现任总统,还是亲总统的政党,均在总统或议会选举中以高票获得胜利,哈萨克斯坦总统纳扎尔巴耶夫甚至在乌兹别克斯坦"安集延事件"发生半年后,以91%的得票率再度获得连任。这些现象说明,在中亚国家的政治转型进程中,社会的政治意识出现向集权体制反弹的倾向。与此同时,这种威权体制在中亚国家中具有某种示范效应和连锁反应,成为转型时期中亚五国共有的特征之一。

结 束 语

中亚各个民族在不同的历史时期，都被欧亚大陆上古代帝国的武力所征服，由于连续不断的外族入侵与殖民统治，几个世纪以来，中亚地区内部始终处于分散状态，社会组织形态主要以氏族部落或部落联盟为主。中亚民族自主的国家化进程多次因战乱和帝国的扩张被打断，始终没有形成现代意义上的完整的国家形态。18 世纪初，沙皇俄国开始在中亚地区扩张，对这一地区施行了近两个世纪的军事殖民统治。十月革命胜利后，联共（布）中央对中亚各主要民族进行民族识别，并对几个行政主体的划界工作进行了多次调整，最终形成了以哈萨克、吉尔吉斯、塔吉克、乌兹别克、土库曼五个主体民族为基础的五个加盟共和国。中亚五国正式成为苏维埃社会主义共和国联盟的一部分，而中亚各民族也在苏联的同化政策下被赋予苏维埃中亚民族的属性，从而奠定了各自民族发展的基础。①

一 中亚社会变革的发展惯式

在隶属于沙皇俄国的 200 多年和作为苏联一员的 70 年时间里，中亚社会发生了翻天覆地的变化。在沙俄军事殖民管理体系下，中亚民族从原始的游牧部落过渡到农奴社会，在苏联时期又跃进到了具有一定工业文明的社会主义社会，并迅速进入俄式的欧化进程，其经济、语言、文化、教育等领域都得到了

---

① Shokhrat Kadyrov, The ethnology of political management: yesterday, today & tomorrow, A special Report for the Conference «The Turkmenistan: not on Orange revolution but Regional?», Oslo, http://www.igpi.ru/bibl/other_ articl/1119947605.html.

显著的发展与提高。政治制度也由最初非国家形态下的部族联盟议政体系，过渡到了具有现代意义的议行合一的苏维埃体系。20世纪末，苏联解体使中亚民族的政治制度与国家形态再度发生质的变化，中亚五个加盟共和国成为具有国际法主体地位的独立国家。

从历史发展轨迹看，中亚民族所经历的社会变迁与国家化进程都是以非自然方式发生的，是依附于大国或作为大国的一部分进行的，具有跨越式发展的特征。中亚社会和民族对社会改革与变迁的内生动力相对缺乏，或者说中亚社会尚未出现改革的需求，便被裹挟到社会变革的大潮中，被迫跟随大国同步行动。由此可见，大国的外部推动作用是历史上中亚民族社会变革的主导力量，在外力参与下的、外部植入式的发展模式，则成为中亚地区制度变革与社会变迁的基本惯式。

戈尔巴乔夫在苏联后期推行的政治改革，迫使中亚五国再度被动进行变革，各国响应联盟中央的号召，进行了由苏维埃体制向三权分立的西方宪政民主体制转型的制度变革。在此次变革中，中亚国家依旧延续了以往变革的路径，借助外生动力和植入模式。在转型初期，中亚各国都参照俄罗斯的做法，以西方的总统制或半总统制为模板构建本国的政权结构，将西方的民主价值观植入中亚社会体内，以期孕育"民主之花"。

由于中亚国家自身对政治改革缺乏心理准备，因而在政治转型初期表现出相应的被动性。中亚五国均是在苏联后期政治体制改革与共和国"主权大检阅"浪潮的推动下，被动走上政治民主化与独立建国之路的。对于独立和政治改革，五国都没有表现出强烈的政治意愿，其领导人也对改革缺乏必要的心理准备，因而大多表现出某种盲从性与滞后性，并亦步亦趋地对政治改革的先驱者俄罗斯进行模仿。除了一些国家受到自由化和民主化的影响，由于民族和宗教问题导致一些示威游行外，多数中亚国家的政治权力体系都保持了相对稳定的状态。由于未遇到强大的反对派的挑战，中亚国家的权力重心也没有发生重大位移。中亚多数国家的领导人均完成了由苏维埃体制下的共产党第一书记或共和国最高苏维埃主席向新体制下共和国总统的身份转换，实现了国家权力在共和国最高领导人一人身上的延续。这种政权的延续使中亚多数国家避免了疾风劲雨式的政治动荡，但也为中亚国家的政治发展进程抹上了一层保守主义的色彩，甚至直到21世纪初，在一些中亚国家的权力结构体系中仍保留着某些苏维埃体制的特征。

中亚国家的政治转型也是其政治现代化的过程，这一进程的参照系是西方的民主价值观与西方的宪政民主。民主源于西方，在没有经历过文艺复兴、启蒙运动和工业革命的中亚地区实行民主制所面临的问题，主要是其社会政治经济发展水平的低下与民众对于民主体制文化认同的缺失。多数中亚国家的社会经济发展水平相对落后，社会多元化程度较低，社会政治制度化水平也相对薄弱，这些制约因素往往使中亚国家无法支撑民主机制的有效运转。主要表现为：立法、行政、司法之间缺乏有效的分权和制衡机制；官僚机构处在庇护关系、裙带主义、腐败的阴影之下，行政官员素质低下而不称职；社会上盛行精英主义，而不是多元主义，政党弱小而不具有竞争力；公民社会、利益集团和社团生活不够成熟；等等。[1] 从传统文化的角度来看，中亚各民族政治文化中包含着很多崇尚权力、服从权威、信奉宗法观念与等级关系等非民主的文化观念，同时，转型时期中亚各国在民族、宗教等领域的再传统化又进一步强化了民众心中的这些文化观念。这些传统的文化观念与强调人人平等、分权与制衡理念的西方宪政民主思想有着本质的区别。由于各种主客观因素的作用，当西方民主政治价值观与西方民主政治体制作为一种异质文化植入中亚社会肌体后，中亚五国政治肌体在运行过程中不可避免地表现出某种"排异现象"。有学者在分析吉尔吉斯斯坦两度通过政变实现政权更替现象时这样指出：在地方传统文化氛围中，民众对异族的自由民主体制缺乏认同感。[2] 也就是说，部族政治对西方的民主价值观和政治制度的合法性缺乏观念上的认同，而"街头政治"则成为实现政权合法性的有力手段。实践表明，不顾社会发展的客观条件，超前移植民主制度，非但不利于提高中亚五国政权机关的执政能力，反而会在国家的权力结构体系中形成掣肘关系，导致权力机关的低效，甚至给社会带来不稳定。

---

[1] 〔美〕霍华德·威亚尔达：《新兴国家的政治发展——第三世界还存在吗？》，刘青、牛可译，北京大学出版社，2005，第114~115页。

[2] Кыргызстан: этнический плюрализм и политические конфликты, http://www.peoples - rights.info/2010/04/kyrgyzstan - etnicheskij - plyuralizm - i - politicheskie - konflikty.

与此同时，这种植入式的民主宪政体制在中亚国家的肌体内发生了变形，并为威权主义总统制提供了合理性依据，转型时期中亚国家普遍存在的社会经济危机也为中亚国家选择总统制政体提出了现实的要求。在危机状态下，威权总统治理模式显示了其整合社会资源的独特优势，成为社会秩序与政权稳定的保障。由于转型时期中亚国家在制度建设的能力上相对薄弱，缺乏组织良好的多元利益集团和能发挥作用的政党，也不存在有效的政府机构，因此，威权体制成为必然选择，它提供了秩序与稳定，迎合了中亚国家实现自身发展的政治需要。在从苏维埃体制转向政治现代化的过程中，中亚各国都需要一个强有力的掌权者来总揽大局、整合社会政治经济资源、提供社会秩序与稳定。也正因为如此，中亚各国的威权总统在政治转型时期的历届总统选举中均获得了持久及很高的支持率，甚至连支持总统的政党在议会选举中也得到了同样的厚遇。总统在权力结构体系中的核心地位，叠加以政权党与亲政权势力在议会中的优势地位，进一步扩大了总统的执政空间。

作为外部因素，西方的民主化改造计划对中亚国家的政治发展进程存在积极与消极两个方面的影响。从积极方面看，它既是中亚国家政治转型的外部推动力，也是中亚国家克服多重转型阻力的主要助动力。但是，以西方国家安全为价值导向的西方民主化改造计划往往以经济援助为筹码来对中亚国家施以民主压力，从而成为中亚国家被动政治转型的外部约束力。当政治压力过强时，中亚社会内部的政治文化、民族、部族、经济等因素就会以反作用力的形式爆发出来，造成中亚社会对西方民主模式的排斥心理。作为西方在中亚地区民主化改造计划的试验田，吉尔吉斯斯坦在转型 20 年中经历了由总统制到议会制的反复更迭，这也引发了西方和中亚国家对民主化的深刻反思。

与此同时，西方对中亚地区的民主化改造计划也是与俄美在欧亚大陆的地缘政治竞争相伴而行的。对中亚民主化改造计划的主要推手美国而言，中亚地区仅仅是其全球民主化战略的支点而非战略重心，美国对中亚战略的基本目标是挤压俄罗斯的地缘政治空间，以反恐促民主，以民主促安全，保障其全球能源战略的安全。而俄罗斯则凭借同中亚国家传统的经济、军事和文化联系，竭力恢复其在该地区的传统影响力，以阻止美国等西方国家进入这一地区。中亚国家由于其独立化的程度相对有限，无论在国家安全还是经济发展方面都难以摆脱对大国的依附关系，虽然存在着多项选择，但各国在地缘政治博弈中不得不依附于某一大国或在大国势力范围内做出非此即彼的选择，以期获得庇护和发展空间。因此，俄罗斯和西方国家往往以驻军或民主化改造为手段，对中亚国家的经济与军事主权提出要求，致使中亚国家的政治发展进程因外力的作用而变得异常艰难。从这个意义上讲，中亚国家的政治发展轨迹并没有逃脱历史的宿命。

二 偏离历史发展轨迹的国家化进程

对任何国家而言，政治发展都是一个渐进的、有机的发展进程，而非仅仅依靠外力就能顺利完成的过程。与历史上的多次变革不同的是，中亚国家的政治转型是建国与建制的双重转型进程。苏联解体使中亚国家第一次获得了独立建国的契机，中亚国家被推上国际政治舞台和与大国进行地缘政治博弈的前沿地带。这一变化给毫无建国与治国经验的中亚国家提出了艰巨的国家化任务，要求中亚五国的政治发展进程脱离对大国的依附关系独立前行。

由于中亚地处地缘政治的交合处与次区域地带，在历史上长期处于亚文化圈层，缺乏完整的国家观念与成熟的国家治理经验，因此其建国进程面临着重塑民族认同与国家认同、构建民族国家的任务。民族与国家是两个具有不同结构与原则的概念。其中，民族强调的是历史的和文化的概念，而国家则强调的是权力、制度和领土等政治含义。民族国家包含着民族文化和公民特征的二重性，也就是具有文化的与政治的双重含义。一个民族的公民要素和领土要素越明显，国家与民族间的融合过程便越容易；反之，民族概念中的种族要素越突出，二者融合的可能性便越小。[①] 由于中亚地区不同国家的民族构成、公民意识以及领导人的执政理念都存在差异，因而也造成这一地区民族国家的发展阶段不尽相同。在一些民族意识仅停留在部族的国家中，地方的或部族的利益凸显，无法实现国家制度与民族性的同步发展，从而造成民族国家认同的缺失，最终导致国家出现政治动荡甚至分裂。吉尔吉斯斯坦为弥合各部族势力间的矛盾与对立，最终选择议会制的发展道路。因此，克服地方主义对政治转型的负

---

① 〔英〕戴维·米勒、韦农·波格丹诺编《布莱克维尔政治学百科全书》，邓正来译，中国政法大学出版社，2002，第490页。

面影响是中亚国家国家化进程中的关键要素。

  此次构建国家认同与完善国家制度的政治转型进程不同于中亚国家历史上的历次跨越式发展进程，这里包含着对国家和民族自我认同的主动性行为。在这一进程中，中亚五国需要克服各种矛盾和问题，包括双建进程中国家化与民主化的矛盾，自我认同构建过程中的现代化进程与再传统化的矛盾，国家独立进程中对俄罗斯的依附关系与"去俄罗斯化"的矛盾，国家认同过程中的地区主义与威权主义的矛盾，同时还包括西方宪政体制框架同苏联政治遗产及中亚民族的部族政治的适应性问题，大国博弈中的国家独立性问题，等等。这些矛盾和问题是中亚国家实现政治现代化的阻力和包袱，也说明中亚国家的独立与政治转型不是一个简单的脱离苏联母体和国家机关升级的"物理过程"，而是一个夹杂着多重矛盾的"化学过程"，在此进程中，因矛盾关系与条件的变化，转型轨迹也存在发生突变的可能。中亚国家只有理顺政治转型进程中的诸多内在矛盾关系，才能将国家带入正确的历史发展轨道。

  由于文化、社会政治经济发展状况的影响，威权体制将在中亚地区长期存在，其与民主的巩固存在矛盾性，但威权体制所提供的秩序与稳定等公共产品是政治转型时期中亚国家的政治与经济发展所需要的。具有苏联政治惯性思维的中亚各国领导人都力图谋求在新体制内的长期执政，为了达到此目的，中亚国家的现任总统大多在选举前通过修改宪法或全民公决的方式，为其连任或长期执政奠定法律基础。由于中亚多数国家的宪法赋予总统立法动议权与司法权，因而为他们控制整个制宪过程，进行有利于自身权力的宪法修订创造了条件。从这种意义上讲，西方的民主制宪原则在中亚国家的政治实践中，陷入一种怪象，即民主原则非但没有成为制约总统权力的法律依据，反而成为各国总统按个人意愿延长任期的合法工具。随着总统执政任期的延长，其政治威望与政治地位愈加无人能及。在此过程中，总统权力的长期性被巩固下来，而民主原则遭到了破坏。然而，威权领袖"始于威权，也终于威权"，威权主义总统制的优势也是其劣势，由于威权体制下缺乏政治多元性与权力间的相互制衡机制，同时也不鼓励精英竞争，其结果将是在政权交接时因威权的缺失而出现政治真空问题。随着威权总统行将淡出政坛，中亚多数国家都将面临首任总统危机与"老人政治"的危机。

三 中亚国家政治发展进程的趋势

进入 21 世纪后,西方国家加大了在中亚地区推进民主化改造计划的力度。威权总统制也同样受到来自西方的民主压力,总统需要遵循选举等宪政原则,通过正常的选举与权力轮换来获得其执政的合法性,而其合法性越来越受到来自宪政原则的制约。同时,伴随着选举、全民公决等民主实践的逐步推进,民主共和观念在中亚地区的民众中有所发育。因此,中亚各国领导人改变了转型初期单纯通过修宪延长总统任期的方式,开始通过对体制的运行机制进行更多的制度性安排,如引入政党机制、扩大议会权力、提升议会作用等,来巩固总统的政治影响力。民主的巩固体现为政治的制度化与民主机制的有效运行。在现阶段,中亚多数国家相继对政权体制进行了制度化安排和结构性调整,以实现未来政权的平稳过渡。吉尔吉斯斯坦在 2010 年通过政体改革实行议会制,它不但为本国解决精英矛盾提供了一个平稳的制度平台,而且也为中亚其他国家的体制建设与权力交接提供了可资借鉴的经验。

以部族政治为特征的中亚各国的地方主义植根于中亚的传统社会与民族观念中。民众在确立对整个民族的自我认同时,或多或少地带有对部族的认同。这种带有排他性与分离主义色彩的部族政治与转型时期中亚国家确立民族国家认同的任务是相悖的,而这些矛盾又是苏联政治文化遗产所致。苏联时期实行的干部委任制与轮换制,是希望在支持单一部族为政治中心的前提下,消除部落利益冲突,其结果却进一步强化了部族利益与部族间的竞争。可以说,苏联时期的民族政策一方面削弱了各主体民族的民族特征,另一方面又强化了民族中某一部族的特殊性,结果造成中亚社会形成民族国家所需的国家性相对缺乏。代表地方势力的部族势力进入政党政治体系后,组建了具有强大的地区代表性的地方性政党或政治团体,成为抗拒中央政府的政治力量。地方性政党造成的政治隐患对全国性政党构成威胁,前者在竞争中成为后者潜在的替代者。随着各国"老人政治"的行将结束,地区主义将不可避免地在未来"后领袖时代"和"后威权主义"时期,因中央权威的缺失和垂直管理的弱化而得以复兴。

从政治制度转型的角度看,中亚五国均已实现由苏维埃体制向西方式宪政体制的转变，依照三权分立的原则构建了本国的权力结构体系。除吉尔吉斯斯坦改行议会制外，中亚多数国家维持着以总统制为核心的权力结构体系。制度的运行与机制的发展取决于社会认同与非制度因素对新成立国家的适应性。由于受到社会政治经济发展水平、地缘政治以及传统政治文化等因素的限制，中亚五国虽然确立了制度框架，但社会对西方式政治制度与民主原则还需要有较长的适应过程。除吉尔吉斯斯坦外，中亚其他国家均未实现宪政程序下的政权轮换，从而没有真正完成民主的转型和政治制度的巩固。从这个意义上讲，中亚国家的政治转型尚未结束，各国还在积极探索符合本国历史、文化、政治、经济发展水平的民主模式与路径，以确保政权平稳过渡。各国的政治历史传统和社会政治的现实条件是其未来政治发展进程的主导因素。中亚国家20多年的转型实践证明，西方式的民主在短期内无法真正解决中亚社会现实的发展问题，各国对民主政治的理想追求最终回归到"政治秩序与经济增长优先于政治参与及利益分配"这一亚洲民主价值观上[1]，从而使政治转型逐渐服从于保持政治稳定和促进经济发展的现实需要。

同时，中亚国家的国家化进程还是一个受到多重因素影响的民族国家的构建过程，它势必受到苏联的政治遗产以及传统政治文化的影响，并因地理位置和自然资源所限，最终或通过区域一体化合作获得集约的地缘优势，或依附于大国并在大国的地缘政治博弈中求得生存。

---

[1] 《通往民主之路》一书在评价东亚民主转型的政策次序时提出，从东亚民主转型的经验中得到的启示是，"秩序和增长应该优先于参与和分配"。作者指出，东西文化在民主化与经济发展的次序与相互关系上存在较大差异。东方国家往往强调群体一致性和集体富裕的价值，而西方国家则重视个人自由和公民自由。〔美〕詹姆斯·F.霍利菲尔德、加尔文·吉尔森主编《通往民主之路》，何志平、马卫红译，社会科学文献出版社，2012，第218页。

附 表

中亚各国历年总统、议会选举及宪法修订一览表（1990~2013）

年份	哈萨克斯坦	吉尔吉斯斯坦	塔吉克斯坦	土库曼斯坦	乌兹别克斯坦
1990	3月25日，哈萨克最高苏维埃选举，产生360位代表，共产党342位，独立候选人获得18位 4月24日，纳扎尔巴耶夫当选为哈萨克苏维埃社会主义共和国总统	10月27日，阿卡耶夫当选为总统	11月30日，马赫卡莫夫当选为总统	8月23日，通过《国家主权宣言》 10月27日，举行总统选举，尼亚佐夫以98.3%的得票率当选为总统	
1991	3月17日，在关于是否保留苏联的全民公决中，哈萨克斯坦的赞成率为94.1% 12月1日，举行总统选举，纳扎尔巴耶夫以98.8%的得票率当选为哈萨克斯坦共和国总统 12月16日，宣布国家独立	3月17日，在关于是否保留苏联的全民公决中，吉尔吉斯斯坦的赞成率为94.6% 8月31日，宣布国家独立	3月17日，在关于是否保留苏联的全民公决中，塔吉克斯坦的赞成率94.2%； 9月9日，宣布国家独立 11月24日举行总统选举，纳比耶夫以56.92%的得票率当选为总统	3月17日，在关于是否保留苏联的全民公决中，土库曼斯坦的赞成率为97.9% 10月27日，宣布国家独立	3月17日，在关于是否保留苏联的全民公决中，乌兹别克斯坦的赞成率为93.7% 8月31日，宣布国家独立 12月29日，举行总统选举，卡里莫夫以人民民主党（前乌兹别克斯坦共产党）主席的身份参选，并以87.1%的得票率当选为总统

续表

年份	哈萨克斯坦	吉尔吉斯斯坦	塔吉克斯坦	土库曼斯坦	乌兹别克斯坦
1992			5月,塔吉克斯坦发生游行示威,随后引发武装冲突和内战9月7日,纳比耶夫被迫辞职,塔吉克斯坦陷入内战,以伊斯兰复兴党为首的联合反对派上台	5月18日,通过第一部宪法,规定土库曼斯坦为民主、法治和世俗的国家,实行三权分立的总统共和制6月21日,举行总统选举,尼亚佐夫以99.5%的得票率当选为总统	12月8日,颁布新宪法,确立总统制,规定乌兹别克斯坦是拥有主权国家地位的民主国家,实行立法、行政、司法三权分立总统为国家元首、武装部队最高统帅,每届任期七年,不得连任两届
1993	1月28日,通过新宪法,确定国家主权地位、总统为国家元首,以及哈萨克语的国语地位,实行最高苏维埃一院制议会	5月5日,通过新宪法,确定国家是拥有主权的民主共和国,在司法和世俗的基础上建立国家			12月28日,修改宪法
1994	3月举行最高苏维埃选举,选出176名代表,1995年3月此次选举被宪法法院裁定无效,至1995年12月议会选举前,哈萨克斯坦处于无议会状态	10月22日,通过全民公决修宪,议会——最高会议由一院制改为两院制,设立立法会议(上院)和人民代表会议(下院),分别为35席和70席	11月6日,通过全民公决颁布新宪法,改行总统制11月6日,举行总统选举,拉赫莫夫以58.7%的得票率当选为总统	1月15日,通过全民公决,取消1997年的总统选举,将尼亚佐夫的总统任期延长至2002年12月11日,举行国民议会选举,产生50名议员,均来自民主党	12月25日至次年1月9日,举行首届议会选举,其中,人民民主党和祖国进步党分别获得69席和14席

266

续表

年份	哈萨克斯坦	吉尔吉斯斯坦	塔吉克斯坦	土库曼斯坦	乌兹别克斯坦
1995	4月29日以全民公决的方式将纳扎尔巴耶夫总统的任期延长至2000年;8月30日,通过全民公决,颁布独立以来的第二部宪法,将此日定为宪法日;新宪法确立总统制,取消副总统职位。实行两院制议会。上院,任期二年,下院67席,任期四年,由单名选区制产生 12月9日和12月23日举行议会选举	2月5日和19日,举行议会上下两院选举 12月24日,举行总统选举,阿卡耶夫以71.65%的得票率连任总统		12月27日,修改宪法,总统任期由五年延长至七年,将总统尼亚佐夫的任期延长至2002年,同时,还将中立国地位写入宪法	3月29日,通过全民公决将总统卡里莫夫的任期延长至2000年
1996		2月10日,修改宪法,扩大总统权力,议会改为两院制,立法会议由35个议席组成,人民代表会议由70个议席组成			
1997			6月27日,政府与反对派在莫斯科签订和平与民族和解总协定		
1998	10月7日,修改宪法,总统任期从五年延长至七年,将总统候选人的参选年龄下限由35岁升至40岁;参议员任期延长至六年,下院议席增至77席,其中67席由单名选区制产生,10席由比例代表制产生,任期延长为五年	10月17日,修改宪法,缩小议会权力,立法会议议席增至60席,人民代表会议下院议席减少至45席,任期均为五年			

267

续表

年份	哈萨克斯坦	吉尔吉斯斯坦	塔吉克斯坦	土库曼斯坦	乌兹别克斯坦
1999	1月10日，提前举行总统选举，纳扎尔巴耶夫以81%的得票率获得连任 10月10日，举行议会选举，祖国党获23席，公民党获13席，共产党和农业党分别获3席		9月26日，修改宪法，实行总统制，总统任期由五年改为七年，实行两院制议会 11月6日，举行总统选举，拉赫莫诺夫总统以96.97%的得票率获得连任	12月28日，土库曼斯坦人民委员会和议会联合通过决议，授权尼亚佐夫"无限期行使总统权力" 12月29日，修改宪法，对有关人民委员会、议会职能的条款进行修改和补充，明确规定尼亚佐夫作为首任总统，其任期无时间限制 12月12日，国民议会选举，50名议员均来自民主党	12月5日和12月19日，举行议会选举，地方推荐110人，人民民主党获49席，"自我牺牲者"民族民主党获34席，进入议会的还有祖国进步党、"公正"、社会民主党和民族复兴民主党以及独立候选人
2000		2月20日和3月22日，举行议会上下两院选举 10月29日总统选举，阿卡耶夫以76.4%获得连任	2月27日和3月12日，举行议会两院选举，在下院选举中，人民民主党、共产党、伊斯兰复兴党进入议会下院		1月9日，举行总统选举，卡里莫夫以95.7%的得票率获得连任
2001					
2002				8月9日，尼亚佐夫宣布放弃"终身总统待遇"，并宣布新一届总统选举将于2009年举行	1月27日，通过全民公决，将总统任期由五年延长至七年；议会由一院制改为两院制，上院100席，下院120席

续表

年份	哈萨克斯坦	吉尔吉斯斯坦	塔吉克斯坦	土库曼斯坦	乌兹别克斯坦
2003		2月2日,就"是否同意阿卡耶夫继续担任总统"和"是否同意新的宪法草案"问题举行全民公决,并获得通过;同时议会由两院制改为一院制,议席数由105席减少至75席,全部由单名选区制产生	6月22日,通过全民公决修改宪法,规定总统任期不得超过两届	2003年8月15日,修改宪法,规定人民委员会为常设的最高权力代表机构,并设主席一职;总统当选年龄不得超过70岁	4月24日,修改宪法,将总统的部分权力赋予议会上院
2004	9月19日,举行议会下院选举,祖国党获42席,农工劳动者联盟获11席,阿萨尔党获4席,光明之路党获1席,民主选择党获1席,独立候选人占18席			12月19日国民议会选举,产生50名议员,均来自民主党	12月26日,举行议会选举,进入议会的政党有自由民主党,人民民主党、"自我牺牲者"民族民主党、民族复兴民主党和社会民主公正党。其中,自由民主党获得41席,为议会第一大党,人民民主党获28席,位居第二
2005	12月4日,举行总统选举,纳扎尔巴耶夫以91.15%的得票率连任总统	2月27日和3月13日,分别举行两轮议会下院选举,选举结果引发"3·24事件",阿卡耶夫政权被推翻,巴基耶夫被任命为代总统 7月10日,举行总统选举,巴基耶夫以88.9%的得票率当选	2月27日和3月25日,议会选举,在议会下院选举中,人民民主党获得48席,共产党和伊斯兰复兴党分别获得5席和2席		

续表

年份	哈萨克斯坦	吉尔吉斯斯坦	塔吉克斯坦	土库曼斯坦	乌兹别克斯坦
2006		11月17日,通过议会表决修改宪法,设90个议席,由比例代表制和单名选区制各产生半数议员组成;同时,扩大了议会权力,选举中赢得50%以上议席的政党拥有政府组阁权;总统权力相应缩小 12月30日,议会再次通过宪法修订案,恢复并强化了总统权力,其中包括总统对总理的任免权,以及对强力部门和州长等的任免权	11月6日,举行总统选举,拉赫莫诺夫以83.6%的得票率获得连任	12月21日,总统尼亚佐夫逝世,别尔德穆哈梅多夫被任命为代总统 12月26日,修改宪法,规定总统候选人年龄在40~70岁;总统因故不能行使职权时,根据国家安全会议决议,任命一位副总理临时代理总统职权	
2007	5月18日修改宪法,授予总统纳扎尔巴耶夫"无限期总统"身份,总统任期由七年改为五年,并规定在总统无法履行总统职务而提前离任后由上院议长代行总统职务;议会下院由107名代表组成,其中通过比例代表制选举产生98席,9席由哈萨克斯坦人民大会选举产生 8月18日,提前举行议会选举,祖国之光人民民主党获98席,成为进入议会的唯一政党	9月14日,宪法法院废除2006年年底通过的两部宪法 10月21日,通过全民公决修宪,90个议席均由比例代表制产生,议会中获得多数席位的政党拥有组阁权 12月16日,在议会选举中光明道路党、社会民主党和共产党进入议会,其中光明道路党以46.99%的得票率,获得71席。		2月11日,举行总统选举,别尔德穆哈梅多夫以89.23%的得票率当选为总统	4月10日,修改宪法,取消有关总统为执行权力机关领导人的条款;自2008年1月起总统停止行使政府总理之职 12月23日,举行总统选举,卡里莫夫以88.1%的得票率获得连任

续表

年份	哈萨克斯坦	吉尔吉斯斯坦	塔吉克斯坦	土库曼斯坦	乌兹别克斯坦
2008				9月26日,修改宪法,取消人民委员会,将其权力划归总统、国民议会和最高法院;国民议会议员增加至125人,由各选区选举产生,任期五年 12月14日国民议会选举	12月25日,修订议会选举法,议会下院议席由120席增加至150席,其中135名议员在全国135个选区选举产生,15名议员由乌兹别克斯坦生态运动选任,任期五年
2009		7月23日,举行总统选举,巴基耶夫以76.12%的得票率获得连任			12月27日和2010年1月19日,举行议会下院选举,产生150名议员。其中,自由民主党53席,人民民主党32席,民族复兴民主党31席,社会民主公正党19席;另外,还有乌兹别克斯坦生态运动推选的15名议员
2010	6月15日,以宪法的形式授予首任总统纳扎尔巴耶夫民族领袖地位	4月7日,吉尔吉斯斯坦政治动荡,反对派推翻巴基耶夫政权,7月3日奥通巴耶娃被任命为代总统。	2月28日,举行议会下院选举,人民民主党以71.79%的得票率获53席;进入议会的还有伊斯兰复兴党、共产党、农业党和经济改革党		1月25~26日,举行议会上院选举,选举产生100名议员

续表

年份	哈萨克斯坦	吉尔吉斯斯坦	塔吉克斯坦	土库曼斯坦	乌兹别克斯坦
2010		6月27日,通过全民公决颁布议会制宪法,议席增至120席,全部由比例代表制选举产生,得票率过半的政党获得政府组阁权,一个政党获得的席位数不得超过65席;总统任期六年,不得连任 10月10日,举行议会选举,故乡党、社会民主党、尊严党、共和国党、祖国党五个政党进入议会,推举阿坦巴耶夫担任政府总理	2月28日,举行议会下院选举,人民民主党以71.79%的得票率获53席;进入议会的还有伊斯兰复兴党、共产党、农业党和经济改革党		1月25~26日,举行议会上院选举,选举产生100名议员
2011	2月2日,修改宪法,新宪法规定总统可以签署决议举行非例行总统选举,并指定总统选举日期 4月3日,提前举行总统选举,纳扎尔巴耶夫以95.55%的得票率再度获得连任	10月30日,举行总统选举,阿坦巴耶夫以63.24%的得票率当选为总统			4月18日,修改宪法,赋予议会中获得多数席位的单个政党或几个政党以政府组阁权 12月5日,修改宪法,将总统任期由七年改为五年
2012	1月15日,提前举行议会下院选举,祖国之光人民民主党获83席,光明之路党获8席,共产主义人民党获7席			12月2日,举行总统选举,别尔德穆哈梅多夫以97.14%的得票率获得连任	

续表

年份	哈萨克斯坦	吉尔吉斯斯坦	塔吉克斯坦	土库曼斯坦	乌兹别克斯坦
2013	10月6日,议会上院选举,其中15名议员由总统任命,32名议员由地方议会选举产生		11月6日,举行总统选举,拉赫蒙以83.6%的得票率获得连任	12月15日,举行国民议会选举,首次两党参选,民主党获47席,企业家党获14席	

基本资料来源:《列国志》(中亚国别系列丛书),社会科学文献出版社;赵常庆:《十年巨变——中亚和外高加索卷》,中共党史出版社,2004;Central Asia at the End of the Transition (New York: M. E. Sharpe. Inc., 2005);以及中亚官方的法律与中央选举委员会网站。

主要参考文献及网站

中文著作/译著

1. 陈联璧、刘庚岑、吴宏伟：《中亚民族与宗教问题》，中央民族大学出版社，2002。
2. 丁笃本：《中亚通史——现代卷》，新疆人民出版社，2004。
3. 冯绍雷、相蓝欣主编《转型中的俄罗斯社会与文化》，上海人民出版社，2005。
4. 高歌：《东欧国家的政治转轨》，世界知识出版社，2003。
5. 顾志红：《普京安邦之道——俄罗斯近邻外交》，中国社会科学出版社，2006。
6. 胡振华主编《中亚五国志》，中央民族大学出版社，2006。
7. 胡伟主编《新权威主义政权的民主转型》，上海人民出版社，2006。
8. 姜士林主编《世界国家宪法大全》，青岛出版社，1997。
9. 焦一强：《从"民主岛"到郁金香革命：吉尔吉斯斯坦政治转型研究》，兰州大学出版社，2010。
10. 金宜久：《当代伊斯兰问题》，民族出版社，2008。
11. 金宜久：《伊斯兰教的苏非神秘主义》，中国社会科学出版社，2009。
12. 居玛吐尔地·阿：《中亚民间文学》，华夏人民出版社，2009。
13. 蓝琪：《称雄中亚的古代游牧民族》，贵州人民出版社，2004。
14. 刘庚岑、徐小云：《列国志——吉尔吉斯斯坦》，社会科学文献出版社，2005。

15. 刘国平：《美国民主制度输出》，社会科学文献出版社，2006。
16. 刘启芸：《列国志——塔吉克斯坦》，社会科学文献出版社，2006。
17. 柳丰华：《俄罗斯与中亚——独联体次地区一体化研究》，经济管理出版社，2010。
18. 马长寿：《突厥人和突厥汗国》，广西师范大学出版社，2006。
19. 马大正、冯锡时主编《中亚五国史纲》，新疆人民出版社，2002。
20. 孟楠：《俄国统治中亚政策研究》，新疆大学出版社，2000。
21. 潘志平主编《中亚政局走势微妙》，新疆人民出版社，2005。
22. 庞大鹏：《从叶利钦到普京——俄罗斯的宪政之路》，长春出版社，2005。
23. 施玉宇：《列国志——土库曼斯坦》，社会科学文献出版社，2005。
24. 石岚：《中亚费尔干纳——伊斯兰与现代民族国家》，民族出版社，2008。
25. 苏畅：《中亚极端主义势力研究》，社会科学文献出版社，2009。
26. 孙壮志：《中亚五国对外关系》，当代世界出版社，1999。
27. 孙壮志：《中亚新格局与地区安全》，中国社会科学出版社，2001。
28. 孙壮志：《中亚安全与阿富汗问题》，世界知识出版社，2003。
29. 孙壮志、苏畅、吴宏伟：《列国志——乌兹别克斯坦》，社会科学文献出版社，2004。
30. 汪金国：《多种文化力量作用下的现代中亚社会》，武汉大学出版社，2006。
31. 王治来：《中亚通史——古代卷（上、下）》，新疆人民出版社，2004。
32. 王治来：《中亚通史——近代卷》，新疆人民出版社，2004。
33. 王庆兵：《发展中国家政党认同比较研究》，中国经济出版社，2007。
34. 吴文程：《政治发展与民主转型：比较政治理论的检视与批判》，吉林出版集团有限责任公司，2008。
35. 邢广程、孙壮志主编《上海合作组织研究》，长春出版社，2007。
36. 邢广程：《崛起的中亚》，三联书店，1993。
37. 邢广程：《中国和新独立的中亚国家的关系》，黑龙江教育出版社，1996。
38. 徐亚清：《中亚五国转型研究》，民族出版社，2003。
39. 许和隆：《冲突与互动——转型社会政治发展中的制度与文化》，中山大学出版社，2007。

40. 许序雅：《中亚萨曼王朝史研究》，贵州教育出版社，2000。

41. 薛君度、邢广程主编《中国与中亚》，社会科学文献出版社，1999。

42. 燕继荣主编《发展政治学》，北京大学出版社，2010。

43. 燕继荣：《政治学十五讲》，北京大学出版社，2013。

44. 杨鸿玺：《美国中亚战略20年——螺旋式演进》，社会科学文献出版社，2012。

45. 杨进：《贫困与国家转型——基于中亚五国的实证研究》，社会科学文献出版社，2012。

46. 杨恕：《转型的中亚和中国》，北京大学出版社，2005。

47. 袁胜育：《转型中的俄美关系——国内政治与对外政策的关联性研究》，社会科学文献出版社，2006。

48. 张娜：《中亚现代民族过程研究》，中央民族大学出版社，2008。

49. 赵常庆：《列国志——哈萨克斯坦》，社会科学文献出版社，2003。

50. 赵常庆：《中亚五国与中国西部大开发》，昆仑出版社，2004。

51. 赵常庆主编《中亚五国概论》，经济日报出版社，1999。

52. 赵常庆主编《十年巨变——中亚和外高加索卷》，中共党史出版社，2004。

53. 赵常庆主编《颜色革命在中亚》，社会科学文献出版社，2011。

54. 赵可金：《全球公民社会与民族国家》，上海三联书店，2008。

55. 赵华胜：《中国的中亚外交》，时事出版社，2008。

56. 赵会荣：《大国博弈——乌兹别克斯坦外交战略设计》，光大出版社，2007。

57. 郑羽主编《中俄美在中亚——合作与竞争（1991～2007）》，社会科学文献出版社，2007。

58. 郑羽主编《既非朋友，也非敌人——苏联解体后的俄美关系（1991～2005）》（下卷），世界知识出版社，2006。

59. 朱成虎主编《十字路口——中亚走向何方》，时事出版社，2007。

60. 《中国大百科全书·政治学卷》，中国大百科全书出版社，1992。

61. 〔哈〕努·纳扎尔巴耶夫：《探索之路》，新疆人民出版社，1995。

62. 〔哈〕努·纳扎尔巴耶夫:《站在21世纪的门槛上——总统手记》,时事出版社,1997。

63. 〔哈〕努·纳扎尔巴耶夫:《前进中的哈萨克斯坦》,民族出版社,2000。

64. 〔哈〕努·纳扎尔巴耶夫:《在历史的长河中》,徐葵等译,民族出版社,2005。

65. 〔哈〕托卡耶夫:《哈萨克斯坦:从中亚到世界》,新华出版社,2001。

66. 〔哈〕托卡耶夫:《制胜》,哈萨克斯坦驻华大使馆提供,2004。

67. 〔乌兹别克斯坦〕伊·卡里莫夫:《乌兹别克斯坦沿着深化经济改革的道路前进》,国际文化出版社,1996。

68. 〔乌兹别克斯坦〕伊·卡里莫夫:《临近21世纪的乌兹别克斯坦:安全的威胁,进步的条件和保证》,国际文化出版社,1997。

69. 〔土库曼斯坦〕萨·尼亚佐夫:《永久中立,世代安宁》,东方出版社,1996。

70. 〔俄〕布鲁西娜:《中亚的斯拉夫人》,高永久等译,民族出版社,1999。

71. 〔俄〕维·维·巴特尔托里德,〔法〕伯希和等:《中亚简史》,耿世民译,中华书局,2005。

72. 〔英〕戴维·米勒、韦农·波格丹诺编《布莱克维尔政治学百科全书》,邓正来译,中国政法大学出版社,2002。

73. 〔美〕查尔斯·蒂利:《集体暴力的政治》,谢岳译,上海人民出版社,2006。

74. 〔美〕胡安·J. 林茨、阿尔弗莱德·斯泰潘:《民主转型与巩固的问题:南欧、南美和后共产主义欧洲》,孙龙等译,浙江人民出版社,2008。

75. 〔美〕霍华德·威亚尔达主编《非西方发展理论——地区模式与全球趋势》,董正华、昝涛、郑振清译,北京大学出版社,2006。

76. 〔美〕霍华德·威亚尔达:《新兴国家的政治发展——第三世界还存在吗?》,刘青、牛可译,北京大学出版社,2005。

77. 〔美〕罗伯特·A. 达尔:《多元民主的困境》,周军华译,吉林人民出版社,2006。

78. 〔美〕罗纳德·H. 奇尔科特:《比较政治学理论:新范式的探索》,社会科学文献出版社，1998。

79. 〔美〕贾恩弗朗哥·波齐：《国家——本质、发展与前景》，陈尧译，上海人民出版社，2007。

80. 〔美〕詹姆斯·F.霍利菲尔德、加尔文·吉尔森主编《通往民主之路》，何志平、马卫红译，社会科学文献出版社，2012。

81. 〔美〕迈克尔·罗斯金、罗伯特·科德、詹姆斯·梅代罗斯、沃尔特·琼斯：《政治科学》，林震、王峰、范贤睿等译，华夏出版社，2001。

82. 〔美〕迈可尔·柳金：《俄国在中亚》，陈尧光译，商务印书馆，1965。

83. 〔美〕玛莎·布瑞尔·奥卡特：《中亚的第二次机会》，李维建译，时事出版社，2007。

84. 〔美〕斯迪芬·海哥德、罗伯特·R.考夫曼：《民主化转型的政治经济分析》，社会科学文献出版社，1995。

85. 〔美〕塞缪尔·亨廷顿：《第三波——20世纪后期民主化浪潮》，刘军宁译，上海三联书店，1998。

86. 〔美〕兹比格纽·布热津斯基：《大棋局——美国的首要地位及其地缘战略》，中国国际问题研究所译，上海人民出版社，2007。

87. 〔英〕戴维·赫尔德：《民主的模式》，燕继荣等译，中央编译出版社，2004。

88. 〔英〕费朗西斯·鲁宾逊主编《剑桥插图伊斯兰世界》，安维华、钱雪梅译，世界知识出版社，2005。

89. 〔英〕奇格蒙特·鲍曼：《共同体》，欧阳景根译，江苏人民出版社，2003。

90. 〔法〕阿尔德·哈比卜主编《中亚文明史（第五卷）对照鲜明的发展——16世纪至19世纪中叶》，蓝琪译，中国对外翻译出版公司，2006。

91. 〔法〕布哇：《帖木儿帝国》，冯承钧译，中国国际广播出版社，2013。

92. 〔法〕马太·杜甘：《国家的比较》，社会科学文献出版社，2010。

93. 〔法〕勒内·格鲁塞：《草原帝国》，蓝琪译，商务印书馆，2006。

94. 〔法〕让·马克·夸克：《合法性与政治》，佟心平、王远飞译，中央编译出版社，2002。

95. 〔英〕安德鲁·海伍德:《政治学核心概念》,天津人民出版社,2008。
96. 〔希〕塔基斯·福托鲍洛斯:《当代多重危机与包容性民主》,李宏译,山东大学出版社,2008。
97. 〔意〕萨尔沃·马斯泰罗内主编《当代欧洲政治思想:1945~1989》,黄华光译,社会科学文献出版社,1998。
98. 〔日〕猪口孝、〔英〕爱德华·纽曼、〔美〕约翰·基恩编《变动中的民主》,林猛译,吉林人民出版社,1999。
99. B. A. 李特文斯基主编、张广达,R. 沙巴尼·萨姆哈巴迪副主编《中亚文明史(第一卷)》,马小鹤译,中国对外翻译出版公司、联合国教科文组织,2002。

中文文章

1. 安维华:《中亚五国的新属性与中、西亚地区经济合作》,《西亚非洲》1992年第6期。
2. 安维华:《中亚五国穆斯林民族与地区分布及信仰虔诚度的差异》,《东欧中亚研究》1997年第3期。
3. 常玢:《苏联解体前后的中亚国家伊斯兰教状况》,《东欧中亚研究》2001年第5期。
4. 常庆:《中亚五国独立以来政治经济形势述评》,《东欧中亚研究》1996年第6期。
5. 陈小沁:《从塔吉克斯坦民族和解进程看伊斯兰教在国家政治生活中的作用》,《俄罗斯中亚东欧研究》2004年第5期。
6. 邓浩:《从吉尔吉斯斯坦剧变看中亚地区形势走向》,《新疆师范大学学报(哲学社会科学版)》2011年第1期。
7. 丁宁:《美国"中亚民主化"战略:意识形态的争夺》,《新疆社会科学》2010年第1期。
8. 迪木拉提·奥迈尔:《当代哈萨克族的萨满教信仰:仪式及其变迁》,《新疆社会科学》2007年第5期。

9. 郝宇青：《再论苏共执政合法性意识缺失的政治后果》，《俄罗斯研究》2008 年第 1 期。

10. 何希泉：《世纪之交的塔吉克斯坦形势》，《国际资料信息》2000 年第 7 期。

11. 巨英、于坚：《乌兹别克斯坦政治转轨评述》，《新疆社会科学》2004 年第 3 期。

12. 蓝琪：《论中亚的伊斯兰化》，《西域研究》2011 年第 4 期。

13. 李立凡、刘锦前：《美国中亚战略棋盘上的非政府组织》，《国际问题研究》2005 年第 6 期。

14. 李淑云：《中亚五国政治民主初探》，《俄罗斯东欧中亚研究》2003 年第 1 期。

15. 李捷、赵春丽：《中亚民主化和民主建设简析》，《新疆大学学报》2007 年第 5 期。

16. 梁丽萍：《宗教的政治参与及其影响——以伊斯兰教为例》，《西亚非洲》2007 年第 1 期。

17. 刘向文：《试谈乌兹别克斯坦共和国的总统制》，《东欧中亚研究》1997 年第 4 期。

18. 柳丰华：《俄罗斯在中亚：政策的演变》，《国际政治研究》2007 年第 2 期。

19. 石岚：《中亚伊斯兰极端主义："回归"与冲突》，《新疆大学学报》2007 年第 9 期。

20. 施玉宇：《变革中的土库曼斯坦政治体制初探》，《东欧中亚研究》1997 年第 2 期。

21. 史谢红、吴宏伟：《吉尔吉斯斯坦吉尔吉斯人传统社会探析》，《新疆师范大学学报（哲学社会科学版）》2014 年第 1 期。

22. 孙立平：《实践社会学与市场转型过程分析》，《中国社会科学》2002 年第 5 期。

23. 孙壮志：《国际新格局中的中亚五国》，《东欧中亚研究》1999 年第 4 期。

24. 孙壮志：《当前中亚五国政治形势中的若干新趋势》，《东欧中亚研究》1995 年第 5 期。

25. 孙壮志：《中亚五国的地缘战略地位》，《东欧中亚研究》2000 年第 4 期。

26. 石培玲：《文化同一性的危机与中亚民族主义的认同困境》，《学术界》2007 年第 2 期。

27. 曲红：《中东政治伊斯兰发展走向》，《西亚非洲》2001 年第 2 期。

28. 王海燕：《中亚五国的经济改革与成效》，《俄罗斯中亚东欧市场》2004 年第 7 期。

29. 汪金国：《评中亚独立国家内政转型》，《国际问题研究》2003 年第 3 期。

30. 王晓军：《俄罗斯中亚地区军事安全战略与军事政策解析》，《俄罗斯中亚东欧研究》2011 年第 1 期。

31. 王智娟：《中亚民族共和国的组建》，《东欧中亚研究》1998 年第 2 期。

32. 王志娟、潘志平：《所谓"南北夹击"下的中亚》，《东欧中亚研究》1995 年第 4 期。

33. 吴辉：《论现代化进程中的政党制度与政治稳定》，《理论与现代化》2005 年第 3 期。

34. 吴家多：《塔吉克人与塔吉克斯坦内战》，《民族论坛》1998 年第 5 期。

35. 杨雷：《论哈萨克斯坦三玉兹的关系》，《俄罗斯中亚东欧研究》2011 年第 1 期。

36. 杨恕、曾向红：《中亚各国制度变迁的政治文化动因》，《俄罗斯中亚东欧研究》2007 年第 6 期。

37. 邢广程：《原苏联东欧国家转轨的特点及其变化趋势》，《东欧中亚研究》1995 年第 3 期。

38. 邢广程：《卡里莫夫总统的国家安全观》，《东欧中亚研究》1998 年第 2 期。

39. 晓君：《转轨时期的吉尔吉斯斯坦政治体制》，《东欧中亚研究》1997 年第 3 期。

40. 徐恕：《东欧中亚国家阶级结构的变化》，《中国人民大学学报》2000 年第 4 期。

41. 许涛：《中亚区域合作与上海合作组织》，《现代国际关系研究》2005 年第 11 期。

42. 许涛：《中亚地缘政治变化与地区安全趋势》，《现代国际关系》2012 年第 1 期。

43. 薛福岐：《吉尔吉斯斯坦与上海合作组织》，《上海合作组织发展报告 (2010)》，社会科学文献出版社，2010。

44. 张宏莉：《浅谈中亚的伊斯兰教根源》，《西北民族学院学报》2001 年第 1 期。

45. 张来仪：《塔吉克斯坦的伊斯兰复兴党》，《东欧中亚研究》1999 年第 4 期。

46. 张伦：《民主化的陷阱——关于民主化的几点思考》，《现代中国研究》1999 年第 4 期。

47. 张宁：《哈萨克斯坦的非营利组织》，《俄罗斯东欧中亚市场》2011 年第 8 期。

48. 张树青、刘光华：《关于民族国家的思考》，《兰州大学学报》1999 年第 27 期。

49. 张文德：《苏非主义在中亚：思想与历史》，《新疆社会科学》2001 年第 4 期。

50. 张养志、郑国富：《中亚五国经济体制转轨的新制度经济学分析》，《俄罗斯东欧中亚研究》2007 年第 1 期。

51. 赵常庆：《中亚五国独立 10 年：成就与问题》，《东欧中亚研究》2002 年第 1 期。

52. 赵常庆：《中亚五国经济体制与发展模式探讨》，《新疆社会科学》2001 年第 1 期。

53. 赵常庆：《中亚五国社会变化与社会发展模式》，《东欧中亚研究》2001 年第 1 期。

54. 朱新光、苏萍：《"可控民主"：中亚民主化道路的理性选择》，《现代国际关系》2008 年第 1 期。

55. 曾向红、杨恕：《中亚各国国家民族的构建：以塔吉克斯坦为例》，《国际政治研究》2006 年第 2 期。

56. 朱晓中：《转型九问——写在中东欧转型 20 年之际》，《俄罗斯中亚东欧研究》2009 年第 6 期。

57. 左凤荣：《戈尔巴乔夫、叶利钦与苏联解体》，《俄罗斯中亚东欧研究》2010 年第 5 期。

58. 〔吉〕库鲁巴耶夫：《吉尔吉斯斯坦独立 20 周年回顾与展望》，《现代国际关系》2011 年第 8 期。

俄文主要参考文献

1. Абишев А., Каспий: нефть и политика, Алматы, Центр внешней политики и анализа, 2002.

2. Абдулло Р., Таджикистан и антитеррористическая кампания в Афганистане, Центральная Азия и Кавказ, №5. 2002.

3. Агнин Д., Поправка Назарбаева в теорию постсоветской демократии, http：//www.centrasia.ru/newsA.php4？st＝1187908800.

4. Амрекулов Н., Жузы в социально－политической жизни Казахстана, Центральная Азия и Кавказ, 2000. № 3（9）.

5. Акаев А., Трудная дорога к демократии, Международные отношения, 2002.

6. Акимбеков С., Ислам и проблемы безопасности Центральной Азии, Казахстан－Спектр. Алматы, №3. 2002.

7. Арыстанбекова А., Объединенные нации и Казахстан. Алматы: Дайк Пресс, 2002. Сабыр Аттокуров, Родословная кыргызов, 13 мая 2014, http：//www.open.kg/about-kyrgyzstan/culture/ethnography/431-rodoslovnaya-kyrgyzov.html.

8. Ашимбаев М., Косиченко А., Султанов Б., Шоманов А., Бегалиев Н., Нурмухамедов Б., Современный терроризм: взгляд из Центральной Азии. Алматы: Дайк－Пересс, 2002.

9. Ашимб аев М., Курганбаева Г., Кажмуратова А., Российско－казахстанские отношения на современном этапе, Analytic, Алматы, № 2. 2002.

10. Ашимбаев М., Проблема религиозного экстремизма и терроризма в Центральной Азии, Материалы международной конференции "Проблемы религиозного экстремизма в Центральной Азии". Алматы: КИСИ, 2001.

11. Ашимбаев М. С. Политический транзит: от глобального к национальному измерению // http://www.kisi.kz/Parts/bookslO-23-02.Ashimbaev.html.

12. З. Ахматова, Кто не успел, тот опоздал. Политические партии Казахстана на низком старте, http://www.centrasia.ru/newsA.php?st=1321430160.

13. А. Балгимбаев, АПИ - Многопартийная система в Казахстане: состояние и перспективы, http://www.centrasia.ru/newsA.php?st=1031516820.

14. Баев П., Влияние прошлого на нынешнее российское участие в Большой антитеррористической игре, Центральная Азия и Кавказ. Швеция, № 1. 2002.

15. Байтерекова Ж. С, Справка о Кыргызстане, http://inlang.linguanet.ru/Cis/CisCountries/detail.php?ELEMENT_ID=2228&SHOWALL_1=1.

16. Базтиер Эргашево, Политических партиях и парламентских выборах в Узбекистане, http://eurasianhome.org/xml/t/expert.xml?lang=ru&nic=expert&pid=2157.

17. Бермет Маликова. Шаманизм в нашем городе, http://members.vb.kg/2011/03/18/nekak/1.html.

18. Бирюков С. В., Элиты - клиентелы как ключевой фактор политического развития центральноазиатских государств, Русский Журнал.

19. Бойко В. С., Российский Алтай в геополитике Центральной и Внутренней Азии в 1990-е — начале 2000-х годов (к постановке проблемы) // Центральная Азия и Сибирь. Первые научные чтения памяти Е. М. Залкинда. Материалы конференции. Под ред. В. А. Моисеева.

20. Бушк ов В., Микульский Д., Анатомия гражданской войны в Таджикистане. Москва, 1996.

21. Бушков В. И., Таджикистан: традиционное общество в постиндустриальном мире, Этнографическое обозрение. 1995. №4. Верхотуров Д. Н., Выборы в Таджикистане: импортная демократия или все – таки исламская? http: // www. fergananews. com/articles/3493.

22. Внутреняя политика Таджикистана 2013, Аналитический центр «Prudent Solutions», http: //analitika. org/tj – tk/tt – politics/2635 – tadzhikistan – obzor – sobytiy – za – noyabr – 2013. html.

23. В. Волков, З. Козыбаева, Кто следующий? http: //kazhegeldin. addr. com/ rnpk/rnpk_ 17_ 1_ 05. htm.

24. С. Горак, Трансформация идентичности среднеазиатских элит: Традиция и современность. Доклад круглого стола «Проблемы трансформации идентичности общества и личности на постсоветском пространстве», Пермь, 4 – 5 июля 2005.

25. Андрей Грозин, Элиты Туркменистана и центральноазиатские кланы: общее, особенное и трудности модернизации, http: //www. perspektivy. info/ oykumena/krug/elity_ turkmenistana_ i_ centralnoaziatskije_ klany_ obshheje_ osobennoje_ i_ trudnosti_ modernizacii_ 2010 – 12 – 21. htm.

26. Дубовицкий В., Казахстан в Центральной Азии. Признание регионального лидерства, http: //www. centrasia. ru/newsA. php4? st = 1176210300.

27. Жильцов С. С., Зонн И. С., Ушков А. М., Геополитика Каспийского региона. Москва., 2003.

28. С. Жунусов, Выборы в Мажилис: чем закончится эта игра на казахском политическом лохотроне? http: //www. zonakz. net/articles/18601? mode = reply.

29. Зураб Тодуа, Экспансия исламистов на Кавказе и в Центральной Азии, Москва, 2006.

30. Зыгарь М., Клановая операция. Узбекистан перенес удаление главы МВД, Коммерсант, 2005. 4 июля.

31. Искакова Г., Президент-премьер-министр: изменение взаимоотношений? —

от конституции 1993 до конституции 2006, www. open. kg/engine. php? module = analytics&mode = file&id = 34.

32. Кадыров Ш. Х. , Туркменистан: институт президентства в клановом постколониальном обществе, Вестник Евразии, 2001. № 2.

33. Казанцев А. А. , 《Большая игра》 с неизвестными правилами: мировая политика и центральная Азия, МГИМО——университет 2008.

34. Каримов И. А. , Наша главная цель——демократизация и обновление общества, реформирование и модернизация страны, Ташкент, Узбекистан, 2005.

35. Комиссина И. , Куртов А. , Наркотическая "заря" над Центральной Азией - новая угроза цивилизации, Центральная Азия и Кавказ, Швеция, № 5. 2000. П. Кокайсл, Демократия в постсоветском Кыргызстане и Туркменистане, Центральная Азия и Кавказ № 6 (60), 2008.

36. Констит ция Туркменистана, с изменениями и дополнениями от 15 августа 2003.

37. Конституционный закон республики Казахстана о внесении изменений и дополнений в Конституционный закон Республики Казахстан «О выборах в Республике Казахстан», Астана, http: //www. zakon. kz/our/news/news. asp? id = 30381627.

38. Конституция Республики Казахстан , 1995, Астана.

39. Конституция Республики Казахстан 2007 (принята на республиканском референдуме 30 августа 1995 года), Астана, Аккорда, 21 мая 2007 года.

40. Конституция Туркменистана (с изменениями и дополнениями от 27 декабря 1995 года), Ашхабад, http: //niyazov. sitecity. ru/ .

41. Кыргызстан: от каких врагов будет охранять президента его брат? Фергана. ру. 3 июня 2008.

42. А. В. Кынев, Кыргызстан до и после «тюльпановой революции». Политическая ситуация в Кыргызстане в 1990 - 2004 голах, http: //

www. stratagema. org/polittechnology. php？ nws＝gq14p1781632563.

43. А. Кудряшов, Первым шагом парламентской оппозиции Мажлиса Узбекистана стала... поддержка действий партии власти, http：// www. centrasia. ru/newsA. php？ st＝1107147000.

44. И. Кушматов, Кыргызам нельзя войти в будущее, не оглядываясь на прошлое, http：//www. centrasia. ru/newsA. php？ st＝1322801520.

45. Куртов А., «Ханский круг»: система власти в Центральной Азии, http：//journal. prognosis. ru/a/2007/04/02/150. html.

46. Лаумулин М., Центральная Азия после 11 сентября, Центральная Азия и Кавказ. Швеция, 2002. № 4.

47. Легволд Р., Стратегические перспективы: ведущие державы, Казахстан и центрально－азиатский узел, Американская академия гуманитарных и точных наук, 2003.

48. Лугин А., Евразийская миссия Нурсултана Назарбаева, Москва, 2004г.

49. Марк Григорян, Альтернативные, но не демократические выборы, http：//www. ca－c. org/journal/cac－03－1999/st_ 03_ grigoryan. shtml.

50. Р. Медведев, Нурсклтан Назарбаев, Казахстанский прорыв и Евразийский проект, Москва, 2008.

51. Молдалиев О. , Современные вызовы безопасности Кыргызстана и Центральной Азии. Бишкек：ФФЭ, 2001.

52. Мухиддин Кабири, Участие Партии Исламского Возрождения Таджикистана во власти: успехи и проблемы, Протоколы Конференции «Ислам и Общество в Центральной Азии». Душанбе, Таджикистан, 2002.

53. Р. М. Мустафина, Ислам и реликты доисламских мировоззренческих традиций у Казахов, Астана, 2010.

54. Назарбаев, «Цветные революции» привели к кризису, РИА «Новости», 2007. 02. 19.

55. Н. А. Нарочницкая, Оранжевые сети от Белграда до Бищкека, Санкт－

Петербург, 2008.

56. Нысанбавев А. Н., Казахстан в поисках национальной идеи, Казахстан – Спектр, Научный журнал. 2003. № 2 (24).

57. Нысанбавев А. Н., Глобализация и устойчивое развитие Казахстана, Алматы, 2002.

58. М. Оленев, Роды и кланы Средней Азии, Генеалогия. 2006. № 5. http://www.whoiswho.ru/russian/Curnom/52006/klan.htm.

59. Олкотт М. Б., Двенадцать мифов о Центральной Азии, Московский Центра Карнеги, 2001.

60. Олкотт М. Б., Второй шанс Центральной Азии, Московский Центра Карнеги, 2005.

61. Олкотт М. Б., Казахста——непройденный путь, Московский Центр Карнеги, 2003.

62. Оразбекова С. Р., Сравнительный анализ программ политических партий Казахстана (на основе контент – аналитического исследования), Аналитик, Алматы, 2003. № 6.

63. Петр Кокайсл, Демократия в постсоветском Кыргызстане и Туркменистане, Центральная Азия и Кавказ № 6 (60), 2008.

64. Поправки в Конституцию вступили в силу, 19 апреля, 2011 Uzdaily.uz, http://news.olam.uz/politics/1915.html.

65. Салимов Сакен, В Казахстане не знают, когда выбирать президента, Независимая газета. 05.03.2005.

66. С. Мирозоев, Либель права легитимность в «оранжевых революциях», Москва, 2006.

67. О. Сидоров, Политическая элита Туркменистана вчера и сегодня, http://www.gazeta.kz/art.asp?aid=59230.

68. Ситнянский Г. Ю., Россия и Центральноая Азия: вместе или врозь? Москва, 2011.

69. Семестровая работа по политологий на тему: Политическая система

Республики Казахстан, http：//www.5ballov.ru/referats/preview/70505/4.

70. Стивен И., Как «оранжевая революция» повлияла на политику постсоветских стран, http：//www.centrasia.ru/newsA.php?st＝1263157200.

71. А. Таксанов, Ташкент, Кланы и коррупция в Узбекистане, http：//www.zonakz.net/articles/1119.

72. ТелебаевГ. Т., Ислам в Казахстане: социологический портрет, Аналитик, Алматы, 2003. №1. Д. Тешебаева, Казахстан планирует существенно увеличить выплаты пожилым людям, студетнтом и служащим госсектора, http：//www.eurasianet.org/russian/departments/business/articles/eav050605ru.shtml.

73. Алексей Топалов. Назарбаев ответил отставками на бунты. Газета.Ru, 22.12.2011.

74. Трансфор мация политической и экономической систем Казахстана и Польши: сравнительный анализ, Казахстанский Институт стратегических исследований при президенте Республики Казахстан, Алматы, 2002.

75. Иван Третьяков, Назарбаев намерен мирно передать власть в стране, http：//rus.ruvr.ru/news/2013_07_05/Nazarbaev-nameren-mirno-peredat-vlast-v-strane-1942.

76. Трофимов Д., Центральная Азия: проблемы этноконфессионального развития. М., 1994.

77. Тукумов Е., Гусева Л., Возможные пути нейтрализации конфликтных зон в Центральной Азии и геополитическое будущее региона, "Болевые" точки Центральной Азии и пути их нейтрализации. Центральноазиатское агентство политических исследований., Фонд им. Фридрихи Эберта, 2001.

78. Тулегулов А., Рекрутирование политической элиты Казахстана: вчера и сегодня, Саясат, 1997. № 11.

79. Тулеген Издибаев, Рассматривая законопроект об НПО, депутаты

впервые не продемонстрировали сплоченность, http://www.ca-oasis.info/news/? c = 1&id = 5029.

80. Туркменистан: Парламент принял закон «О политических партиях», Международное информационное агентство «Фергана» http://www.fergananews.com/news.php? id = 17908.

81. Умбеталиева Т., Экономическая элита Казахстана на современном этапе. Кто есть с кем., http://www.centrasia.ru/newsA.php? st = 1038002640.

82. О. Флинк, Закон "О выборах" подмолодят, http://www.zakon.kz/our/news/news.asp? id = 36367.

83. Ханин В. Э., Этнополитический плюрализм и политические конфликты в Республике Кыргызстан, Восток, 2002. №1.

84. Хакназаров У., Возрождение "серого кардинала" узбекской политики, Центр Азия. 2003. 2 янв. Хисамов И., Вызов Исламу, Эксперт, 1999. 22 февр.

85. Чотаев З. Д., Парламентская форма правления в Кыргызстане: проблемы и перспективы, orasam.manas.kg/books/Z.Chotaev.pdf.

86. Политические режимы стран Восточной Европы и бывшего Советского Союза и их влияние на экономическое развитие, Москва, Институт открытой экономики, 2004.

87. Б. Шаяхмет, Какие сребреники ищет генпрокуратура в 33 НПО Казахстана? http://www.azattyq.org/programs/parovoz/ru/2005/03/A59D701A - 42A6 - 4BDF - 9A03 - 03CED6EEDECC.asp.

88. Шустов Александр, Центральная Азия: ренессанс традиционных институтов, http://www.fondsk.ru/article.php? id = 1346.

89. С. Г. Шеретов, Новейшая история Казахстана (1985 - 2002), Алматы, 2003.

90. Послание Президента Республики Казахстан Нурсултана Назарбаева народу Казахстана: Процветание, безопасность и улучшение благосостояния всех казахстанцев, октябрь 1997.

91. Элебаева А. Б, Особенности политической трансформации в Кыргызской

Республике, естник АУПКР 2011 №12, http：//www.sak2010.com/index.php?option＝com_content&view＝article&id＝40：2011－09－23－12－55－07&catid＝7：2011－06－20－23－02－58&Itemid＝16&lang＝ru.

英文主要参考文献

1. Abazov Rafis, "Kyrgyzstan and Issues of Political Succession," *Russia and Eurasia Review*, The Jamestown Foundation, Vol. 2, Issue 11, 2003.

2. Ahmedjan Saipjanov, Kyrgyzstan "Statehood" Festivities a Potential Source of Interethnic Tension, EurasiaNet.org, August 26, 2003. http：//www.eurasianet.org/departments/insight/articles/eav082603a_pr.shtml.

3. Bremer P. L., "A New Strategy for the New face of Terrorism," *National Interest*（Washington D. C.），№.65, 2001.

4. Chufrin G.（ed.），*The Security of the Caspian Sea Region*, New York：Oxford University Press, 2001（SIPRI）.

5. Dave B., *Politics of Language Revival：National Identity and State Building in Kazakhstan*, Syracuse University, 1996.

6. Everett－Heath, *Central Asia：Aspects of Transition*, Routledge Curzon, 2003.

7. Garnett Sh., Rahr A. and Watanabe K., The New Central Asia. A Report to the Trilateral Commission：54（October），New York, Paris, Tokyo：The Trilateral Commission, 2000.

8. Gregory Gleason, *Markets and Politics in Central Asia*, Routledge, 2003.

9. IrajBashiri, Kyrgyz National Identity, University of Minnesota, 1999. http：//www.iles.umn.edu/faculty/bashiri/Kyrgyd/kyrgid.html.

10. Jim Nichol, Central Asia：Regional Development and Implications for U. S. Interests, Foreign Affairs, Defense, and Trade Division, 2006.

11. Kathleen Collins, *Clan Politics and Regime Transition in Central Asia*, Cambridge University Press, 2006.

12. Kathleen Collins, "Clans, Pacts and Politics in Central Asia," *Journal of*

Democracy, №. 13 (3). 2002.

13. Kathleen Collins, "The Logic of Clan Politics: Evidence from the Central Asian Trajectories," *World Politics*, Vol. 56, №. 2 (Jan 2004).

14. Lucan Way, "The Real Causes of the Color Revolutions," *Journal of Democracy*, Vol. 19, №. 3 (July 2008).

15. Laruelle M. and Peyrouse S., China as a Neighbor: Central Asian Perspectives and Strategies, Central Asia – Caucasus Institute & Silk Road Studies Program, Joint Transatlantic Research and Policy Center, 2009.

16. Robert Legvold, Thinking Strategically: The Major Powers, Kazakhstan, and the Central Asian Nexus, Cambridge, MA, 2003.

17. Lena Jonson, Tajikistan in the New Central Asia: Geopolitics, Great Power Rivalry and Radical Islam, London, 2006.

18. Mark R. Beissinger, "A New Look at Ethnicity and Democratization," *Journal of Democracy*, Vol. 19, №. 3 (July 2008).

19. Mcglinchey, Eric., *Paying for Patronage: Regime Change in Post – Soviet Central Asia*, Princeton University, 2003.

20. Henry E. Hale, "Democracy or Autocracy on the March? The Colored Revolutions as Normal Dynamics of Patronal Presidentialism," *Communist and Post – Communist Studies*, 2006, №. 39.

21. Olcott M. B., Missed Opportunities, 2009.04.03. http://www.centralasian-voices.org/2007/09/missed_opportunities.php#more.

22. Olcott M. B., *Central Asia's New States: Independence, Foreign Policy, International Security*, United States Institute of Pease Press, 1996.

23. Pauline Jones Luong (ed.), *The Transformation of Central Asia: State and Societies from Soviet Rule to Independence*, Ithaca: Cornell University Press, 2004.

24. Starr F. S., "Clans, Authoritarian Rulers, and Parliaments in Central Asia," *Silk Road Paper*, June 2006.

25. Sally Cummings, *Power & Change in Central Asia (Politics in Asia Series)*, Routledge, 2001.

26. Steven M. Fish, "Democracy without Prerequisites," *Journal of Democracy*, Vol. 9, №. 3, 1998.

27. Sievers E., The Post-Soviet Decline of Central Asia: Sustainable Development and Comprehensive Capital, Boston, 2002.

28. Saltanat Berdikeeva, National Identity in Kyrgyzstan: the Case of Clan Politics, www. Eurasia21. com.

29. Shokhrat Kadyrov, The ethnology of political management: yesterday, today & tomorrow, A special Report for the Conference "The Turkmenistan: not on Orange revolution but Regional?", Oslo, 6 june 2005, http://www. igpi. ru/bibl/other_ articl/1119947605. html.

30. Talaibek Koichumanov, Joomart Otorbayev and S. Frederick Starr, "Kyrgyzstan: the Path Forward," *Silk Road Paper*, Central Asia-Caucasus Institute, November 2005.

31. ZhangYongJin, *Ethnic Challenges beyond Borders Chinese and Russian Perspectives of the Central Asian Conundrum*, ST Martin's Press INC, N. Y. 1998.

32. Global Foreign Policy Issues after September 11: Perspectives from Asia and the West. Joint Summer Conference, Almaty: KIMEP, 2002.

33. David Gullette, "Theories on Central Asian factionalism: the Debate in Political Science and Its Wider Implications," *Central Asian Survey*, Vol. 26, Issue 3, September 2007.

34. USAID's Assistance Strategy for Central Asia 2001-2005, USAID Regional Mission for Central Asia, 2000.

35. Zhanylzhan Dzhunusova, Democratic Traditions in Kazakh Nomadic Society, December 13, 2006.

主要参考网站

1. 外交部网站：www. fmprc. gov. cn。
2. 商务部网站：www. mofcom. gov. cn。

3. 新华网：www. xinhuanet. com。

4. 上海合作组织区域经济合作网：www. sco – ec. gov. cn。

5. Казахстанский институт стратегических исследований：www. kisi. kz.

6. Агенство «Хабар Казахстана»：www. khabar. kz.

7. Международный Институт Современной политики（Казахстан）：www. iimp. kz.

8. Официальный сайт НДП «Нур Отан»（Казахстан）：www. ndp – nurotan. kz/.

9. Интернет – издание TAZAR（Кыргызстан）：www. tazar. kg.

10. Tajikistan Development Gateway（TDG，Таджикистан）：www. tajik – gateway. org.

11. Интернет – газета Туркменистан：www. turkmenistan. ru.

12. Государственный комитет Республики Узбекистан по статистике：www. stat. uz.

13. Central Asia news：www. ca – news. org.

14. Интернет – новость Центральная Азия：www. centrasia. ru.

15. Carnegie Moscow Center（США）：www. carnegie. ru.

16. USAID for Central Asian Republics：centralasia. usaid. gov/.

17. The World Bank：www. worldbank. org.

18. Institute for war & Peace reporting（IWPR）：www. iwpr. net.

19. The Economist Intelligence Unit（EIU）：www. eiu. com.

后 记

"转型"如一枚政治发展的多棱镜,可以折射出政治、经济、外交以及冲突、危机与发展等多方面的问题。在地缘政治和民主化政治版图中,"中亚"虽然仅仅是一个较小的区域,甚至是经常被主流文化忽视的次区域地带,但通过对"中亚国家政治转型"这一特定地理区域的研究,可以使我们窥见从20世纪末至今独联体地区政治发展和大国关系的变化轨迹。本书所选取的研究对象和视角仅是中亚国家政治发展进程中的几个侧面,难以涵盖与政治转型相关的所有领域和问题。笔者深知,中亚国家政治发展进程的特征、问题、矛盾等诸多内容,是薄薄的一本书所无法承载的。可以说,本书是笔者对中亚国家政治转型的一个阶段性思考,而对于中亚国家政治发展进程的思考并未随之结束。

本书是在笔者博士论文的基础上改编、扩充完成的。从本论文撰写到出版成书的近5年时间里,笔者有幸得到了很多良师益友的无私帮助,在此,我想向他们致以真诚的感谢。首先我要感谢我的导师邢广程教授,他在笔者论文的选题与设计过程中倾注了大量心血,他严谨的治学态度和学术创新精神都深刻影响和激励着我。在写作过程中,我还有幸得到了赵常庆教授、孙壮志教授、李雅君教授给予的真诚而耐心的指导,他们的帮助让我在论文的构思与撰写过程中少走了许多弯路。同时,我要感谢论文答辩委员会的季志业教授、吴宏伟教授、姜毅教授、陈玉荣教授、冯玉军教授对笔者论文提出的许多中肯的意见和宝贵的建议,我还要感谢许志新教授、朱晓中教授、孔田平教授,与他们进行的有关转型问题的探讨与交流,给予笔者极大的启迪,有助于笔者进一步完善对中亚国家政治发展进程的研究，并取得这一阶段性的成果。

　　同时，我还想感谢社会科学文献出版社的张苏琴编辑与安静编辑为本书出版所付出的艰辛劳动，正是她们专业、细致的编校，才使本书的文字呈献更加清晰、准确和完善。

　　在写作过程中，笔者还得到了中国社会科学院俄罗斯东欧中亚研究所中亚研究室的同事莫大的关心与支持，以及图书馆与资料室老师们的热情帮助，在此一并答谢。

　　最后，我还要感谢我的父亲、母亲、我的丈夫和女儿，以及所有关心我的朋友，在我沮丧和彷徨时，是他们一直给予我默默的理解和支持，让我时刻感受到亲情和友情的温暖。

包毅

2015年1月5日于北京

图书在版编目(CIP)数据

中亚国家的政治转型/包毅著.—北京：社会科学文献出版社，2015.3
（当代俄罗斯东欧中亚研究丛书）
ISBN 978-7-5097-7077-1

Ⅰ.①中… Ⅱ.①包… Ⅲ.①政治体制改革-研究-中亚 Ⅳ.①D736

中国版本图书馆 CIP 数据核字（2015）第 019310 号

·当代俄罗斯东欧中亚研究丛书·
中亚国家的政治转型

著　　者 / 包　毅

出 版 人 / 谢寿光
项目统筹 / 祝得彬
责任编辑 / 张苏琴　安　静

出　　版 / 社会科学文献出版社·全球与地区问题出版中心（010）59367004
地址：北京市北三环中路甲29号院华龙大厦　邮编：100029
网址：www.ssap.com.cn
发　　行 / 市场营销中心（010）59367081　59367090
读者服务中心（010）59367028
印　　装 / 北京季蜂印刷有限公司
规　　格 / 开　本：787mm×1092mm　1/16
印　张：19.75　字　数：316千字
版　　次 / 2015年3月第1版　2015年3月第1次印刷
书　　号 / ISBN 978-7-5097-7077-1
定　　价 / 59.00元

本书如有破损、缺页、装订错误，请与本社读者服务中心联系更换

版权所有 翻印必究